四川省社会科学院重大项目

四川省社会科学院
学术文库

杜威经验论美学的生态精神研究

艾莲 曾永成 ◎ 著

中国社会科学出版社

图书在版编目（CIP）数据

杜威经验论美学的生态精神研究／艾莲，曾永成著．—北京：中国社会科学
出版社，2018.10
（四川省社会科学院学术文库）
ISBN 978 - 7 - 5203 - 3470 - 9

Ⅰ.①杜…　Ⅱ.①艾…②曾…　Ⅲ.①杜威（Dewey,John 1859 - 1952）—美学
思想—研究　Ⅳ.①B712.51

中国版本图书馆 CIP 数据核字（2018）第 249771 号

出 版 人	赵剑英
责任编辑	喻　苗
责任校对	胡新芳
责任印制	王　超

出　　版	中国社会科学出版社
社　　址	北京鼓楼西大街甲 158 号
邮　　编	100720
网　　址	http://www.csspw.cn
发 行 部	010 - 84083685
门 市 部	010 - 84029450
经　　销	新华书店及其他书店

印刷装订	北京明恒达印务有限公司
版　　次	2018 年 10 月第 1 版
印　　次	2018 年 10 月第 1 次印刷

开　　本	710 × 1000　1/16
印　　张	25
插　　页	2
字　　数	397 千字
定　　价	99.00 元

坚守经验、加强经验和发展经验

艾莲和曾永成二位发来《杜威经验论美学和生态精神研究》一书的书稿，使我有机会在本书出版前就有幸读到。对于这部书稿，我的阅读体会是，作者细读了杜威的几部著作，特别是《艺术即经验》，下了不少功夫，将杜威的一些重要观点都梳理出来了。

记得在闹"非典"那年，我在北京不能出门，关在家里译书，把《艺术即经验》译成中文。一转眼，至今已经十五年了。过去的十五年中，我一直想写一部研究杜威美学的专著，但总是由于各种各样的研究任务而耽搁。曾写过几万字的读书笔记，在《外国美学》集刊上连载过。除此之外，指导过两位博士生写作了两部以杜威美学为题的博士论文，一部论艺术经验，一部论表现性。我还应邀作过几次关于杜威美学的讲座，讲杜威美学的基本观点，讲杜威美学是如何构成对康德美学的挑战的。一些国外学者来，也在一道聊杜威。我曾几次与理查·舒斯特曼聊杜威，有一次还记录下来发表了。舒斯特曼关于"桥"的比喻使我印象深刻。他说，实用主义不是要反对过去的哲学，只是要在过去不同的哲学之间建立联系。另外，我也曾与约瑟夫·马戈利斯和阿诺德·贝林特谈过杜威，缘起都是由于他们知道我翻译了《艺术即经验》，想与我谈谈。舒斯特曼将杜威的美学向身体的方向展开，贝林特则从环境和生态方向发展了杜威的思想，而马戈利斯则努力挖掘杜威思想中的黑格尔主义精神。除此以外，我还找到《经验与自然》《哲学的改造》《确定性的寻求》等一些书，或深或浅地接触过。这些零星的与杜威美学的相遇，常使我有一些新的启发，促使我在想，也许将来有一天，我还是要回到杜威的美学上来，下一点功夫。正是怀着这样的目的，我对新出的一些研究杜威的书，都有着浓厚的兴趣。

读了这部曾先生和艾莲女士的著作，我的一个强烈的感受是：这是一部认真写成的书。杜威的文字并不难。如果与康德、黑格尔、海德格尔那些德国人的著作相比，杜威的书好读多了。造句平易，大量的文学艺术的例证信手拈来。但是，他的书，特别是一些后期著作，大都是讲演稿或讲演记录。在杜威那里，思考当然是很有逻辑的，但在书中却不是以严谨的逻辑形式呈现出来。这样，读者要有十二分的细心，才能把握住书的要领。这本书能做到这一点，这是我感到欣喜的。对于一些哲学美学的书，阅读首先要做到的是"进去"，切忌没有读懂，抓住几个词就随意发挥。

《艺术即经验》一书发表后，有人提出一些质疑。当然，翻译工作本来就是一件永远也改不尽的工作。我的一些译著也常常是每一次再版，都会吸收入一些朋友的意见，作一些修改。但是，对于有一些意见，我想说，可能这里面有误读。

例如，有人说，《艺术即经验》的"经验"（experience），应该译成"体验"。我说，这我可不能同意。"经验"与"体验"不同。首先，在杜威之前，经验主义的"经验"就不宜译为"体验"。"体验"强调当下性，而"经验"强调积累性。经验主义（expiricism）固然也讲知识的来源于与事物的感性接触，但正是这种接触的累积，以及对感性活动过程的体验和结果的反馈，产生了对于世界的知识。从这个意义上讲，我们不能把"经验主义"翻译成"体验主义"。经验的这种特性，使我们能够说，某人经验丰富，对某项工作有经验，是一位有经验的人。其次，在杜威那里，经验包含了 undergoing 与 doing 这两个方面。他特别重视其 doing 的一面。我将前者译为"受"，后者译为"做"。如果"受"的一面，可以多少类同于"体验"的话，那么，"做"的一面就与"体验"无关，这强调主动性。主动地去"做"，再看反馈，这更接近于"实验"。"经验"不能译为"体验"，"经验"既包含"体验"，也包含"实验"，是两者的综合。不仅如此，"经验"还包括另一个层次，即"感受"（feeling）与"情感"（emotion）。"感受"与"情感"并不像一些中国学者想象的那样是独立的事物，而只是行动的伴生状态。关于这方面的意思，这本书有很好的论述。如果你读完这本书，你会同意我的意见的。

再如，有人将《艺术即经验》中的"活的生物"，译成"活生生的人"。"活的生物"原文是 live creature。首先，live 不宜译为"活生生"。如果是"living"，也许还可以译成"活生生"，live 就不要这么译了。"活生生"是形态描绘，而"活的"是性质认定。至于 creature，还是译成"生物"好，不能译成"人"。杜威所强调的，恰恰是从动物到人的连续性，也正是这个原因，他选择了 creature 这个词。从达尔文和黑格尔那里吸取精华，用"生物"、"生命"、"生活"三者结合的角度来看待美和艺术，突破对艺术和审美的鸽笼式的观察，这正是杜威的所要做的事。本书对此作了很好的揭示。

有不少喜爱杜威的人，说实用主义这个名称不好。他们中有的人是说，原来这么称呼这个学派就不好，也有人是说中文的翻译不好。怎么称呼这个学派，又如何翻译这个学派，已不是我所能做的事了。名称定了，翻译形成了，只能就这个词来解说。这里的"实用"，不是只关注直接功利性而没有终结思考，而是用一种整体的观点来看自然、生物、人与世界，考察具体的行为和活动在整体中的地位和对整体的作用。不考虑这个学派的哲学实际上说了什么，而只是根据名称来评判一个学派的做法，是野蛮的。本书花了很多篇幅，试图说清楚这一点。

这些年以来，关于杜威的研究，已经越来越多了。正像对任何哲学学派的研究一样，研究的方法大致可分两种：一种是"我注六经"法，认真读杜威的书，进行细致的阐发；另一种是"六经注我"法，选几个杜威的词，阐发自己想要说的意思。两种方法都可以，都有人做，但我还是倾向于前一种。将杜威的意思说清楚，将过去没有说到的意思说出来。这本书就是这样的一本好书。我要在此推荐这本书。

最后，对这本书的题目说两句。这本书说的是研究杜威经验论美学的生态精神。这一表述是严谨的。杜威没有提出生态美学。生态美学是一个更为现代的概念，在杜威以后才出现。但是，杜威哲学中，确实具有这样的生长点。他关于主体与环境的关系的思想，他关于自然与人的连续性的思想，都具有生态性的含义。

杜威的著作是一个宝库，是一个丰富的矿藏，我们要去取宝，去采矿，再拿来为我所用。要先进去，再出来。这本书已经进去了，这就实现了第一步。希望更多的人先进去，研究清楚杜威说了什么，然后再出来，思考杜威能对今天的美学艺术说点什么，我们今天的人能对杜威的美学说一点什么。

高建平

2018 年 9 月 8 日于深圳

前　　言

　　被称为"美国的黑格尔和马克思"的杜威，与维特根斯坦和海德格尔一起并列为20世纪世界三大哲学家。作为美国本土实用主义哲学的集大成者，杜威的哲学思想在20世纪20—30年代，发生了一次巨大的飞跃，那就是以《哲学的改造》《经验与自然》《确定性的寻求》《人的问题》和《艺术及经验》等重要著作为主，对"经验的自然主义"或"自然主义的人文主义"学说进行系统阐述，并且以经验论的美学为其顶峰和最后完成。尽管后来由于分析哲学的涌入而一度遭遇冷淡，但是不久之后即走向了复兴之路，被视为"美国精神"的象征而重新受到高度重视。爱默生、梭罗的自然主义思想都是杜威的理论资源，他们都保持了对自然的敬畏，杜威哲学美学的生态精神由此生长。

　　对于杜威经验论美学中的生态精神可以从以下六个方面来认识。

　　第一，杜威哲学和美学的方法论中的生态思维。"自然""人""经验"和"价值"是杜威哲学的四个最重要的基本范畴，而正是对这四个范畴的内涵，以及四者在经验存在中互融共生并展现为成长过程的相互关系的论述，体现了自然主义的人本主义的基本精神，具有鲜明而深厚的生态哲学内容。在杜威的包罗万象而又无所不在的自然（宇宙）观念和关于自然连续性的论述中，蕴含着对自然世界的生态关联性、生态整体性、生态过程性和生态生成性（生态进化性）以及人的生态主体性的深刻感悟和深入阐述，从而展开了一种生态世界观的思维图景。在这个生态哲学的基础上，杜威实际上从两个层次提出了对世界和艺术进行生态思维的方法论思想。第一个层次是"经验的方法"。他从自然和经验的连续性说明了经验的认识功能的生态根源，论述了原始经验和反思经验这两种经验各自的作用和互动共生的相互关系，进而特别强调了对原始经验的反思探究方法对于探寻审美活动生态秘密的意义。第二个层次集中在艺术研究的方法上。他明确主张从"大地"到"山峰"，从日常经验到审美经验和艺术的"迂回"的方法，借此走出艺术的"象牙塔"，回归艺术与日常经验之间的联系。在这一方法中，杜威哲学中关于自然的整体性、连续性和生成（生长或成长）性的思想显示出对于认识艺术问题的极端重要性。这样的方法明显贯穿着生态思维的性质。

第二，艺术审美本体存在的生态本性。杜威美学中关于艺术审美本体存在及其特性的思想，深刻揭示了艺术审美本体存在的独特性质和生态本性，从而树立了它的特殊的生态化美学的理论轴心。杜威把"一个经验"看作艺术的存在形态，他明确地指出艺术的普遍特性是自然就有的节奏，并进一步论述了节奏在审美中的能量组织机制。杜威的这一观点，是其经验论美学最耀眼的亮点之一。这一被称为"生态动力学"的观点，从根本上突破了长期以来认识论美学的学理模式，并用动力说弥补了表现说的局限。通过对节奏的动力机制的深入揭示，这才真正切入了审美活动的生命本质和生态本性。中国和西方的美学早就有对审美的动力机制的感悟，特别是中国传统美学的"气韵"说更是把审美的这一生命特征提到了核心地位。考虑到西方美学源远流长的认识论传统和中国美学对"气韵"说至今没有充分重视的学术语境，杜威这一观点对于认识审美和艺术的本体特性，确立美学的学科独立性，可以说具有极其重要的建设性意义。

第三，审美存在形态论。杜威经验自然主义美学中作为艺术的"一个经验"的审美形态，是美与美感同时存在于"一个经验"事件之中，两者互相作用并共同融合在一起的一种特殊的审美存在方式。这不仅对于流行美学中把美与美感截然二分的观念是一个重要的补充，而且对于认识审美活动的本体存在和生态功能等问题具有重要的理论意义。杜威的经验论美学也有助于处理其他在传统上对美学理论至关重要的问题。他在与美感的互证关联中对美的观念内涵和感性特征的阐释，从经验的自然连续性对美在生活和自然中的普遍存在的展示，所提出的节奏论打通了认识美的本体存在形态多样性的思维通道，对价值事实和价值评价的区分肯定了美的价值存在的客观性，这些对于传统美学中长期纠结的美论之争都具有综合的意义，而且还有不少重大的发现和超越。杜威在美论上的科学态度值得认真学习。

第四，艺术审美活动中人的生态存在。杜威关于艺术审美活动中的人的生态性质的论述，把作为生态主体的"活的生物"的人放到了美学十分重要的学理地位。杜威的美学专著《艺术即经验》开篇即以"活的生物"论人，一下就把作为审美主体的人置于生态眼光的审视之中。杜威不仅把人作为自然的一部分来揭示其生态存在的本性，而且深入解释了人的能动性与自然发生交互作用的关系，强调人必须以自然化的智慧去控制和调适自然，并形成审美经验，创造艺术，体验到对自然宇宙的归宿感。进一步，人还是"使用艺术的存在物"，他可以也应该在自己的一切行动中追求艺术化的境界。针对哲学中长期以来的身心分离论，杜威着重论述了心灵与身体之间整体融合关系，无疑是对人的生态本性的深化。从心身共融的整体性出发，才能更加深入地阐释艺术和审美的生态内涵及其动力机制。由于人的活动和经验都是在一定的环境之中进行的，人还是一个情境存在物。情境是人与环境互动的状态，深刻地体现了人的存在和活动的生态关联的复杂性和整体性。审美经验和艺术都是人在情境中整体合生的产物。

第五，艺术审美活动价值的生态内涵。杜威对审美价值问题的论述也充盈着深厚的生态意蕴，可以说就是一种生态审美价值观。价值问题被视为杜威哲学的核心和灵魂。杜威主张"效用即价值"，但是他说的效用并不只是局限于个人一时的享受或反感，也不限于日常实用的狭隘功利范围，而是从自然的发展、人性的成长和社会的进步这个没有终结的生成性过程去判断价值。也就是说，面向未来的成长乃是价值的最高原则。这种艺术审美价值观充分展示出与生态生成性高度一致的精神，其过程性与审美经验的过程性十分合拍和贴切。这种价值观还把世俗价值与终极价值深刻地统一起来，破除了艺术"象牙塔"的门禁，推动艺术和审美贴近大众，并在以成长为最高目的的探寻过程中脚踏实地地促进现实向理想的提升。"成长"这个杜威价值观的核心主题和追求，直接源于经验自身连续性中面向未来的生成性，而又深深植根于自然界自我生成的生态规律。

第六，艺术审美活动功能的生态意义。杜威认为，审美经验和艺术产生于人与自然环境的交互作用，这就为认识其功能的生态内涵确立了生态根基。他主张"大艺术观"，艺术大于审美，艺术可以使人在审美与实用的生态融合中更加充分地享受生命和发展生命，并推动人与自然的和谐共融，以至达到对于自然宇宙的归属感。作为对艺术功能论的社会扩展和延伸，杜威的艺术美学思想还与其教育思想、道德科学、社会政治理论和人本主义宗教观之间密切沟通，揭示出艺术在这些领域的具体影响，从而把艺术作为文明轴心的生态位更加具体地展示开来，显示出艺术对整个人类文明的普遍涵盖、深入渗透并引领提升的伟大作用。在杜威看来，这一切领域中的人类活动和生活都应该达到艺术化的境界，都贯穿和融入了成长即目的的精神，这样才能实现人类真正美好的"协作式生活"的未来。在杜威的美学中，这种艺术化实际上同时就是生态化。具有深厚的生态精神艺术作为文明轴心的功能真正发挥出来，文明也就在整体上生态化了，一种全面的生态文明也就成了现实。

与重视哲学思辨的美学相比，杜威经验论美学以科学化的姿态展开了美学自身作为独立学科所应有的理论格局，并且直接切入了审美的生态基础，使之从自然"大地"获得了本来的生态本性。面向"大地"，从自然母亲出发走"迂回"的道路，尽量贴近作为经验的艺术本源的真实，深入认识节奏作为艺术本体特性的生态本性和生命意义，这就是杜威经验论美学对于当今美学学理自身改善和发展的根本意义所在。

尽管杜威的哲学和美学论著中没有"生态"之类的词语，但其深邃的生态思维却无处不在。在生态文明建设时代，杜威"经验论"美学的生态精神值得深入阐释，并成为建设中国生态美学的重要资源。

目　　录

第一编　哲学和美学方法中的生态思维

第二编　艺术审美本体存在的生态本性

第三编　审美存在形态论

第 一 编

哲学和美学方法中的
生态思维

第 一 章

经验存在：杜威经验论美学
生态意蕴的哲学基础

  经验的自然主义或者自然主义的人文主义是杜威经验论美学的哲学基础，其中作为世界总体存在并在连续性的运动中发展生成的"自然"、作为自然界的一部分并在行动中运用智慧探究成长的"人"、在人与环境交互作用中生成并作为人的生命存在的"经验"和有效地指导人的行动以推动自然生成发展的效用"价值"，是四个最重要的基本范畴。这四个范畴深蕴着生态关联性、生态整体性、生态生成性和生态主体性的思想内涵，是经验论美学的生态精神的哲学基础和根源。

  杜威把艺术看作自然发展的顶峰，实际上也就把他关于艺术的美学看作是自己哲学的最后完成。他在论及对艺术的理解时认为必须经过从"大地"到"山峰"这个迂回的道路，这也适用于对他的哲学的理解。这就是说，要完整理解他的经验论哲学就必须了解他的美学，而要理解他的经验论美学也必须理解他的经验的自然主义的哲学，因为后者是前者这个"顶峰"的基础。由于他自称为"自然主义的人文主义"的哲学本来就充盈着深邃的生态思维意蕴，富有强烈而鲜明的生态精神，这样的意蕴和精神贯注在他的经验论美学中，才使之成为人类美学史上具有空前全面而深入的生态内涵，可以说是当今方兴未艾的生态美学最早的一种较为完整的形态。这里，笔者将从杜威哲学中充分体现了生态精神而且与其美学关系最为密切的四个基本范畴——自然、人、经验和价值——入手，对其哲学的生态思维加以阐释。

第一节　作为世界总体存在并在连续性的
运动中发展生成的自然

杜威把自己的哲学称为"经验的自然主义"（或"自然主义的经验论"）和"自然主义的人文主义"，可见其自然主义的本色。因此，"自然"就成了他的哲学的基础性范畴。要理解他的哲学的根本精神，首先必须懂得他所说的"自然"的含义。

在《在经验中的自然》一文中，杜威指出"'自然'（nature）一词有许多的意义"。其中一个意义指的是科学所研究的"题材"。"它已不再是指使事实成为事实的这种固定的本质或'实有'而言。反之，它的意思是指一连串联系着的变化的条理。""'自然'的另一个意义是属于宇宙论方面的。这个字眼用来表示这个世界，这个宇宙，表示作为实际的和潜伏的知识与探究题材的整个事实总体。"① 这里说到了"自然"的三层含义：第一，指具体实在的自然事实，即"科学所研究的题材"，这是自然而然的具体存在；第二，指自然的秩序和规律，即自然事物的"一连串联系着的变化的条理"，也就是自然而然的所以然；第三，指的是自然存在的总体，即我们所面对并生活其中，包括我们自己在内的"这个世界，这个宇宙，表示作为实际的和潜伏的知识与探究题材的整个事实总体"。詹姆斯曾指出："我宣布，所谓自然秩序——它构成了这个世界的经验——只是总体宇宙的一部分。在这个可见的世界之外，还有一个延伸看不见的世界。对此，我们现在还没有任何确定的了解，只知道我们现在生活的真正意义正在于我们与这个看不见的世界的关系。"② 这段话有助于理解上述第三层含义。

这个"自然"，就是我们的生活世界中的各种事物及其所构成的总体，就是存在世界的本身。在此之外，没有过去的哲学说的"理念""物自体""绝对精神"或者其他什么"超验"的东西，它就是自然而然、自在天然的存在。以这样的自然观念为基础，哲学从天上降到了我们人

---

① ［美］杜威：《人的问题》，上海人民出版社 1965 年版，第 240 页。
② 万俊人等选编：《詹姆斯集》，上海远东出版社 2004 年版，第 182 页。

类由以产生和生存的"大地"。在这个意义上，可以说杜威的自然主义乃是一种真正脚踏实地的"大地哲学"。

这个包罗万象、涵盖一切的自然，就是杜威的哲学视野和理论生长的基础与根源。在这个自然世界中，没有物质与精神、存在与意识、主体与客体、主观与客观、此岸与彼岸等等的分隔与对立。可以说，这一切的二分，都不过是自然这个整体世界之内不同存在形态之间的区分和关系而已。正是在这个意义上，杜威不仅超越了近代哲学的形而上学观念，也超越了古典哲学的自然观。他说自己的哲学既不是唯物主义也不是唯心主义，而把它称为自然主义的人文主义，就体现了这一根本精神。

杜威的自然因此不再只是作为人所面对的客观对象而存在，而是把人包含在自然之内，把人看作自然发展的一种高级形态而与自然融为一体。作为"活的生物"的人是从这个自然母体中生成的一个部分。人在自然内部的交互作用中生成之后，继续在与自然环境的交互作用中形成作为自己生活世界的经验，并有了自己的历史；这历史与自然是相连续的。经验也产生和存在于自然之中，"经验活动的一切式样都是自然界的某些真实特性之显著地体现"①。通过经验，自然向人的感官和心灵现身，被人所感知和认识，在成为人的探究对象的同时，也为人提供生长发展的资源和力量，并且还在与人的互动中变化、发展。人，包括人的身体和心灵，以及人的经验，说到底都是自然本身运动的产物和具体形态，是自然的一部分。在论到反省的问题时，他指出："一个自然主义的形而上学必须把反省本身当做是由于自然的特性而发生于自然以内的一件自然的事情。"②"意识并不是一个独立的境界，而是自然界达到了最自由和最主动的境界时所具有的明显的性质。"③ 这就是说，人的理性对经验的反省、人的意识也是属于自然的；整个的人，无不在自然之内。

杜威把自然世界分为三个层次的"场地"：第一层是物理的；第二层是属于生命的；第三层是属于生命个体之间结合、沟通和共同参与的。④

---

① ［美］杜威：《经验与自然》，江苏教育出版社 2005 年版，第 18 页。
② 同上书，第 45 页。
③ 同上书，第 249 页。
④ 同上书，第 174 页。

这三个层次大体对应着通常所说的物理的无机界、生物的有机界和人类的社会。这一切构成了自然的总体,相对于具体存在的人,它们不仅都是与人发生交互作用的环境的构成部分,而且也构成人的存在的三个层次。

自然的目的性也是杜威所重视的问题。在论及工业对自然的影响和伤害时,杜威指出:"从宇宙间摒除了目的与形式对许多人来说似乎是理想与精神的枯竭。当自然被看成一套机械的相互作用时,他似乎失去了所有的意义和目的。其光荣没有了。本质差异的消除剥夺了它的美。否定了自然中向往和渴望理想目标的固有倾向,就将自然和自然科学同诗歌、宗教以及神圣事物的联系除去了。"① 显然,问题的关键在于怎样看待自然的目的性。对于旧的自然目的论,杜威不予认可。他认为,那种预设的有限的目的只会限制人们控制自然的想象力的空间。杜威更倾向于认为自然有可控的目的,这个目的是开放的而不是预设的、固定的,是在自然化的智慧指导下行动的过程中逐步实现的;甚至可以说,这个进化发展的过程就是目的,而具体的目的是要按照实际条件的变化加以调节的。因此,杜威实际上是倾向于自然应该是有目的的,认为这个目的才赋予自然以深邃的意义和美。看得出,自然的目的性是与自然的审美性质密切相关的。

在杜威看来,自然是一个很复杂的存在,其间秩序与混乱共存,动荡和稳定同在,偶然与必然互补,生命与死亡交替。他指出:"我们是生活在这样一个世界之中,它既有充沛、完整、条理、使得预见和控制成为可能的反复规律性,又有独特、模糊、不确定的可能性以及后果尚未决定的种种进程,而这两个方面(在这个世界中)乃是深刻地和不可抗拒地掺杂在一起的。它们并不是机械地,而是有机地混合在一起,好像比喻中的小麦和稗子一样。我们可以区别它们,但我们不能把它们分开来,因为它们和小麦与稗子不同,它们是在同一个根上长出来的,品质有缺点,这是它们又有优点的必要条件;真理有其实用性,这是产生错误的原因,变化使得永恒有意义而规律性使得新颖的东西成为可能。一个完全都是惊险事物的世界就是一个不可能进行冒险的世界,而只有一

---

① [美]杜威:《哲学的改造》,陕西人民出版社2004年版,第39页。

个有生命的世界才包括死亡。"① 正是由于这样复杂的动态结构，自然才是一个尚未终结的过程，也才有变化、更新和发展的运动，从而为人类的创造和理想提供了各种可能。杜威说得好："一个纯粹稳定的世界不容许有幻想，但也就不会有理想了。""存在的动荡性的确是一切烦恼的根源，但同时它也是理想性的一个必要的条件；当它和有规则的和确定的东西结合在一起时，它就变成一个充足的条件。"而且"美感对象的理想意义也适用于这个原则而不是例外"②。

如上所述，这个包罗万象、变动不居、处在尚未完成的动态过程之中的自然，并不是各种事物和实体的堆积，而是一个运动中的有机整体。而造成自然的有机整体性的则是贯穿在杜威整个自然主义哲学之中的自然连续性。杜威认为："在自然中并没有孤立无关的事情，是彼此间的交互作用和联系又不是笼统的和完全相同的。"③ 在论及"自然界这种精密的连续性"时，杜威指出："一个东西很明显导致另一个东西，而后者又很精致地保持和利用以前所曾发生过的事情。"④ 这就是自然连续性的表现。这种连续性既是与自然本身同在的本性，同时也是自然变化发展的根源。

受达尔文的生物进化论的深刻影响，杜威十分强调对自然的连续性的"设定"。杜威指出："当我们认为自然是由许多事情构成而不是由许多实质构成时，它的特点就是具有许多历史过程（histories），即由始到终进行着的变化的连续。"⑤ 这里说的"事情"（或事件）就是有因有果、内在联系的过程。尽管杜威本人没有对自然的连续性做专门系统的论述，但这一原则性的思想却贯穿在他的几乎所有重要著作中。从分散在各处的论述中可以看出，杜威把这种连续性看作自然的重要本质，正是它造就了自然的有机整体性、自然变化的秩序和自然自身的生成发展性。

概括起来，自然的连续性的意义有这样几个层次：第一，具体的自然事物并不是孤立的、互相隔离的，而是相互联系的。这种连续不仅是

---

① ［美］杜威：《经验与自然》，江苏教育出版社 2005 年版，第 32—33 页。
② 同上书，第 42 页。
③ 同上书，第 174 页。
④ 同上书，第 176 页。
⑤ 同上书，第 3 页。

时间上的也在空间之中，不仅是历时态的也是共时态的，不仅是静态的更是动态的，并因此使自然成为一个有机的整体。第二，正是这种连续性，使自然有了自己的内在秩序和因果关联的规律，成为一个变化和发展的过程，赋予了自然界以自我生长性这样的生命特质，使自然具有生态进化的特质和趋势，从而在自然的连续性的运动中，有了有机体和人，因为"以单个的、分立的形式实现的连续性是这种生命的本质"①。第三，这种自然连续性贯穿在自然环境、人的身体和人的心灵之中，使其成为具有生命整体关联的存在，而且使人成为身心一体、追求行动的"活的生物"，使心灵具有能动的现实的作用和能量，甚至连人的想象也是"自然的一个工具"。第四，在自然的连续性中不仅生成了人的身心整体结构，也生成了人的身心结构与自然对应的关联。由于"身心的结构就是按照它存在其中的这个世界的结构发展出来，所以身心就会很自然地发现它的某些结构部分和自然是吻合的、一致的，而且也发现自然的某些方面和它本身是吻合的、一致的"。这样就出现了"自然、生命和心灵之间彼此适应的情况"②。第五，在自然的连续性所造成的互动共生关联中，才有了人与环境之间互动共生的交互作用，也才有了经验，并使自然自身在经验中显示出自己的存在和特性，使人能够运用自己的理性、智慧和行动去"调适"与自然之间的关系。第六，自然的连续性造成的变动对人展开了不同的情境，刺激、启示和促进人在对情境的探究中改变和调适自己与自然的关系，并以其在这个过程中达到的效用而生成工具性的意义和价值，使任何出现在自然之中的事物和行动都成为自然进化和发展过程中的一个中间环节。第七，自然的连续性还造就了经验的连续性，使自然能够在检验中现身，进而使经验在连续中成为一个认识和意义探究的过程，成为现实与理想互动的过程，从而能够通过创造性的行为推动人的成长和人类社会的进步发展。第八，正是在自然的连续性的发展过程中，人类的经验中有了审美的经验，审美的经验再发展为"一个经验"，这就有了艺术。"在艺术中，我们发现了：自然的力量和自然的运行在经验里面达到了最完备，因而是最高度的结合。……因此，艺

---

① ［美］杜威：《艺术即经验》，商务印书馆 2005 年版，第 25 页。
② ［美］杜威：《经验与自然》，江苏教育出版社 2005 年版，第 177 页。

术既代表经验的最高峰，也代表自然界的顶点。"① 从这个概括中可以看到，杜威的自然主义又被称为"进化自然主义"，应该说是很中肯的结论。在此值得注意的是，杜威所揭示的自然连续性中的"进化"，并不是那种直线型的发展，也不局限于对物质生产和生活水平的追求。其最高的理想是人性的全面发展和丰富，是人与自然社会环境之间的协调与和谐。

杜威对心灵的自然本性的论述具有特别重要的意义，值得充分重视。杜威指出："心灵不再是从外边静观世界和在自足观照的快乐中得到至上满足的旁观者。心灵是自然以内，成为自然本身前进过程中的一个部分了。心灵之所以是心灵，是因为变化已经是在指导的方式之下发生的而且还产生了一种从疑难混乱转为清晰、解决和安定这样指向一个明确方向的运动。"② 这样认识心灵，实际上就具有恩格斯说的"自然界的自我意识"的意义了。

与古典自然主义对自然的那种诗意和伤感的态度不同，杜威的自然观念经过了科学的洗礼。诚如坎贝尔所说："在杜威那里我们没有看到他对自然的赞誉。"③ 比起前辈如爱默生等超验论的自然主义者对自然的诗意的态度，杜威对自然的态度更倾向于科学的冷峻。在杜威看来，无论是自然之恶还是自然之善的观点都是可疑的。但是，自然在其连续性的运动中最终生成了有机体和人，它作为人的环境，在给人带来灾难的同时更多地为人类的生存和发展提供了条件，使人能够以其创造性的劳作调适自己与自然的关系并从自然中获得了生存和发展，又不能不说自然中蕴藏着为人的大善，并因此成为人类生存和发展的唯一可以依靠的存在。因此，杜威早在 1884 年，就在《新心理学》中谈到自然这个"经验的母土"即"人类这个巨人得到力量和生命"的源头，把自然比作母亲。在《艺术即经验》中，他指出："自然是人类的母亲，是人类的居住地，尽管有时它是继母，是一个并不善待自己的家。文明延续和文化持

---

① ［美］杜威：《经验与自然》，江苏教育出版社 2005 年版，第 5 页。

② ［美］杜威：《确定性的寻求》，上海人民出版社 2005 年版，第 224 页。

③ ［英］詹姆斯·坎贝尔：《理解杜威：自然与协作的智慧》，北京大学出版社 2010 年版，第 76 页。

续——并且有时向前发展——的事实，证明人类的希望和目的在自然中找到了基础和支持。正如个体从胚胎到成熟的生长与发展是机体与环境相互作用的结果一样，文化并不是人们在虚空中，或仅仅是依靠人们自身做出努力的产物，而是长期地、累积性地与环境相互作用的产物。"① 这就是说，自然乃是人类能够创造文化和文明的现实基础。

既然如此，杜威就提出了"忠实于我们所属的自然界"这个体现了鲜明科学精神的命题。他指出："作为它的一部分，无论我们是多么微弱，也要求我们培植我们的愿望和理想，以致我们把它们转变为智慧，而按照自然所可能允许的途径和手段去修正它们。当我们尽量运用我们的思想而把我们微薄的力量投入这种动荡不平的事物均衡状态之中时，我们知道，虽然宇宙在残害我们，我们仍然是可以信任它的，因为我们的命运总是和存在中一切好的东西相一致的。"这就是说，自然中有与人一致因而值得信任和依赖的东西。"这样的思想和努力乃是产生更好的东西的一个条件。若就我们而论，它是唯一的条件，因为它是唯一在我们力量范围之内的东西。"这就意味着，既然自然生成了人，自然是人的生命之母，就应该相信自然是我们的生存基础。"要求更多的东西，这是幼稚的；但是如果要求得比这还更少一些，这又是懦怯；期望宇宙符合和满足我们一切的愿望，这是一种自我中心的表现，把我们自己跟宇宙分割开来了，但是要求过低也同样是这样的。诚意地提出要求，如要求我们自己一样，就会激起我们一切的想象力，而且从行动中索取一切技能和勇气。"② 这段话说明，对于人类来说，自然既是可依赖的，又是可以和应该加以改造的。只要是"诚意地提出要求"，通过自己的努力，人不仅可以想望从自然得到更好的东西，还可以从中获得实现这更好的东西的一切技能和勇气。

杜威在这里要求的"忠实于自然"和对自然"诚意地提出要求"，体现了他说的对自然界的虔敬。针对人类对自然为所欲为的自我中心观念造成的后果，杜威还明确提出人在按照自己的尺度去改造自然时，必须尊重自然和宇宙的尺度。这是人的尺度所不可超越的尺度，为了适应和

---

① ［美］杜威：《人的问题》，上海人民出版社 1965 年版，第 28 页。
② ［美］杜威：《经验与自然》，江苏教育出版社 2005 年版，第 266 页。

把握这个尺度，人的智慧也应该自然化。既然不仅人的身体，而且人的理性、知识、意识、智慧即整个心灵都来自自然的连续性之中，人就必须按照自然提供的可能的条件和自然本身的尺度去"修正"它。人是追求价值的，而"价值的基础与实现价值的努力都是在自然界的范围以内的"①。这样一种洋溢着科学精神的自然虔敬的观念，比起那些诗化自然观深刻得多，自然主义得多，因此所具有的现实意义也巨大和切实得多。这对人类合理地处理与自然的关系，具有直接的原则性规范和智慧启示。在杜威看来，这种观念本身，也是自然教给人的，或者说是人从自然那里学到的。杜威使我们认识到，自然界乃是人类建设生态文明所必须具备的生态智慧之源。在这一点上，我们应该永远怀抱对自然的虔敬、诚意和忠实。当杜威把艺术看作自然发展的顶峰时，他的奠基于科学的自然主义仍然洋溢着审美的和诗意的韵致，自然的魅力被赋予了更多现实和理性的力量。

第二节 作为自然界的一部分并在行动中运用智慧探究成长的人

杜威论自然，关注的是人的根基和出处。从根本上说，杜威的哲学乃至整个实用主义哲学关注的中心还是人和人的生活与活动，这正是"自然主义的人文主义"的落脚点。正如刘放桐所说："总的说来，杜威等实用主义哲学家最关注的是处于现实生活中、或者说处于一定自然环境和社会环境中的人的生存和命运。如何通过人本身的行为、行动、实践来妥善处理人与人之间以及人与其所面对的世界（自然和社会环境）之间的关系，排除人所面对的各种困惑、疑难和障碍，由此使人不仅得以继续生存下去，而且还能求得发展，这些就是他们的哲学最关注的根本问题。实用主义正是由此被称为是关于人的实践和行为的哲学。"②

在人的问题上，首先面对的就是人与自然之间的关系。在论及经验

---

① ［美］杜威：《经验与自然》，江苏教育出版社 2005 年版，第 3 页。
② 王成兵主编：《一位真正的美国哲学家——美国学者论杜威》，中国社会科学出版社 2007 年版，第 5 页。

与自然的关系时，杜威指出："我们需要根据一种实践上的连续体来形成一种自然论和一种关于人在自然中（而不是人对自然的联系）的理论"①。这种"人在自然中"的理论，就是杜威的自然主义的人论最重要的观点。同对自然的认识一样，杜威对人的认识也是植根于那个时代的科学成就之上的。"仅仅在近一百年的实践内（事实上比这还少一些），生物学、文化人类学和历史，特别是关于'物种'方面的历史这类科学已经发展到了这样一个阶段，把人类和他的业绩完完全全置于自然界以内了。"② 把人看作自然的一部分，把人"完完全全置于自然界以内"，这就是杜威自然主义人论的根本点。

在杜威的经验自然主义哲学中，人不是作为与自然相分隔和对立的存在来对待的。他以彻底的自然主义观念看待人，把人看作自然的一部分，并且是由于自然的连续性而从自然之内生成的一个有机的部分。他认为，科学的实际发展已指出人是自然的一部分而并非与自然对抗的，这是"人在自然中的联系（而不是人对自然的联系）"。③ 而现代哲学"不幸地""建立了一个能知的中心和主体以与作为所知的'自然'相对抗。所以'能知者'实际上变成了自然以外的东西"。"这种在自然之外的能知'主体'，与作为'客体'的自然世界相对抗。"④ 反对和消解这种二元分隔对立的传统哲学，把人从超然于自然之上的绝对主体拉回到自然的大地上来，还人以生态本性的本来面目，乃是杜威的自然主义人论的根本精神所在。

这个在自然之中与自然联系的人，乃是一个"活的生物"：作为生物，人是来源于自然并生活在自然之中的；而作为"活的"生物，人又是有意识、有目的、有智慧的能动活跃的生命力量。《艺术即经验》全书就是从"活的生物"这个概念开始的。这一称呼明确地表达了他从达尔文来的生物学的观念，指出了人首先是自然生成物的根本性质。作为"活的生物"的人，在具有一切"生物"的生态本性的同时，还具有行

---

① ［美］杜威：《人的问题》，上海人民出版社 1965 年版，第 161 页。
② 同上书，第 250 页。
③ 同上书，第 162 页。
④ 同上书，第 241 页。

动、实践、想象和创造的特征；而这两个方面都表现为人与环境（自然的和社会的）之间的交互作用所形成的经验之中。"没有什么经验之中人的贡献不是决定事物实际发生的因素。有机体是一种力量，而不是一种透明物。"① 这就是对作为"活的生物"的人的积极能动的性质的明确肯定。概而言之，所谓"活的生物"就是行动的人。刘放桐指出："在实用主义的各种意义中，我觉得只有对行动、行为、活动、过程的强调，也就是对现实生活和实践的强调才是他们共同的理论取向，因而也指有这种意义才是实用主义的根本意义。"② 正是行动使人成为人，正是在行动中人才把自然连续性中的生命精神发扬到了更高的水平，使自己得以生存和发展。

人是生活在与自然环境交互作用形成的经验之中的，经验就是他的生活世界，就意味着他的存在。"在一个经验中，在物质上与社会上属于世界的事物与实践通过它们进入了的人的环境而变化，而同时，活的生物通过与先前外在它的事物的交流而得到改变与发展。"③ 由于自然的连续性，人的身心的结构就是按照他存在其中的这个世界的结构发展出来的，所以身心就会很自然地发现它的某些结构部分和自然是吻合的、一致的，而且也发现自然的某些方面和它本身是吻合的、一致的。"每一个这样的有机体总是在一个自然的环境中存在着，而它和这个环境总是保持着某种相适应的联系的。"④ 人在经验中与自然打交道，并且调适和改变自己与自然的关系。人的独特之处，就是说他既处在与自然和生物的连续之中，又超越于其他的生物。他追求生命的意义，他有心灵和想象，在顺应世界的同时他还要按照自己的需要和目的利用自然提供的条件去努力改善世界。杜威说自然是人的"母亲"，有时又是"继母"，生动而又准确地说明了自然对于人的两面性的关系：一方面，自然作为人的母亲为人提供了生活和发展的条件和基础；另一方面，人必须积极地努力，甚至备尝艰辛，通过自己不倦探究的行动才能从自然满足自己的需要。

---

① ［美］杜威：《艺术即经验》，商务印书馆2005年版，第274页。
② 王成兵主编：《一位真正的美国哲学家——美国学者论杜威》，中国社会科学出版社2007年版，第3页。
③ ［美］杜威：《艺术即经验》，商务印书馆2005年版，第274页。
④ ［美］杜威：《经验与自然》，江苏教育出版社2005年版，第177页。

在这个过程中，人有时还要遭遇自然的严厉教训和残酷折磨。

杜威特别强调人的内部自然与作为环境的外部自然之间的密切联系，由于这个联系，人与他所生活的世界乃是一个整体。他指出："生活并不是一种在有机体的表皮下面进行着的东西。它总是一种包含很广的事情，它包括有这个有机体以内的东西跟空间和时间上外在的东西之间的联系与交互作用，以及和外边更远些的高等有机体的联系与交互作用。"① "生物的生命活动并不只是以它的皮肤为界；它皮下的器官是与处于它身体之外的东西联系的手段，并且，它为了生存，要通过调节、防卫以及征服来使自身适应这些外在的东西。在任何时刻，活的生物都面临来自周围环境的威胁，同时在任何时刻，它又必须从周围环境中吸取某物来满足自己的需要。一个生命体的经历与宿命就注定是要与周围的环境，不是以外在的，而是以最为内在的方式作交换。"② 这些论述一再强调的就是，人作为"活的生物"是与它的环境相互依存并息息相通的，是一个整体性的生命存在，生命体的活动都是在这个整体中各种因素的相互作用中进行的。

杜威指出："哪里有生命，哪里就有行为、有活动。为了使生命继续存在，这种活动必须是持续的，与环境相适应的。而且，这种适应性的调节并不完全是被动的，不仅仅是环境对生物体的塑造。……它对环境有影响，同时也影响了自己。生物中没有只服从条件的东西，尽管寄生形式接近这一界限。为了保存生命，周围环境的某些因素就要改变。生命形式越高，它对环境积极地改造就越重要。"相对于野蛮人对环境的随遇而安，文明人更加积极地改造环境，"通过各种手段，他可以使荒野像玫瑰花一样开放"。这种改造乃是生命的内在力量的展示，并也因此"使经验变成了首先是做的事情"③。经验虽是"做"与"受"的交融，但没有做就没有受，没有做就没有经验。

杜威极为重视人的行动（实践）对于人的本质意义。他认为："人做

---

① ［美］杜威：《经验与自然》，江苏教育出版社 2005 年版，第 180 页。

② ［美］杜威：《艺术即经验》，商务印书馆 2005 年版，第 12 页。

③ ［美］杜威：《哲学的改造》，陕西人民出版社 2004 年版，第 48—49 页。

的什么，他就是什么。"① 在杜威看来，处在与环境的交互作用之中的人，必定是一个行动的人，做事的人，有所为的人，而不是抽象的或者只有意识的人。没有作用于环境的行动即"做"，就没有经验，人就不成其为"活的生物"。"做"对于人的进化，包括人的经验能不能具有审美的性质，能不能掌握和创造艺术，都极为重要。杜威主张人生的意义应从静态的认识和观赏转向动态的创造和体验，并不断地创生达到艺术境界的新经验，也使自己的本质在其中得以提升。

人既然是自然的一部分，他的行动也就不能随心所欲，而是既受自然激发推动，也受自然的深刻制约。对于如何控制人与环境的关系，杜威在《一个共同信仰》中做了更为具体的阐释。他说："'顺应（accommodation）''适应（adaptation）''调适（adjustment）'这些词常被视为同义词，而为了清楚思考必须对它们进行辨别。有一些生存条件我们无法改变。如果它们是特定的，我们就调节我们自己的态度顺应它们、我们要顺应天气的变化、收成的变化。当外部条件持续时，我们要逐步习惯。……这种态度叫做'顺应'，它是行为的一种特殊模式，主要是消极的，它会沦为宿命论的认输或屈服。还有另一种面对环境的态度，也是特殊的，但更积极。不是调整我们顺应环境而是调整环境使其满足我们的需要和目的。这种态度我叫做'适应'。""现在这两种态度合起来我称之为'调适'。"② 在"调适"中，人的能动性和创造性才充分表现出来，同时也表现出对自然的尊重。

在《经验与自然》中，杜威很欣赏他认为是"我们最伟大的美国哲学家"贺尔姆斯的观点，即"我们不想把我们的生存视为一个外在的小神灵的存在，而是在这个宇宙以内的一个神经中枢"。他接着阐释说："一个已经在经验面前揭露自己，而且经过训练达到成熟的心灵知道它自己的渺小和无能；它知道，它的愿望和谢礼，无论在知识或行为方面，都不是衡量这个宇宙的最后尺度，因而它终究还是变化无常的。但是它也知道，它对于权利和成就的这种幼稚的假定也不是一个将被完全遗忘的梦境。它意味着一个跟宇宙融会一体的境界，而这是要保持下来的。

---

① ［美］杜威：《人的问题》，上海人民出版社 1965 年版，第 131 页。
② 俞吾金主编：《杜威：用主义与现代哲学》，人民出版社 2007 年版，第 156—157 页。

这个信仰亦即它所激起的在思想上的努力和奋斗也是这个宇宙的动作，而它们，无论是多么的微小，在某种方式之下，也推动着宇宙前进。关于我们的重要性我们已经有一个比较正确的感知，即理解到，它并不是衡量整体的尺度，这跟我们相信我们以及我们的努力不仅对我们本身而且对于整体是有重要意义的这个信仰乃是一致的。"① 这段话里杜威对人的尺度与宇宙尺度的关系的论述，不仅告诉我们人应该怎样认知自己的生态本性，认识到人的尺度"不是衡量这个宇宙的最后尺度"，还提出把"推动着宇宙前进""跟宇宙融会一体的境界"作为人的最高理想。为此，人必须对自然怀有虔敬和忠诚之心，应该敬畏自然的尺度，从而把自己的智慧自然化。

人不仅与自然相融合和统一，他自身也是一个身体和心灵相结合的有机整体，即是一个身心整体的存在。杜威指出："如果人是在自然以内而不是在自然之外的一个小神灵，而且他是在自然以内作为能量的一种式样，跟其他的式样不可分离地联系着的，那么交互作用乃是每一种人类关系所不可避免的特性。思维，甚至哲学的思维，也不例外。"② 在论及感觉时又说："感觉的性质之中，不仅包括视觉与听觉，而且包括触觉与味觉，都具有审美性质。但是，它们不是在孤立状态，而是相互联系中才具有的；不是作为简单而相互分离的实体，而是在相互作用中具有的。"③ 这是说的各种感觉相互作用的整体性。进一步还有感觉与其他心理机能之间相互作用的整体性，肉体之身与心灵的整体性、人的存在与自我的整体性以及人与环境直至宇宙之间的整体性。在这样一个多层次的，既在空间上连续又在时间上连续的整体性中，人与他所在的世界就有了在审美经验中融为一体的可能，并从中获得生命的最高意义。正是由于这种植根于自然连续性中的身心一体性，人的心灵才能操纵自己的身体去实现自己的目的，在现实中产生理想，又用自己的行动把理想变成现实。

从自然中生成的人，首先是以个体的形态而存在的，他的个性及其

---

① ［美］杜威：《经验与自然》，江苏教育出版社 2005 年版，第 265—266 页。
② 同上书，第 275 页。
③ ［美］杜威：《艺术即经验》，商务印书馆 2005 年版，第 132 页。

自由应该受到充分的尊重。但是任何个体的人都是存在和生活于自然和社会之中的。因此，在杜威那里，个体的人不仅与自然紧密结合着，还在人际交往和社会关系中与社会紧密结合着。作为社会存在物的人，只有在社会中才能真正成为人。"个人主义"观念在杜威思想中经历了一个重大的发展进程，其间"个体"的概念发生了"一个非常的革命"，"个体的概念完全改变了"。杜威指出："个体不再是完全的、完善的、已完成的、为一个完整的形式的烙印所结合起来的各个部分所组成的一个整体。所尊称为个性的东西，这时候便是一种运动着的、变化着的、分散着的、而且尤其是首创的东西，而不是一个最后的东西。""只有心灵的变异具有社会性，用来产生更大的社会安全和更丰富的社会生活时，个体化了的心灵才能够不从一种轻蔑的意义上来认识。"① 作为自然一部分的人，同时也是生活于社会之中的。"以单个的、分离的形式实现的连续性是这种生命的本质。"② 这就是说，"人类和其他事物一样，同样也表明了既有直接的独特性，也有联系、关系的特性"，"每一个存在的东西，只要它是被认知的和可认知的，它就是在和其他事物的交互作用之中了"③。"没有任何人和任何心灵仅通过独处而得到解放。"④ 人是社会存在物，个体的生存离不开社会，也只有在社会中才能够实现其意义和价值，这就决定了个体的社会化的必要性。杜威深刻而严厉地批判了现代"商业文明"造成的"经济个人主义"对个性的压抑和抹杀，提出应当"形成一种新个性——既有内在的整合，又具备在个性赖以存在的社会中发挥作用的被释放了的功能"。这就是他的把个人与社会、个性与社会性融合起来的"新个人主义"的主张。坎贝尔认为："杜威的经过重构的个人主义并没有忽视个体性。他没有忽视多样性的现实；但是他关注的重点在于这种多样性如何有利于共同的利益。""在杜威看来，自我的实现源于对社会的积极参与，尤其是参与解决社会问题的创造性的事业。"⑤ 杜威这些对于人的个

---

① ［美］杜威：《经验与自然》，江苏教育出版社 2005 年版，第 138 页。
② ［美］杜威：《艺术即经验》，商务印书馆 2005 年版，第 25 页。
③ ［美］杜威：《经验与自然》，江苏教育出版社 2005 年版，第 113 页。
④ ［美］杜威：《新旧个人主义》，上海社会科学院出版社 1997 年版，第 252 页。
⑤ ［英］詹姆斯·坎贝尔：《理解杜威：自然与协作的智慧》，北京大学出版社 2010 年版，第 54—55 页。

性与社会性的关系的思想，无疑是十分深刻而精辟的。

在杜威看来，人性不是不可改变，而是具有可塑性的。在《人性改变吗?》中，杜威针对那些主张人性不变的观点明确指出："人性的确改变。"① "文明本身便是人性的改变之结果。"他认为："关于人性的无限制的可塑性的看法是正确的。"② 在他看来，正如自然本身在其连续性中生长发展一样，从自然界继承了这种生成性本质的人也具有可塑性。基于这种可塑性，人才在与环境的交互作用的经验中得以成长、发展和进步。在这里，造成这种发展的根本原因就是人在探究性的情境中发挥"理智"和"智慧"对不断改善的目的的追求。正是出于对人性可塑性的认识，杜威才把"生长"确立为自然发展的最高目标，把自己对于价值的终极关怀寄托在这种可变的"生长"之上。这实际上就揭示了人和人性的生态生成性的本质。

最后，涉及美学，杜威不仅把作为自然发展顶点的艺术归根于人与自然环境交互作用形成的"一个经验"，从而把艺术看作人对自然能动作用的产物，而且还认为人是"使用艺术的存在物"，这无疑是一个关于人的极为重要的观点。杜威认可柏格森把人叫作"制造工"的观点，认为人是制造工具的动物。杜威强调认为了实现自己的目的，应该运用智慧找到与目的一致的工具和方法，而艺术正是以目的与方法高度一致为特征的。人应力求使自己的行为和活动艺术化，因此人就成了使用艺术的存在物。杜威指出："那种将人看成是使用艺术的存在物的观念，既是构成人类与人类之外自然之区别，也是构成人类与自然联结之纽带的基础。一旦艺术作为人的独特特征的观念被确认，那么，只要人类没有完全堕落到野蛮状态，不仅继续使用就艺术，而且发明新艺术的可能性就会成为人类的指导性思想。尽管由于在艺术的力量被充分认识之前所建立的传统阻止人们对这一事实的认识，科学本身却是一个产生和使用其他艺术的核心艺术。"③ 把人看作"使用艺术的存在物"，表达了杜威对人的理性、智慧和能力的最高期许，也体现了他希望把艺术带到生活的一切

---

① ［美］杜威:《人的问题》，上海人民出版社1965年版，第150页。
② 同上书，第155页。
③ ［美］杜威:《艺术即经验》，商务印书馆2005年版，第26页。

领域，特别是带到改变世界的行动之中的希望。联系到杜威关于艺术是自然界发展的顶点的观点，即人是"使用艺术的存在物"，就是说人最终将把自己塑造为使用艺术去继续推动自然的发展，而这样艺术化了的人也就是自然发展的顶峰了。通过艺术这个"人类与自然联结之纽带的基础"，人类与自然的协调与和谐的理想最终会变成现实。人不仅有理想，而且是"力行的理想主义者"，他要在实现理想的行动中实现他自己的可能。在此，可以看到杜威对于自然发展和人性全面生成的热忱信念。

对于人的能动性，杜威既高度重视而又处处警惕。比如，他在指出人对"主观主义"的认识所具有的解放作用的同时，还警告人们在实践中避免主观主义。他指出："这样经常地强调改变我们自己而不注意改变我们在其中生活的这个世界，在我看来，就是'主观主义'中值得我们反对的东西的实质。""这丝毫也不意味着，改变个人的态度，改变'主体'的性向并不重要。反之，在任何改变环境条件的企图中都包括有这一类的改变。但是把改变自我当做是一个目的来加以培养和珍视，（与那种——笔者注）把改变自我当作一个手段，通过行动来改变客观条件，这两者是截然不同的。"① 这就是说，人在重视改变客观世界的同时，也要重视"改变自我"，而不能故步自封，应当永远保持一种开放和包容的心态。尽管杜威的民主主义观念已经超越了流行的民主政治模式，他仍然清醒地指出："作为生活方式的民主主义不能站着不动。如果它要继续存在，它亦应往前走，去适应当前的和即将到来的变化。如果它不往前走，如果它企图站着不动，它已开始走上导引到灭亡的道路。"② 在流行的民主模式遭到尖锐质疑的今天，杜威对于民主主义的这种开放心态是十分可贵的，其中蕴含着对于人性进步的深沉关怀。

第三节 在人与环境交互作用中生成并
作为人的生命存在的经验

杜威把自己的哲学称为"经验的自然主义"或"自然主义的经验

---

① ［美］杜威：《确定性的寻求》，上海人民出版社 2005 年版，第 212—213 页。
② ［美］杜威：《人的问题》，上海人民出版社 1965 年版，第 35 页。

论"，说明了"经验"在其哲学思想中的极端重要性。"经验"作为哲学改造的重大成果，乃是实用主义哲学的核心范畴。在杜威的哲学体系中，"经验"乃是其全部理论的出发点，其他的理论都围绕这个轴心运转或展开。

对自己的"经验"概念的独特内涵和自然主义本质，杜威做了明确而深入的阐述。他指出："经验既是关于自然的，也是发生在自然以内的"，"被经验到的并不是经验而是自然"，是外部自然的事物如石头、植物、动物等"与另一种自然对象——人的机体——相联系"时"被经验到的方式"。"经验到达了自然的内部，它具有了深度，它也有宽度而且扩张到一个有无限伸缩性的范围。""经验是这样一类的事情，它深入于自然而且通过它而无限制地扩张。"① 通过经验，人才在"做"与"受"的融合之中感受自己与自然的关系，认识和估量相应的现实条件，把握合理地改造自然以使之与自己的目的更为和谐的可能性和合理尺度。经验之所以能够如此，其根本原因在于自然本来就具有自我生成的生态本性。正如坎贝尔指出的："同詹姆斯一样，对杜威来说'经验'是一个具有'双重含义'的概念，它既可以指人类有机体与环境互动的过程（process）也可以指互动的内容（content）。"② 因此，杜威非常重视经验与自然之间的内在联系。

针对有人用"以人类为中心"对其经验论的批评，杜威特别阐释了经验与自然的关系，反复强调经验与自然之间的连续性，并据此阐明他所说的经验的特殊内涵和意义。正是在与自然的密切关系中，他的经验论才显示出鲜明而独特的自然主义本色。

在《哲学复兴的需要》一文中，杜威对传统的认识论性质的经验论和他自己的经验论做了如下比较：第一，在正统的观点中，经验首先是一种认识事件。但如果不以老眼光来看，它无疑就表现为生命体与物理环境及社会环境之间的交流。第二，在传统中，经验是（至少主要是）一种精神性的东西，它影响着整个"主体性"。经验自身意味着一个真实

① ［美］杜威：《经验与自然》，江苏教育出版社 2005 年版，第 3—4 页。

② ［英］詹姆斯·坎贝尔：《理解杜威：自然与协作的智慧》，北京大学出版社 2010 年版，第 68 页。

的客观世界，它进入到人们的行为和痛楚之中并接受后者的改变。第三，一旦已确立的原理意识到应该超越只有现在的存在，过去这一维度无疑会被考虑。对已发生事件的记录将优先被考虑为经验的本质。于是，经验主义就被理解为对过去存在的事件，或对"所与"的关注。但经验的最重要的形式是实验，是改变"所与"的努力。它是以规划和探寻位置领域为特征的，与未来的联系是其最重要的特征。第四，传统的经验论可以被归结为特称论。关联与延续性被排除在经验之外，被视为不确定的有效性的副产品。而对环境的忍受及向着新方向来控制环境的努力等经验，确实孕育在上述关联之中的。第五，在传统的观念中，经验与思维是对立的术语。一旦不是对过去所与的复现，推论就超越了经验，因而它或者是无效的，或者是对绝对的衡量尺度。以经验为跳板，我们凭借推论就可以了解稳定之物及其他自我的世界。但是一旦脱离了陈旧观念的束缚，经验中就充满了推论。很明显，没有有意识的经验不包含推论，反思是天赋的和永恒的。[①] 在评述杜威的上述比较时，塔利斯指出："比较而言，杜威的经验概念不是对外部世界的被动的记录，而是与外部世界发生互动的行为事件。从生命体与环境中的其他因素之间的互动这一角度来理解，经验主要关注被规划的未来以及被改造的环境。"[②] 这正好揭示出杜威的经验论与传统经验论之间最重要的区别。这就是说，从人与环境交互作用而发生的经验，就是人所存在和生活的世界——它既是物质的也是精神的，既是身体的也是心灵的，既是客观的也是主观的。在经验中，人与自然、物质与精神、主观与客观的二元分割和对立被消融，作为环境的自然和作为自然的一部分的人基于自然的连续性而互动共生于自然的有机整体之中。在这里，人和经验都属于自然，是自然的生态整体性的发展和表现。通过经验，自然才成为人的存在的本体，而人的直接生命活动的本体就是经验。在这个层面上，经验对于人就具有了存在论意义上的本体意义，这正如冯平所说，杜威实际上建立了一种经验存在论。这种存在论"认定我们只有一个世界，一个我们经验的世界，一个我们与周围环境交互作用的世界。这是一个我们生活着行动着

---

① ［美］罗伯特·B. 塔利斯：《杜威》，中华书局2002年版，第54—56页。
② 同上书，第55页。

的世界，一个我们需要思考、需要认识的世界，一个我们受其影响也通过行动而影响着的世界"①。

在论及经验与自然的关系时，杜威指出："如果有一种哲学否认作为经验的事物与过程有可能形成一条通往自然世界的道路，那么在这背后它就必然是受这样的一种假定所支配着的：即在自然与人之间，所以也在自然与人类经验之间是没有连续性的。总而言之，在这里便产生了一个根本问题：经验本身是属于自然的吗？是自然的一种行动或表现吗？或者说，它是在任何真实意义之下外自然的、潜自然的或超自然的，某种外面附加上来的东西吗？"② 对此，杜威的回答很明确，他说："有一种对于经验的看法，它把经验和自然联系起来、和宇宙联系起来，但是它却是根据自然科学中所获得的结论而形成的。"③

"经验本身是属于自然的"，经验"是自然的一种行动或表现"——杜威说这就是它的哲学中的"一个根本问题"。正是对这个根本问题的回答，使经验在杜威哲学中具有了自然主义或者自然主义的人文主义的本质。这样的经验观念，也就具有生态整体性和生态生成性的深邃内涵。

人生活在自己的经验之中。经验中自然和人交互作用的"做"与"受"的融合不仅构成了人的生命存在的真实，而且也构成了人所生活其中的情境。任何经验都是一定情境之中的经验，都存在于一定的经验情境之中。情境的变化会影响经验的变化，而经验中的探究更会能动地改变情境的性质。由于经验自身的连续性及其对情境的作用，它不仅综合了人与环境的现实关系，而且是面向未来，可以创造未来的。在人与环境的互动中包含着改造和改善现实使之更符合人的理想性目的的意向和行为冲动，其中蕴藏的从现实到理想积极变化的趋势和努力，正是其生成性精神所在。杜威所极端重视的发展、生长和成长，就是这种生成性精神的具体表现。显然，经验并不是孤立静止的，而是一个动态的探究发展的过程。任一经验都只是现实发展的一个环节，其中包蕴着向未来发展的愿望和对现实发展的可能性的预见和展望，乃至对行动智慧和方

① ［美］杜威：《评价理论》，上海译文出版社 2007 年版，第 6 页。
② ［美］杜威：《人的问题》，上海人民出版社 1965 年版，第 159 页。
③ 同上书，第 158 页。

法的启示。

显然，杜威说的经验，实际上就是自然和人互动生成的生命事件及其现实表现，他因此也是一个具有内在连续性的过程。正因为如此，塔利斯才说："通过这种比较，我们较合理地、完整地了解了杜威的经验论。这一概念为杜威哲学的其余部分提供了基础。"[①] 从这个自然主义的本质出发，经验才在具有人的世界本体意义的同时，还具有了认识论、实践论、价值论和艺术论（美学）的意义。

值得注意的是，由于英国心理学中传统的经验观念的影响之深，极容易造成读者误读或理解上的困难，晚年的杜威曾经表示要放弃"经验"这个概念。他在 1951 年写道："如果我现在写作（或重写）《经验与自然》这本书，我将会把这本书取名为《文化与自然》并且对主题的处理也将作出相应的调整。我会放弃'经验'这个术语，因为我越来越意识到，从各种可行的意义上讲，阻碍按照我的用法来理解'经验'的历史障碍是难以克服的。我会用'文化'这个术语来代替它，因为文化现在已经确立的含义能够充分地和自由地表达我关于经验的哲学思想。"[②] 杜威愿意用"文化"取代"经验"，这对于理解其"经验"的独特含义无疑具有重要的启示意义，说明他的经验不仅与过去经验主义的经验存在着本质的区别，而且具有更加宏大深远的生命内涵和生态意义。

重视"力行"的杜威非常强调人的实践和行动对于经验的意义。在他看来，如果没有人的行动即"做"，就不会有经验。正是人对环境进行积极改造的行动，"使经验变成了首先是做的事情"。"动作和体验或经历的形式的密切联系就是我们所称的经验。"同时他又指出："毫无联系的动作和毫无联系的体验都不是经验。"[③] 因为只有这种联系中形成的经验，才提供关于事物因果的知识，启发改变事物的智慧，从而对生活发生影响。"一件事暗示并意味着另一件事，那么就有了意义重大的经验。"[④] 在经验的连续中，不仅自然得以现身，而且自然的连续性也能够为人所领

---

①　［美］杜威：《人的问题》，上海人民出版社 1965 年版，第 56 页。

②　［英］詹姆斯·坎贝尔：《理解杜威：自然与协作的智慧》，北京大学出版社 2010 年版，第 67 页。

③　［美］杜威：《哲学的改造》，陕西人民出版社 2004 年版，第 49 页。

④　同上书，第 50 页。

会和认知。这样一来，经验也就为人感知和认识自然世界和人自己的活动提供了可能。而这就是经验的认识论意义所在——这实际上是一种实践论的认识论。

在杜威这里，经验并不像某些人所说的那样只是停留于感性的浅表的层次，而是能够向自然深入探究和扩展推进的生命活动进程。杜威很重视人的理性在提升和深化经验的认识论意义上的作用，这主要表现在他提出的"两种经验"及其相互关系的理论。所谓"两种经验"，指的是原始经验（原初经验）与反思经验（反省经验）。杜威要求"把原始经验中的粗糙的、宏观的和未加提炼的（内容），和反省中的精炼过的、推演出来的对象之间进行对比"，认为这是从经验认识事物的一个"合适的开始"。这就是要运用理性对原始经验进行反思，从而形成反思经验。这样"推演出来的和提炼过的产物之所以被经验到，仅仅是由于有了系统的思考参与其中的缘故。科学和哲学的对象，明显地主要属于第二级的和精炼过的体系"①。这就说明两种经验的区别所在。原始经验是直接感性的、第一级的经验，反思经验则是经过"系统的思考"的、第二级的经验。

关于两种经验的关系，杜威说："原始经验中的题材产生问题并为构成第二级对象的反省提供第一手材料，这是很明白的。对于后者的测验和证实，要通过还原于粗糙的或宏观的经验中的事物。"这是说的原始经验对反思经验的作用：一为后者提供第一手的材料，二对后者进行检验。那么反思经验的作用呢？杜威又说："它们解释原始的对象，它们使我们能够通过理解去掌握这些原始对象，而不是仅仅和它们有感性的接触。"②这就是说，反思经验的作用一是解释和理解对象，二是从理性上把握对象。而只有从理性上把握了对象，才能懂得对象所具有的性质和联系、机能和意义，也才能进一步以智慧的方法去作用于对象以有效地改变自己与对象之间的关系，使对象满足自己的需要，从而实现生活的目的。

在两种经验之中，杜威极其重视"原初经验的原始性和最后性"，它不仅可以验证反思经验，而且以其比反思经验更丰富的内涵启迪和推动

---

① ［美］杜威：《经验与自然》，江苏教育出版社 2005 年版，第 5 页。

② 同上书，第 6 页。

反思经验的深化。对于原初经验中存在的那些模糊不清的领域，杜威认为应该充分重视，因为正是在这些模糊领域里隐藏着扩展和深化既有经验的题材和力量。但是，他也强调了对原初经验进行反思的必要。他清醒地认识到人的主观意识包括习惯和偏见等在形成经验中的影响。如果把经验的一切只是看作客观的整体的存在，而看不到人的动作和状态的主观作用，就会陷入对客观事物及其命运的屈从。经验作为人的经验，正因为其中有人的作用，才可能成为可以控制的过程，才可能发挥人的探究在其中的作用，从而使经验成为探究的过程，以及人在其中通过探究可以不断成长的过程。因此，杜威指出："从这个意义讲来，承认主体是经验的中心，并随着发展了'主观主义'，这标志着一个巨大的进步。""承认主观心灵，而说它配备有一套心理的能力，这乃是使自然力能够成为达成目的之工具而为人所利用的一个必要因素。"① 正是在这个意义上，对原始经验的反省使人在警惕自己不要把经验简单地当作客观对象的同时，也使经验成为自己认识和改造客观事物和环境的有效工具。两种经验及其相互关系的理论，乃是杜威提倡的"经验的方法"的主要内容，这就赋予他说的经验以重要的方法论意义。

连续的经验作为人与自然环境交互作用的变化着的过程，不仅具有认识的意义，还由于人的能动作用，使之具有实践的意义。"经验是解放的力量。经验意味着新事物，它为我们排解对过去的坚持，它揭示新事实和真理。对经验的信任产生的不是对习俗的忠诚，而是进步的努力。"② 正是在经验中，人通过对情境的反思和探究，才有发现新因素、新联系、新变化、新事物、新力量的可能，于是在现实中孕育出理想和实现理想的智慧与力量。杜威指出："从前，人只是用他先前经验的结果来形成习俗，这些习俗后来被盲目遵守或盲目破坏。现在，旧的经验被用来提出目标和方法，用以发展新的、改进了的经验。"③ 自然界本来就有的生态生成性就这样通过人的积极行动而更加鲜明生动地表现出来，自然通过自己所生成的人的行动，在更高的水平上实现了它自我生成的生态本性。

---

① ［美］杜威：《经验与自然》，江苏教育出版社2005年版，第9页。
② ［美］杜威：《哲学的改造》，陕西人民出版社2004年版，第52页。
③ 同上书，第54页。

　　杜威又把经验主义称为实验主义，这是一个极为重要的观念，因为正是实验性才显示了杜威所说的经验的实践性的本质特征。这正如杜威自己所说："当经验不再是经验的，而是实验的，有重大意义的事情就会发生。从前，人只是用他先前的经验的结果来形成习俗，这些习俗后来被盲目遵守或盲目破坏。现在，旧的经验被用来提出目标和方法，用以发展新的改进了的经验。结果经验就变得积极的自我调节了。"① 所谓"积极的自我调节"正是人的实践行动的生态本质。杜威又说："对于这样以建设的形式用于新目的的经验主义建设，我们命名为智慧。"于是，这种能动的、积极面向未来的经验就与现实地改变事物现状的智慧和理性相通了。② 杜威认为理性作为实验的智慧，按照科学的模式孕育，它的运作往往经受经验的检验和修正，从而使行动更少盲目，更有方向。这样的智慧不是教条，而是灵活的。经验不仅生成智慧，而且还在自身的变化中发展智慧，推动智慧适应变化了的环境和关系。僵化了的智慧不是真正的智慧。经验总在变化之中，并推进和滋养智慧的提升。

　　杜威非常重视理论与实践的结合与统一。在他看来，消融了主观和客观、精神和物质、心灵和身体、行动和感受之间的壁垒的经验，就是实现这种结合和统一的基础。他指出："脱离了具体行动和造作的理论是空洞无用的；而脱离了理论的实践也只是直接抓住了当时条件所允许的机会和享受而没有理论（知识和观念）的指导。理论和实践的关系不只是一个理论问题；它是一个理论问题，但也是人生中最实际的问题。因为这个问题要考察智慧是怎样指导行动的而行动又怎样可以由于不断洞察意义而获得的后果；所谓洞察意义就是清晰地了解有价值的价值和在经验对象中保证获得价值的手段。"③ 显然，杜威的经验具有鲜明的实践性品格。他不只是具有存在论和认识论的意义，还具有实践论的意义。正是因为如此，杜威的哲学被视为一种特别重视方法与智慧的实践哲学。

　　杜威所说的经验在人的生活世界中是一个多种形态共存互补的复杂结构。在日常使用的一般经验之外，由于目的、态度造成了具有不同内

---

① ［美］杜威：《哲学的改造》，陕西人民出版社 2004 年版，第 54 页。
② ［美］梯利：《西方哲学史》下卷，商务印书馆 1979 年版，第 55 页。
③ ［美］杜威：《确定性的寻求》，上海人民出版社 2005 年版，第 217 页。

容、性质和功能的经验，比如教育性经验、宗教性经验和审美经验，等等，而在审美经验中，又有完满而生动地表现了自然和人的生成性生命精神的"一个经验"，这就是艺术。诚如亚历山大·托马斯所说："经验的终极目的是审美。审美标志着经验成为积累的表现与内部价值这种可能性的实现。因此审美就变成了对于任何哲学理解的最终关怀。"① 至此，自然在经验中发展到了自己的顶峰，那就是艺术。

第四节　有效地指导人的行动以推动自然和人发展的效用价值

实用主义是杜威从皮尔士和詹姆逊那里继承并加以发展的学说原本的名称。从这个名称的意义上看，杜威的哲学就主要或者说本质上就是一种价值哲学。杜威说："哲学真正具有重要性的领域，即在价值领域内对人类活动所可能进行的指导。""认识的结果并不从属于任何实现设想的价值体系或任何预先决定的实际目的的（如把'改革'这个有用的意义固定下来），而毋宁说是强调为了更宽宏而自由的人类活动的利益而改造先有的目的和价值。"② 作为"活的生物"的人本来就是追求意义和价值的生命存在。以人和人性生成和成长为现实关注主题的杜威哲学，也就必然赋予"价值"范畴以灵魂一样的地位。正如许多论者所指出的，杜威的哲学在本质上就是一种价值哲学，而这正是其作为一种实践哲学的灵魂所在。在杜威看来，哲学研究的根本目的和功能就是要为人类有效地行动提供智慧，而人类行动是否有效的关键则在于对价值的认知和判断。因此，如何形成能够有效地指导行动的价值判断和价值选择，就成了杜威的价值哲学的核心内容。

杜威的价值哲学首先表达了对满足日常需要的世俗价值的重视和追寻，力求使哲学为世俗价值的实现给予助力。应该说，这正是以杜威为代表的实用主义哲学作为"大地哲学"的优胜之处，鲜明地表现了那个

---

① ［美］亚历山大·托马斯：《杜威的艺术、经验与自然理论》，北京大学出版社2010年版，第4—5页。

② ［美］杜威：《人的问题》，上海人民出版社1965年版，第164页。

时代的"美国精神"求真务实的一面。但是，杜威的价值关怀并不局限于此，而是高远得多。它并不是像很多人所认为的那样仅仅关注世俗的甚至庸俗的价值，而是在世俗关怀的基础上，还进一步指向对自然发展、社会进步、人性成长和人与宇宙如何能够融为一体这样的超越性价值。这种具有终极意义的价值关怀，使杜威哲学的生态内涵跨越式地达到了当今生态价值论的制高点。

杜威价值哲学的内涵丰富而深刻。那么，他是怎样理解"价值"的呢？

诚如杜威所说："原来人们根据是否符合与先在对象的情况来构成他们关于价值的观念和判断，而我们现在要在对事物所产生的后果的认识的指导下来构成可享受的对象；这个变化是从回顾过去变为瞻望未来的一个转变。"① 杜威不是以某种先在的观念或标准来规定价值，而是从事物和行动的实际效用来判断价值的。这就是一种踏踏实实站在现实大地之上，并且在大地上追求和实现理想的价值观。因此，有论者说："杜威的价值哲学是颠覆性的。"说"杜威以'行动'为核心展开了一场价值哲学的哥白尼式的革命"②。

杜威是从人在与自然环境的交互作用时的实践活动即"行动"出发来考察价值的。他指出："人们要求哲学成为关于实践的理论，它所运用的观念非常明确，能够在试验活动中发生作用，从而可以使实际经验统一起来。哲学的中心问题是：由自然科学所产生的关于事物本性的信仰和我们关于价值的信仰之间存在着什么关系（在这里所谓价值一词是指一切被认为在指导行为中具有正当权威的东西）。"③ 说"所谓价值一词是指一切被认为在指导行为中具有正当权威的东西"，就指出了价值应该是能够有效地指导人的行动并具有规范选择的权威的东西。这就是说，人的行动不是怎么都可以的，也不是只要能满足一己的任何欲望就可以的，而是应该具有价值，能够实现价值。所谓"效用即价值"，实际上是对这个具有丰富而深刻内涵的命题的简化。

---

① ［美］杜威：《确定性的寻求》，上海人民出版社 2005 年版，第 210 页。
② ［美］杜威：《评价理论》，上海译文出版社 2007 年版，第 1 页。
③ ［美］杜威：《确定性的寻求》，上海人民出版社 2005 年版，第 197 页。

在杜威看来，价值不是孤立的存在，而是存在于作为"活的生物"的人与事物和世界的积极的交互作用之中的，即人以自己的动作与自然发生的关系之中的。他认为，"交互作用乃是每一种人类关系所不可避免的一个特性"，因此，"把知识、静观、爱好、兴趣、价值或者其他等等跟动作孤立起来的这个观点本身，就是认为事物能够脱离与其他事物的积极联系而存在和被认知的这个见解的一种残余"①。杜威把自己的经验自然主义哲学称为自然主义的人文主义，他的价值理论是他作为一个人文主义者的价值论。这正如有论者指出的："杜威的经验哲学，不是一种传统意义上形而上学理论。而是一种立足于人，以人为本的价值理论。"②把作为价值主体的人置于其与自然和社会环境相互作用这样的生态关系中来认识，进而确立价值的存在的本体根源及其客观性，乃是杜威价值观的本质特征所在。在杜威哲学对超越性理想的执着寻求中，他的价值关怀深入到了对人和人性生成与自然和社会环境的相互关系的层面，深入到人赖以生存的"大地"的安全和繁荣，而这种最根本的生态关怀正是一种深度的人文关怀；或者说，在杜威价值哲学的人文关怀中深蕴着对自然和人与自然的关系的生态关怀，他已经把今天还在争论的"为人"的和"为自然"的两种对峙的生态价值观念统一起来了。这种实际上包含着对人的生态处境的价值关怀，充分显示了自然主义的人文主义的"深绿"特色，应该说是杜威价值观中极其重要而宝贵的内涵。

在杜威看来，价值乃是存在物所产生的，是独立于思想和判断之外而为我们所经验到的，因此价值本身也是一种存在，也是一种事实，即"价值事实"；即使对价值的评价判断亦即价值判断也是一种事实判断。在《人的问题》中，他首先使用了"价值事实"这个概念，认为事实与价值的关系问题，就是"价值事实"与其他事实的关系的问题。③ 这就跟那些把价值包括审美价值仅仅归于人的主观需要和态度的观点有了根本的区别，而肯定了价值和审美价值的科学性与客观性。杜威的这个观点，体现了生态思维中价值论与真理（认识）论在本体论基础上相统一的意

① ［美］杜威：《经验与自然》，江苏教育出版社 2005 年版，第 275 页。
② 王守昌、苏玉坤：《现代美国哲学》，人民出版社 1990 年版，第 85 页。
③ ［美］杜威：《人的问题》，上海人民出版社 1965 年版，第 231 页。

向。即使从"有用（效用）即价值"的角度看，所谓"有用"也实际地存在于人与环境的交互作用之中，存在于这种交互作用对人和人性的生成的实际效用之中。把价值首先认定为一种事实存在，即承认事物和行动的价值存在于具体的经验情境之中，这就为对价值的科学认知和论证提供了可能。这就是说，价值不是抽象的和孤立的存在，而是情境性的，随着情境的变化价值也会变化。因此，只要在特定的情境中审视价值，它作为事实的客观存在就是可以认证的。

为了避免对实用主义价值论的庸俗理解和非议，杜威在《确定性的探求》中深入阐述了真正的价值与所谓"享受"之间的关系。他指出："我们不能把任何享受的东西都当作价值，以避免超验绝对主义的缺点，而必须用作为指挥行动后果的享受来界说价值。如果没有思想夹入其间，享受就不是价值而是有问题的善；只有当这种享受以一种改变了的形式从智慧行为中重新产生的时候，它们才变成了价值。当代经验主义价值论的根本缺点在于：它只是把社会上所流行的，把实践所经验到的享受当作就是价值本身的这种习惯加以陈述和合理化而已。它完全规避了如何调节这种享受的问题。""我们对我们所爱好的和所享受的事物的直接和原来的经验只是所要达到的价值的可能性；当我们发现了这种享受的出现所依赖的关系时，这种享受就变成了一种价值。"这就是说，并非任何享受都有价值，享受还必须接受思想的调节，还应该有更高更深的意义。"我们可以指出，在所享受的东西和可享受的东西、所想望的东西和可想望的东西、使人满意的东西和可以令人满意的东西之间是有差别的。"① 这就是说，只有当享受不是仅仅局限于此时此刻的感受，而是能够引起后续的结果，从而包含着发展和成长的趋向与意义，它才成为价值。在这里，我们可以清楚看到，在杜威价值观中贯穿着自然连续性和生成性观念的根本精神。如果说杜威所说的价值有一个内在的坐标的话，那就是他对自然发展、社会进步和人性成长的没有终结的追求。所谓指导行动的有效性，指的就是实现这种追求的有效性。

在《哲学的改造》中杜威直截了当地指出："成长本身是唯一的道德'目的'。"他在论及这个道德的目的时这样说："发展、改善和进步的过

---

① ［美］杜威：《确定性的寻求》，上海人民出版社 2005 年版，第 200 页。

程，而不是静止的成果和结果，变得重要。不是作为一成不变的目的的健康，而是健康所需的改善——一个连续的过程——才是目的和善。目的不再是要达到的终点或极限。他是改造显存状况的积极过程。生活的目标已不再是作为最终目标的完美，而是完善、成熟、提炼的持久过程。诚实、勤劳、节制、正义，同健康、财富和学问一样，不是人们要占有的善……它们是经验的性质变化的方向。发展本身是唯一的道德'目的'。"这样一来，"道德生活就不至于陷入形式主义和僵硬的重复，而是灵活、充满活力、发展的"①。杜威的道德理论也因此被称为"成长伦理学"。正因此，洛克菲勒才说："成长观念是贯穿在杜威的心理学、教育理论、道德生活理论和社会哲学中的枢纽性主题。"② 可以说，成长观念也是杜威价值观的"枢纽性主题"。对于这个主题，杜威极其执着。他说："政府、生意、艺术、宗教、所有社会制度都有一个意义，有一个目的。那个目的就是不考虑种族、性别、阶级或经济地位而解放并发展个人的能力。换句话说，它们价值的检验就在于在多大程度上能够教育个人，使其达到其可能性的极致状态。民主有许多意义，但是如果它有道德意义的话，它的意义在于，所有政治制度和实业组织的最高检验将是它们对社会每一个成员的全面发展所做的贡献。"③ 由此可见杜威所说的"成长"的内涵所具有的广度和深度。与此相关，杜威关于人的尺度与宇宙自然尺度的关系的论述，作为其价值论的重要内容，更是彰显出其价值观的生态精神的重要内容。

价值是要指导行动去取得实际效用的。为此，就需要有正确的价值判断来进行调节。"如果享受就是价值，价值判断就不能调节喜爱所采取的形式；它不能调节它自己的条件。想望、意愿以及行动便得不到指导了，而调节它们形成的问题却是现实生活中最主要的问题了。总而言之，价值固然是内在地和爱好联系着的，但是它不是跟一切爱好联系着的，而它所联系的喜爱乃是在检验过所爱好的对象所依赖的关系之后曾经为判断所许可的爱好。凡偶然的喜爱是自然发生的一种爱好，人们既不知它是怎样产

① ［美］杜威：《哲学的改造》，陕西人民出版社 2004 年版，第 101—102 页。
② 王守昌、苏玉坤：《现代美国哲学》，人民出版社 1990 年版，第 433 页。
③ ［美］杜威：《哲学的改造》，陕西人民出版社 2004 年版，第 106 页。

生的，也不知它将产生什么结果。在这种偶然的爱好和因为人们判断它是值得人们所具有而加以追求的爱好之间的差别正是偶然的享受和有价值因而要求人们采取一定态度与行为的享受之间的差别。"杜威又说："到底什么是我们在美感上是可以赞赏的；什么是在理智上可以接受的；什么是在道德上可以赞许的，我们应该构成一种有修养的和在运用上效果好的判断和嗜好。这是经验琐事为人类所提出的最崇高的任务。"①

因此，把价值事实与价值评价区分开来，不让价值判断陷入主观主义和自我中心的迷途，是杜威价值哲学的又一个重要内容。他指出，对"指明产生一件事实的重要性和必要性的判断乃是一种真正的实践判断，只有这一种判断才是与指导行动有关的。我们是否只把这一类判断才称之为'价值'（这在我看来是正当的），这是一件小事，但是我们必须承认这种差别，因为这是理解价值与指导行动之间有何关系的关键，这是一件重要的事体"②。杜威指出："对于那种把价值作为在智慧指导下的活动果实的诸善等同起来的实验的经验主义加以陈述，即使是理论上的陈述，也是具有实践意义的。"③ 杜威始终是非常看重价值的实践意义的，他所提倡的是一种力行的、创造的、面向未来的价值论。出于对这一"重要的事体"的重视，杜威指出："我们的一个主要命题：价值判断就是关于经验对象的条件与结果的判断；就是对于我们的想望、情感和享受的形成应该起着调节作用的判断。因为凡决定我们的想望、情感和享受的形成的东西就决定着我们的个人行为和社会行为的主要进程。"④ 这就是要求从自然发展和人性成长的过程去考察价值。

在杜威看来，价值、价值判断和价值评价都是受一定的具体情境制约的。在杜威的思想中，情境关乎经验的形成和产生，关乎探究的进展和结果，当然也直接关乎价值的形成和对价值的认知与判断。他认为，价值判断与"生活中一切困惑的境况归根到底都是由于我们真正难以形成关于情境的价值的判断；归根到底都是诸善的冲突"⑤。同时，价值判

---

① ［美］杜威：《确定性的寻求》，上海人民出版社 2005 年版，第 202—203 页。

② 同上书，第 202 页。

③ 同上书，第 220 页。

④ 同上书，第 205 页。

⑤ 同上。

断还必须顾及事物多样具体的性质，抽象地"把某种直接呈现的性质看成是呈现此一性质的全部事物，是无用的，乃至是愚蠢的"。"我们愈能确定更多的联系和交互作用，我们对于这个所研究的对象便愈有所认知。思维即对于这些联系的寻求。"① 正是对情境的重视和对抽象的警惕，杜威才极力把他的民主主义贯彻到价值判断和选择中来，要求对价值判断怀抱多样互补和包容性的心态，避免在价值判断上陷入独断和专横的褊狭境地。这种心态显然具有认同生态多样性和整体性的意蕴。

从指导行动的效用来认知和判断价值，这样的价值实际上赋予事物和行动以工具的性质。这就意味着，在自然和任何经验的连续中，一切事物和行动都是过去与未来、现实与理想的中间环节，都是推动这个自我生成和成长进程的工具。实用主义哲学又被称为工具主义，这正应该从杜威的价值论上去理解。这种永无"终结"的生成性追求和价值关怀，是与世界和事物的连续性互为表里的，因为世界的生成性本来就是连续性的运动，而连续性则本来就是生成运动中的连续。在这个连续的生成过程发挥作用的一切事物和活动于是都成了推动这个进程的工具。这样一来，价值创造活动即价值实现活动中的目的与手段的关系就凸显出来。杜威在阐释他的工具论时，特别强调工具作为手段应该是与"效用"的"目的"相统一因而预示了"目的"的手段，这就是他的手段与目的一致论。在杜威看来，这种手段（工具）与目的高度一致恰恰最充分地体现在艺术之中。他指出："艺术——这种活动的方式具有能为我们直接所享有的意义——乃是自然界完善发展的最高峰。""把经验当做艺术，而把艺术当做是不断地导向所完成和所享受的意义的自然的过程和自然的材料。"② 这就是说，艺术作为一种实现"目的"的手段，其自身就包含和"导向"这个"目的"。须知，目的和手段的高度统一，正是艺术审美的本质性的特征，也是艺术的重要价值所在。杜威认为，这种把工具与目的高度统一的艺术，应该在人类行为和生活的各个领域和方方面面得到实现。

杜威的价值观贯穿在它的伦理学、社会学和宗教观中，也直接表现

---

① ［美］杜威：《确定性的寻求》，上海人民出版社 2005 年版，第 206 页。
② ［美］杜威：《经验与自然》，江苏教育出版社 2005 年版，第 228 页。

在他的审美价值论中。杜威指出："人类之诉诸美感对象，乃是人类从一个痛苦和艰难的世界中自发地寻求逃避和安慰的一个方式。如果一个世界全部包括着稳定的对象，直接呈现出来而且为人们所占有，这个世界就会没有美感的品质，它就会只是存在而已，而且会缺乏满足和启示人们的力量。当对象把混乱和失败转变成为一个超越于烦恼和变化以上的结果时，它们实际上就是具有美感性质的。"① 这就是说，对象引起人的美感的内在价值，乃是其改变不满意的现状的努力及其后果。杜威看中的是这种不断进取的精神，是像没有终结的自然本身那样不断自我生成的变化及其过程。他所说的"一个经验"正是由于完满而生动地表现了这种生命精神，并通过节奏的能量组织去振奋人的这种精神，才具有审美价值的。

刘放桐在论及杜威哲学时指出："不是把先验的主体或自在的客体，而是把主客的相互作用、把人的行为和实践当做哲学的出发点，不是站在唯物主义一方或唯心主义一方，而是通过行动、实践来超越唯物主义和唯心主义的对立，不是转向纯粹的意识世界或脱离了人的纯粹的自然界，而是转向与人和自然界、精神和物质、理性和非理性等等都有着无限牵涉的生活世界，这大体上就是取代了近代哲学思维方式的根本特征。黑格尔以后许多西方哲学家和哲学思潮从各自不同角度对传统形而上学、各种形式的二元论、绝对理性主义和纯粹非理性主义、绝对主义和独断论、客体中心论或人类中心论等近代哲学固有的特征进行批判，这种批判的道路大体上也正是使哲学返回到现实生活世界的道路。而杜威的哲学则最为突出而明确地体现了这种特征。"② 这是对杜威哲学整体精神的精辟概括。通过对"自然""人""经验"和"价值"四个基本范畴的概览，我们看到，杜威的自然主义的经验论蕴含了深邃的生态学意蕴，无论是生态存在—过程论还是生态价值论，以及像世界的生态整体性、生态关联性、生态生成性和生态主体性等极其重要的生态规律，都分外鲜

---

① ［美］杜威：《经验与自然》，江苏教育出版社 2005 年版，第 59 页。
② 王成兵主编：《一位真正的美国哲学家——美国学者论杜威》，中国社会科学出版社 2007 年版，第 11 页。

明地展示在我们面前。这一切，以一种深邃的生态世界观的形态为杜威的经验自然主义美学奠定了极为深厚的生态哲学基础，使之具有了丰富而深邃的生态学意蕴，以至成为一种特殊形态的生态美学。

第五节　在经验与人和自然的有机整体关系中探究和实现成长的价值

前面对杜威哲学的四个最重要的范畴的理论内涵分别做了概括的论述，应该说已经基本上展现了这个称为"经验自然主义"和"自然主义的人文主义"的哲学的面貌和精神。但是，要真正把握这种哲学深刻的生态意蕴，还必须进一步理解这四个范畴之间的相互关系和整体结构。尽管在分别阐释上述三个范畴时，已经不可避免地涉及它们相互之间的关系，但是，为了更加深入地理解杜威关于世界存在的生态整体性的思想，进而认识其价值观的生态根源和生态内涵，还是有必要更加清晰地把握这四个范畴在世界的有机整体结构中的相互关系。

杜威说的自然涵盖了世界存在的一切形态，它作为"宇宙"，作为"整个事实总体"，包括了人和社会在内，因此也包括了经验。自然才是世界整体，其他都是其中的一部分。这个涵盖一切的时空结合的外延，对于理解杜威所说的自然，乃是首先必须把握的。

相对于人，自然是整体，而人只是其中的一部分，是在自然的连续性中生成的具有实践能力和思想意识的最具能动性的部分。自然—宇宙这个整体，不是由若干部分累积的加和，而是一个具有大于部分之和的整体质的有机的亦即有生命的整体。正是在这种有机整体的结构关系和演进中，才生成了人。人在自然中生成之后，依然与自然保持着这种有机的关系。即使是从外表看来把人体与外部自然隔开的皮肤，它不仅没有把人与自然分隔开，而且它本身也是人体与自然之间有机联系和交互作用的中介。作为自然的一部分的人—从自然中生成，自然就是他的环境。杜威说的"环境"，首先就是指的自然。对于人来说，自然这个环境乃是作为母体的环境，而绝不是只具外在性的、与人相分隔的环境。作为人的环境的自然，本来就与人之间存在着内在的连续性，它们相互包涵，互动共生。显然，一般地承认人是自然界的一部分是不够的，还必须认识到人在自然之中并与自然发生有机整体关系。把人作为自然这个有机整体的一个有机的部分来看待，才可能真正理解杜威关于人是自然的一部分的思想所包含的生态整体性和生态关联性的内涵，理解人与自然之间深刻而复杂的连续性和互动共生的关系。

自然作为一个有机的整体存在，还是在自然的连续性中变化和生长、发展的过程，这个过程尚未完成，它的目的就是成长。在自然的整体性的自我成长过程中生成的人，不仅依然保持着与自然之间的生成性的共生关系，而且达到了自然发展过程中一个质的飞跃，那就是人作为自然的能动生命的结晶，使自然有了意识、思想和智慧，能够通过人的有意识的行动即实践去积极影响自然的变化，包括"调适"人与自然的关系已影响整个自然自身的和谐与发展。在杜威看来，人通过自己的行动改造自然的行为及其智慧，"推动着宇宙前进"，这些都是得自然所赐，是从自然学得的。也就是说，这无非是自然本身的生长性所达到的一个更加有意识也更具能动性的高级生命形态。因此，同自然尚未完成一样，人性也是可变可塑的。人在推动自然——宇宙前进的过程中也改变着自己。但是，植根于自然连续性之中的人在改造自然时，必须尊重自然的尺度，使自己的智慧自然化，而绝不能任意妄为。杜威以自然尺度的不可超越的至高无上性，表达了对人类行为应该具备生态尺度的提醒和警示。如果只顾人的目的，不重视人的目的与自然自身发展的目的之间的内在联系，失去对自然的真诚和虔敬，人就必然会因自己的虚妄而陷于失败和灾难。

因此，无论何时何地，人的生活、活动和行为，人在与环境交互作用中的"做"和"受"相融合的经验，都是在自然这个有机整体之中的活动，都受着自然整体的影响，都是具有自然性的存在。为了在自然中生存和发展，许多的个人相互合作组成了社会。如果注意到许多动物社会的存在，人类社会与自然的连续性是很清楚的。这就是说，人类社会也不过是自然连续性作用下自然本身的分化与综合过程发展的结果，只不过在人这里，个体具有了更高更充分的生命本质，成了个性化的存在。那种无视社会和社会关系的自然连续性，而凭着一己的意志强行改变和建构社会关系的意图和行为，之所以最终总会失败，甚至造成严重的社会危机和人性灾难，就因为违背了社会的自然本性，忽视了社会关系的自然基础。

既然人是自然的一部分，是自然母体中生成并生存于这个母体之内，人也就首先是自然性的存在。没有这种人所具有的自然性，人就成了一个幽灵。否定人的这种自然性，也就从根本上否定了人性和人的生命存在。人的自然性，不仅表现在人的肉身与自然的物质关系上，也表现在人的心灵与自然的精神关系上。人所具有的自然性，尽管有时会被社会性遮蔽，但它不会消失，而是依然在起作用，并且往往通过社会性而深刻地影响和制约着人的活动及其结果。那些无视人的自然存在的观念，不是极其重视生产力和生产关系对于社会和人性的决定意义吗？殊不知，生产力也好，生产关系也好，归根结底，都是以人与自然的特定关系为根本内容的。在这个意义上，杜威把自然看成"整个事实总体"而把社会也包括在内，从而实际上把社会也看成自然的一部分。这样从自然的大系统和基础性来认识社会，在今天具有极其重要的生态意义，因为这就揭示了社会与自然的生态统一性和自然对于社会的深层制约性，这不仅有助于深刻认识社会本身的生态性质，也有助于避免脱离社会去孤立地看待和处理自然生态问题。

杜威对于自然的有机整体性的揭示，还深入到人的心灵这个层次。人作为身心统一融合的生命存在，也是自然这个有机整体自我发展的结果。在杜威看来，无论是人的身体还是人的心灵，都是在自然及其节奏中生成的，因此心灵能够与自然对应与和谐，也要求这种和谐。对人的身心统一性及其与自然的关系的这种生态关联的揭示，对于认识审美活动的生态本性和生态功能具有寻根究底的根本性意义。在自然有机整体的母体中生成的这种身、心、物三者的对应与和谐的关系，也更加全面地展示了自然作为人的生命家园和精神家园的生命根基和自然生态功能的内涵。基于这种身、心、物三者的和谐关系，杜威表达了对于"与宇宙融会一体的境界"的神往与追求，这就把它的生态理想提升到了具有终极意义的高度，而与古往今来的生态观念达到了最深刻的贯通。

对于杜威来说，人与自然之间的生态关联是在经验之中呈现和变化的。在这里，人与自然的交互作用，实际上是自然界这个母体中一部分与另一部分之间的交互作用，并最终受到自然整体的影响，也反作用于这个自然整体。自然在经验之中呈现出来，不断扩展其广度和深度。同时，经验也在自然之中，即"经验本身是属于自然的"，"是自然的一种行动和表现"。我们可以把经验看作是自然界中本来就有的相互作用的一种特殊的高级形态，即有人的意识参与的有目的的行动引起的交互作用。杜威把自己的哲学称为"经验自然主义"，不是把自然当作一个先验的存在，而是认为自然是在经验之中现身的存在，这实际上表现了其在极其复杂而广袤的自然面前谦虚和虔敬的态度，体现了他对自然的无限性和未完成性以及自然发展的无限可能性的坚定信念。只有从自然的母体中生成的人才能回头认识自然，而人又只有通过同样产生于自然母体之中的经验才能逐步拓展认识自然的广度和深度。这样，一方面高扬了由行动产生的经验对于认识自然的能动和客观的意义，另一方面也杜绝了那种把对自然的有限认识和发现当作绝对真理而故步自封的"主观主义"。进一步，在经验的连续中，自然的改变和发展，即宇宙的前进，才可能通过经验中的不倦探求而通过实践得以实现。显然，包括人在内的整个自然的有机整体的内在结构，都通过经验表现出来。经验不仅是窥视自然秘密的窗口和透镜，从它能够窥见自然发展和宇宙进步的趋势和脚步，同时，它还更是人类能动地推动宇宙前进的行动本身。无论是经验的认知意义，还是其伦理意义和实践意义，抑或其审美意义，都只有在自然的生态整体性和有机关联中才能得到科学的理解。

在杜威的哲学中，作为他的实践哲学的灵魂的价值，也是存在于自然界这个有机整体的运动和生成的连续性之中的事实。杜威认为，成长和发展"本身就是道德的目的"，就是自然运动的最高价值。这种价值，贯穿在自然和人的活动中，是自然和人的目的逐步实现的无尽的过程。从杜威所追求的宇宙中人与自然之间的调适与和谐以及人与自然融会一体的理想看，这实际上正是在现代人类思想中重新唤醒的人类永恒的生态梦想，只是在杜威这里，更新和充实了科学的内容，有了基于自然连续性的自然有机整体性这个科学的基础。

总之，承认人是自然的一部分，自然的存在是包含了人在内的有机整体，这才算是把握了杜威哲学的自然主义的实质。人是自然界的一部分的观点，被坚持"实践本体论"或"历史本体论"的人们视为"旧唯物主义"的观点而加以摒弃，这是现代哲学中一个根本性的理论失误。根源于人类实践的自然异化所造成的生态危机，就是对这种非自然观念的严厉警示。杜威坚持了这个旧唯物论的观念，并在现代科学成就的基础上加以充实和深化，明确地把自己的哲学建立在科学的自然主义的基础之上，这就重新启示并维护了人类的生态之根，把被社会性屏蔽的自然通过经验揭示在人们面前，从而为现代生态世界观展开了应有的视野和思维结构。基于此，我们可以说，杜威哲学就是一种具有丰富而深刻学理的生态哲学。这种生态哲学全面继承了达尔文的"生态进化论"，并在理论性和实践性两方面把它极大地向前推进了。

第 二 章

反思探究：杜威的"经验方法"
对于美学研究生态学化的意义

　　杜威的经验论哲学极为重视方法问题，并从自己的经验论出发提出了与其生态本性相对应的"经验的方法"。在杜威看来，经验与自然相连续的生态本性是其成为探究方法的根源，而原始经验和反思经验的相互作用是使探究深化和扩展的关键，并且非常重视原始经验的原始性和最后性对于决定探究过程成效的生态意义。杜威的《艺术即经验》就是运用这一方法的卓越成果，说明美学对审美经验的探究必须坚持经验法内在的生态思维精神，才能探寻到审美活动本体特性的生态奥秘。

　　"经验"在杜威的经验自然主义哲学中，不仅是一个具有本体论意义的范畴，指向人的现实生活存在，而且也是具有认识论和方法论意义的概念。由于经验与自然的连续性和经验自身的连续性，经验也就成了认识和改造世界须臾不可离的出发点和归宿，成了感知世界的一种最可靠的方法。在《确定性的寻求》中，杜威提出"方法至上"的观念。这就是说，我们要想经过自己的"做"即操作把问题情境变成和谐有序的情境，实现自己的目的，就必须以自己的理智和智慧探究和选择恰当的方法。没有与目的一致的方法，就不可能实现目的。在杜威看来，无论是要认识问题情境中的疑难和条件，还是要做出正确的选择和操作，都必须遵循他说的"经验法"。杜威所说的经验法，不仅强调直接的原始经验的重要性，同时还指出了对经验进行反思的重要作用，并在原始经验与反思经验的关系中阐述了对经验情境进行探究这个运用理智和智慧去实现目的过程。经验法是按照事物本身的状况认识事物和改造事物的方法，具有深厚的生态思维的意蕴，这对于美学研究的生态学化具有重要的启示意义。

第一节　经验与自然相连续的生态本性是其成为探究方法的根源

杜威认为，人对环境进行积极改造的行为，"使经验变成了首先是做的事情"。"动作和体验或经历的形式的密切联系就是我们所称的经验。毫无联系的动作和毫无联系的体验都不是经验。"因为只有这种联系中形成的经验，才提供关于事物因果的知识，启发改变事物的智慧，从而对生活发生积极影响。"一件事暗示并意味着另一件事，那么就有了意义重大的经验。"[①] 杜威的这句话说的就是这个意思。

经验作为人与环境交互作用的生活事件，是超越了主客二分对立的整体性的存在，表现了生态的整体性精神。而从整体出发，正是生态思维的首要原则。经验的这种整体性的本性，就是经验方法的生态意蕴的根源。正如杜威所说："自然与经验还在另一种关联中和谐地存在在一起，即在这种关联中，经验乃是达到自然、揭露自然秘密的一种而且是唯一的一种方法，并且在这种关联中，经验所揭露的自然（在自然科学中利用经验的方法）又得以深化、丰富化，并指导着经验进一步发展。"[②] 人在"做"和"受"的结合中拥有经验，既在其中生活和成长，也在其中感知和认识自然。经验是通向认识和知识的必经通道。为了认识作为人的生活世界的自然，经验法是唯一可靠的方法。

杜威坚信在经验中有一种引导人们深入自然真相的"指导力量"，因此应该树立"对经验的信仰"。杜威指出："经验乃是被理智地用来作为揭露自然的真实面目的手段。""经验并不是把人和自然界隔绝开来的帐幕；它是继续不断地深入自然的心脏的一种途径。"[③] 针对那种以为经验

---

① ［美］杜威：《哲学的改造》，陕西人民出版社 2004 年版，第 49—50 页。

② ［美］杜威：《经验与自然》，江苏教育出版社 2005 年版，第 1 页。

③ 同上书，第 2 页。

是人与自然之间的屏障的观念，他指出，经验"不是自然界的无限浅薄的一层或它的前景，而能透入自然达到它的深处，以至还可以扩大对它的掌握；经验向四面八方掘进，因而把原来蕴藏着的东西发掘了出来"。①"被经验到的并不是经验而是自然"，"又是事物如何被经验到的方式。因此经验到达了自然的内部，它具有了深度。它也有宽度而且扩张到一个有无限伸缩性范围。"② 自然在经验中敞亮它的真实面目，经验可以把我们引向自然的真实，并深入到它的内部。

经验为何具有这样的认识论意义呢？杜威从他说的经验的内涵来说明了其中缘故。他指出："'经验'是一个詹姆士所谓具有两套意义的字眼。好像它的同类语'生活'和'历史'一样，它不仅包括人们做些什么和遭遇些什么，他们追求些什么，爱些什么，相信和坚持些什么，而且也包括人们是怎样活动和怎样受到反响的，他们怎样操作和遭遇，他们怎样渴望和享受，以及他们观看、信仰和想象的方式——简而言之，能经验的过程。"为了阐明所谓"两套意义"的含义。他又举例说："'经验'指开垦过的土地，种下的种子，收获的成果以及日夜、春秋、干湿、冷热等等变化，这些为人们所观察、畏惧、渴望的东西；它也指这个种植和收割、工作和欢欣、希望、畏惧、计划，求助于魔术或化学、垂头丧气或欢欣鼓舞的人。""它之所以是具有'两套意义'的，这是由于它在其基本的统一之中不承认在动作与材料、主观与客观之间有何区别，但认为在一个不可分析的整体中包含着这两个方面。"③ 总之，经验并不是旧的"经验主义"所认为的只是人的意识，而是人通过自己的行动即"做"而发生的包括了主体和客体双方在内的全部事件和体验。

在论及经验的不可分裂的整体性时，杜威以"生活"和"历史"为例，指出："'生活'和'历史'具有同样充分地未予分裂的意义。""生活是指一种机能，一种包罗万象的活动，在这种活动中机体与环境都包括在内。只有在反省的分析基础上，它才分裂成为外在条件——被呼吸的空气、被吃的食物、被踏着的地面，和内部结构——能呼吸的肺、进

---

① ［美］杜威:《经验与自然》，江苏教育出版社 2005 年版，第 2 页。
② 同上书，第 3 页。
③ 同上书，第 8 页。

行消化的胃，走路的两条腿。"① 这里强调的正是经验的生态整体性。在经验中，主体与客体本来就相互关联，共生互动，不可分割。主体在经验中发挥和展示他作为有机体的生命力量，客体在经验中显示它的特性、性质和意义，并且作用于主体，带给主体以体验。在这个整体中，主体做什么、怎么做，对象是什么，主体感受和体验到什么，彼此怎样相互关联和作用及其过程，总之是关乎主体和客体双方的各种因素都包罗其中了。

正是经验的这种生态整体性造就了经验法的独特意义。用杜威的话说："现在经验法是能够公正地对待'经验'这个兼收并蓄的统一体的唯一方法。只有它才把这个统一的整体当做是哲学思想的出发点。"② 事物本来就是系统关联中的整体性存在，人与自然的关系更是生态整体性的。对整体的认识固然离不开各个部分，但是要认识部分更离不开整体。近代以来的哲学把主体与客体二分割裂和对立，抹杀了它们彼此的共生互动的生态整体联系，也就必然堕入各种认识的误区和行动的错误，最终导致全球性的生态灾难。经验的方法作为从经验整体出发的方法，才为正确认识世界包括人和自然开启了适宜的途径。"其他的方法是从反省的结果开始的，而反省却业已把所经验的对象和能经验的活动与状态分裂为二。"③

经验之所以具有包含了"两套意义"的生态整体性，从根本上说是由于它与自然之间的连续性。可以说，经验之所以是认知自然的可靠通道，就因为它与自然之间的连续性；由于这种连续性，自然才可能在经验中呈现自己的特性，进入经验，成为经验的构成因素。在回答寇因用"以人类为中心"对他的经验论的批评时，杜威指出："如果有一种哲学否认被经验的事物和过程有可能形成一条通往自然世界的道路，那么在这背后它就必然是这样一种假定所支配的：即在自然与人之间，所以也在自然与人类经验之间是没有连续性的。"④ 经验源于人与环境的交互作

---

① ［美］杜威：《经验与自然》，江苏教育出版社 2005 年版，第 8 页。
② 同上书，第 9 页。
③ 同上。
④ ［美］杜威：《人的问题》，上海人民出版社 1965 年版，第 159 页。

用，它因此是直接与自然相关联的。正是凭借了这种直接性，自然才在经验中呈现出来，经验才可能成为人类认识自然的通道。

同时，经验与经验之间的连续性也是很重要的。在杜威看来，经验之间是存在连续性的，不然就不成其为经验。正是在这样的连续中，经验表现出相互的关联，包括各种因果联系，从而能够深入到自然实物的深处并昭示实物的发展经验之间的连续性往往通过想象来实现。杜威在说到"审美经验是想象性的"时就指出，"所有有意识的经验都必然在某种程度上具有想象性"。这是因为，尽管每一个经验之根都可在"活的生物"与其环境的相互作用之中找到，经验成为有意识的，成为与知觉有关，却有待那源于先前经验的意义进入到经验之中。想象是仅有的大门，通过它这些意义进入到当下的相互作用之中；或者，正像我们所见到的那样，新与旧在意识中的调适就是想象。他指出："生命体与环境的相互作用可以在植物与动物的生命中发现。但是，只有在此时此地所给予的是来自事实上缺席而仅仅在想象中呈现的东西的意识与价值之时，所提供的经验才是人性的和有意识的。"① 想象在这里的作用是唤醒原有的经验，并使之介入当前的经验。新旧经验之间的联系，必然使事物的某些特性和事物相互作用的秩序得以敞亮，使意图得到检验，目的得到校正，智慧受到启迪，以有助于自然的发展和人自身的成长。

第二节　原始经验和反思经验的相互作用是使探究深化和扩展的关键

人是在"做"中获得经验的，因此经验的过程就必然是人的自觉能动性发挥作用的过程。除了想象使旧经验得以介入新经验之外，还有理性反思的作用。由于人的意识和理性的作用，就有了直接的原始经验（原初经验）与经过反思而形成的反思经验（反省经验）的分别。要理解杜威的经验法的生态性探究意义，就必须理解他关于原始经验和反思经验及其相互关系的观点。

杜威指出："在方法方面的这种考虑，如果我们把原始经验中的粗糙

---

① ［美］杜威：《艺术即经验》，商务印书馆 2005 年版，第 302 页。

的、宏观的和未加提炼的（内容），和反省中的精炼过的、推演出来的对象之间进行对比，这也许是一个合适的开始。"这就是说，经验法的运用是从原始经验和反思经验的对比开始的。"推演出来的和提炼过的产物之所以被经验到，仅仅是由于有了系统的思考参与其中的缘故。科学和哲学的对象，明显地主要属于第二级的和精炼过的体系。"①这就说明了两种经验的区别所在。原始经验是直接感性的、第一级的经验，反思经验则是经过"系统的思考"的、第二级的经验。

两种经验的关系是怎样的呢？杜威说："原始经验中的题材产生问题并为构成第二级对象的反省提供第一手材料，这是很明白的。对于后者的测验和证实，要通过还原于粗糙的或宏观的经验中的事物。"这里说的是原始经验对反思经验的作用：一为后者提供第一手的材料，二对后者进行检验。

那么反思经验的作用呢？杜威说："反省只发生在具有不安定的状态、有选择的可能、疑问、询求、假设、测验思维价值的暂时尝试或实验等性质的情境之中。一个自然主义的形而上学必须把反省本身当做是由于自然的特性而发生于自然以内的一件自然的事情。"②"反省之存在是为了指导选择和努力。……是在人类中去打开和扩大自然的途径。"③这是从根本上说明反思（反省）在人的生活和行动中的必然性和意义。当对经验进行反思时，"它们解释原始的对象，它们使我们能够通过理解去掌握这些原始对象，而不是仅仅和它们有感性的接触"④。这里的作用也是两种：一是解释对象，二是从理性上把握对象。从理性上把握对象了，才能懂得对象的性质和联系、机能和意义，也才能通过对对象的作用去有效地实现自己的目的。

在极其重视原始经验的地位和作用的同时，杜威也强调了对原始经验进行反思的必要性。对于人的主观意识包括习惯和偏见等在形成经验中的影响，他有清醒的认识。他指出，人的自然的和原来的偏见总是倾

---

①　［美］杜威:《经验与自然》，江苏教育出版社2005年版，第5页。

②　同上书，第45页。

③　同上书，第51页。

④　同上书，第6页。

向于客观的，凡被经验到的东西都被当作是独立于自我的态度和动作之外的。其实，进入经验中的东西，被人经验到的东西上已经加上了人的主观意识的作用。"一个整个的、未经分析的世界不适于使它自己处于控制之下；相反，它等于使人屈服于任何所发生的情况，正好像屈服于命运一样。""由于人类的动作和状态而把事物一定的性质抽象出来，这就是产生控制能力的立足点。"① 这就是说，如果把经验到的东西只是看作客观的整体的存在，而看不到人的动作和状态的主观作用，就会陷入对客观事物及其命运的屈从。而经验作为人的经验，正是因为其中有人的作用，才可能成为可以控制的过程，才可能发挥人的探究在其中的作用，从而使经验成为探究的过程，成为人在其中通过探究可以不断成长的过程。因此，杜威指出："从这个意义讲来，承认主体是经验的中心，并随着发展了'主观主义'，这标志着一个巨大的进步。""承认主观心灵，而说它配备有一套心理的能力，这乃是使自然力能够成为达成目的之工具而为人所利用的一个必要因素。"② 正是在这个意义上，对经验的反省和反思经验就显示出特殊的重要性。可以说，正是有了"主观主义"的警觉，通过对原始经验的反思，人才能在警惕自己不要把经验简单地当作客观对象的同时，也使经验成为自己认识和改造客观事物和环境的有效工具。

对经验的反思还具有重大的实践意义。"在反省中把物理的东西区分开来而把它当做临时隔开的东西，这就开始引导到通往工具与技术、通往机械构造、通往紧跟着科学而来的艺术之路。"③ 这就是说，没有反思对对象的某种"区分""隔开"即抽象，就不可能把经验转化为工具和技术，就不可能进行新的创造。反思乃是使经验通向科学和艺术的必经之路。

在杜威看来，认识到主观必然影响经验和被经验的对象，具有非常重要的意义。他指出："我们知道了：凡我们视为对象所具有的性质，应该是以我们自己经验它们的方式为依归的，而我们经验它们的方式有时

---

① ［美］杜威：《经验与自然》，江苏教育出版社 2005 年版，第 9 页。
② 同上书，第 11 页。
③ 同上书，第 9 页。

又与交往和习俗的力量所导致的。这个发现标志着一种解放，它纯洁和改造了我们直接的或原始的经验对象。"① 这就是说，我们不能盲目信任原始经验。由于主观的作用，原始经验不知染上了多少别样的色彩，发生了多少扭曲和变形，这一切要靠清醒的反思来加以"纯洁和改造"。这不由使人想起黑格尔说的"熟知并非真知"的话。杜威说对主观作用的发现"标志着一种解放"，那就是从原始经验所可能遭受的蒙蔽、污染和扭曲中把经验解放出来，从对经验的客观性的昏昧中解放出来，使经验尽可能呈现出对象本来的性质和联系，使反思经验尽可能符合原始经验和事物本身的实际。

杜威反复指出经验情境对于经验的影响。"配景（即情境）的问题在自然与经验的联系问题的争端中是根本的。"② 任何经验都是在特定情境中产生的，都有它特定的经验情境。经验与自然的联系受这个情境深刻制约，在不同的情境中，自然呈现在经验之中的性质和联系会不一样。而情境总是事物在与作为主体的人的关系形成的，它必然要深刻制约人的意愿、态度和目的，从而影响到人的理解和选择。情境不仅制约着人做什么和怎样做，而且要影响到人怎样感受和感受到什么，归根到底要影响到经验的内容、形式和过程。

由于主观因素和情境的作用，不仅原始经验需要纯洁和改造，反思经验也未必完全靠得住。因此，正确的态度和方法是要保持原始经验与反思经验的联系。而传统哲学的方法正是把这两者分开而使认识误入迷途，把反省的经验当作是原初的。杜威指出了"传统哲学由于未曾把它们的反省结果与日常原始经验的事物联系起来以至误入迷途"的三个根源：第一是主体与客体的完全分隔（把经验的东西与它是怎样被经验到的这一过程分隔开来）；第二是夸大已知对象的特点，以至牺牲关于享受和困扰、友谊和人类聚会、艺术和工业等方面的对象所具有的品质；第三是把那些为了各种不愿告人的目的而采取的各种类型的有选择性的简单化的结果完全孤立起来。③ 这里说的三个根源，或者陷入主观主义，或

---

① ［美］杜威：《经验与自然》，江苏教育出版社 2005 年版，第 12 页。
② ［美］杜威：《人的问题》，上海人民出版社 1965 年版，第 157 页。
③ ［美］杜威：《经验与自然》，江苏教育出版社 2005 年版，第 23 页。

者陷入客观主义，没有意识到经验中主体与客体两者共生互动的生态整体性，既意识不到通过反思对原始经验进行"纯洁和改造"的重要性，更意识不到反思经验中必然的主观性；更有甚者，有的还可能是为了某种目的而有意坚持其主观性。总之，由于不能正确对待两种经验互动共进的生态关系，结果使思想陷入封闭以至僵化的境地，因而限制了认知在经验中的深化和扩展。"非经验的方法从一个反省的经验出发，而把它当做好像是原始的，是原来所'给予'的。所以在非经验法看来，客体和主体、心和物……乃是分开的和独立的。"① 这就从反面说明了经验的方法与经验本来的生态整体性之间的关系。

第三节 原始经验的原始性和最后性决定了它对探究过程的生态意义

杜威把他所主张的这种经验的方法称为直指的方法（the denotative method），并且指出："经验是解放的力量。经验意味着新事物，它为我们排解对过去的坚持，它揭示新事实和真理。对经验的信任产生的不是对习俗的忠诚，而是进步的努力。"② 经验法之所以能够如此，关键在于原始经验的重要地位。

在对经验法和非经验法进行了比较之后，杜威指出："在哲学中分别采用经验法和非经验法做出的第一个而且也许是最大的一个区别，就是在被选择为原始材料的东西方面的区别。"③ 在经验法这里，原始经验具有极端重要的基础性地位。对原始经验的高度重视，把它看作进行有成效的探究的出发点和归宿，是杜威经验法的关键和精髓所在。

杜威批评把物理世界和心理世界分开的二元论，指出："从逻辑上推论起来，它是不承认粗糙经验之原始性与最后性的必然结果——当这一种经验是在一种未经控制的形式中给予我们时，它就是原始的；当这种经验是在一种比较有节制和有意义的形式中（这种形式之所以可能是由于

---

① ［美］杜威：《经验与自然》，江苏教育出版社 2005 年版，第 9 页。
② ［美］杜威：《确定性的寻求》，上海人民出版社 2005 年版，第 52 页。
③ ［美］杜威：《经验与自然》，江苏教育出版社 2005 年版，第 9 页。

反省经验的方法和结果）给予我们时，它就是最后的。"① 这里说的原始性，是就原始经验乃最初直接获得而言。正因为它是直接获得的、第一级的，相对于经过反省加以"纯洁和改造"的反思经验而言，它就是最后的。把物理世界和心理世界分开的二元论，不承认这种原始性和最后性，是因为它们不从心与物，即人与自然的交互作用看经验，而把经验看作纯粹是心理世界的东西，因此在"粗糙经验"之前或之后都有经验在意识中存在着。这样一来，也就不承认"粗糙经验"是认识世界的唯一源泉和可靠通道。尽管"在实际生活中个人的态度及其后果的发现，乃是一个伟大的解放人类的工具"，"可是在真正的原始经验中，自然事物却是产生一切变化的决定因素"②。因此只有在原始经验和符合原始经验的反省经验中，才能真正看到自然如何显示和如何变化。

杜威强调第二级的反省经验必须回溯到原始经验。如果不是这样，就会造成三个缺点：一是没有实证和检验；二是不能使事物经过解释和理解而"获得在意义方面的扩大和丰富"；三是由于缺乏检验而把自己变成专断和抽象的东西。通过把反省经验回溯到原始经验，"经验的方法所引起的问题提供了进行更多的考察的机会，在新的和更加丰富的经验中开花结果"③。这就是说，把反省经验回溯到原始经验，不仅可以对反省经验进行检验和证实，廓清主观因素加之其上的遮蔽和扭曲，进一步使原始经验得到解释和理解，使之成为对事物的理性上的把握，而且在向原始经验的回溯中，可以通过"更多的考察"而有新的发现，使原有的经验得到丰富和深化，乃至使经验"开花结果"，在推进现实向理想的成长中发挥效用，实现经验的工具性价值。

比起反思经验来，原始经验有更丰富的内容和性质。在反思经验中，一切经过理性的解释和确定都是明确的，但是在原始经验中也还存在着尚未被反思经验把握的模糊晦暗的东西。在以"对一把椅子的感觉"为例解释经验与客观存在的对象的关系时，杜威指出："即使在适才所引用的这样一个简略的叙述中，也不得不承认，有一个经验的客体，它较之

---

① ［美］杜威：《经验与自然》，江苏教育出版社 2005 年版，第 12—13 页。
② 同上书，第 13 页。
③ 同上书，第 7 页。

被肯定为单独被经验的东西要无限地不同并且多得多。"在此，杜威批判了哲学中"主观主义"的典型表现："对于现实经验中某一个因素进行了反省的分析，然后把反省分析的结果当做是原始的东西。"这样就把反省经验与原始经验的关系颠倒了，用反省的经验取代了客观的对象。杜威针对"一把椅子"的例子说："真正的经验法是从原始经验的现实题材出发，承认反省从中区别出来一个新因素，即视觉动作，把它变成了一个对象，然后利用那个新对象，即对光线的有机反应，在必要时去调节对业已包括在原始经验中的题材的进一步的经验。"① 这就是说，反省经验中包括的主观动作的作用要帮助对原始经验的分析，并且进行调节，以推进对原始经验的进一步全面而深入的感知，把原始经验提升为"进一步的经验"，使经验的内容和意义得以扩展和深化。

杜威认为，对普通经验的原始性和最后性的强调有三个重要的作用和意义：第一，使我们不会因为离开现实题材而引起"真实的问题"，这就是说，保持对原始经验的关注，才能保证经验和对经验的认识的真实性。第二，可以对得到的结论进行"考核和检验"，"我们必须把这些作为第二级的反省产物的结论再放回到它们所由发生的经验中去，因而它们可以借助于它们所介绍到经验中来的新的条理和清晰性以及它们为它提供了一种方法的具有新的意义的经验对象而得到证实或改变"。第三，由此经验才获得了作为经验应有的价值："它们不是贴着合适的标签、陈列在玄学博物馆里的古玩，而是对于人的普通经验有所贡献的东西。"② 这些话，把原始经验对反省经验的根本性的参照、启发和推进的作用说得很明白了。正因为这样，两种经验互动的过程才成为对自然和世界的探究过程，也才成为现实向理想探究的过程。希克曼在论述杜威的探究理论时指出，反思中的"抽象自身不是目标，而是发展新的意义之工具，这种新意义可以被带回到具体和存在性经验的领域。……探究的目标最终是要在具体而存在性的世界中产生变化"③。反思的抽象如果不回到存

---

① ［美］杜威：《经验与自然》，江苏教育出版社2005年版，第14页。
② 同上书，第14—15页。
③ ［美］拉里·希克曼主编：《阅读杜威：为后现代做的阐释》，北京大学出版社2010年版，第185页。

在性的原始经验中加以具体化，就不可能成为现实的存在。杜威的价值关怀始终在现实的改造，这应该说是他重视原始经验的根本原因。

自然的存在比起任何经验来说都要广阔和丰富深邃得多，因此杜威一再强调："真正在经验中的东西较之在任何时候被认知的东西要广泛得多。"他要求我们决不能满足于认识了的明显的东西，而把那些"模糊晦暗的东西"抹杀掉。"对于哲学理论来讲，觉察到清晰和明白的东西是被珍重的以及它们为什么是被珍重的，这是重要的。但是留意到黑暗和模糊不明的东西是繁多的，这也是同等重要的。因为在任何原始经验的对象中，总有不显明的潜在的可能性，任何外显的对象都包含有潜伏着的可能后果，最外显的动作也有不显著的因素。"[①] 他还批评了那种把对象"缩减和转化"为"精炼的对象"的"一种武断的'理智主义'"。这种理智主义是与原始经验的事实相违背的。杜威指出："当理智的经验及其内容被视为原始的东西时，链接经验与自然的绳索就被割断了。"在这里，经验与自然之间的连续性在更加深刻的层次上显示了它的重要意义。"如果历史的和自然的连续性是没有裂口的，认知的经验必然是源于非认知的一类经验之内的。"[②]"要维持自然连续性的主张的唯一途径就是承认理智的或认知的经验是具有第二级的和派生的特性的。"[③] 只有在原始经验中，自然本来的丰富性和复杂意义才原生态地存在着。

显然，原始经验和反思经验之间的互动是一个探究的过程，在这个探究过程中必然会有各种因素作用下的选择的参与。"无论什么时候，只要有反省，有选择性的强调和选择就是不可避免的。这并不是一件坏事。只有当选择的出现和进行被隐蔽起来、被伪装起来，被否认时，才有欺骗。经验的方法发现和指出了选择活动，正和它发现和指出任何其他的事情一样。因此，它保护着我们，使我们不至把后来的机能转变成为先有的存在：这样一种转变可以称之为最根本的哲学错误（the philosophic fallacy），不管这种转变是数理的潜存、美感的精蕴、自然界纯物理的秩

---

① ［美］杜威：《经验与自然》，江苏教育出版社2005年版，第16页。

② 同上书，第17页。

③ 同上书，第18页。

序或是以上帝的名义进行的，那都是一样的。"①

　　由于对原始经验的丰富性、具体性和模糊性及其对于认识和改造世界的意义的清醒认识和充分重视，杜威理所当然地指出了经验法的开放性和包容性。这就是说，经验法决不把自己的发现和结论绝对化，而清醒地知道自己的发现是在一定的条件下得到的结果，因此它"并不保证一切与任何特殊结论有关的事物都会实际上被发掘出来"。同时，也正是由于经验法知道对于"某一个曾被明确地描述出来的事物曾经在什么时候和什么地方以及怎样被达到的"，因此别人不仅可以根据这些条件去验证它，还可以超越既有的认识去加以补充和丰富。"一个人的发现可以被其他一些人的发现所证实和扩充，而在人类所可能扩充和证实的范围以内具有十足的可靠性。"② 只有把多样性的认识加以综合，我们对事物的认识和理解才会是可靠的。认识进展的动力和启示就这样存在于原始经验的不断扩展深化之中。

第四节　对审美经验的探究必须坚持　　经验法内在的生态思维精神

　　杜威的艺术审美理论也是从经验出发的，他在一般经验、审美经验和作为艺术的"一个经验"的内在连续中独辟蹊径，揭示了经验的审美性质的生成和艺术的经验本性及生态本性。从这个根本观念出发，他所说的经验的方法也必然是美学研究的正确而有效的方法。在他的美学专著《艺术即经验》中，也体现了他提倡的这一方法。正如杜威所说："经验方法的全部意义与重要性，就是在于要从事物本身出发来研究它们，以求发现当事物被经验时所揭露出来的是什么。"③ 用经验法研究审美经验和作为艺术的"一个经验"，才在两者的生态本性的对应中保证了杜威所追求的目的和方法的高度一致。对照美学研究中流行的方法，经验法对于美学研究最值得重视的意义主要有以下几个方面。

---

① ［美］杜威:《经验与自然》，江苏教育出版社 2005 年版，第 21 页。
② 同上。
③ 同上书，第 4 页。

第一，从人作为有机体与自然环境交互作用生成的经验这个人的生活世界出发，并且真切理解和把握经验的生态整体性，与主客二分割裂的传统思维真正决裂，研究包括作为艺术的"一个经验"在内的审美经验，是杜威美学的根本内容所在。杜威指出："假使经验实际上呈现出美感的和道德的特性，那么这些特性也可以被认为是触及自然内部而且是真实地对属于自然的事物有所证实，正如证实物理科学中赋予自然界那种机械的结构一样。"① 这就是说，经验法所说的经验乃是通向认识自然客体特性的通道。流行的美学基本上是从某一哲学理念出发演绎出一套美学理论，这可以说是所谓"自上而下的美学"根深蒂固的影响所致。尽管着重研究美感经验的"自下而上的美学"早在 19 世纪后期即已兴起，却由于各种原因至今仍被冷落。何况，杜威的经验法所指的经验，并非主客二分观念主宰之下仅属主体感受的美感经验。在这种美感经验中，没有客体自然的现身，甚至根本不承认客体的作用。这正是这种美学如"移情论"之类往往把美完全归之于主观感受的原因所在。在杜威这里，经验不是镜子而是实践（"做"）作用于对象形成的"生活"世界。杜威在《艺术即经验》中本着从"大地"到"顶峰"的方法而展示的从一般经验到审美经验再到作为艺术的"一个经验"的致思路线，就具体体现了他说的经验法的这种精神。

第二，正确对待和处理原始经验与反思经验之间的互动关系，既不要把反思经验当作对于对象的最后结论，又要对原始经验的主观性保持清醒的警惕，同时更要重视原始经验的原始性、最后性和晦暗的丰富性。"艺术乃是自然事情的自然倾向借助于理智的选择和安排而具有的一种继续状态。"② 它是属于反思经验的。杜威指出："美感经验和道德经验也和理性经验一样，真正地揭示真实事物的特性。"③ 而要"真正地揭示真实事物的特性"，包括对象的审美特性，就必须有对原始经验的理性反思，而反思经验还得回到原始经验加以检验、证实和修正，并且进一步加以丰富和深化。在对经验的理性反思中，要充分认识主体能动作用的两面

---

① ［美］杜威：《经验与自然》，江苏教育出版社 2005 年版，第 4 页。

② ［美］杜威：《艺术即经验》，商务印书馆 2005 年版，第 247 页。

③ ［美］杜威：《经验与自然》，江苏教育出版社 2005 年版，第 15 页。

性，以对主体作用的自觉意识深刻理解到"主观主义"的解放意义。既要通过反思对经验做出解释和选择，又不能被反思经验中的抽象所屏蔽，而应对多样性的认识和观念保持一种包容和综合的心态。为此，在运用反思对原始经验进行"纯洁和改造"的同时，又不能忘记原始经验的原始性和最后性，以及它的晦暗和丰富的存在特性。美学研究作为对审美经验的反思，很容易把抽象的成果当作最后的结论，结果往往把真正属于审美经验的特性的东西忽略和抹杀了。美学研究对象的特殊复杂性要求我们更要留意处理好原始经验和反思经验之间的关系。

第三，在对审美的原始经验的考察中，要特别"留意到黑暗和模糊不明的东西是繁多的"，努力在其中探究和寻求使审美经验之所以具有审美性质和价值那种对于人的理性来说还是"晦暗的"自然特性，从而在最深入的层次上揭示艺术审美特性的生态本质。尽管美学的历史已经很长，但是审美活动的自身特性即其生态本性却依然是"黑暗和模糊不明的东西"，还等待着人们去发现。在批评那种把对象精练化的武断的主观主义时，杜威指出："把被知的对象所特有的特性孤立起来而说成是最后的实在，这就说明了为什么我们会否认这些特性具有使事物变成可爱的和可鄙的、美丽的和丑恶的、可敬的和可怕的东西的性质。它说明了为什么相信自然是一个漠不关心的、死板的机器；它说明了为什么在现实经验中有价值的和被珍视的对象特性的特征会产生一个根本上的麻烦的哲学问题。"① "承认它们是真正的和原始的实在，这并不意味着当事物被爱惜、想望和追求时就没有思想和知识参与其中。它的意思是说：后者是从属的，因而真正的问题乃是被经验到的事物怎样和为什么被转变成为对象以及将产生什么结果，在这种对象中被认知的特性是高尚的和可爱的，移植方面的特性却是偶然的和附属的。"② 这些论述表现出杜威对于探寻事物特性及其深层奥秘的执着。正是凭着这份执着，他才突破了流行美学视野对这一特性的忽视和屏蔽，在形式的表现性之外还找到了艺术之所以成为艺术的特殊性质即"节奏"，并且进一步揭示了它的"能量组织"功能。这一发现，是艺术审美的生态本性终于以其与自然的连

---

① ［美］杜威：《经验与自然》，江苏教育出版社 2005 年版，第 16 页。
② 同上书，第 16—17 页。

续性在审美经验里现身，使美学反思长期未能照亮的这个幽微甚至黑暗的领域初步敞开了它的面目。这是杜威美学中反思经验的重要内容和理论成果。但是，毫无疑义，节奏和它的能量组织功能本身还并不是理性的反思所能明确把握的，在理性反思所赋予的这个概念和命题之下，它在很大程度上仍然还是"黑暗和模糊不明的东西"。我们在审美经验中可以感受和体验它，可以被它感染和激动，甚至沉醉和迷狂，却难于明确地言说它。所谓"言不尽意"而"立象以尽意"，不就是为了使这个单凭反思的抽象不能表达的晦暗中的奥秘能够现出它那隐约闪烁的真身吗？

第四，充分认识艺术和审美经验的生态综合性和复杂性，为美学研究留下一个自己独有的生命空间。在杜威看来，艺术是自然发展过程的顶峰，它因此凝聚和呈现了自然的一切隐秘与奥妙。"在艺术中，我们发现了：自然的力量和自然的运行在经验里面达到了最完备，因而是最高的结合。""当自然过程的结局，它的最后终点，愈占有主导的地位和愈显著地被享受着的时候，艺术的'美'的程度就愈高。""艺术既代表经验的最高峰，也代表自然界的顶点。"[①] 杜威指出："在作为一个经验的艺术之中，实际性与可能性或理想性，新与旧，客观的材料与个人的反应，个体与全体，表层与深层，感觉与意义，都综合进了一个经验，其中所有因素都从在孤立思考时从属于他们的意义中得到变化。"[②] 他引述了歌德的话："自然既没有核，也没有壳。"并接着说："只有在审美经验中，这一命题才完全正确。在作为经验的艺术中，自然既不是主观的，也不是可观的存在物，它既不是个人的，也不是普遍的；既不是感性的，也不是理性的。因此，艺术即经验的意义与哲学思想的漫游是无法比较的。"[③] 艺术和审美经验是一个极其复杂的生态存在，理性反思在它面前要抱持一种特别的谦逊和虔敬，而这正是杜威极其强调的"自然的虔敬"在自然的顶峰面前的必然引申。

在《经验与自然》的序中，杜威写道："一个经验的方法对自然界是

---

① ［美］杜威：《经验与自然》，江苏教育出版社 2005 年版，第 5 页。

② ［美］杜威：《艺术即经验》，商务印书馆 2005 年版，第 329 页。

③ 同上书，第 329—330 页。

保持忠实的，它是无所'保存'的；它不是一种保险的设施，也不是一个机械的防腐剂。但是它鼓舞心灵，是它在新世界的惶惑面前具有创新理想和价值的勇气和生命力。"① 这段话把他的经验方法的自然主义精神说得非常明白。对于杜威说的经验法，我们过去曾经有过不少误解和不解，上面的阐释还只是初步的。即便如此，也可以看出，经验法在美学研究中的运用，相对于主客二分的流行思路和抽象思辨的致思方法，无疑具有革命性的意义。深入理解经验法的生态精神，才能真正认识杜威美学中的所谓"迂回"道路的深刻含义，并找到美学研究通向生态学化新路的门径。

----

① ［美］杜威：《经验与自然》，江苏教育出版社 2005 年版，第 2 页。

第 三 章

回归大地：杜威艺术美学
方法论的生态精神

　　重新审视杜威的美学，我们发现它在各个层面都体现了与现代生态意识相通的自然主义精神。这主要表现在：从活的生物的生态关系考察艺术审美的根源，从大地去理解山峰才能找到山峰的根基，从相互作用的有机整体性看待世界和事物，还有连续性原则和情境观念对系统生成性的重视。为了当代美学的生态学化，实现美学自身学理和生命力提升的需要，应当重视杜威经验论美学的方法论的生态精神。

　　在被长期冷落之后，杜威的经验论的艺术美学又与其哲学一起受到空前的青睐。重新审视杜威的美学，我们发现它在各个层面都体现了与现代生态意识相通的自然主义精神，因而可以看作是生态美学发展过程中的一个十分重要的理论形态。正如斯蒂文·洛克菲勒所说："杜威对自然的虔诚以及他的达尔文主义的、自然主义的思维样式，在 1949 年引导他拥护和支持体现在生态主义世界观中的那种精神。"① 在全球性生态危机的当下语境中，生态主义的世界观和生态美学已沛然成为时代潮流。亚历山大·托马斯称杜威是最早明确对自然持生态学观点的人之一，因此，也是最早明确对知识持生态学观点的人之一。他在论及杜威的《经验与自然》和《艺术即经验》等著作中所阐发的经验论美学思想时指出：

---

　　① ［美］斯蒂文·洛克菲勒：《杜威：宗教信仰与民主人本主义》，北京大学出版社 2010年版，第 581 页。

"必须把《艺术即经验》解读为核心而关键的文本。对于杜威来说,从艺术的立场可以最充分地领会经验。"① 杜威把艺术看作"自然界的最高峰",他的艺术美学也是其哲学的最高结晶。杜威曾说:"许多关于艺术的理论已经存在了。要说明提出另一种关于审美的哲学的理由就必须发现一个新的研究方法。"② 这个新的方法就是杜威自己称之为"经验自然主义"或者"自然主义的人道主义"的方法。正是这个方法本身立足自然而获得的生态精神,赋予了他的美学以鲜明的生态学特色。要深入发掘和理解杜威美学对于建构当代生态美学的意义和价值,首先应该对其"新的研究方法"的生态精神有所了解。这个新方法就是一反流行美学总在精神世界悬空寻求的自我禁锢,而把视线落到自然的大地上,从作为有机体的人的现实生命活动出发去考察艺术审美的奥秘。回归大地,深入大地,从大地感受和认识生气洋溢的艺术之源,这就是杜威美学方法的根本精神。

第一节 从活的生物的生态关系
考察艺术审美的根源

莫里斯在《美国哲学中的实用主义运动》中分析了实用主义的理论来源,指出以达尔文为代表的生物进化论,是其主要的科学根据。"实用主义无疑是达尔文主义以后的哲学,它的经验主义是朝生物学方向演变的经验主义。""怎样从进化论的观点来揭示人心、人的认识、人的自我、人的道德,这是实用主义者的最重要的问题。"③ 生物学是真正植根于自然大地的科学,正是生物学的方法为杜威的哲学和美学指出了自然主义的思维路径和视野。打开《艺术即经验》,第一章即为"活的生物"。杜威是从"活的生物"的生态关系出发去考察艺术审美的根源的,其自然主义的气息扑面而来。

任何"活的生物"都只能活在自然母亲的胞胎中。杜威很早就用了

---

① [美]亚历山大·托马斯:《杜威的艺术、经验与自然理论》,北京大学出版社 2010 年版,第 129、217 页。
② [美]杜威:《艺术即经验》,商务印书馆 2005 年版,第 10 页。
③ 刘放桐:《实用主义评述》,天津人民出版社 1983 年版,第 24—25 页。

母亲的形象来描述自然。还在 1884 年，他就在《新心理学》中谈到自然这个"经验的母土"即"人类这个巨人得到力量和生命"的源头。在他看来，经验属于自然并存在于自然之中，因此他把自然比作母亲。杜威指出："自然是人类的母亲，是人类的居住地，尽管有时它是继母，是一个并不善待自己的家。文明延续和文化持续——并且有时向前发展——的事实，证明人类的希望和目的在自然中找到了基础和支持。正如个体从胚胎到成熟的生长与发展是机体与环境相互作用的结果一样，文化并不是人们在虚空中，或仅仅是依靠人们自身做出努力的产物，而是长期地、累积性地与环境相互作用的产物。"① 在杜威的眼中，艺术作为"文化的最高成就"乃是自然的最高峰，当然也是人和环境相互作用的极其重要的产物。这段话，作为杜威美学思维的核心观念，体现了其生态思维的基本出发点和总体思路，也就是他的"新的研究方法"的总原则。值得注意的是，包括人在内的有机体与环境相互作用的关系也正是现代生态学的中心视点，而人与环境的关系则是马克思主义哲学的思维起点，马克思主义的人本生态观就是从对人与自然的关系的思考开始的。

　　生态思维把自然界看作人类生态系统的基础，自然界是人的环境最原始最根本的层面。把自己的哲学称为经验自然主义的杜威，对世界始终坚执自然主义的眼光。对于作为其哲学核心概念的"经验"，他认为"经验既在自然之内，也是关于自然的。被经验到的并不是经验，而是自然"，是外部自然的事物如石头、植物、动物等"与另一种自然对象——人的机体——发生联系"时"被经验到的情况"。"经验就是这样达到自然内部的；它有深度，它也有广度，而且在广度上还能够有无限大的伸缩性。""经验就是这样的一种事象，它是深入到自然里面去的，并且是通过这种深入无限制地扩展的。"② 在杜威的视野中，"正是人类既为自然所支持而又为它所挫败的这种特别的互相混杂的情况组成了经验"③。经验就是包括人这样的有机体在内的自然自身内部相互作用而发生的事像和事件。通过它，不仅自然的性质和意义因"挤压"和"流溢"而得以

①　［美］杜威：《艺术即经验》，商务印书馆 2005 年版，第 28 页。
②　王玉樑：《追寻价值——重读杜威》，四川人民出版社 1997 年版，第 196—197 页。
③　同上书，第 263 页。

逐渐显露，而且自然也展示出变异和生长、生成的过程。

杜威指出："人类追求理想的对象，只是自然过程的继续；它是人类从他所由发生的这个世界中学习得来的，而不是他所任意注射到那个世界中去的。"① 这就是说，人类与自然界的相互作用乃是有机体与环境相互作用活动的继续，是自然界本来就有的生成性的能动表现。正是在这种生成性中，人作为自然界的一部分才达到了有机的统一，人的经验才具有生成性的生命意义。而这种洋溢着生命活力和意义寻求的生成性正是艺术的审美性质的灵魂所在。在杜威看来，艺术的生命精神无非是自然本来的生成性通过人而得到的更充分完满的能动表现罢了。

在近代以来的世界美学中，只有杜威才高度自觉而诚恳地面对被各种哲学（包括西方的与东方的各种"马克思主义"哲学在内）所漠视甚至摒弃的自然，虚心地从自然中汲取生活艺术和美学思维的智慧。杜威认为："忠实于我们所属的自然，作为它的一部分，无论我们是多么微弱，也要求我们培植我们的愿望和理想，以致我们把它转变成为智慧，而按照自然所可能允许的途径和手段去修正它们。"② 在这里，他实际上表达了人类应该尊重自然并遵循自然的本性去适应和改造自然的思想。他又指出："人越是接近于自然界，就越是清楚他的冲动与想法是由他的内在自然作用的结果。人性在其重大运作中，总是依照这一原则行事。科学给予这一行动以智力支持。对自然与人之间关系的感受，总是以某种形式成为对艺术起触发作用的精神。"③ 无论杜威的思想中还存在多少偏颇与缺陷，他的具有人本主义意识的自然主义以其鲜明的生态精神走在了他的时代的前面，并因此在生态文明建设成为全人类的历史课题的时候又被推上了历史的前台。早就有人说过杜威的学说是属于未来的，事实证明了这个睿智的断言，并以此作为对杜威的历史性的褒奖。

---

① ［美］杜威：《经验与自然》，江苏教育出版社 2005 年版，第 267 页。
② 同上书，第 266 页。
③ ［美］杜威：《艺术即经验》，商务印书馆 2005 年版，第 376 页。

第二节 从大地去理解山峰才能
找到山峰的根基

　　杜威说个体从胚胎到成熟的生长与发展是机体与环境相互作用的结果，在他看来，艺术的产生和发展也是这样的发育过程，而不是突如其来的，与日常生活经验毫无联系的孤立的存在。正是基于这样一种"从胚胎到成熟的生长与发展"的观念，他拒绝了流行的美学总是孤立地从经典的艺术作品研究美学的路数，而要求首先回到生活的大地上来。他为从事艺术哲学写作的人提出了一个重要的任务，那就是"恢复作为艺术品的经验的精致与强烈的形式与普遍承认的构成经验的日常事件、活动，以及苦难之间的连续性"。杜威把艺术视为"自然的最高峰"。他认为："山峰不能没有支撑而浮在空中，它们也非只是安放在地上，就所起的一个明显的作用而言，它们就是大地。"① 这就是说要从大地去理解山峰，才能找到山峰的根基，从而也才能弄清山峰何以成为山峰以及山峰与大地的联系与区别。在杜威看来，如果日常经验达到了完满充分而强烈的"一个经验"的水平，就具有了审美性质而成为艺术，审美的艺术并不是与日常经验无关的孤立抽象的东西。日常生活经验就像大地，而艺术不过是在这个大地上生成的山峰。日常生活经验是人这个有机体与环境相互作用而发生的事象，因此艺术也是这个相互关系的产物。所谓"艺术即经验"的本意是艺术作为经验，就是对这种联系的明确肯定。因此，如果不懂得作为"大地"的日常生活经验有机体与环境相互关系这一生态内涵，也就不可能懂得艺术作为经验所内在具有的相应生态内涵了。

　　杜威又以浅近的比喻更为具体地来说明这个道理："很有可能，我们喜欢花的色彩和芬芳，却对植物没有任何理论知识。但如果一个人着手去理解植物开花，他必须寻找与决定植物生长的土壤、空气、水与阳光间的相互作用有关的东西。"② "不知道土壤、空气、湿度与种子的相互作

---

① ［美］杜威：《艺术即经验》，商务印书馆 2005 年版，第 1—2 页。
② 同上书，第 3 页。

用及其后果，我们也能欣赏花。但是，如果不考虑这种相互作用，我们就不能理解花——而理论恰恰就是理解。"① 美学理论研究艺术就如同理解植物开花，决不能把艺术作品孤立起来，割断艺术与日常生活经验之间的关系，无视它的自然发育的根源和过程。

在杜威看来，"理论所要达到的理解，只有通过迂回才能实现；回到对普通或平常的东西的经验，发现这些经验中所拥有的审美性质"②。他说的"迂回"，就是不能直接孤立地从艺术本身去认识它的审美性质，而是要从在常人眼中并非艺术的日常的、普通的经验出发去认识。他为自己的美学理论提出了这样的追求："理论所要关注的是发现艺术作品的生产及它们在知觉中被欣赏的性质。物体的日常要素是怎样变成真正艺术性的要素的？我们日常对景色与情境的欣赏是怎样发展成特别具有审美性质的满足的？这些是理论必须回答的问题？除非我们愿意在我们目前不认为是审美的经验中追根寻源，我们就不能找到答案。"③ 这里所说的既是方法，也是观念。审美的艺术或说艺术的审美性质，是从日常的经验中生成的，只有弄清它所由生成的根源，才能认识它的本质。传统的和流行的美学不是这样，它们竭力划清艺术与日常经验的界限，而坚持从"美本身"或者已经充分发育的经典的艺术作品去理解艺术。这是杜威明确而坚决反对的。

杜威的思路秉承了达尔文的精神。达尔文不就是通过揭示人的起源即人与其他动物的关系来说明人本身的吗？杜威也主张从自然和人的生命本性出发去研究艺术。他指出："尽管人不同于鸟兽，人与鸟兽却同样具有基本的生命功能，同样在生命过程的持续中做出基本的调节。"④ 因此他明确指出："为了把握审美经验的源泉，有必要求助于处于人的水平之下的动物的生活。"⑤ 这显然是对达尔文关于动物美感的观念的肯定和继承，达尔文就是把动物的美感作为人类审美活动的起源来看待的。这样的思路和方法，同时从发生论和存在论的角度把艺术和艺术理论从被

---

① ［美］杜威：《艺术即经验》，商务印书馆 2005 年版，第 11 页。
② 同上书，第 9 页。
③ 同上书，第 11 页。
④ 同上书，第 12 页。
⑤ 同上书，第 18 页。

高高供奉的博物馆和象牙塔中解放了出来，使之回归到其生成和存在的真实的、自然的状态，不仅在大地上确立自己的根基，而且从大地获得自己的血肉、灵魂和基因，同时还将自己的成果反馈给大地。对于那种动不动就从意识形态和精神的高度去确认艺术本质的观念，这无疑是一个根本性的改变。须知，只有从艺术发生和发育的实际生态关联出发，才能对其之所以成为意识形态的生态根源做出正确的说明，才能正确认识其意识形态性与其生命本性之间的内在联系，而摆脱那些强加给艺术的狭隘而僵硬的戒律。

第三节　从相互作用的有机整体性看待世界和事物

生态思维要求超越人与自然二元抽象对立的传统观念，从相互作用的有机整体性看待世界和事物，杜威的艺术美学的思维中到处都体现了生态思维的这一核心观念。

在杜威看来，"经验的方法乃是唯一能够公平对待'经验'这一无所不包的整体的方法。只有它才能把这个整体的统一体当作哲学思想的出发点"①。他的自然指的是包括人在内的世界整体，他在人与环境互动的整体视野中考察经验，更把与过程性相统一的整体性看作所谓"一个经验"的基本特征，而"一个经验"正是审美性质的本质所在，可见这个"整体的方法"对于他的美学何等重要。

所谓"一个经验"，是有机体在与环境的相互作用中发生的生活事件。在这里，环境的概念对于理解"一个经验"的有机整体性具有重要的意义。还在早年的著作中杜威就指出："环境这个概念对于有机体这个概念来说是必要的，而且，随环境这一概念而来的就是不再可能将精神生活视为在真空中发展着的个体孤立的事情。"② 任何有机体的生成和生存都离不开一定的环境；环境的概念本来就是相对于生活与其中的有机体而言的。环境之所以称为环境，就因为它已经与生活其中的有机体之

---

① 王玉樑：《追寻价值——重读杜威》，四川人民出版社1997年版，第3页。
② ［美］亚历山大·托马斯：《杜威的艺术、经验与自然理论》，北京大学出版社2010年版，第24页。

间发生着相互作用，它已经与有机体在互动中共生和演变。正是在人这个有机体与环境相互作用而发生的"做"（行为）与"受"（感受）相结合而生成的经验中，才为艺术的发生提供了基础和温床。而且"一个经验"的审美性质也离不开甚至决定于世界（宇宙）的整体性。

杜威解释了艺术及其媒介在表现事物和世界的整体性上的特殊功能。他以为，"初看上去似乎每一门艺术都有着自己的媒介"，但是"在每一个经验中，都充满潜在的性质上的整体，它对应于并显示构成神秘的人的精神状态的整体活动组织"。① 媒介以其自身的特性融入这个整体的表现性效果之中。进一步，"每一件艺术作品都具有一种独特的媒介，通过它及其他一些物，在性质上无所不在的整体得到承载"②，甚至从一个作品获得一种神秘的趋向宇宙整体的归属感。艺术的媒介和形式及其节奏，正是以其表现了"一个经验"所具有的整体性和生动性才具有审美的意义和价值，而这个赋予经验以审美性质的整体性的最高最广的领域就是宇宙。正因为如此，艺术带来的美感才往往使人获得对于宇宙生命的归属感，以至于与世界整体相融合，达到近乎中国人所神往的"天人合一"的境界，也就是后来的人本主义心理学家马斯洛在晚年所推崇的超越型的自我实现的人格境界。

不仅如此，对于感觉和理性，他从身心整体出发去解释其复杂联系；对于事物的某一感性特征的认知，也总是强调其与对象整体的关系。在论及对感觉的分类时，杜威指出："当感觉的范围以最广阔的方式扩展时，一个特殊感官只是一个在其中包括自主系统的功能在内的所有器官都参与的整体的有机活动的前哨阵地。眼睛、耳朵和触觉在一个特殊的有机体活动中起着领头的作用，但它们不再具有排他性，甚至也不总是最重要的代表，就像哨兵并非一支完整的军队一样。"③ 针对一位诗人说的诗对他来说"更是身体的，而不是理智的"观点，杜威提出了质疑，指出这位诗人所说的这些感觉乃是"完全有机参与的总的表示，并且，正是这种参与的完满性与直接性，构成一个经验的审美性质，也正由于

---

① ［美］杜威：《艺术即经验》，商务印书馆 2005 年版，第 17 页。

② 同上书，第 216 页。

③ 同上书，第 241 页。

此而实现了对理性的超越"。"它超越了理智，是因为它将理智的因素吸收进了通过属于生命体的感官而被经验到的直接的性质之中。"① 这样从身心整体的复杂联系去认识感觉和理智，对于美学具有特别重要的意义。

生态思维特别强调事物普遍联系并相互作用、互动共生，而杜威视线所及，总是反复强调并到处运用这一方法。"没有一种作用是没有反作用的；没有一种制约力是仅仅以一种方式起作用的；没有一种调节方式是完完全全从上到下、或者从内到外、或者从外到内进行的。任何影响他物变化的东西，本身都是受到改变的。"② 这种相互联系和作用，不仅使事物之间相互交织，成为整体，而且还深刻影响着它们的意义。杜威指出："在经验中得到的对象的性质就不再是一些孤立的细节了；他们得到了包含在有关对象所构成的整个体系中的那种意义；它们与自然界的其余部分连成一气，取得了现在发现与它们连成一气的那些事物的意义。"③ 这就是说，在互动共生的整体中，事物在关系中获得其性质，还被赋予了一种超越自身的整体质。

舒斯特曼在比较杜威和摩尔的有机统一观时指出："摩尔最明显欠缺的，是任何关于有机统一的时间、生命和发展的意义，它们在浪漫主义美学中，当然也在杜威那里，是非常重要的。对杜威和浪漫主义者来说，一个有机统一是一个动力的整体，它的部分以某种自然生长或有序的发展过程而演进和呈现在它们所形成的整体中。"④ 这就是说，在杜威那里，有机统一的整体不是静态的，而是动态的、开放的。正是作为"一个动力的整体"，它才内在地具有生长的、发展的性质，它才显示出自然和生命的积极追寻的生成性的本质。显然，这种动力性的、生长发展的有机统一观深得达尔文进化论的神髓。

第四节　连续性原则和情境观念对系统生成性的重视

在杜威的动力性的有机整体观念中，连续性是一个十分重要的原则

① ［美］杜威：《艺术即经验》，商务印书馆 2005 年版，第 239 页。
② 王玉樑：《追寻价值——重读杜威》，四川人民出版社 1997 年版，第 211 页。
③ 同上书，第 199 页。
④ ［美］理查德·舒斯特曼：《实用主义美学》，商务印书馆 2002 年版，第 102 页。

性的概念。在连续性的概念中，时间性得到凸显，世界及其经验作为具有生成性的过程亦即历时态的相互联系展现开来。连续性作为方法原则在他关于恢复到艺术与日常经验的连续性的思路中已经体现，并且显示出其重要性。可以说，没有"连续性原则"，就不会有杜威的经验论美学。

地球生态系统是从无到有、从简单到复杂经过漫长的过程而自我生成的，在作为自然界的自我意识的人类出现以后，这个生成性的运动仍在继续。诚如马克思所说，整个自然史就是"自然向人生成"的过程。有机体与环境的相互作用，乃是这一生成性的直接动因和内在机制。杜威认为，生成性就是自然"恢复作为艺术品的经验的精致与强烈的形式与普遍承认的构成经验的日常事件、活动，以及苦难之间的连续性"。① "人类追求理想的对象，只是自然过程的继续；它是人类从他所由发生的这个世界中学习得来的。"② 这些话都包含了一个意思，即人的活动与其他有机体、与自然是在时间上相连续的；没有这种连续性，人及其经验的生成都是不可思议的。

舒斯特曼在论及杜威对科学和哲学的审美经验之后说："所有这些不同学科间的连接和相似，显示了杜威在美学和别处中的一个最为关键的论点，即像他通常所命名的那样被称作连续性论点。与分析哲学相对（也许再一次反映出康德/黑格尔之间的对应），杜威热衷于进行连接而不是区分。……杜威旨在恢复审美经验同生活的正常过程之间的连续性的审美自然主义，是他试图打破沉闷坚持'美的艺术的区分概念'的一部分，这种艺术概念，即是陈旧的、在制度上牢固的、严格将艺术区分于真实生活而将它移交'给一个独立领域'——博物馆、剧院和音乐厅——的审美的哲学意识形态。"③ 舒斯特曼在这里主要说的是艺术经验与普通的日常经验之间的连续性。

值得注意的是，舒斯特曼在指出杜威与分析哲学的区别时，说他"热衷于进行连接而不是区分"。热衷于"连接"就是重视事物与事物之

---

① ［美］杜威：《艺术即经验》，商务印书馆 2005 年版，第 1—2 页。
② ［美］杜威：《经验与自然》，江苏教育出版社 2005 年版，第 267 页。
③ ［美］理查德·舒斯特曼：《实用主义美学》，商务印书馆 2002 年版，第 28—29 页。

间的生成性联系，也就是事物之间的互生关系。生态思维在网状联系中看待事物，在常人将其分开的地方看到连接，看到相互作用和相互影响，甚至看到可能的因果联系，这就避免了孤立地、抽象地看待事物的倾向。

在杜威那里，连续性的观念具有十分重要的意义和宽泛的内涵。诚如舒斯特曼所说，"杜威的连续性美学，连接的不只艺术与生活；它还坚决主张一大群传统的二分的概念——其长期假定的对立差异已经构成了太多的哲学美学——在根本上的连续性。这些二分的观念有：美的艺术对应用的或实践的艺术、高级的艺术对通俗的艺术、时间艺术对空间艺术、审美的对认识的和实践的、艺术家对组成其受众的'普通'人。实际上，为了确保美学中的连续性，杜威将他对二分思想的攻击扩展到去破坏那种支持和巩固我们艺术经验的隔离和碎裂的更基本的二元论。这些二元论中最重要的有：身体与心灵、物质与观念、形式与质料、人与自然、自我与世界、主体与客体和手段与目的之间的二分"。① 这种对抽象的二元对立观念的突破，与曾经试图把杜威的实用主义挤出哲学舞台的分析哲学的方法在根本上是对立的，而体现了生态思维所要求的网络联系和具体—综合思维的精神。正是在连续性中，世界和经验才成为有机统一的整体。

连续性被称为"原则"，足见其对于杜威的美学思维之重要。"杜威也把审美经验与普通经验相区分，但是，与寻找一个单一的、特殊的性质或经验去定义艺术或审美、一个单一的基本区分的典型分析方法相反，杜威的区分，是用在复杂的相互联结的特征的群体中突出的或'重要的倾向'方面。审美经验的区别，不是通过它拥有一个特别的要素，而是通过它对日常经验的所有要素的更完美、更热情的整合，'在它们的所有的多样性中，用它们做成一个整体'，给经验者对世界的秩序和整体的更大感受。"② 概括起来，舒斯特曼这里就是说，杜威乃是在对日常经验的连续性中来揭示艺术的审美性质的，而不是割断和无视这种"连续"孤立地从某种单一的性质去规定它。通过这种连续性，杜威明确肯定了艺术作为"一个经验"与人的生活实践和自然之间的生成性联系，也深刻

---

① ［美］理查德·舒斯特曼：《实用主义美学》，商务印书馆2002年版，第29—30页。
② 同上书，第31页。

解释了艺术审美的生态起源和生态本性。

在杜威所秉持的"新的研究方法"中，与整体观和连续性密切相关的还有关于"情境"的概念。通过这个概念，他更把人的做和受及其意义和价值都放到一个相关因素构成的处在从隐蔽到明朗的过程中的系统整体中去审视，揭示出对经验发生复杂多元影响的一种系统性生成效应。在《艺术即经验》中，杜威很少论及这个概念，其中一处是在谈到忙乱而缺乏耐心的人文环境使人们无暇获得完整的经验的原因时提到它。他说，在这种情况下，"人们更多的是通过无意识而不是故意选择，逐渐找到的不过在最短时间内做最多的事的情境"①。从他所说的这个事实可以看出，情境对于人们是否能获得较为完整充分的经验，能否感受经验的过程和这个过程中的生命力的生长和节奏，因而能否获得美的愉快起着决定性的作用。这也难怪亚历山大·托马斯在论述杜威美学的专著《杜威的艺术、经验与自然理论》中对这个概念极为重视。通过《我们怎样思维》这篇主要论思维问题的文章中对情境的论述，我们可以理解这个概念对于审美的重要性。杜威说思维起于直接经验的情境，而且从疑难的情境趋向于确定的情境，思维的目的和结果是被它从其出发的情境决定的。情境本身引起思考、指导思考。为了引起思维和指导思维，需要一个情境。② 审美也是需要一个特殊的情境的，而且情境的变化不仅会影响经验的意义的显现，还会引起美感的变化。须知，情境并不就是环境，而是环境与在其中活动的人相互作用而"合生"的既直接而又具有中介性的生活世界的当下领域，一个既为行为者的目的和意向所选择和组织，又对行为者的目的和意向加以制约和推动的系统存在。情境的典型特征为"交互作用"：既是主体与客体的交互作用，也是构成情境的部分和要素的"事情""物""相互作用""事态"和"交易"等的交互作用。"谈及情境时，基本意思由涉及人类相互作用的世界而决定。"③ 这就是说，人是通过情境而与环境相互作用的，环境要转化为情境才影响到人

---

① [美]杜威：《艺术即经验》，商务印书馆2005年版，第48页。

② 王玉樑：《追寻价值——重读杜威》，四川人民出版社1997年版，第213—214页。

③ [美]亚历山大·托马斯：《杜威的艺术、经验与自然理论》，北京大学出版社2010年版，第123—128页。

的做与受，影响到人的经验。

亚历山大·托马斯认为，杜威是从"情境"理论来理解经验与自然的连续方式的。"对杜威来说，情境就是实体，代表最基本的实在。""情境也为审美意义提供了基础——情境就是那些整体，语境就此从性质上确定并反映自身。审美性质是从情境的一般性质方面的发展或突现。"①这就基本说明了情境在审美中的重要性。这就是说，由于情境的直接和中介的作用，无论是经验的审美性质的显现还是对美的感受的获得，都决定于人与环境及构成环境的各种因素的交互作用所形成的情境。由于情境是开放的，会变化的，有意向的，经验与自然之间的连续才得以在其中实现。

从以上几个方面可以看出，杜威艺术美学的方法论中的生态思维无论在广度还是深度上都远远超越了流行美学的理论框架。这种"人道主义的自然主义"的方法，体现了把美学的人文性与科学性有机统一起来的意向，为美学走出形而上玄思而面向人类生活的真实世界，提供了很多深刻而重要的启迪。美学必须生态学化，这不仅是生态文明建设的现实需要，也是美学自身学理和生命力提升的需要。为此，我们应当重视杜威经验论美学中"新的研究方法"的生态精神。

---

① ［美］亚历山大·托马斯：《杜威的艺术、经验与自然理论》，北京大学出版社 2010 年版，第 123 页。

第二编

艺术审美本体存在的
生态本性

第 四 章

返本归真：杜威的审美
经验论中的生态思维

　　杜威从人与环境的交互作用出发的审美经验论作为对传统美学审美经验论的终结，蕴含着深刻丰富的生态思维的意向，这主要表现在恢复审美经验与生活的正常过程之间的连续性，使审美经验回归到本来的动态的和生命整体的生态真实，从想象性阐释审美经验的整体性和理想趋向的生成机能，认为艺术作品的创作是对审美经验的"具有表现意义的再现"。

　　美国实用主义美学家舒斯特曼在接受中国学者的访谈时说："实用主义美学最重视的就是审美经验。流行的美学把审美经验看做从艺术获得的主观体验，即艺术先于经验而存在，杜威则认为审美的经验乃是先于艺术而存在的，实际的艺术品是这些产品运用经验并处于经验之中才能达到的东西。"① 这是我们理解杜威的审美经验论时首先要明确的。杜威虽然把作为艺术本体的"一个经验"即审美性的经验与一般经验相区别，但更重视它们之间的密切联系。他把经验放在作为有机体的、有理想的人与环境的交互作用中来加以诠释，这就使其生态性的内涵得以敞亮，还原了审美经验在流行美学中日渐枯萎的生命本性。这样一来，审美经验就突破了象牙塔式清高中的精神自闭，而沟通了与人的日常普通生活经验的内在联系，也揭示出其想象性中的生成的理想特征。这样的审美

---

　　① 彭锋：《新实用主义美学的新视野：舒斯特曼访谈》，《哲学动态》2008 年第 1 期。

经验，乃是杜威的审美价值观和审美功能观的生成基础。深入认识杜威审美经验论的生态思维意向，有助于把握其美学思想的生态精神及其对当代美学的建设性意义。

第一节　恢复审美经验与生活的
正常过程之间的连续性

要理解杜威的审美经验论的特殊内涵，首先必须明确其美学思路的起点和基点。同流行美学大多把对艺术的欣赏作为审美经验研究的起点不同，杜威是以作为"活的生物"的人与环境的交互作用中所发生的"做"与"受"交融的过程，即人的活动中存在的感性与理性交融的生命事件为出发点的。为了正确理解审美经验，他首先指出了在流行的哲学和美学中普通的经验与审美经验之间存在的"一个裂痕"："作为这一裂痕的记录，我们最终，仿佛当作是正常状况一样，接受了一些艺术哲学，它们在没有别的生物栖身的区域生存着，在其中，审美的静观性质不加论证地得到强调。价值的混淆进一步加强了这种分离。一些额外的东西，如收集、展览、拥有与展示的乐趣，都被装扮成审美价值。"① 他反对这种只是把审美经验看作"静观"艺术作品的产物的观念。在他看来，艺术本身就是这个经验的产物，先有审美经验然后才有艺术活动和艺术作品，因此必须"恢复审美经验与生活的正常过程之间的连续性"②。

显然，审美经验乃是从"生活的正常过程"到艺术活动和作品的必要中介。也就是说，在艺术作品引发的审美经验之前，先就有在日常生活过程中生成的审美经验，后者是前者的根；没有这个根，就没有艺术，当然也不会有艺术引起的审美经验。杜威指出："为了以最根本的、为人们所认可的形式来理解美学，必须从他的最初状态开始"，弄清楚"艺术是怎样以人的经验为源泉的"③。审美经验先于艺术，艺术源于生活中的审美经验，这就是杜威的观点。

---

① ［美］杜威：《艺术即经验》，商务印书馆 2005 年版，第 9 页。
② 同上。
③ 同上书，第 3 页。

对于理解杜威的审美经验论来说，弄清"经验"在杜威的经验自然主义哲学中的独特含义是个关键。刘放桐在评述杜威的实用主义哲学时指出："杜威声称他的经验自然主义与以往经验主义以至以往一切哲学的根本的区别，主要在于他不把经验当作是知识，即主体对于他以外的对象的认识，而是把经验当作主体和对象、有机体和环境之间的相互作用。正是由于这种相互作用，主体和对象、有机体和环境、经验和自然成为一个不可分割的整体，从而克服了各种形式的二元论。"①这就是说，作为"做"与"受"的统一，作为一种实实在在的生命体验，经验乃是主体与对象共同参与、交互作用的一种动态事件，是一个把主客双方整合其中的活动过程，不仅具有活动主体和环境结合的空间上的整体性，而且具有与主体的过去经验之间在时间上的连续性。杜威要求把他说的"经验"看作"兼收并蓄的统一体"，说"这个统一的整体"是他的经验法"哲学思想的出发点"。②

杜威要人们注意："'经验'是一个像詹姆士所谓具有两套意义的字眼。好像它的同类语'生活'和'历史'一样，它不仅包括人们做些什么和遭遇些什么，他们追求些什么，爱些什么，相信和坚持些什么，而且也包括人们是怎样活动和怎样受到反响的，他们怎样操作和遭遇，他们怎样渴望和享受，以及他们观看、信仰和想象的方式——简言之，能经验的过程。'经验'指开垦过的土地，种下的种子，收获的成果以及日夜、春秋、干湿、冷热等等变化，这些为人们所观察、畏惧和渴望的东西；它也指这个种植和收割、工作和欢欣、希望、畏惧、计划，求助于魔术和化学、垂头丧气或欢欣鼓舞的人。它之所以是具有'两套意义'的，这是由于它在其基本的统一之中不承认在动作与材料、主观与客观之间有何区别，但认为在不可分析的整体中包含着它们两个方面。"经验就是这样的生活，而"生活是指一种机能，一种包罗万象的活动，在这种活动中机体与环境都包括在内"③。这个意义上的经验，实际上就是作为"活的生物"的人与自然和社会环境相互作用所形成的生活实践和过

---

① 刘放桐：《实用主义评述》，天津人民出版社1983年版，第71页。
② ［美］杜威：《经验与自然》，江苏教育出版社2005年版，第9页。
③ 同上。

程本身。比起传统哲学对经验的认识，这可以看作在"经验"含义的生态化转变。

杜威对人类的审美经验的探寻是从动物那里追根溯源的。他指出："尽管人不同于鸟兽，人与鸟兽却同样具有基本的生命功能，同样在生命的持续中作出基本的调节。"他这样描述这种"基本的调节"："第一个要考虑的是，生命是在一个环境中进行的；不仅仅是在其中，而且是由于它，并与它相互作用。"这个相互作用是在生物的生命整体与环境之间进行的，并努力达到"有机体与周围事物的同步性"这样的平衡和协调。其间会有冲突，但是"当一个暂时的冲突成为朝向有机体与其生存环境之间的更为广泛的平衡过渡时，生命就发展"。"这些生物学的常识具有超出其自身的内涵：它们触及到经验中审美性的根源。"那就是"通过节奏而达到的平衡与和谐初露端倪"[1]。于是，"对这种和谐的感受萦绕在生活之中"[2]。杜威认为，艺术的审美性质源于经验中生成的充分而鲜明地表现了生命的生成性意义的"一个经验"，这是作为艺术本源的经验。因此，他指出："一个经验与审美经验之间既有相通性，也有相异性。前者具有审美性质；否则的话，其材料就不会变得丰满，成为一个连贯的经验。"[3] 在杜威看来，在人的生活经验中先有了具有审美性质的"一个经验"，即他说的艺术，然后通过恰当的媒介把这个经验再现出来，才有了艺术作品。审美经验是从在日常生活经验中生成的，这就是它与生活的正常过程之间的连续性。

第二节　回归审美经验本来的动态的和
生命整体的生态真实

审美经验源于有机体与环境相互关系的动态平衡，是有机体努力实现与环境协调的结果。因此，没有这种努力的行动，就不会有审美经验的产生。杜威说，"有两种可能的世界，审美经验不会在其中出现"：一

---

① ［美］杜威：《艺术即经验》，商务印书馆 2005 年版，第 12—13 页。
② 同上书，第 16 页。
③ 同上书，第 59 页。

种是虽然流动变化但没有前进的目标，一种是已经完成的世界。"由于我们生活在其中的实际的世界是运动与到达顶点，中断与重新联合的结合，活的生物的经验可以具有审美的性质。"①这就是说，审美经验是在有机体对于自己与环境之间的生态关系的动态平衡的努力追求中产生的。没有这种追求平衡与和谐的努力，就没有审美经验的产生；这就是审美经验植根于生命本性的生态根源所在。

舒斯特曼在《实用主义美学》中说，"动态的审美经验""也许是杜威最重要的美学主题"，"对杜威来说，艺术的本质和价值，不只是存在于我们典型地视为艺术的人工制品之中，而是存在于创造和感知它们的动态和发展的经验行为中"②。正是这种"动态的审美经验"以其动态性直接地表现出审美经验的生命特性，包括生动充沛的生命体验、洋溢着生命活力而与环境相互作用的行动、身体和心灵相互渗透交融的生命整体性以及活动与活动之间互为因果以实现生成的连续性。"一个经验"之所以具有审美性质而且成为艺术，不仅在于其具有节奏的形式对于意义和情感的表现，还在于经验的节奏对于能量的组织。杜威指出："艺术通过选择事物中的潜能来运作，而正是由于这种潜能，一个经验——任何经验——才具有意义和价值。"③无论是节奏的形式表现还是能量组织的功能，都是在审美经验的生命整体性中实现的。

关于审美经验的生命整体性，杜威指出："在许多人的生活中，只有在偶然情况下，理性中才充满着由对内在意义的深刻理解而产生的感受。由于机械的刺激物或刺激作用，我们体验到了感觉，却没有意识到存在于它们之中或在它们背后的现实：在许多的经验中，我们的不同感官并没有联合起来，说明一个共同而完整的故事。我们看却没有去感受；我们听，听到的却是二手的报告，说它是二手的，是因为它们没有为视觉所加强。我们触摸，但这种接触乃是肤浅的，因为它没有与那些进入表面之下的感觉融合在一起。"④他认为这种情况是现实生活中脑手分工和

---

① ［美］杜威：《艺术即经验》，商务印书馆 2005 年版，第 16 页。
② ［美］理查德·舒斯特曼：《实用主义美学》，商务印书馆 2002 年版，第 44 页。
③ ［美］杜威：《艺术即经验》，商务印书馆 2005 年版，第 204 页。
④ 同上书，第 21 页。

身心分离的秩序造成的。而在真正的经验中，各种感觉和理性、现象和意义之间应该是互相渗透、融为一体的。"五官是活的生物借以直接参与它周围变动着的世界的器官。在这种参与中，这个世界上的各种各样的精彩与辉煌以他经验到的性质为他实现。"① 由于"艺术由生命过程本身所预示"，而"人在使用自然的材料和能量时，具有扩张他自己的生命的意图，他依照他自己的机体结构——脑、感觉器官，以及肌肉系统——而这么做"。这种生命扩张的意图及其努力是整体的，是感觉和理性、身体和心灵综合地参与的。在人与环境交互作用中展开的这种生命整体的动力机制产生了充分而生动地体现了生命本质的经验，即生成艺术的"一个经验"，因此"艺术是人能够有意识地，从而在意义层面上，恢复作为活的生物的标志的感觉、需要、冲动以及行动间联合的活的、具体的证明"②。艺术之所以能够如此，是因为作为艺术根源的审美经验本来就具有这种生命整体的活动机制。正如杜威所说："一个生机勃勃的经验是不可能被划分为实践的、情感的，及理智的，并且为各自确定一个相对于其他的独特的特征。情感的方面将各部分结合成一个单一整体；'理智'只是表示该经验具有意义的事实；而'实践'表示该有机体与环绕着它的事件和物体在相互作用。最精深的哲学与科学的探索和最雄心勃勃的工业或政治事业，当它们的不同成分构成一个完整的经验时，就具有了审美的性质。"③ 显然，在杜威的心目中，审美经验无非是在人与其环境交互作用的经验中以生命的整体性为特征，因而把生命活动的本性表现得最生动完满的状态罢了。

这种生命整体性包含了以下这些方面和层次：首先，各种感官在相互联系中作为整体而活动。"感觉的性质之中，不仅包括视觉与听觉，而且包括触觉与味觉，都具有审美性质。但是，它们不是在孤立状态，而是相互联系中才具有的；不是作为简单而相互分离的实体，而是在相互作用中具有的。"④ 其次，"任何一个感官的活动都涉及态度与倾向，而态

---

① ［美］杜威：《艺术即经验》，商务印书馆 2005 年版，第 21 页。
② 同上书，第 26 页。
③ 同上书，第 59 页。
④ 同上书，第 132 页。

度与倾向是由整个有机体决定的"①。杜威以对画面上的色彩的感知为例说："眼、耳或其他某个感官，仅仅是整体反应通过它们而发生的通道而已。所见到的颜色，总是由许多器官，由不仅感觉，而且交感神经系统的潜在的反应所决定的。这是所有能量的汇聚处，而不是它的源头。色彩的绚丽而丰富，正是由于其中包含着整个机体的共鸣。"② 因此感觉还不就是经验，经验乃是全身心的"感受"。再次，是肉体与心灵的整体联系。杜威批评了那种把肉体与心灵相分离的思想，说："这种将心灵看成是孤立的存在物的观念，成为那种审美经验仅仅是某种'存在于心灵中'的东西的观念的基础，并且加强了那种将审美从那种经验方式（在其中身体积极的参与自然与生命的事物）孤立开来的观念。它将艺术从活的生物的领域抽取了出来。"③ 最后，是自我与对象、有机体与环境乃至宇宙相融合的整体性。杜威在论及与审美经验的生命整体性相表里的直接性时指出："审美经验的仅有的独特的特征正在于，没有自我与对象的区分存乎其间，说它是审美的，正是就有机体与环境的相互合作以构成一种经验的程度而言，在其中，两者各自消失，完全结合在一起。"④ 在这里，生命的整体性从主体的个体存在扩展到了它与环境结合的生存世界，以至达到与宇宙合一的境界。

杜威对审美经验的动态性和生命整体性的强调，揭示了审美经验生动的生命真实，这也正是人类审美活动的生态真实。杜威的审美经验论对于生命的整体性真实的回归，体现了对生态整体性的认同，从而具有深刻的哲学改造的意义。正如雷蒙德·伯依斯沃特在《杜威的哲学的改造》中所说："达尔文模式使杜威能够欣赏作为整体的人类有机体。"⑤ 这种对生命存在的连续性和整体性的多维度的揭示，使审美经验回到了作为"活的生物"的人的生态存在本身。

---

① ［美］杜威：《艺术即经验》，商务印书馆 2005 年版，第 133 页。
② 同上书，第 134 页。
③ 同上书，第 294 页。
④ 同上。
⑤ 王成兵主编：《一位真正的美国哲学家——美国学者论杜威》，中国社会科学出版社 2007 年版，第 48 页。

第三节　从想象性阐释审美经验的整体性和
理想趋向的生成机能

　　除了审美经验的动态性和生命整体性外，杜威十分重视其想象性。他指出："生命体与环境的相互作用可以在植物与动物的生命中发现。但是，只有在此时此地所给与的事来自事实上缺席而仅仅在想象中呈现的东西的意识与价值之时，所提供的经验才是人性的和有意识的。"① 他把想象看作人所特有的超越于其他动物的心理机制。由于想象，审美经验就具有了超越现实局限的预期目的，从而使新的经验在与原来经验的连续中有了理想的因素，体现出生命自我生成的能动进取的趋向。杜威还说，在每一件艺术作品中审美经验的"意义实际体现在某种材料之中，该材料因此成为意义表现的媒介。这一事实构成了所有无疑是审美的经验的独特性。它的想象性占据着主导地位，因为比它们所依附的此时此地特殊事物更广与更深的意义与价值是通过表现来实现的"② 。显然，在杜威看来，对于审美经验，想象具有十分重要的意义。

　　在论及推理的作用时，杜威引了济慈的这段话："简单的想象的心灵也许会在持续地以这种突然性对于精神以出人意料的方式重复自身的沉默的工作中得到报答。"杜威接着说："这句话包含着比许多论文更多的关于创造性思维的心理学。"③ 这说明在杜威的美学思维中想象对于创造性思维有多重要。他这样解释济慈的这句话："他相信，没有一种作为推理的'推理'，即排除了想象与感觉的推理，能够到达真理。"④ 杜威重视济慈关于"想象所捕捉到的作为美的东西必定真"的思想，而特别推崇"想象的洞察力"。"存在着两种哲学。其中的一种接受生活与经验的全部不确定、神秘、疑问，以及半知识，并转而将这种经验运用于自身，以深化和强化自身的性质——转向想象和艺术。这就是莎士比亚和济慈的

---

① ［美］杜威：《艺术即经验》，商务印书馆 2005 年版，第 272 页。
② 同上书，第 303 页。
③ 同上书，第 34 页。
④ 同上书，第 34—35 页。

哲学。"① 这些论述说明，在杜威看来，无论是对于审美经验和艺术的形成，还是对于审美经验和艺术所可能具有的意义，以及对于个性在其中的表现，想象都十分重要。

亚历山大·托马斯指出："对于杜威来说，'想象'不是一种官能，想象本身是主动重建的工程。""想象把经验作为通过活动而进行的意义生长来掌握经验。""经验中要有意义，就必须有创造性的努力以掌握当下的意义。这只能靠想象来完成。"② 在亚历山大·托马斯看来，关于想象之于经验的重要性"这一主题对于杜威哲学的重要性，怎么说都不为过"③。他特地引述了杜威在《一个共同信仰》中关于想象的论述，这些论述明确指出了理想要通过想象得以领会的道理。杜威指出，"一切可能性都是利用想象得到的。在确定的意义上说，可以赋予想象这个术语的唯一意义就是，让我们认识到了时机尚未实现的东西，而且能够刺激我们。通过想象所影响的统一不是幻想，因为它是对实践态度和情感态度两者统一的反映。"托马斯这样阐释杜威的这段话："想象不过是根据可能的情境掌握当下的意义这一能力，可能的情境会实现，因为其理想的可能性已经被掌握并用于调停情境和指导活动。这只有靠灵敏感受情境无所不在的性质这一能力才有可能。如果理想的东西一直理想，就没有实现可能性，那就未能调节情境，因此，就不能成为那个情境的意义或那个情境的任何阶段。理想的东西成功建立了连续性，就此而言，它标志着一个经验的实现，在其中，情境性质的特征坚持并决定了情境各部分的意味。"④ 在这里，亚历山大·托马斯不仅谈到了在想象中理想对可能性的掌握，还强调了人与环境交互作用的活动如何使理想不只是理想，而能够通过对情境的调节来得到实现。

在杜威看来，想象并不是与其他心理机能并列的一种特殊的机能，它融合了其他机能，以其组织和综合的作用使审美经验成为"一种处于完整性状态的经验"。比如，"想象性视觉是将一个艺术品的所有要素都

① ［美］杜威：《艺术即经验》，商务印书馆2005年版，第36页。
② ［美］亚历山大·托马斯：《杜威的艺术、经验与自然理论》，北京大学出版社2010年版，第302页。
③ 同上书，第303页。
④ 同上。

统一起来，使这些多种多样的要素成为一个整体的力量。然而，那些在其他的经验展现时得到特殊强调和部分实现的我们所具有的诸成分在审美经验中融合在一起。并且，它们在经验的直接整体中的融合极其彻底，从而使各成分本身被掩盖了：它们在意识中不再成其为单独的成分"①。杜威认为想象的这种综合组织的作用非常重要。他说，那些看不到想象的这种作用的哲学体系是"将某种预定的思想添加在经验之上，而不是鼓励或者甚至是允许审美经验讲述它自身的故事"②。这就是说，这些哲学体系把经验只是看作某种思想的体现，而看不到想象本身通过整合而实现的新的意义；这种意义不是由思想外加的，而是其自身就直接具有并通过形式鲜明地表现出来的。

由于人的改善自己与环境关系的进取欲望、对可能性的预见和对已有经验的各种因素进行组织综合的能力等对想象的作用，就有了想象对于审美经验的更为重要的作用，那就是赋予经验以超越既成现实而加以更新和改变的生成性趋向。杜威指出："经验是通过旧的意义与新的情境的融合，并因而两者都改变形态（这种变化就是想象）。""既然，由于具有想象的性质而使审美经验无疑占据着主导地位，它就存在于一种大地和海洋之外的光的媒介之中。甚至最'现实主义'的作品，如果它是艺术作品的话，也不是那种如此熟悉，有规律，而具有迫切性，从而使我们将之称为真实东西的摹仿性复制。虚拟理论与种种将艺术定义为'摹仿'的理论不同，不将与此相伴的快感看成是来自认识，这是抓住了审美的一条主要线索。"③ 想象造成虚拟当然包含着对既成现实的改变；它不仅仅是对既有现实的模仿和认识，而有着更多可能的新内容和新意义。这就正如杜威在讨论艺术是游戏的观点时所指出的，"艺术的自发性并非与任何事物相对，而表示完全专注于一种有秩序的发展。这种专注是审美经验的特征"。于是审美经验和艺术的进取的和理想的意义就由此生成。④

---

① ［美］杜威：《艺术即经验》，商务印书馆 2005 年版，第 304—305 页。
② 同上书，第 305 页。
③ 同上书，第 305—306 页。
④ 同上书，第 311 页。

作为实用主义者的杜威随时都是一个清醒的现实主义者。"艺术是生产，而此生产只是通过必须按照它自身可能性处理与规范的客观材料才能实现这个事实，似乎是无可质疑的。"① 理想不能总是理想，生成性的进取欲望必须成为现实，新经验与原有经验的连续性不能任意打断，因此，真正的审美经验不能总是处于虚拟状态，而应该在作为有机体的人与环境的实际关系中生成，始终保持其在自然和生活中的连续性。杜威说的理想是植根于自然和世界的连续性和自我生成性的基础上的。正因为如此，他在论及浪漫主义时才明确地指出："确实，由于所有的审美经验都是想象性的，想象性可提升到，却不变得过分和古怪的强烈性程度仅仅是有所作为的行动决定的，而不是为古典主义的先验规则所决定的。"② 比起那种把理想与现实截然对立和抽象化和把想象完全主观任意化的观点，杜威的这一思想无疑非常深刻，具有十分重要的实践意义。

第四节　艺术作品的创作是对审美经验的具有表现意义的再现

杜威说"艺术即经验"或"艺术作为经验"，应该说实际上包含了两层意思：一是说艺术源于审美经验，没有审美经验就没有艺术；二是说艺术的功用或用处就是要引起审美经验。在这两层意义上艺术都离不开审美经验。在此，为了论述方便，可以把艺术得以生成的审美经验称为"前艺术审美经验"。

前艺术的审美经验的主体与客体即有机体与环境的相互作用和融合的性质，决定了艺术品中主客体关系的性质。因此，"哲学上所区分的'主体'与'对象'（用更为直接的语言来说，就是有机体与环境）两者之间的彻底的结合，是每一件艺术作品都具有的特征。这种结合的完善性是其审美地位的尺度"③。但是，这种主客体的彻底融合还只是艺术作品的材料，要成为艺术品，还必须将其物态化和客体化。

---

① ［美］杜威：《艺术即经验》，商务印书馆2005年版，第311页。
② 同上书，第314页。
③ 同上书，第308页。

在杜威看来，审美经验的生成需要有一个对象和客体。他强调指出："没有一个对象，就没有审美经验，而要使一个对象成为审美欣赏的质料，它就必须满足那些客观的条件，没有那些条件，积累、保存、加强，并过渡到某种更为完善的状况，就是不可能的。"这就是说，审美的对象必须具有审美的形式。而"审美形式的一般条件是客体性，意思是，它属于物理的物质与能量的世界：尽管这不是审美经验的充分条件，却是它的必要条件"①。前艺术的审美经验只有客体化了，成为"物理的物质与能量的世界"的存在，才可能成为艺术作品，成为引发审美经验的对象。

杜威在论及"各门艺术的不同实质"时说："审美经验最根本的东西——即知觉性。"他指出，不能把物质产品与审美对象相混淆，因为"只有后者才被知觉到"②。审美经验要被知觉到，就必须具有相应的物质媒介的形式，而且这个形式要具有审美的表现性。

杜威在论述审美经验和艺术的虚拟性时，认为不能简单地把艺术看成是虚拟的和幻觉的。他指出："艺术的虚拟或幻觉理论的错误并非开始于缺乏建构审美经验理论的成分。它的虚假之处在于，在将一个要素孤立起来之时，公开或暗地里否定了其他同样重要的要素。不管适合于一件艺术作品的材料是如何具有想象性，它来自于一种幻想状态，只有在它有秩序与组织之时，才成为一件艺术品的质料，并且只有在目的控制材料的选择与发展时，才产生这种效果。"③ 这段话的意思是说，尽管审美经验具有想象性，因而具有虚拟和幻想的特征，但是它要成为艺术作品就必须在目的的控制下对材料加以选择与发展，使之具有秩序和组织，从而使其取得合适的表现形态。只有这样，审美经验中的目的才能实现，由此形成的艺术作品才能具有引发相应的审美经验的效果。这说明，尽管审美经验因为想象而具有虚拟性，但是它必须经过对材料的符合目的的选择和组织才能成为艺术作品。这也就是说，艺术作品作为审美经验的物态化表现，同时就是激发审美经验的中介（媒介）。作为这个中介，

---

① ［美］杜威：《艺术即经验》，商务印书馆 2005 年版，第 163 页。
② 同上书，第 242—243 页。
③ 同上书，第 306 页。

它不能仍然是虚拟的。前艺术作品的审美经验还只是一种"想法"，"只有在想法不再处于漂浮状态，而体现在一个对象上，并且，经验到艺术品的人除非在将自己沉浸在无关的幻想中的同时还将自己的意象和情感与对象联系在一起，这种联系达到与对象融为一体的程度，一件审美的产品才会出现。单单是由对象所产生是远远不够的：为了成为对象的一个经验，这些想法必须渗透其性质。渗透意味着完全沉浸在对象的性质与它所激起的情感之中，以致没有单独的存在"①。他以马蒂斯的《生之愉悦》之类绘画作品为例指出，尽管产生这样的作品的经验是高度想象性的，但是这种"想象性的材料并不会，也不能保持梦幻性"。"要成为一件艺术品，它必须根据作为一个表现媒介的色彩来构思。浮动的意象与舞蹈的感觉必须被翻译成空间、线条和光与色分布的节奏。"他还进一步强调说："对象，作为得到表现的材料，不仅仅是所实现的目的，而且，它作为对象，从一开始就是目的。"② 这里说的对象，就是表现审美经验的作品，它作为艺术创造的目的是贯穿始终的，艺术作品即是这个目的的实现。也就是说，审美经验必须通过物质媒介的审美特性直接地表现出来。在这里，媒介、形式和作为内容的审美经验高度融合。

值得注意的是，杜威把艺术作品对审美经验的表现称为"具有表现意义的再现"，认为"这种具有表现意义的再现包含了任何可能的审美经验的所有性质与价值"③。在这个意义上，杜威认为各门艺术都是"具有表现意义的再现"。谈到亚里士多德对艺术门类的划分时，杜威说："他将摹仿的概念理解得更为宽泛，更有智慧。于是，他宣布音乐是所有艺术门类中最具再现性的艺术。""他并不是愚蠢地认为音乐再现了啁啾鸟鸣、哞哞牛唤，或汩汩溪唱。他的意思是，音乐通过声音重现了感情和情感印象。"④这里不是把"再现"这个术语理解为对自然的形式的模仿和复制。同音乐一样，建筑也通常被视为表现的艺术。建筑确实有表现，但是，"如果一座建筑物不使用与再现自然的重力、压力、推力等能量，

----

① ［美］杜威：《艺术即经验》，商务印书馆2005年版，第306—307页。
② 同上书，第307页。
③ 同上书，第246页。
④ 同上书，第245页。

那这座建筑又是什么呢?"① 这可以说是对自然和生命的各种类型的力及其张力结构的再现,是对使事物具有审美性质的节奏的再现,因此建筑被称为"凝固的音乐"。正是凭了这种再现,艺术作品的形式及其节奏才有所表现,才可能具有审美的性质和意义。在这里,杜威实际上又一次重申了节奏对于艺术的本原性意义。

以上,笔者从四个方面考察了杜威的审美经验论的生态思维成果。舒斯特曼在接受中国学者的访谈时说:"实用主义美学最重视的就是审美经验。我所说的审美经验的终结,只是西方现代美学中所界定的那种作为无利害的静观的经验的终结,这种审美经验通常被认为是由高级艺术引发的。我认为这是一种伪审美经验。终结这种审美经验的目的,是为了唤起真正的审美经验。"② 杜威所唤起的就是这种"真正的审美经验"。本章对杜威的审美经验论的梳理和阐释还只是初步的,要更充分地展示出它的精辟内涵和美妙神韵,还需要对杜威哲学有更加全面而深入的把握。

---

① [美]杜威:《艺术即经验》,商务印书馆 2005 年版,第 246 页。
② 彭锋:《新实用主义美学的新视野:舒斯特曼访谈》,《哲学动态》2008 年第 1 期。

第 五 章

节奏揭秘：杜威艺术审美本体
特性论的生态内涵

　　杜威从人作为有机体与环境相互作用这一生态主题出发考察艺术审美性质，揭示出"一个经验"以其鲜明的生成性内涵所具有的审美意义和价值，进而从经验的内在机制揭示出形式所直接产生的表现性和情感性，然后还在自然和生命的节奏这一普遍模式中揭示出艺术的根本奥秘，并深入阐释了节奏的能量组织功能，使艺术审美本体的生态本性得以敞亮。杜威的观点解开了审美活动本体特性这一真正的"美学之谜"的谜底，与中国传统美学的"气韵"说相融通，对于深刻认识审美活动的生态本性并在此基础上推进美学学理的深层创新，具有极其重要的理论意义。

　　对艺术审美本体特性的深入而独到的揭示和论述，是杜威的《艺术即经验》的核心内容。他从人作为有机体与环境的相互作用这一生态主题出发，揭示出"一个经验"所具有的审美意义和价值，进而对形式的表现性做出独特的阐释，最后在自然和生命的节奏中寻求艺术之美的深层动力，从而解开了美和审美对于人类文明的生态功能。这一切，都显示了鲜明而深厚的生态性质——既体现了生态思维的清晰思路，又包蕴了生态美学的深刻内涵。杜威把自己的"经验的自然主义"哲学又称为"自然主义的人道主义"，正好表达了把科学性与人文性统一起来的意向，其基本精神与早年马克思把人道主义与自然主义相统一的哲学理想颇为相通。杜威的《艺术即经验》出版于 1934 年，距今已经 84 年之遥。可惜的是，正如有论者所指出的，这一切却一直没有受到注意和重视。即使是美国当代著名美学家舒斯特曼出版于 1992 年并于 2000 年再版的《实用主义美学》，也未将其置于自己的视野之内。在实用主义哲学经历了漫长的冷落和漠视之后重新受到重视的今天，杜威美学中对于艺术审美本体特性的这些精辟论述，特别是其中所具有的生态内涵也理应受到充分的重视。毫无疑义，杜威的这些美学成果必将为建构人本生态美学这一科学性与人文性高度统一的新美学形态提供难得的思想资源。

第一节　生成性作为"一个经验"
具有审美性质的生态基础

从有机体与环境相互作用生成的经验出发探究艺术的审美本质，从源头上注定了杜威美学的生态思维的路向，因为生物与其环境的关系正是现代生态学所面对的中心问题。在《经验与自然》中论及杜威所说的经验时，他特别指出了与其他经验论不同的情况："在这种情况下，自然和经验是和谐地并进的——经验表现为认识自然、深入自然的方法，并且是唯一的方法，而经验所揭示出来的自然（通过经验方法在自然科学中的应用），则使经验的进一步发展进一步深刻化，丰富化，得到指导。"① 因此，"经验既在自然之内，也是关于自然的。被经验到的并不是经验，而是自然——石头，植物，动物，疾病，健康，温度，电力等等。以某些方式起着相互作用的事物，乃是经验；它们是被经验到的东西。当它们以另一些方式与另一种自然对象——人的机体——发生联系的时候，它们也是事物怎样被经验到的情况。经验就是这样达到自然内部的；它有深度，它也有广度，而且在广度上有无限大的伸缩性"②。"经验就是这样的一种事象，它是深入到自然里面去的，并且是通过这种深入无限制地扩展的。"③ 这些关于经验的论述，一再地强调经验与自然的密切关系，它既在自然之内，也是关于自然的；它深入自然并且无限扩展；它

① 王玉樑：《追寻价值——重读杜威》，四川人民出版社 1997 年版，第 196 页。
② 同上书，第 196—197 页。
③ 同上书，第 197 页。

是作为人的环境的自然与本来就是自然的人的机体相互作用而生成的事象。一句话，这经验本身就是自然的。像这样从包括人在内的自然的宏观视域来看待经验，在哲学史上是不曾有过的。难怪杜威把自己的哲学称为"经验的自然主义"。杜威关于艺术审美本体特性的观点就是植根于这个具有自然生态内涵的母体之内的。

在杜威的哲学中，经验是人作为"活的生物"与环境相互作用而生成的一个能动性的生命事象。他指出："生命是在一个环境中进行的，不仅仅是在其中，而且是由于它，并与它相互作用。"① 这就是说，人的生命在环境之中，这并不只是一个空间性的事实，而是一个共存互动的生命关联——人要依存于环境，要通过自己的行动去适应和利用环境，而环境也要反作用于人，在两者相互作用中形成包括"做"与"受"的经验。"经验是有机体与环境相互作用的结果、符号与回报，当这种相互作用达到极致时，就转化为参与和交流。"② "一个经验是一个有机的自我与世界的持续性与累积性相互作用的产物，人们几乎可以将经验称为是这种相互作用的副产品。"③ 杜威反复从有机体与环境的相互作用来揭示经验的生态根源和生态本质。

在杜威的心目中，经验是人对于环境的积极能动活动的产物。他这样描述他所说的经验："经验在处于它是经验的程度之时，生命力得到了提高。不是表示封闭在个人自己的感受与感觉之中，而是表示积极而活跃的与世界的交流；其极致是表示自我与客体和事件的世界的完全相互渗透。不是表示服从于任意而无序的变化，而是向我们提供一种唯一的稳定性，它不是停滞，而是有节奏的，发展着的。由于经验是有机体在一个物的世界中斗争与成就的实现，它是艺术的萌芽。甚至最初步的形式中，它也包含着作为审美经验的令人愉快的知觉的允诺。"④ 在这个描述中，真正的经验即表现了生命的生态能动性的经验，是生命力的积极表现和提升，是生命体与环境之间的相互渗透，是对生命更新秩序的建

---

① ［美］杜威：《艺术即经验》，商务印书馆 2005 年版，第 12 页。
② 同上书，第 22 页。
③ 同上书，第 245 页。
④ 同上书，第 19 页。

构,是生命追求的实现,它以其节奏表现了生命的生长的即生成性本质。正是经验中包含的这种生命精神,使之成为艺术的萌芽。也就是说,艺术的审美性质就存在于经验所体现的生命的生成性之中。对此,亚历山·托马斯大曾说:"除非记住经验生长(experience grows),而且在生长中呈现出意义(meaning)这一基本学说,否则便无法理解杜威的思想,尤其是无法理解他审美意义理论中的任何思想。"① 这个说法是很中肯的。

但是,经验中可以有审美的意义,然而并非任何经验就已经是艺术,在杜威看来,只有他称之为"一个经验"的经验才能成为艺术。所谓"一个经验"与日常的零散的经验不同,"我们在所经验到的物质走完其历程而达到完满时,就拥有了一个经验"。"这一个经验是一个整体,其中带着它自身的个性化的性质以及自我满足。这是一个经验。"② 这就是说,区别于一般经验,"一个经验"具有完整性、个性化和自足性,由于这些特征,它也就能够更为充分而生动地表现出自然和宇宙整体的生成性,因而也更加鲜明地呈现出生命进取过程的节奏。因而,过程性也是"一个经验"的重要特征,并且完整性、个性化和自足性以及节奏都是融于过程之中的。这种在过程中实现的完满性又是由情感凝铸而成的。"情感是运动和黏合的力量。它选择适合的东西,再将所选来的东西涂上自己的颜色,因而赋予外表上完全不同的材料一个质的统一。"③ 也就是说经验因情感性而具有突出的审美性质。因此,完满性、过程性和情感性这些特征就是"一个经验"之所以具有审美性质的最重要的原因。

在阐释"一个经验"的特征时,杜威强调了经验从开端到结尾"不间断地进行和流动"的"历史",这样"持续的整体由于其相连的、强调其多种色彩的阶段而被多样化"。而由多样的个性化的部分在连续的韵律性运动中的经验又具有自身的整体的性质,这种性质不是这些不同特征的总合,而是超越了各部分自有的特征。于是,这样的"经验本身具有

---

① [美]亚历山大·托马斯:《杜威的艺术、经验与自然理论》,北京大学出版社 2010 年版,第 94 页。

② [美]杜威:《艺术即经验》,商务印书馆 2005 年版,第 37 页。

③ 同上书,第 45 页。

令人满意的情感性质，因为它拥有内在的、通过有规则和有组织的运动而实现的完整性和完满性"①。这就正如亚历山大·托马斯所阐释的："当经验变成审美的，不管我们做的是什么，这种把它识别为一个整体的、连续的和有意义的普遍性质就会鲜明地存在。"②

在杜威的思路中，"一个经验"的生成归根到底还是在于生命体的生态本性。他在论述各种各样的经验的"共同模式"时说："存在着一些必须符合的条件，没有它们，一个经验就不能形成。这种共同模式的主要原则是由这样的一个事实所决定的，即每一个经验都是一个活的生物与他生活在其中的世界的某个方面的相互作用的结果。""两者的相互作用构成所具有的总体经验，而使之完满的结局是一种感受到的和谐的建立。"③ 这就是说，"一个经验"的审美性质是在人与环境的相互作用这种生态互动中产生，其"结局"即最终目标则是实现人与环境相互关系的生态和谐。这种相互作用所造成的和谐，是"活的生物"的积极的生成性生命本质造成的，用杜威的话说乃是"做"（行动）与"受"（承受、感受）在变换中组成的一种关系。无疑，这样的"一个经验"必然是积极的实践活动和深入的身心体验的结果。笔者曾将生态价值概括为"生、和、合、进"四个层次，这四个层次乃是世界和生命生态的生成性本质的基本内涵。杜威对"一个经验"的审美性质的阐发无疑较为全面地体现了这些内涵的基本精神。正是由于"一个经验"具有这样的意义和价值，才可能像亚历山大·托马斯所指出的："对于杜威来说，经验的审美阶段或艺术阶段标志着意识的最高表现。"④"在一个经验中，我们真正栖居在世界中，居住在世界里，并且在其意义中挪用了世界。人类对于意义与价值的冲动显在地实现了。"⑤

对于经验的意义，杜威是从自然界中有机体的整体性质即现代系统

---

① ［美］杜威：《艺术即经验》，商务印书馆2005年版，第35—40页。

② ［美］亚历山大·托马斯：《杜威的艺术、经验与自然理论》，北京大学出版社2010年版，第32页。

③ ［美］杜威：《艺术即经验》，商务印书馆2005年版，第47页。

④ ［美］亚历山大·托马斯：《杜威的艺术、经验与自然理论》，北京大学出版社2010年版，第204页。

⑤ 同上书，第10页。

论所谓系统质的角度来认识的。他说过在经验中的事物性质"不再是一些孤立的细节了；它们得到了包含在有关对象所构成的整体体系中的那种意义；它们与自然界的其余部分连成一气，取得了现在发现与它们连成一气的那些事物的意义"①。这就是说，经验的审美性质，乃是形成经验的事物构成的有机整体所赋予的，这是因为处在这个整体体系中的任何事物都在与其他事物及其整体的相互影响之中。在杜威看来，这个整体将可以扩展到整个自然界和宇宙，从而把自然界和宇宙所具有的不断自我生成的生命精神表现出来。而这种生成性正是自然生态系统的本性和生命所在。

第二节 艺术审美形式及其表现性
在经验中形成的生态内涵

"一个经验"之作为艺术，形式至为重要。杜威指出："各部分间相互适应以构成一个整体所形成的关系，从形式上说，是一件艺术作品的特征。"艺术要服务于生活，"如果没有以独特的方式将各部分联系在一道形成一个审美的对象，这种服务就是不可能的"②。显然，正是形式才使经验成为审美的对象。

对于艺术的形式所具有的生态内涵，杜威也有深刻的见解。他指出："总之，艺术以其形式所结合的正是做与受，即能量的出与进的关系，这使得一个经验成为一个经验。"③ 犹如压酒器压榨出汁一样，在做与受的互动中形成的"一个经验"就成了一个"表现性对象"，即它自身就具有表现性。这不是"再现"或表现了别的东西，而是在经验中生产出来的。"表现，正像构造一样，既表示一个行动，也表示它的结果。"这里没有个体与普遍、主观与客观、自由与秩序的对立，"作为个人动作的表现与作为客观结果的表现是有机地联系在一起的"④。他以绘画为例，说画家

① 王玉樑：《追寻价值——重读杜威》，四川人民出版社1997年版，第199页。
② ［美］杜威：《艺术即经验》，商务印书馆2005年版，第149页。
③ 同上书，第51页。
④ 同上书，第88—89页。

的画面上某些线条和色彩之所以"凝结在此和谐而非彼和谐之上"，"这种特别的和谐方式并非专门是线条和色彩的结果，而是实际地静观在与注视者带入的东西相互作用后产生的应变量。某种微妙的与他作为一个活的生物的经验之流间的密切关系使得线条与色彩将自身安排成一种模式和节奏而不同于另一种"①。线条和色彩的特殊模式和节奏表现出特殊的情感内涵，而具有特殊的审美意义。可以说，这些具有特殊模式和节奏的线条和色彩，只不过是画家全身心投入所获得的经验中的感情的自然流露，从而是在经验中活动着的心灵的肉身化外显。杜威在这里解开了艺术及其形式在经验中生成的生态真相。

杜威充分重视形式之于艺术的重要意义。"不管艺术作品沿着哪条道路，正是由于它具有完全而强烈的经验，它使日常世界中的经验保持充分的活力。它通过将那种经验的原始材料化约为通过形式安排过的质料来达到这一点。"② 这是说形式通过对治疗的安排而成为具有活力的整体。"拥有形式，指的是这样的意思：它标示出一种构想、感受与呈现所经验的材料的方式，从而使之在那些比起具有原创性的创造者来说有着较少的天才的人那里，能够从这些材料更容易、更有效地构筑充分的经验。"③这说的是艺术通过形式对原始材料进行组织和建构，把经验加以提炼和强化，使之更加鲜明和强烈，以便一般人更容易感受。

杜威明确反对流行的把内容（质料）和形式分割开来的观念，指出艺术的意义就在对其形式的直接知觉之中。在这里，意义并不是外在于形式而仅仅把形式当作容器的东西，而是在形式中直接表现出来的，可以说形式就是意义，形式决定意义，而没有离开形式而单独存在的意义。"质料的奥秘在于，在一个场合中是形式，在另一个场合中却是质料，反过来也是如此。"④ 在论述"形式的自然史"时，他指出："形式是每个作为一个经验存在的经验的特征。取其特定意义的艺术更为有目的而完全地形成产生这种整一效果的条件。那么，形式可以被定义为负载着对

---

① ［美］杜威：《艺术即经验》，商务印书馆 2005 年版，第 94 页。
② 同上书，第 147 页。
③ 同上书，第 119 页。
④ 同上书，第 40 页。

事件、对象、景色与处境的经验的力量的运作达到其自身的完满实现。因此，形式与实质的联系是内在固有的，而不是从外部强加的。它标志着一个达到其完满实现的经验的质料。"① 斯蒂文·洛克菲勒对此阐释说："通常被称为具有审美特征的对象，是由于其直接的特征本身而被重视，而不是由于其工具性价值，即由于其作为某种其他经验的手段。"② 这种直接性确实是审美的重要特征。钱钟书说喻理的形象是"指示意义之符"，而诗的形象则是"体示意义之迹"，讲的就是这个道理。

形式的表现性的直接性决定了艺术中媒介选择的重要性。艺术的表现性需要媒介。"每一门艺术都有自己的媒介，而这种媒介特别适合于某一种交流。每一种媒介都表述某种用任何其他的方式都不能这么好，这么完整地表达的东西。""实际上，每一种艺术都有自己的语言方式，不能在用另一种语言传达其意义时还保持原样。"③ 艺术品的意义存在于其形式之中，是通过它的形式表现出来并为人所感知的。因此"问一位艺术家他的作品的'真正的'意义是什么，是荒谬的"④。杜威明确指出："除了在思维之中之外，不可能在形式与实质之间做出区分。作品本身是被形式改造成审美实质的质料。"他甚至以拳击和高尔夫球运动为例，说明真正臻于艺术境界的动作中，怎样做和做什么是没有区分的，而"只有方式与质料、形式与实质的完美结合"⑤。

第三节　表现与能量融于一体的
节奏是艺术的共同模式

斯蒂文·洛克菲勒在评述杜威的哲学思想时指出："杜威的自然主义的形而上学中最根本性的观点是，宇宙中的每一种事物，都具有过程性和变化性。在他看来，这是进化论的最为基本的意义。和柏格森、詹姆

---

① ［美］杜威：《艺术即经验》，商务印书馆 2005 年版，第 151 页。
② ［美］斯蒂文·洛克菲勒：《杜威：宗教信仰与民主人本主义》，北京大学出版社 2010 年版，第 405 页。
③ ［美］杜威：《艺术即经验》，商务印书馆 2005 年版，第 115 页。
④ 同上书，第 118 页。
⑤ 同上书，第 119 页。

斯和怀特海一样，杜威是一位过程哲学家。他认为实在与'生成'一致，而不是与'是'（某种停滞的或固定的东西）相一致。"① 杜威的艺术形式论中也体现了这种过程哲学的精神，强调了其生成性的内涵。那么，对于艺术来说，这个生成性的过程是怎样在形式上得以实现的呢？杜威认为这是由于自然和世界本来就存在的节奏。在他看来，节奏对经验特别是"一个经验"的审美性质的重要性"怎么说都不为过"，因为节奏是一切艺术的前提。

在对艺术的审美性质的考察中，对节奏的关注贯穿在杜威思维的始终。由于经验是活的生物与环境的相互作用的产物，它作为生命活动的生成性过程就必然具有节奏。"节奏状态在一切观察和观念中普遍存在。"② 但是，在日常经验中，人们并不直接感知和注意节奏，而在艺术中节奏则成了艺术形式的必要条件。

在论述"一个经验"的生长过程时，杜威指出："经验过程就像呼吸一样，是一个取入与给出的节奏性运动。"他还谈到了节奏使经验成为整体的作用。③ 他认为"审美性质的一般条件是客体性，意思是，它属于物理的物质与能量的世界"，进而就提出了"什么是那些深深地扎根于世界本身之中的艺术形式的形式方面的条件"的问题。从有机体与周围环境的相互作用这一根本的生命事实出发，他的回答是："我们周围世界使艺术形式的存在成为可能的第一个特征就是节奏。在诗歌、绘画、建筑和音乐存在之前，在自然中就有节奏。如果不是这样的话，作为形式的一个基本特征的节奏就将会仅仅是添加在材料上的东西，而不是材料在经验中想着自身的顶点发展的运动。"④ 他在这里不仅指出了节奏是艺术形式的"第一个特征"，同时也指出了它的自然根源。"人对自然节奏的参与构成了一种伙伴关系，就要比为了知识的目的而对它们的观察都要亲密得多，这迟早会引导人将这种节奏强加到尚未出现的变化上。"比如在原始的舞蹈和绘画中通过对节奏的强调而使"动物生命最根本的本质得

---

① ［美］斯蒂文·洛克菲勒：《杜威：宗教信仰与民主人本主义》，北京大学出版社 2010 年版，第 394 页。

② 王玉樑：《追寻价值——重读杜威》，四川人民出版社 1997 年版，第 245 页。

③ ［美］杜威：《艺术即经验》，商务印书馆 2005 年版，第 60—61 页。

④ 同上书，第 163 页。

以实现。"① 由于节奏的适应与和谐，"仿佛自然赋予它自然王国中的自由一样"②。"个体生命还可借此扩展到宇宙，使自己好像生活在宇宙的整体之中，从而产生对于宇宙的一种神秘的归属感"，③ 达到一种似乎"天人合一"的境界。

杜威指出："因为节奏是一个普遍的存在模式，出现在所有的变化之秩序的实现之中，所以所有的艺术门类：文学、音乐、造型艺术、建筑、舞蹈，等等，都具有节奏。"这个"共同模式"成了艺术的"形式的最终条件"。"在每一类艺术和每一件艺术作品的节奏之下，作为无意识深处的根基。存在着获得生物与其环境间关系的基本模式。"④ 这一段论述包含了十分丰富而重要的内容：第一，"节奏是一个普遍的存在模式，出现在所有的变化之秩序的实现之中"；第二，所有的艺术门类都具有节奏；第三，对节奏的感知是无意识深处的根基；第四，由此可以获得生物与其环境间关系的基本模式。这就把节奏对于生命和艺术形式的重要性都深刻地揭示出来了。亚历山大·托马斯认为，"生活的有节奏的律动是我们世界中意义和价值的经验之基地"，乃是杜威得出的一个深刻而广泛的结论。⑤ 这个判断是有道理的。

节奏作为显示变化运动的形式，具有重要的表现性，特别是情感的表现性，这无疑是它之所以具有审美功能的重要原因。除此之外，杜威还着重论述了节奏通过能量组织的动力作用而促进有机体的生长和生成以实现生命目的的功能。笔者以为，这乃是杜威美学中最为灿烂的亮点之一。

杜威认为："一部艺术作品是能量的一个组织。"⑥ "真正的艺术作品是由来自一种有机体与环境的状况与能量的相互作用的整体经验的建构。"⑦ 在表达自己对多样性的统一这样一个关于自然与艺术中的美的公

---

① ［美］杜威：《艺术即经验》，商务印书馆 2005 年版，第 164 页。

② 同上书，第 165 页。

③ 同上书，第 15 页。

④ 同上书，第 166 页。

⑤ ［美］拉里·希克曼主编：《阅读杜威：为后现代做的阐释》，北京大学出版社 2010 年版，第 27 页。

⑥ ［美］杜威：《艺术即经验》，商务印书馆 2005 年版，第 211 页。

⑦ 同上书，第 69 页。

式的含义时，他强调："只有在这些术语被理解为与能量的一种关系有关时，这个公式才有意义。如果不存在着独特的区分，就没有圆满，也没有多个部分。但是，只有当区别依赖于相互的阻抗力，例如乐句的丰富性之时，它们才具有审美的性质。只有在阻抗力通过对立的能量合作性相互作用发展，从而产生休止之时，才存在着统一。"① 为此，他专门写了以"能量的组织"为题的一章来阐释他的观点。

与美学家们普遍只看到形式及其节奏的表现性不同，杜威在肯定其表现性的同时还极为重视节奏的能量及其对于能量的组织作用。在杜威看来，正是这种能量的组织才使经验得以成为艺术品。他指出："事物进入经验本身是复杂的相互作用的开端；最后经验到的事物的特征依赖于这种相互作用的性质。当对象的结构以其力量令人愉快地（但不是轻易地）与从经验本身迸发出的能量相互作用时，当它们之间相互的结合与对抗共同起作用，产生一种累积性的，并肯定地（但并非过分稳定地）朝向冲动与张力实现的发展时，就有了一件艺术品。"② 他从人作为"活的生物"既渴望秩序也渴望变异和多样性的生命要求出发，以音乐中的恢复和休止为例论述了节奏和韵律的动力作用。同时，他还从知觉的心理过程来说明这种动力作用的进行过程在主体上的原因。他说审美知觉"伴随着，或者更确切地说是组成一个能量在其纯粹的形式时的能量的释放；这正如我们所见到的，是组织起来的，因此是节奏性的"③。"艺术通过选择事物中的潜能来运作，而正是由于这种潜能，一个经验——任何经验——才具有意义与价值。""秩序、节奏与平衡就是意味着对于经验重要的能量在起着最大的作用。"④ "审美经验的仅有而独特的特征正在于，没有自我与对象的区分存乎其间，说它是审美的，正是就有机体与环境相互合作以构成一种经验的程度而言，在其中，两者各自消失，完全结合在一起。"⑤ 应该说正是凭借节奏的能量组织作用，才可能有审美中这种物我交融合一的效果，也才可能通过能量组织来改变有机体的生

① ［美］杜威：《艺术即经验》，商务印书馆 2005 年版，第 178 页。
② 同上书，第 179 页。
③ 同上书，第 196 页。
④ 同上书，第 204 页。
⑤ 同上书，第 277 页。

命质量。

　　亚历山大·托马斯从"审美经验的生态动力学"的角度评述杜威的形式观念，说："我们的身体自身与世界所建立的重要和谐在各方面都是具有张力的。这就是形式（form）一词的有机体根源。形式不是静态的、理智的结构或者固定存在物的藏匿之处，而是由于与环境的不确定能力发生关涉而获得的行动的暂时恢复。形式是来源于行动和遭受的'重构'，它包含成长和连续性的建立。"① 可惜他没有看到形式的动力性与节奏之间的密切关系，而所谓"成长和连续性"恰恰就是在节奏对能量的主旨中实现的。

　　杜威在比较"虚拟"理论与"摹仿"说时指出："虚拟理论与种种将艺术定义为'摹仿'的理论不同，不将与此相伴的快感看成是来自认识，这是抓住了审美的一条真正线索。"② 而他对节奏的动力性的深刻揭示正是这样"抓住了审美的一条真正线索"，从而与流行的认识论美学划清了界限，因为审美快感的特殊奥秘就是在节奏的动力性之中。由于节奏（广义地可称为"节律"）具有进行能量组织的动力作用，才使审美主体与审美对象之间发生节律感应，而最终达到主客交融、物我同一的境界。通过节奏这个特性，杜威同认识论的艺术本性和审美本性观念划清了界限。

　　在笔者看来，杜威的节奏论，特别是他关于节奏的动力性的理论，解释了包括艺术在内的审美活动的生态本性。节奏互动是物物之间、天人之间、心物之间进行信息和能量交换以互动共生的极其重要的生态活动方式。通过节奏互动的节律感应，有机体得以直觉地认知自己与环境的关系，及时获得生态反馈并加以应对，进行生态调节。生态系统的自组织生成运动，就是在这种节奏互动亦即节律感应中来实现的。这是任何生态系统都须臾不可没有的生态认知和调节的方式，而且越是高级复杂的生态系统对于这种生态活动方式的依赖就越强。达尔文揭示的动物美感通过对性选择的作用而促进生物进化以至人类生成的事实，充分说

---

① ［美］拉里·希克曼主编：《阅读杜威：为后现代做的阐释》，北京大学出版社 2010 年版，第 25 页。

② ［美］杜威：《艺术即经验》，商务印书馆 2005 年版，第 306 页。

明了这一生态关联方式对于包括人类在内的自然界的生态生成所具有的重要意义。应该说，作为包括人在内的有机体的生态本性所在的节奏动力性，正是审美活动本体特性这个真正的"美学之谜"的谜底所在，这个谜底的破解也正是审美活动生态本性的昭然敞亮。

杜威对节奏的动力性的论述使人想起中国传统美学中的"气韵"说和"感兴"说。基于"气"论的中国美学，特别重视由气的节律所具有的力、势和韵，由于节律的力、势、韵的作用，艺术的形式才不仅显出生气和意态，而且能够借了节律感应的机制而激发和引导主体的生命节律。这个感应的过程，就是节律发挥其能量组织作用的过程，其结果就是主体身心节律的感奋。所谓"兴"就是指的这个过程及其结果。深谙中国传统艺术奥秘的林语堂可能正是受了杜威的节奏论的启发，在他写于美国的著作中不止一处指出节奏对于艺术的关键性意义，并且特别以中国的书法艺术为例证。杜威的节奏论与中国传统美学的"气韵"说相融通，这对于深刻认识审美活动的生态本性并在此基础上建构人本生态美学的基本学理，推动美学学理的深层创新，将具有极其重要的理论意义。

第 六 章

生命意象：杜威经验论美学形式
表现说的生态生成观念

　　杜威在作为"活的生物"的人与环境交互作用而形成"一个经验"的过程中考察审美表现形式的生成，首先是有目的的生命冲动在与环境的对立中通过"表现性动作"构建"情感化意象"即生命意象，其间主要是情感引导对材料的选择和结合。作为艺术审美形式所表现的意义，不是话语所能够表达的，而是由形式直接表现的生命意蕴。直接经验对自然的加工生产出"表现性对象"，它作为艺术作品乃是被形式改造成审美实质的质料，即具有表现性的形式化的质料。杜威的这一思想揭示了审美表现形式生成过程的动态的生态性质，并从形式与意义之间的关系说明了审美表现的生态性特征。

　　杜威经验论美学的艺术审美形式表现说，表达了他对源于经验的艺术的审美性质的独特认识。杜威指出："形式是每个作为一个经验存在的经验的特征。""形式可以被定义为负载着对事件、对象、景色与处境的经验力量的运作达到其自身的完满实现。"① 这就明确肯定了审美形式与经验生成之间的关系。"审美形式的一般条件是客体性，意思是，它属于物理的物质与能量的世界；尽管这不是审美经验的充分条件，却是它的必要条件"②。这就意味着，在作为"活的生物"的人与环境交互作用下形成的"一个经验"中就已经具有了完满而生动地表现生命发展意义的

---

① ［美］杜威：《艺术即经验》，商务印书馆 2005 年版，第 151 页。
② 同上书，第 163 页。

形式，但是这个存在于经验中的形式还必须通过合适的媒介客体化，成为一个"物理的物质与能量的世界"，才有作为对象的审美形式，这个形式才以其特有的整体结构再现性地表现出"一个经验"所具有的价值和意义。可见，审美形式存在着两种形态：首先是存在于经验之中由"表现的动作"构成的审美形式，然后是存在于艺术品的作为"表现性对象"的审美形式，而且先有前者才有后者。无论哪种形态的审美形式，其所表现的都是人与环境交互作用的"做"与"受"相融合的生成性的生命意蕴，因而必然具有深厚的生态生成的内涵。

第一节　冲动在对立中的表现性动作
通过形式构建生命意象

　　杜威谈到艺术的生成时指出只有两条道路可以选择："或者说，艺术乃是自然事情的自然倾向借助于理智的选择和安排而具有的一种继续状态，或者说，艺术乃是从某种完全处于人类胸襟以内的东西中迸发出来的一个附加在自然之上的奇怪东西。"杜威选择的是前一条道路："它是我们为了把自然事物自发地供给我们的满足状态予以强化、精炼、持久和加深而对待自然事物的一种技巧的和理智的艺术的结果。在这个过程中发展了新的意义，而这些新的意义又提供了独特的新的享受特点和方式。"① 显然，跟流行美学对审美形式多作静态分析不同，杜威首先是从生命运动的过程，即在作为"活的生物"的人与环境的交互作用之中，来考察审美形式的生成的。这样一种具有发生论意义的思路，直接把审美形式的生成置于生命的生态生成过程之中，揭示出生命发展的积极运动如何把生命的意义与其形式共融一体，使之成为审美的表现性形式。在这个过程中，起关键作用的就是所谓"表现性动作"。

　　要深刻认识杜威的形式表现说的生态意蕴，首先应该了解杜威所说的形式表现的生态性生成过程中的"表现性动作"。这里说的"动作"，当然是作为"活的生物"的人与环境交互作用的行动的具体方式。正是在这个"动作"中，以及"动作"的生命内涵在经验中"溢出"，生命

---

① ［美］杜威：《经验与自然》，江苏教育出版社 2005 年版，第 247 页。

高度发展的意义才得以通过完整丰满的形式表现出来，然后才通过媒介的客观化而生产出"表现性的对象"，即"艺术产品"。艺术表现的审美特性主要体现在艺术产品，而它之所以具有这种审美的表现性，则源于它从"表现性动作"生成的生态运行过程。所谓"表现性动作"，实际上就是艺术审美表现性加工生产的具体操作和活动。因此，只有先了解"表现性动作"才可能从根本上了解"表现性对象"，从而了解艺术表现的审美特殊性。

关于"动作"，杜威指出："动作本身，严格地说，是由于它怎样做而成为它是什么的。在动作中没有区分，只有方式与质料、形式与实质的完美结合。"① 这就是说，动作是怎样的，它的结果就成为什么，后者作为目的内在地包含和形成于前者之中，自然也就把前者所具有的生命精神直接地表现出来。因此，正是这个"动作"的内容、过程和性质决定了形式及其表现性的生成。那么，这个"表现的动作"究竟是怎么回事呢？

"动作"是从生命的"冲动"开始的，即经验"随着一个冲动"。所谓冲动，不是刺激，而是"一种整个有机体向外和向前的运动"。对此，杜威解释道："这是活的生物对食物的渴求，而不是吞咽时舌头与嘴唇的反应；作为整体的身体像植物的向日性一样趋向于光明，而不是眼睛追随着一束具体的光线。"② 可见，所谓"冲动"，乃是活的生物的生命本能的目的性要求，人则更是这样。"由于这是有机体整体的运动，冲动是任何完满的经验的最初一步。"③ 从这最初的一步开始，动作中的生命就留下自己的轨迹了，往后的动作无非是生命留痕的一次一次的累积，并在累积中使生命的品质得到进步和提升。

在这里，杜威特别强调了生命冲动的生态内涵。他说，冲动来源于有机体对于环境的需要，"并且只有通过建立与环境的确定的关系（积极的关系，相互作用）"才能满足这种"生命要继续"的需要。"急迫的，要求通过环境，并仅仅通过环境，才能满足的冲动，表明需要是对这种

---

① ［美］杜威：《艺术即经验》，商务印书馆 2005 年版，第 119 页。
② 同上书，第 62 页。
③ 同上。

自我在整体上对其环境的依赖关系的动态认可。"① 这就意味着，作为完整经验开始的冲动，乃是人作为生态存在的生态本性使然。正是生命的这种生态本性，为着生命的存在和发展，才内在地导致了以后的动作。

冲动作为"有机体向外和向前的运动"，是目的性的生命运动。而人对环境的需要更是具有鲜明的目的。杜威认为，正是目的赋予了动作和经验生成性的内涵，从而具有意义。"盲目的波涛转变成了一个目的，本能的倾向转化成了按照预想所从事的工作。自我的态度被赋予了意义。"② 于是，生命动作的内涵就凝聚成意义；由于这意义，表现性也就在此开始萌生和孕育。

不过，冲动本身还不就是表现。"只有在被扔进动荡和骚乱中的时候，一个冲动才能导致表现。"③ 对于人来说，自然只是后母，它不会自动地满足和"亲和"人的需要。因而带着目的的冲动必然会遇到障碍和抵抗，与环境发生各种各样的对立。正是这种对立性的情境激发了生命的意志和热情，形成生命的张力。"张力激起能量，完全缺乏对立不利于正常的发展"，"一种促进与阻碍的条件的平衡，是事物的最为理想的状态"。在这样的情境之下，就会唤起"一种通过从过去经验的背景中吸收意义的、能量向有思想性的行动的转化"。这是生命本身的连续性对动作的必然作用，旧的经验成了新经验的背景和依仗，也为新经验提供意义参照和推动力。"新的与旧的交汇，不仅仅是一个力的结合，而是一个再创造，在其中，当下的冲动获得形式和可靠性，而旧的、'储存的'材料真正复活，通过不得不面对的新情况而获得生命和灵魂。"④ 于是，意义在此得以生成。

但是，在遭遇到障碍和阻抗时发生的生命反应往往只是表达和发泄，这还并不是表现。杜威举例说："一个婴儿的哭与笑对母亲或护士来说是表现性的，然而却不是这个孩子的表现行动。"那么，发泄怎样才能变成表现呢？这就需要表现的行动。杜威指出："尽管，没有一种从内向外的

① ［美］杜威：《艺术即经验》，商务印书馆2005年版，第62—63页。
② 同上书，第63页。
③ 同上书，第71页。
④ 同上书，第64页。

喷发就没有表现，所喷发出来的东西必须通过接受现在经验所赋予的价值以进行清理，才能成为一个表现行动。并且，不通过阻滞的直接的情感与刺激的环境中的对象，这些价值就不能发挥出来。"① 可见，情感的发泄只是表现的一个必要的而非充分的条件。分清发泄与表现的区别，在这里非常重要。杜威指出："表现无不具有兴奋和骚动。然而，一种内在的波动在一阵笑与哭中得到发泄，并随之而消逝。发泄是消除、排解；表现则是留住，向前发展，努力达到完满。……只要没有对客观状况的控制，没有为了使刺激得以体现而为物质材料造型，就没有表现。"② 要"留住"，就必须有"物质材料造型"的形式；而"向前发展，努力达到完满"，才能使意义具有审美的价值，使形式成为表现了审美意义的形式。杜威说艺术作品"具有完全而强烈的经验，它使日常世界中的经验保持充分的活力。它通过将那种经验的原始材料化约为通过形式安排过的质料来达到这一点"③。这就是表现的行动即表现性动作的结果。

杜威以婴儿的哭泣为例对此详加阐释。他告诉我们，当婴儿通过观察知道自己的哭泣引起大人注意的意义时，就有了做出真正表现动作的能力。"孩子想要得到注意或安慰时，会为了一个目的而哭。他会开始露出微笑作为诱导或表示喜爱。这时，就有了萌芽阶段的艺术了。"④ 这就是说，它的哭或笑成了有目的和意义的动作。为了达到这个目的，他会赋予这个动作一种尽量鲜明的形式，以期充分表现出意义，从而达到目的。于是，此时婴儿的哭笑就是表现性的动作了。

在这里，形式所表现的意义，包括情感，乃是形式内在就具有的，它只不过是在"表的动作"中"挤出或压出"，就像葡萄的汁液受到挤压从葡萄中"流溢"出来一样。这就是说，这形式所表现的意义是形式本身内在固有的，而不是从外面赋予或强加的。

同时，形式的表现性还来自于媒介的存在。"一个发泄和单纯的展示动作缺乏媒介。""只有在材料被用作媒介时，才有表现与艺术。""媒介

---

①　[美] 杜威：《艺术即经验》，商务印书馆 2005 年版，第 65—66 页。
②　同上书，第 66 页。
③　同上书，第 147 页。
④　同上书，第 67 页。

与表现动作间的联系是内在的。"① 在杜威看来，"存在于直接感性物质与由先前的经验而结合进去的东西之间的关系问题，直接触及到一个对象的表现性问题的核心"②。这个核心指的就是在经验自身的完满过程中形式何以能够直接表现出生命意义的问题。

显然，表现性动作绝不只是静态的"观照"或"想象"，而是主客体相互作用的能量运动过程，因为"真正的艺术作品是由来一种有机体的与环境的状况与能量的相互作用的整体经验的建构"，因此"构成一件艺术品的表现行动是事件中的构造，而不是瞬间的喷发"。"这本身就是某种从自我中流溢出来的东西与客观条件的延时性相互作用，这是一个它们双方都取得它们先前不具有的形式和秩序的过程。"③ 审美表现形式的生成，无疑是有机体生命活力在表现性动作中积极发挥的结果。

表现性动作是情感引导对材料的选择和结合的过程。在人的生命中，情感不仅是身心交融的生命整体的产物，而且是生命状态及其意义的最集中而生动的感性形态。在杜威看来，"经验本身具有令人满意的情感性质，因为它拥有内在的、通过有规则和有组织的运动而实现的完整性和完满性。艺术的结构也许会被直接感受到。就此而言，它是审美的。"④既然如此，情感在表现性动作中的地位和作用也就特别重要。"没有情感，或许会有工艺，但没有艺术"；但是，"如果直接显示，尽管有情感而且很强烈，其结果也不是艺术"⑤。对于艺术表现形式的形成，情感的作用可以说包揽一切，因此也熔炼一切。"恰当的措辞（mot juste），正确的地点中的正确位置，比例的敏锐性，在确定部分的同时又构成整体的准确的语气、色彩、浓淡的决定这些都是由情感来完成的。"⑥ 不过，情感要成为艺术的情感，还必须通过表现性动作使自己获得表现性的形式，或者说得到适当的形式表现。

情感总是存在于经验之中。不过，正如杜威所说："经验是情感性

① ［美］杜威：《艺术即经验》，商务印书馆 2005 年版，第 67—68 页。
② 同上书，第 107 页。
③ 同上书，第 69 页。
④ 同上书，第 40—41 页。
⑤ 同上书，第 75 页。
⑥ 同上。

的，但是，在经验之中，并不存在一个独立的，称之为情感的东西。"
"情感依附于运动过程中的事件和物体。"① 用杜威喜欢的比喻来说，就像
葡萄汁在葡萄中的存在一样。在经验的进程中，"当对于题材的刺激深入
时，它激发了来自先前经验的态度和意义。它们在被激活以后，就成了
有意识的思想与情感，成了情感化的意象"②。在这段话里，杜威既指出
了情感之所以发生的主客观原因，又说明了情感与思想交汇的具体形态。
"对题材的深入"，说的是人为了克服环境的对立而向题材突进的趋向。
在这样的情境中，主体先前的经验必然被激发起来，其中所包含的对付
对立情境的态度和由生命目的决定的意义也就因此激活，于是给表现性
动作注入"有意识的思想与情感"，以致"成了情感化的意象"。这个
"情感化的意象"，像内部的动荡之火，要去点燃和熔化外部客体的材料，
两者相互作用，于是"精炼而成形的产品出现了"。这个产品，就是表现
性对象。

　　显然，这里所说的情感，并不是主体身上既成的东西，而是主体在
具体的情境中的行动的产物，其中凝聚着人对环境的生态追求和贯注其
中的生命意义。在杜威看来，经验总是在一定情境中生成的，只有在具
体的情境中才能认识现实情感的生命价值和意义。"实际上，一个情感总
是朝向、来自或关于某种客观的、以事实或者思想形式出现的事物。情
感是由情境所暗示的，情境发展的不确定状态，以及其中自我为情感所
感动是至关重要的。"③ 正是因为情感源于经验中做与受的融合，它的意
义才能为人所理解。

　　对于审美形式的表现性的形成，情感具有引导材料选择的重要作用。
"艺术是选择性的……这是由情感在艺术动作中的作用决定的。任何主导
性情绪都自动地排斥所有与它不合的东西。一种情感比起任何警觉的哨
兵来，都更加有效。它伸出触觉，寻求同类，找到可滋养它的东西，使
它得以完善。"④ 经过这样的寻求和聚合，情感自然会得到越来越鲜明强

---

① ［美］杜威：《艺术即经验》，商务印书馆2005年版，第44页。
② 同上书，第70页。
③ 同上书，第72页。
④ 同上书，第72—73页。

烈的表现。杜威用磁铁来比喻情感的这种作用。"在表现性动作的发展之中，情感就像磁铁一样将适合的材料吸向自身：所谓的适合，是指它对于已经受感动的心灵状态具有一种所经验道德情感上的共鸣。"① 情感对材料的选择作用在强化情感表现的同时，也就造成了"抽象"和"凝聚"的效果，从而使形式真正成为表现性的形式。在对自然材料的加工中，抽象是生成审美表现形式的重要环节。在表现性动作的持续运行中，发展着的情感"对材料的有力的选择性操作，将物质从数量众多的、空间上相互分离的多种对象中抽取出来，并将所抽象出来的东西凝聚在成为所有对象的价值缩影的一个对象之上。这种功能创造了一件艺术作品的'普遍性'"②。这个称为"价值缩影"的对象，就是作为审美表现形式的艺术品。

　　在作为"活的生物"与环境交互作用中生命自身积极发展生成的情感，自然注入了生活的内在逻辑。因此，由情感直接参与和推动所生成的表现形式即艺术品，才能以其内在的逻辑从形式自然而然地表现出来，得到认同，使人信服和接受。杜威指出："考察为什么某种艺术作品使我们望而生厌……原因就在于没有个人所感受到的情感来引导所呈现的材料的选择和结合。"这样由外部"意图"强制的结果，就使组成形式的"各部分的运动和结论显示出没有逻辑必然性"③。而艺术的表现性的关键就在于这种内在的"逻辑必然性"。这是因为：第一，这种逻辑必然性才使意义得以必然地，也就是自然而然地直接从构成形式的材料上显示出来，而成其为表现；第二，这种逻辑必然性中灌注和凝聚了经验形成过程中生命发展的生成性内涵，而这正是形式所表现的意义和价值所在。

　　情感内在的逻辑必然性还与审美形式表现的自发性密切相关。杜威指出："艺术作品常常向我们呈现出一种自发性，一种抒情的性质，仿佛它们是一只鸟未加考虑唱出的歌。"不过，人毕竟不是鸟。"艺术中的自发性在于对新鲜的题材的完全吸收，正是这种新鲜性维持和支撑着情

---

① ［美］杜威：《艺术即经验》，商务印书馆 2005 年版，第 74 页。
② 同上书，第 73 页。
③ 同上。

感。"① 杜威说的"对新鲜的题材的完全吸收"是什么意思呢？就是说新鲜题材并不因其新鲜而使人觉得陌生和隔膜，而是很自然地完全融入情感之中，成为推动情感的发展进程和丰满度的因素。杜威以为詹姆斯说的"它必定会以自己的力量开出花来"就是对这种自发性表现的最好不过的描述。从根本上说，这种自发性的表现是在经验生成过程中生命积极努力的结果。这正如杜威所说："'自发性'是长期活动的结果，否则的话，它就是空洞的，不是表现性动作。"②

杜威在谈论情感对审美表现的作用时提出的"情感化意象"和"价值缩影"两个概念，实际上可以说就是审美表现形式的两个侧面：前者突出其情感表现的特征，后者则强调其以个别表现普遍性意义的典型特征。由于在杜威那里情感是生命精神的集中而生动的表现，同时也是艺术审美意义的特殊价值内涵所在，因此，可以说这个审美表现的形式就是一种具有完整性、完满性和典型性的"生命意象"。

第二节　艺术作品本身是被形式改造成审美实质的质料

杜威在论及"有人曾以'有意义的形式'来解说一个美感对象"的观点时说："除非这个词的意义是如此孤立，以至成为完全神秘的东西，否则它就是指我们为了强调、纯洁、精致，对那些使得日常经验题材具有圆满意义的形式所做的一种选择而言。"在他看来，艺术就是"对那些使得日常经验题材具有圆满意义的形式所做的一种选择"。"'形式'并不是美感的和艺术的东西所具有的一种特别的性质，或它所创造出来的一种特殊的东西，它们是任何事物适合于一个可以享有的知觉的条件时所凭借的特征。'艺术'并不创造这些形式，它是在选择和组织这些形式，以便增加、保持和精炼这种知觉经验。"③ "拥有形式，指的是这样的意思：它标示出一个构思、感受与呈现所经验的材料的方式，从而使之在

---

① ［美］杜威：《艺术即经验》，商务印书馆 2005 年版，第 75—76 页。
② 同上书，第 77 页。
③ ［美］杜威：《经验与自然》，江苏教育出版社 2005 年版，第 248 页。

那些比起具有原创性的创造者来说有着较少的天才的人那里，能够从这些材料更容易、更有效地构筑充分的经验。"① 因此，与日常经验的形式相比，艺术乃是"具有圆满意义的形式"。这个形式乃是通过"表现性动作"对自然进行加工的结果，进一步再运用媒介使之成为"表现性对象"。在人与环境交互作用过程中的表现性动作，最终构建出作为艺术品的表现性对象，这个人与环境，即主客体双方相互作用的过程，也就是人在直接经验中对自然材料进行加工，从而使质料成为形式的过程。

在此，杜威把表现了审美意义的形式称为具有审美实质的东西。他指出："除了在思维之中外，不可能在形式与实质之间做出区分。作品本身就是被形式改造成审美实质的质料。"这就好像拳击或高尔夫球选手这些"从事实际操作的艺术家"的动作，"是由于它怎样做而成为它是什么的。在动作中没有区分，只有方式与质料、形式与实质的完美融合"②。显然，所谓审美实质，对于形式成为表现了审美意义的审美形式的关键性质所在，可以说它就是审美形式或艺术作品本身。

在杜威看来，"形式是每个作为一个经验存在的经验的特征"。"形式可以被定义为负载着对事件、对象、景色与处境的经验的力量的运作达到其自身的完满实现，因此，形式与实质的联系是内在固有的，而不是从外部强加的。它标志着一个达到其完满实现的经验的质料。"③ "像连续性、累积性、守恒性与预见性这样一些特征是审美形式的形式上的特征。"④ 面对美学史上的相关争论，杜威感叹道："没有什么比有关质料与形式问题的讨论更灾难深重了。"⑤ 因此，形式与质料的关系的问题，就成了杜威十分关注的问题。

杜威特地强调了形式与质料共生关系的生态基础。"由于形式与质料在经验中结合的最终原因是一个活的生物与自然和人的世界在受与做中的密切的相互作用关系，区分质料与形式的理论的最终根源就在于忽视

① ［美］杜威：《艺术即经验》，商务印书馆 2005 年版，第 119 页。
② 同上。
③ 同上书，第 151 页。
④ 同上书，第 152 页。
⑤ 同上书，第 144 页。

这种关系。"① 这个相互作用的过程，就是作为"一个经验"的艺术的生产过程。质料与形式的关系正是在这个生产过程形成的。因此，必须从这个生态根基去认识质料与形式的关系。

为此，杜威把构成审美形式的质料分为"为艺术生产的质料"和"艺术生产中的质料"。"话题或'为艺术生产的质料'能够用艺术产品本身以外的方式来表示和描述。'艺术生产中的质料'，实际上的实质，则是艺术对象本身，因而不能用其他的方式来表现。""诗的实质，审美的质料，是诗本身；即话题在经过弥尔顿的想象性处理所变成的东西。""要想传达诗的实质，就必须展示全诗，让诗本身吸引别人。""处理同样'话题'的艺术作品的实质是无限多样的。"② 这就是说，所谓话题，只是构成作品的一种质料，即"为艺术生产的质料"；在它还没有成为"艺术生产中的质料"之时，即还不是得到合适的形式表现的意义，因此就还不是艺术作品的实质。"正如布拉德利所说，话题是处于诗之外的；实质是在它之内的；更正确地说，它就是诗。""有必要不仅将实质与主题或题目区分开来，而且将这两者与现在题材区分开来。"③ 获得了合适的形式的质料，由于与形式融为一体而成为实质，杜威以这个结论来"结束话题与实质的混淆"。因此，话题和题材"要想成为艺术的实质，它必须通过所使用的媒介而变成一个新的对象，而不仅仅是以一种往事回忆的方式来提示"④。这个由于使用了媒介而构成的新的对象，就是一个得到审美形式表现的"表现性对象"，一个艺术作品了。说艺术作品本身是被形式改造成审美实质的质料，就是这个意思。只有形式化了的质料，才可能表现以特定意义为内涵的实质。"形式与实质的联系是内在固有的，而不是从外部强加的。它标志着一个达到其完满实现的经验的质料。如果质料是欢快型的，就不可有那种适合于悲惨型质料的形式。"⑤ 显然，质料要成为实质，经过了一个被情感和意义熔炼成为合适的形式的过程。

---

① ［美］杜威：《艺术即经验》，商务印书馆 2005 年版，第 146 页。
② 同上书，第 120 页。
③ 同上书，第 121 页。
④ 同上书，第 124—125 页。
⑤ 同上书，第 151 页。

"词语不能复制对象的表现性。"① 就是因为有对象的形式所表现的意义不是词语所能表达的。

进入艺术作品的质料即"艺术生产中的质料"，已经是构成形式的质料。杜威指出："形式与质料在一件艺术品中联系在一起，并不意味着它们是同一的。它所表示的是，在艺术作品中，它们并不作为两个分离的东西出现；作品是形式化了的质料。"② 说"作品是形式化了的质料"，也就等于说质料在作品中被赋予了形式，它本身成了形式。"质料的奥秘在于，在一个场合中是形式，在另一个场合中却是质料，反过来也是如此。色彩在涉及某些性质与价值的表现时是质料，而在用来传达一种微妙而精彩的愉悦时则是形式。"③ 没有质料固然不会有形式，但是没有形式化的质料也不可能具有审美的表现性，这就是艺术作品中质料与形式的关系。

并不是所有被称为艺术的东西都做到了质料与形式之间的高度融合，其结果必然是意义与形式的审美表现错位或脱节，于是就会出现杜威说的"艺术上的不真诚"。这种"艺术上的不真诚具有一种美学的，而不只是道德上的根源；在所有实质与形式分离之处，都会找到这种不真诚"④。

杜威在论述形式与形状的关系时，不仅提醒人们不要误将形状当形式，而且进一步阐明了形式的审美性质。"形状只是审美形式中的一个因素，而不构成审美形式。"⑤ 他以工业艺术中的设计为例指出："只有在一个整体的组成部分具有有利于一个有意识经验的圆满实现的独特目标，设计和形状才失去其附加的特征，并成为形式。"这些产品都有形式，但未必都是审美的形式。"当这个形式从一个具体的目的的限制中解放出来，也服务于一个直接而有生命力的经验的目的之时，形式就是审美的，而不再仅仅是有用的了。"⑥ 这就意味着，只有表现了"生命力的经验"的形式才是审美的。这就是说，艺术的形式应该是"服务于具有完整而

---

① ［美］杜威：《艺术即经验》，商务印书馆 2005 年版，第 92 页。
② 同上书，第 125 页。
③ 同上书，第 140 页。
④ 同上。
⑤ 同上书，第 125 页。
⑥ 同上书，第 128 页。

充满活力的整个生命体"，"由此规定了艺术中的形式的性质"①。质料只有具有了这样的形式，它才具有审美实质。

第三节 杜威审美表现形式说的生态意蕴对美学建设的意义

艺术审美表现形式的问题在美学基本理论中处于核心的地位。比起流行的美学来，杜威在这个问题上的思路和观点具有鲜明的生态特色。他不是抽象静观地讨论形式与表现意义之间的关系，而是在作为艺术的"一个经验"的构成过程中来考察两者的互动共生关系是怎样形成的。在质料与形式的关系上，他也摒弃了流行美学将两者二分的思维习惯。杜威关于艺术审美表现形式的思维，始终贯穿着它的自然主义经验论的基本精神，将其放到作为"活的生物"的人与环境的交互作用中去考察，放到人为了生命的发展的"做"与"受"相结合的经验中去考察，从而表现出深厚而鲜明的生态思维的意蕴。这对于美学基本理论的建设，特别是对于审美表现形式观念的生态化调整，提供了重要的可资借鉴的启示。

第一，在杜威看来，艺术乃由生命过程本身所预示。他从经验生成的交互作用考察艺术审美表现形式的生成过程，体现了杜威自然经验主义哲学的发生论的方法论原则，从而表现出与流行美学直接以艺术作品为对象进行静观分析不同的思路。这种方法把审美形式与其所表现的意义共置于审美经验的动态形成过程之中，将两者及其相互关系看作有机体与环境相互作用中的表现性动作的结果，并由此而生产出作为表现性对象的艺术作品。这个对艺术审美形式的生态性的生成过程的阐释，展示了艺术的审美表现性在自然和人的生命活动中的本体根源。杜威指出："生活过程是持续的；这具有持续性，是因为这是一个永恒的作用于环境与被环境所作用的过程，伴随着处于所做与所受间的关系的体制。因此，经验必然是积累性，而它的主题由于其积累的连续性而获得表现性。"②

---

① ［美］杜威：《艺术即经验》，商务印书馆 2005 年版，第 129 页。
② 同上书，第 112 页。

对于美学来说，这乃是别开生面的独特而科学的新思路，应该受到格外的重视和关注。

第二，对艺术审美表现形式生成的动力性过程的揭示和展开，敞亮了审美表现形式的生命本质和生态本性，这就从根基上阐明了审美表现形式及其所表现的意义共有共生的生命本质。在杜威看来，艺术的形式应该是"服务于具有完整而充满活力的整个生命体"，"由此规定了艺术中的形式的性质"①。艺术形式作为生命整体的性质不是外加的，也不是把形式作为容器注入的，而是在形式自身的形成过程中自身"流溢"，直接感性地表现出来的。这种观念，上接席勒的"生命形式"说，下开苏珊·朗格的"生命符号"说，并且与中国古代美学的"气韵生动"说相通。但是，杜威对形式的生命意蕴的发生论阐释所体现的现代科学精神，却是不可忽视的。

第三，审美实质概念的提出，终结了形式与意义二分的形而上学思维，深刻揭示了形式及其所表现的意义之间的内在统一性。特别是"艺术作品本身是被形式改造成审美实质的质料"这一命题，进一步终结了质料与形式二分结合的流行观念。这就不仅揭示了艺术形式对于其所表现的生命意义的透明性特征，还突出了从"关系"和"结构"来认识形式的思路。正是由于艺术作品是被形式化了的审美实质，因此，"艺术揭开了隐藏所经验事物之表现性的外衣；它催促我们不再处于日常的松弛状态，使我们在体验我们周围世界的多样性质与形式的快乐之中忘却自身"②。显然，杜威关于审美实质的观念，在帮助我们更真切地认识艺术形式的审美性的特征的同时，也有助于更为深刻地认识艺术的审美功能为何能作用于人的生命整体并深入到人的心灵的原因。

第四，杜威从人与环境交互作用的经验揭示审美表现的生成及其内在意蕴，这就从根本上摒弃了那种把艺术视为"自我表现"的狭隘见解。既然艺术的表现性源于经验中生命意义的累积性连续，那么就绝不只是表现"自我"主观的思想感情，因为经验本来就是人与环境之间主客观两种因素相互作用而形成的，无论有机体的生命冲动的目的还是不倦的

---

① ［美］杜威：《艺术即经验》，商务印书馆 2005 年版，第 129 页。
② 同上书，第 113 页。

努力，都是反映了人与环境的关系及其所处的情境的影响。因此，经验所表现的乃是人与自然和社会环境之间的生态关系和这种关系中"流溢"和"凝聚"的生命意义。流行的"自我表现"说，把艺术看作自我主观情感的流露或对象化，这就不仅忽略了表现形式得以形成的生命活动过程，也因此忽略了主观情感之所以产生的对象和情境等方面的客观因素。更为重要的是，杜威强调的审美形式在经验中累积起来的生命意义的"普遍性"，也会因此失落。这样一来，自我表现的狭隘的主观性也就失去了只有在广泛的交流中才能实现的社会性意义，因而也就必然造成艺术审美的生态功能的畏缩。

在阐释了艺术的审美表现形式问题之后，杜威进一步问道："什么是那些深深地扎根于世界本身之中的艺术形式方面的条件呢？"对此，他的回答是："有机体与周围环境的相互作用，是所有经验的直接或间接的源泉，从环境中形成阻碍、抵抗、促进、均衡，当这些以合适的方式与有机体的能量相遇时，就形成了形式。我们周围世界使艺术形式的存在成为可能的第一个特征就是节奏。"①这个"作为形式的一个条件的节奏"②不仅与表现有关，更是直接关系到审美形式的能量组织的生态动力学。

---

① ［美］杜威：《艺术即经验》，商务印书馆 2005 年版，第 163 页。
② 同上书，第 170 页。

第 七 章

能量组织：杜威经验论美学
节奏说的生态动力学

　　杜威关于艺术审美中节奏的能量组织作用的观点被称为"审美经验的生态动力学"。这一观点揭示了节奏作为生命运动的感性特征对于生成一个经验的动力性质，还阐释了节奏的自然本源及其作为普遍存在模式的生态本质，审美知觉则是能量组织通过累积性进步来生成完满的审美整体的连续性的动力过程。这一思想揭开了人类审美活动生态真实的一个极其重要的侧面。对这个思路的认真领会和深入研究，一定会对美学学理的生态学化造成十分深刻而重大的影响。

　　在杜威看来，"审美形式的一般条件是客体性，意思是，它属于物理的物质与能量的世界；尽管这不是审美经验的充分条件，却是它的必要条件。"① 明确地把审美形式看作一个"能量的世界"，这就与传统美学把审美等同于静态观照的观点不同，强调的是审美经验的动力性质。包括作为艺术的"一个经验"在内的所有经验，都是作为"活的生物"的人以自己的行动作用于环境而发生的"做"与"受"相互交融而形成的。随着这个生命活动过程中人的生命力的积极发挥，不仅在经验中形成了表现生命动势完满形式，而且以节奏的模式再现自然界生命动力的功能性质和能动特性。节奏作为生命本质的感性表现，在具有表现性的同时，还具有对生命能量进行组织以最后形成整体性审美知觉的动力机制。杜

---

① ［美］杜威：《艺术即经验》，商务印书馆 2005 年版，第 163 页。

威对审美经验中节奏的能量组织作用的阐释，被亚历山大·托马斯称为"审美经验的生态动力学"①，这无疑是杜威的经验论美学中极富特色的重要内涵，理应受到特别的重视。可以说，只有充分认识了节奏进行能量组织的"生态动力学"，才算真正把握了杜威美学的实质，也才有助于对传统美学进行生态化的改造。

第一节 节奏作为生命特征直接生成
一个经验的动力性质

要认识杜威的能量组织观念，首先应当了解其关于节奏的观点。在杜威看来，"一件美的艺术品的存在与外在世界的材料与能量的结合具有因果关系"②。这就是说，自然和生命的运动本来就是能量的运动，它既是生命运动的表现，又是其动力机制所在。因此，世界本身存在的能量活动必然也存在于人与环境交互作用生成的经验之中，并且作为动力因素作用于经验的生成和生命的发展。

在早期著作《心理学》中，杜威曾经在阐释节奏与时间的关系时特别以听觉为例指出"在听觉中节奏感对时间知觉的促进作用"。"在这里，节奏可以被定义为，声音在有规则的间隙中的强弱变化。同样性质的一个声音时而强、时而弱，正是这种有规律的起落变化使我们产生了节奏感，这是连续性的真正意义所在。""在节奏中，每一个声音点在其独特的结构中，既是过去又是未来。"③ 节奏的这种连续性直接表现了事物和生命运动的动力性本质。

对于艺术来说，"因为节奏是一个普遍的存在模式，出现在所有的变化之秩序的实现之中，所以所有的艺术门类：文学、音乐、造型艺术、建筑、舞蹈，等等，都具有节奏。既然人只有在使他的行为适应自然的秩序时才能成功，他在抵抗和奋斗后所取得的成就与胜利，也就成为所

---

① ［美］拉里·希克曼主编：《阅读杜威：为后现代做的阐释》，北京大学出版社2010年版，第24页。

② ［美］杜威：《艺术即经验》，商务印书馆2005年版，第162页。

③ 《杜威全集》早期著作第2卷，华东师范大学出版社2010年版，第127页。

有审美题材的源泉；从某种意义上讲，这些成就与胜利构成了艺术的共同模式，形式的最终条件"①。这就意味着，能量及其组织作用深深地植根于节奏之中，是由于节奏本身的动力特性而造成的。

在早期论文《教育中的审美因素》中，杜威就很重视节奏在审美中的地位了。他指出："在审美经验中，特别适应于恰当训练的因素是平衡和节奏，平衡暗示着不以牺牲经验的丰富性和自由为代价的控制或限制，它既对立于随意的和无方向性的行为，也对立于被压抑和未发展的行为。节奏包含着一连串行为中的规律性和经济性。平衡和节奏是同一体中的不同形式：节奏是时间的，平衡是空间的。"② 说"平衡和节奏是同一体中的不同形式"，那是因为平衡乃是空间中的一种节奏形式。

对于表现了生命的完整性和完满性的"一个经验"中的审美形式，杜威提问道："什么是那些深深地扎根于世界本身之中的艺术形式的方面的条件呢？"他的回答是："有机体与周围环境的相互作用，是所有经验的直接或间接的源泉，从环境中形成阻碍、抵抗、促进、均衡，当这些以合适的方式与有机体的能量相遇时，就形成了形式。我们周围世界使艺术形式的存在成为可能的第一个特征就是节奏。"③ "一个审美经验，即得到实现的艺术作品，表现为知觉。这些节奏既是体现在外在的、本身是艺术产品的对象之中，也只有成为经验中的节奏时才是审美的。"④ 他一再强调节奏在经验中的动力作用，即非静态的而是功能性的，是"经由要素的能量推动经验向完善与完满的发展"。即使在绘画与建筑之类静态的艺术中，就对其审美效果而言，节奏也"是绝对不可缺少的"⑤。这个节奏，就是生命存在和运动的本质特征，它既显示生命的活力，又展开生命的秩序形式。正是节奏，使审美的形式成了生命的意象，成了生命化的形式。

与美学家们普遍只看到形式及其节奏的表现性不同，杜威在肯定其表现性的同时还极为重视节奏中的能量及其对于能量的组织作用。在杜

---

① ［美］杜威：《艺术即经验》，商务印书馆 2005 年版，第 166 页。
② 《杜威全集》早期著作第 5 卷，华东师范大学出版社 2010 年版，第 154 页。
③ ［美］杜威：《艺术即经验》，商务印书馆 2005 年版，第 163 页。
④ 同上书，第 179 页。
⑤ 同上书，第 180 页。

威看来，正是这种能量的组织才使经验得以成为艺术品。"事物进入经验本身是复杂的相互作用的开端；最后经验到的事物的特征依赖于这种相互作用的性质。当对象的结构以其力量令人愉快地（但不是轻易地）与从经验本身迸发出的能量相互作用时，当它们之间相互的结合与对抗共同起作用，产生一种累积性的，并肯定地（但并非过分稳定地）朝向冲动与张力实现的发展时，就有了一件艺术品。"① 这说明，艺术品的存在是离不开能量的相互作用的。无论是经验中的"做"还是"受"，抑或是两者的交融，都是在能量的作用之下进行和完成的。杜威从人作为"活的生物"既渴望秩序也渴望变异和多样性的生命要求出发，以音乐中的恢复和休止为例论述了节奏和韵律的动力作用。同时，他还从知觉的心理过程来说明这种动力作用的进行过程在主体上的原因。他说审美知觉"伴随着，或者更确切地说是组成一个能量在其纯粹的形式时的能量的释放；这正如我们所见到的，是组织起来的，因此是节奏性的"② 。"艺术通过选择事物中的潜能来运作，而正是由于这种潜能，一个经验——任何经验——才具有意义与价值。""秩序、节奏与平衡就是意味着对于经验重要的能量在起着最大的作用。"③

这就意味着，节奏的动力特征不仅直接作用于经验中的能量组织，而且正是在能量组织中实现的生命的发展决定着经验的审美价值和意义。

节奏与能量是结合在一起的，可以说节奏具有能量，也可以说能量造成了节奏。因此杜威指出："在审美对象中，对象起着——就像那些具有外在用途的对象那样——集中分别用来在不同的情况下处理不同事物的能量，并赋予它们以独特的节奏性的组织，（我们在考虑到效果而不是实施方式时）将这种组织称为澄清、强化、集中。处于潜在状态下的能量，不管本身如何具有实在性，都相互关联，相互唤起和强化，直接为着所导致的经验服务。"④ 杜威说能量的组织是"节奏性的组织"，这意味着没有节奏就没有组织，因为节奏不仅意味着活力，还意味着秩序。

---

① ［美］杜威：《艺术即经验》，商务印书馆 2005 年版，第 179 页。
② 同上书，第 196 页。
③ 同上书，第 204 页。
④ 同上书，第 195 页。

对能量的组织与用能量进行组织，在这里是同一个过程。

杜威引述了高尔斯华绥关于艺术的定义，后者说艺术是"能量的想象的表现"，"它通过在个人身上激发非个人的情感，使个体趋向于与一般相和解"。杜威说这种"'和解'是以一种直接而非争辩的形式在完善的经验中取得人与世界和谐合作的时期。所获得的情感是'非个人的'，它不与个人的幸运，而是与放弃自我而以献身精神所建构的对象联系在一起。欣赏在情感性质上也同样是非个人的，因为它与客观的能量的建构和组织有关"①。

认识节奏的动力性和能量组织作用，对于美学具有非常重要的意义。在深入阐释艺术的能量组织的作用时，杜威指出："对于有些人来说，坚持将能量的观念与美的艺术联系起来似乎有错位感。然而，如果能量的事实，它引起波澜起伏和宁静平和的力量不被重视，许多与艺术有关的常识都不能被理解。节奏与平衡如果不是外在于艺术的话，就只能是，由于其基本的作用，从能量的组织方面来为它下定义。关于艺术作品能对我们起什么作用，能为我们做什么，我只能看到两个选择。它或者是由于某种超越的本质（通常称之为'美'）从外部降临到经验之上而出现的，或者是由于艺术对世间事物能量的独特复制所产生的审美效果。"②这就是说，对节奏及其能量的认识，直接关系到对艺术的审美本性和审美功能的认识。只有从节奏的动力性及其能量组织作用出发，对这些艺术的基本问题才能从其生态本性做出深入的回答和阐释。

第二节　节奏的自然本源及其作为
普遍存在模式的生态本质

在杜威看来，艺术之所以是表现性的，而不是"奴隶式再现性"的，那是因为"艺术通过选择事物中的潜能来运作，而正是由于这种潜能，一个经验——任何经验——才具有意义和价值"。"秩序、节奏与平衡就

---

① ［美］杜威：《艺术即经验》，商务印书馆2005年版，第205页。
② 同上书，第204页。

是意味着对于经验重要的能量在起着最大的作用。"① 那么，作为审美经验中能量组织的动力本源的节奏是从哪里来的呢？杜威强调艺术作品对自然中节奏存在的依赖性，经验中形式的节奏与自然中本来就有的节奏是相连续的，艺术中的节奏无非是自然节奏在人与环境交互作用的经验中的发展。在杜威那里，节奏是自然和生命运动本来就有的特征，是万事万物生命活动的感性表征。杜威在指出了自然中存在的各种大的节奏，比如晨与昏、日与夜、雨与晴以及季节的循环之类。此外，还有人类自身生命中醒与睡、饿与饱、工作与休息之类的节奏和生产活动中从过程到产品形式的各种节奏，包括动作和说话的"合韵律的形式"②。"众所周知，在自然中存在着节奏的多种多样的例证，人们常常引用的，有潮涨潮落，有月圆月缺，有脉搏的跳动，有出现在一切生命过程中的吸收与排泄。人们一般看不到的是，自然中的每一种变化的一致性与规律都是节奏。'自然规律'与'自然节奏'是同义词。"③ 总之，在这个有生命的运动着的世界上的各个领域，到处都存在着节奏。

在谈到早期人类的艺术创造时，杜威说这些在洞穴的墙上描绘的"蛇、麋鹿、野猪的神秘的运动具有了节奏，使这些动物生命最根本的本质得以体现"④。这里明确地把节奏与生命最根本的本质联系在一起，说前者是后者的体现及表现形式，这就把节奏的生命本质——包括它的活力和秩序及两者的统一，明确无误地揭示出来了。通过节奏，生命的能量显示出来，并在动态的组织中显示出生命努力发展自己的生成性本质。节奏不仅表现生命，而且能够通过能量组织加强和发展生命的根本原因就在这里。

节奏的能量组织作用在艺术中是无处不在的，杜威对此有很多具体的论述。比如，在论及多样统一这个"关于自然和艺术中的美的公式"时，杜威指出："只有在这些术语被理解为能量的一种关系时，这个公式才有意义。如果不存在独特的区分，就没有圆满，也没有多个部分。但

---

① ［美］杜威：《艺术即经验》，商务印书馆 2005 年版，第 204 页。
② 同上书，第 163 页。
③ 同上书，第 165 页。
④ 同上书，第 164 页。

是，只有当区分依赖于相互的阻抗力，例如乐句的丰富性之时，它们才具有审美的性质。只有在阻抗力通过对立的能量合作性相互作用发展，从而产生休止之时，才存在着统一。这个公式中的'一'是通过分别具有能量的各部分间相互作用来实现的。""作为一部艺术作品特征的多样性中的统一是动态的。"①"这种相对立的能量提供了尺度与秩序，起到了防止差异变成无秩序杂糅的作用。不管是音乐、戏剧、小说，还是绘画，都具有张力的特点。"②

杜威对音乐中休止的动力性的论述有助于认识节奏的生命连续性的本质。他认为："音乐中的休止不是空白，而是一个节奏性的沉默，它对已有的是一个加强，而同时又传达一种向前的冲动，而不是驻足在它所确定的这一点上。"③ 显然，杜威是在运动的连续性中认识休止的动力性的。对于对称的动力性，他也是这样在运动的连续中来说明的。"在一件艺术产品中，每当间歇是由各部分的相互推动，以实现整一与整体的效果之时，就呈现出了规则。这正是将对称称之为动力性的与功能性的意义所在。"④ 而节奏对能量的组织也正是在审美知觉的过程中进行的。

杜威指出："那种假定在美的艺术中占据着统治地位的对节奏的兴趣可以简单地用生命体中的节奏过程来解释的观点，是另一种有机体与环境分离的情况人在观察或思考自身的生命过程之前很久，在发展对自身的精神状态之前很久，就加入到环境之中。"⑤ 节奏的能量组织作用是在经验（作品）之中，与主体的生命机能相融合。

节奏的能量组织作用决定于节奏自身作为运动表征必然具有的对立、对抗和强度的变异等因素。杜威指出："一个对节奏的简短定义：节奏是有规则的变化。均衡的水流没有强度与速度的变化之时，就没有节奏。""变化未得到安排，也没有节奏。""节奏的最明显的例证是强度的变异。""当搏动与休止没有出现之前，不管多么精细，多么广大，都不会出现任

①　[美]杜威：《艺术即经验》，商务印书馆2005年版，第178页。

②　同上书，第174页。

③　同上书，第191页。

④　同上书，第201页。

⑤　同上书，第166—167页。

何种类的节奏。"① "煤气均匀地弥散在容器里、奔腾的洪水突破一切阻抗力、池塘里的一池死水、未开垦的荒沙地，都是没有节奏的整体。泛着涟漪的池塘、叉状的闪电、树枝在风中摇曳、鸟儿在拍打着翅膀、花萼和花瓣形成的涡纹、草地上变幻着的云彩，都是简单的自然节奏。这其中恐怕存在着相互对抗的能量。其中的一个会在一定时段强度增高，但却因此使对立方面的能量受到压制，这种情况一直持续到前一种能量放松和舒展，后一种能量可以克服前者为止。这时，就出现了相反方向的运动，不必在时间上保持相同，但却保持在一定比例之内，从而给人以秩序之感。"杜威这样描述"节奏性变化的普遍图示"："反抗积累了能量，它开始蓄积，直到释放与膨胀的到来。在这种转向的时刻，存在着一种间隙，一种休止与休息，通过它，对立能量的相互作用就得到限定，变得可见。这种休止是相互对立的力量的一种对称与平衡。"② 从杜威的描述可以看出，能量在对抗中发展的"放松和舒展"，"积蓄"／"释放"和"膨胀"，"间隙"与"休止"，直到"对称与平衡"这个能量变异的过程所显示出的秩序就是节奏性的，有节奏的运动本身就是一个能量组织的过程。可以说，能量组织就是节奏本来的动力性质，它本来就是自然和生命运动的本性所在，艺术作为"一个经验"本来就是自然的生命精神完满的表现，当然也就必然最充分地凝聚了生命的这种动力性的特征及其机制。

由于节奏作为生命的表征和动力本来就是自然的存在，因此，杜威认为艺术中的自然主义对于节奏有着特殊的敏感。"自然主义如果取自然的最广泛而最深刻的意义的话，是所有伟大的艺术，甚至最宗教程式化的，和最抽象的绘画，以及描写都市背景下人的活动的戏剧，都必须具有的特性。所能区别的只是由标志生活的所有关系及其背景的节奏所显示的自然中的各特殊方面与阶段。"③ 这就是说，无论具有什么特殊的关系和背景，自然和生活的节奏都是少不了的。这样的自然主义的艺术要表现人与其环境关系的某些方面，而"当标志着题材与形式间相互作用

---

① ［美］杜威：《艺术即经验》，商务印书馆2005年版，第170—171页。
② 同上书，第171—172页。
③ 同上书，第167页。

特征的基本节奏被依赖和完全信任时，此题材就获得了与形式的最完美的结合"①。在对自然主义的各种表现做了辨析之后，杜威指出："自然主义是一个比较性的术语，表示一种在某些方面更深更广的对先前就有的存在节奏的敏感。"②

杜威的人本主义的自然主义认为，人本来就是自然的一部分，人的生命与自然之间存在着内在的连续性，人的生命活动都是在自然中进行，人的生命也必然以节奏为其重要特征。"因此，人与自然节奏的参与构成了一种伙伴关系，这要比为了知识的目的而对它们的任何观察都要亲密得多，这迟早会引导人将这种节奏强加到尚未出现的变化之上。"③ 人类的艺术创造就是"将这种节奏强加到尚未出现的变化之上"的生动例证。而杜威说的"人与自然节奏的参与构成了一种伙伴关系"，就更是说明了节奏在人与自然环境的生态关系中的重要意义。生成于自然母体之中的人，由于生命节奏的和谐才与自然建立起亲密的伙伴关系，即一种生态上共存互动、融合一体的关系。只有在节奏的和谐中，这种关系才成为人的直接感性的生命体验。

第三节 能量组织通过累积性进步生成完满的审美整体

在早期著作《心理学》中，杜威论述到"听觉与时间知觉"时，谈到听觉对节奏的知觉即节奏感时指出："无论怎么强调节奏感在心理生活中的重要性都不为过。就像周期性在物理世界中的作用一样，心灵有一种天然的倾向，即把它接触到的内容都赋予节奏感。这也是心灵对自己的最内在的状态的一种表达。它是表达情感的语言。原始人的早期传统都是通过节奏来表达的。"在论述了诗和散文语言的节奏之后又指出："在音乐中，节奏产生了最初始、最广泛的艺术影响，与音乐相伴随的舞蹈是最原始的身体活动，在一定程度上，它甚至比走路更原始，而走路

① ［美］杜威：《艺术即经验》，商务印书馆2005年版，第168页。
② 同上书，第169页。
③ 同上书，第164页。

不过是有规律的舞蹈而已。"对于节奏的性质，杜威认为："在一般意义上，节奏感是心智活动的一种倾向。这种倾向普遍存在，它统一了多样性，或者相反，把统一体解体为多样化。从最广的意义上理解，节奏感等于心智的统觉活动。"① 他还指出了节奏把部分整合为整体的作用："把相继的部分联结成一个整体，可以有多种方式——音乐中用的是曲调，诗歌中用的是韵律，如此等等。"② 这些论述，实际上已经涉及节奏的能量组织作用了。

对于杜威来说，他是把能量相互作用看作审美理论的基础的。他说"基于艺术而不是外在的偏见的审美理论的基础"只能建立在对内在与外在能量的核心作用的理解，以及对构成伴随着累积、保存、休止与间隙的对立，和朝向以种种有秩序的，或有节奏的经验完成的谐调运动的能量相互作用的理解。由于内在的和外在的能量的相互作用，作为有机体的人与环境之间融合了"做"与"受"的"一个经验"就更为明确和丰满。而"专属于做与受之间不通关系的节奏，是导致知觉的直接性与统一性的成分的分配与指定的源泉"③。这就是说，节奏的能量组织直接对审美知觉的形成发生作用。杜威明确指出："包括技术的和实用的艺术在内的所有艺术的共有的因素，是作为一种手段以产生一种结果的能量的组织。"④

杜威把"艺术产品"与"艺术作品"相区别，后者作为"产品所做和所起的作用"，是"能动的和经验到的"，而"事物进入经验本身是复杂的相互作用的开端"，其间相互作用的性质决定着经验的结果。"当对象的结构以其力量令人愉快地（但不是轻易地）与从经验本身迸发出的能量相互作用之时，当它们间相互作用的结合与对抗共同起作用，产生一种累积性的，并肯定地（但并非过分稳定地）朝向冲动与张力实现的发展时，就有了一件艺术品。"杜威认为："一审美经验，即得到实现的艺术作品，表现为知觉。这些节奏即使体现在外在的、本身是艺术产品

---

① 《杜威全集》早期著作第 2 卷，华东师范大学出版社 2010 年版，第 126 页。
② 同上书，第 126—127 页。
③ ［美］杜威：《艺术即经验》，商务印书馆 2005 年版，第 177 页。
④ 同上书，第 195 页。

的对象中，也只有成为经验中的节奏时才是审美的。"① 这就是说：第一，节奏的能量组织作用指向审美知觉的生成；第二，这种作用是在经验的生命活动过程之中进行的。能量组织乃是节奏的动力性的发挥，因此只有在一个经验生成的生命活动过程中才能通过能量组织生产出丰满而完整的审美知觉，使艺术作品得以感性地呈现出来。

　　要知道能量组织对于审美知觉的重要性，先得了解审美知觉的特征。杜威指出："知觉的（更确切地说是知觉中的）对象不是一般性的类的一个实例，云彩或河流的一个样本，而是存在于此时此地的，带有伴随着并成为此存在标志的所有不可重复特性的这一个单个事物。" 也就是说，它必须是一个具有自己独特多样感性特征的整体。"由于这种知觉对象的能力，该事物存在于完全同样的与构成知觉活动的活的生物的相互作用之中。"② "审美知觉指的是一种完满的直觉及其相关物的……这种直觉伴随着，或者更确切地说是组成一个能量在其最纯粹的形式时的能量的释放；这正如我们所见到的，是组织起来的，因此是节奏性的。"③

　　正是审美知觉的上述特征决定了它必然是一个进行能量组织的过程，而且在这个过程中能量的组织表现为一种累积性的进步。这就是说，审美知觉绝不是对刺激的瞬间反应，而是经由节奏性的能量组织过程把多种向度和性质的感觉一点一点、一层一层积累起来，最后建构成一个有节奏的具有完满生命内涵的整体性的形式。这个过程，是累积性的，同时又是不断进步的，是"使一个经验走向其实现的累积性进步"④。在这里，正是节奏的功能性"经由要素的能量推动经验向完善与完满的发展"⑤。杜威认为，能量组织中的这种累积性的进步，乃是艺术不同于日常生活中的能量组织的地方。在日常生活的实践和推理中，"能量的组织是零碎的，以一个取代另一个，而在艺术的过程中，则是累积性和保存性的"。正是这种累积性和保存性，体现出节奏本身的连续性，因而与节奏密切联系。对此，杜威描述道："无论何时，我们想起安排进的每一

---

① ［美］杜威：《艺术即经验》，商务印书馆 2005 年版，第 179 页。
② 同上书，第 196 页。
③ 同上。
④ 同上书，第 181 页。
⑤ 同上书，第 180 页。

步，都同时是对以前的总结和完成，并且，每一次完成都将预期紧张地向前推进，这时，就有了节奏。"① "如果没有在时间中发展的过程，就不可能存在对一个对象的知觉。"② 所谓累积性的进步就是在这个实践的过程中进行的。杜威一再强调审美知觉的动态过程性。他指出："无论如何，如果知觉是审美的，瞬间的直接辨认只是其开端。在辨认某画是画了这个或那个的活动中，不存在天然的审美价值。这种辨认也许会引起注意，并导致对绘画的一种关注方式，即其中的部分与关系被唤起而组成一个整体。"③ 而把部分与关系唤起以组成一个整体的过程中就进行着能量的组织。

为了说明这个过程，杜威对一幅画引起的知觉进行了图示性的描述，指出在这个构建一个生动知觉的过程中，有四种机体的能量特别强烈地发挥出来，其中存在着大约五种节奏体系的相互作用。从他的具体描述看，所谓"四种机体的能量"指的是视觉的、听觉的、时间的和空间的；而所谓"五种节奏体系"则指的是色彩、声音、垂直的、平面的和亮度。杜威还指出："其中的每一种，如果进一步考察的话，都将从中显示出更小的节奏。每一个节奏，不管其大小，都与所有其他的节奏相互作用，从而与机体能量的不同体系结合在一起。但是，它们还必须在相互作用时使能量不仅起作用，而且获得连贯的组合。"④ 可以想见，审美知觉中节奏的能量组织是一个何等复杂而惊喜的动力过程，经过这个过程，具有各种能量的节奏才在"连贯的组合"中构成审美知觉的整体形式。

对于能量组织的具体内涵，杜威也有简要的论述。"在审美对象中，对象起着——就像那些具有外在用途的对象那样——集中分别用来在不同的情况下处理不同事物的能量，并赋予它们以独特的节奏性的组织，我们（在考虑到效果而不是实施方式时）将这种组织称为澄清、强化、集中。处于潜在状态下的能量，不管本身如何具有实在性，都相互关联，

① ［美］杜威：《艺术即经验》，商务印书馆 2005 年版，第 190 页。
② 同上书，第 192 页。
③ 同上书，第 195 页。
④ 同上书，第 193 页。

相互唤起和强化，直接为着所导致的经验服务。"① 这里提到的有造成三种效果的组织方式：澄清，可以说是通过节奏中的秩序对能量的提纯和整理而使之脱离混乱而具有鲜明的特征；强化，则是动过节奏的规律性的重复放大能量的强度而使之更加强烈突出；集中，应该有两方面的含义——一是把同样性质的能量加以累积和凝聚已达到澄清和强化的效果；二是把各种性质和力度的能量加以综合使之成为"这一个单个事物"，即一个多样统一的节奏性的生命意象的整体。

第四节　认识节奏的能量组织作用对于美学生态化转型的意义

杜威关于节奏的能量组织作用的思想，尽管还有很多未必充分和严密的地方，但是他从生命活动中能量的交互作用对艺术审美知觉的形成的动力性和过程性的揭示，无疑是一个极为切近审美知觉生成的生态真相的思路。能量组织说作为艺术审美的生态动力学，揭开了人类审美活动生态真实的一个具有原则意义的极其重要的侧面。对这个思路的认真领会和深入研究，一定会对美学学理的生态学化造成十分深刻而重大的影响，对于笔者所主张的人本生态美学的理论建构更是可以借鉴的学术资源。

第一，节奏的能量组织说揭示了生命的动态本质的感性表现，有助于更加真切地认识审美活动的本体特性和生态本性。正如杜威所说："美的艺术的本质是这种能量的组织积累性地通向一个最终的、所有的手段与媒介都被结合进去的整体。"② 这乃是人与环境交互作用中生命力高度发展的必然表现和结果。活的生物必定具有内在的动力，这样的"对象中必定有甚么东西在推动着它"。"活的存在物的特征在于拥有一个过去与一个现在，即将它们作为当下的拥有物，而不仅仅是某种外在的东西。""正是在我们从一件艺术产品中获得一种处理从其发展的一个特定点所看到的一段生涯和一段历史的感觉时，我们才获得了生命的印象。

---

① ［美］杜威：《艺术即经验》，商务印书馆2005年版，第195页。
② 同上书，第190页。

那种死的东西不延伸到过去,也不激起任何对将来的兴趣。"① 这些生命活跃的表征,在审美知觉形成过程的动力性及能量组织中得到了最深刻本真的说明。由此,那种把审美限于静观,把美的生命意义仅仅看作象征的观点无疑就显得太狭隘了。

第二,关于审美知觉中累积性进步的观点有助于认识审美知觉的动力性和过程性特征,从而凸显其生命投入的深度和广度。流行的认识论美学即使把对美的认识看作一个过程,也只是在感性与理性、抽象与具体的转换中演进,而没有生命能量的深度介入并发挥能量组织作用的内容。杜威指出:"审美的重现,简言之,是生命的、生理学的、功能性的。重现的是关系而不是成分,它们在不同的语境中重现,产生不同的结果,因而每一次重现,都不仅是回顾,而且是全新的。"② 这在其能量组织说中体现得最为深刻和真切。

第三,有助于认识审美功能实现中的生命机能直接参与的过程及其作用与生命体验的深刻性。艺术作品再现艺术产品中的能量组织过程和结果,而对艺术作品的审美又在审美经验中重现这个能量组织的过程。这是有机体的生命活动直接感性地介入审美知觉的形成过程,也就必然使主体生命形式及其节奏受到"澄清、强化和集中",这也就是审美功能得到发挥和实现的过程。"艺术是理想的。通过选择与组织,那些使任何经验值得作为一个经验来拥有的特征有艺术来提供,以实现相应的知觉。尽管有种种自然对人的漠不关心与敌意的情况,也必然有自然对人的亲和性,否则的话,生命就不会存在。在艺术中,那种适宜的,不是支撑这个或那个特殊的目的,而是支撑着整个所喜爱的经验过程本身的力量被释放了出来。这种释放赋予它们理想的性质。除了关于在一个环境中所有事物都共同起作用,以完善和支撑偶然和部分经验道德价值的思想外,人还能诚实地享有什么理想呢?"③ 通过能量组织去实现这个理想,艺术的审美功能应该说达到了最高的境界。

第四,显示了与中国古代"气韵"论美学相互呼应的理论态势,并

---

① 〔美〕杜威:《艺术即经验》,商务印书馆 2005 年版,第 195 页。

② 同上书,第 186—187 页。

③ 〔美〕杜威:《艺术即经验》,商务印书馆 2005 年版,第 205 页。

为后者现代转化和学理深化提供了重要的思想资源。在现代美学中明确引进"能量"的概念，杜威可能要算第一人。杜威引入美学的"能量"和"能量组织"的概念，自然使人联想到中国古代美学中源于"气"论的"力"和"势"等观念。对于"气"，李约瑟解释为"节奏"。那么，所谓"力"和"势"就是这节奏所具有的能量的表现。在笔者看来，作为审美活动本体特性和生态本性的节律感应，就是节律以其"力"和"势"发挥能量组织作用，进行激发、调节和引导并最终使主客体融为一体的过程。由此可见，基于节奏说的能量组织说，与中国古代的感应说的融会贯通，必然有助于揭示审美活动本体特性这个深邃的谜底，实现东西方美学的深层次沟通。这对于进一步建立更具普遍的概括性和适应性的跨文化美学理论，提供了一块起步的基石。

杜威对节奏的能量组织作用的论述，对于流行的美学来说，还是一个十分陌生的课题。这里对这一思想的阐述还只是初步的，其中必然还有不少理解得不到位、不深入的地方。面对杜威提出的这个课题，我们可以一方面从这个新的视角去研究各种审美活动事实，特别是考察审美知觉的动力过程；另一方面则要换一副眼光去发掘和树立中国和西方美学中的相应成果。把这两个方面结合起来，我们对审美活动的生态动力学的认识一定会有所收获，有所进取。

第 八 章

自然情感：杜威美学
对审美意味表现的生态寻根

　　杜威经验论美学认为自然事物客观地存在着情感意味，并以"精神物理"概念阐述自然情感是事物相互作用生成的一种客观"意义"。由于"自然情感"客观存在，原初情感才能够通过物质媒介的感性的表现而成为审美情感。他对"联想""隐喻"和"移情"等流行的"表现"说的批评，进一步阐明了"自然情感"在对象上的客观存在。杜威的这一观点从自然本体的层面揭示了审美表现的生态本性。

　　这里说的"自然情感"，不是人的自然而然的情感或者直接发生的原初的情感，也不是人对自然的情感，而是说作为自然本身表现的情感即情感意味，可直称为"自然表情"。对"自然情感"的肯定，作为杜威经验论美学的一个重要观点，是杜威经验自然主义哲学在其美学中的重要表现，对于美学具有直接的重要意义。通过这个观点，杜威哲学和美学的自然主义的人文主义的性质可以说得到了最充分的体现。"情感意味"问题在美学中历来就是一个十分重要的基本问题，直接关系到事物和对象何以为美，事物和对象的情感意味怎样生成。审美意味的生成乃是美学中长期争论的焦点之一。相比于林林总总的各种观点，杜威对自然的情感意味存在于自然事物本身的论述别开生面，在深化和丰富自然的意义内涵的同时强调了这种意味是自然本来就有的客观存在，无疑是一大突破。对杜威的这一观点进行生态解读，必将有助于对美的生成和功能的生态根源及生态内涵的深入认识。

第一节　杜威经验论美学关于自然
本来的情感意味的论述

对于自然具有情感意味的观点，杜威是这样说的："有生命的动物无需将情感投射到所经验的对象之中。远在自然具有数学的性质，甚至在具有像色彩与色彩的形状等'第二'属性的集合之前，自然就是和善的与可恶的，温和的与乖戾的，使人不快的和使人鼓舞的。甚至像长与短、坚实与空洞这样一些词，对于除了那些在理智上专门化的人以外的所有的人，都具有一种道德或情感上的含义。词典将告诉所有查词典的人，像甜与苦这样一些词的早期用法不是表示感觉性质本身，而是区分喜欢与不喜欢的东西。怎么可能不是这样呢？直接经验来自于自然与人的相互作用。"① 杜威以他特有的敏感指出，自然对象的情感意味是本来就具有的，而无须人从外面加以投射，人不过是在与自然的相互作用中通过直接经验去感觉和感受到这些意味。考虑到流行美学对这个问题的回答存在分歧和混乱的状况，有必要对杜威的这段论述进行较为细致的解读。

杜威上面这段论述有着相当丰富而深刻的内容，表达了他对自然的情感意味及其与语言的微妙联系的睿智的感悟。"有生命的动物无需将情感投射到所经验的对象之中"，联系下文，这里说的"所经验的对象"就是在经验中现身的自然。因此这句话实际上就明白无误地指出，自然的情感意味无须动物（当然包括人）从外面投射进去，而是它自身就存在着的。也就是说，这个作为包括人在内的动物的环境的自然，本来就是一个内在地具有情感之类意味的存在。

接着，杜威具体指出："远在自然具有数学的性质，甚至在具有像色彩与色彩的形状等'第二'属性的集合之前，自然就是和善的与可恶的，温和的与乖戾的，使人不快的和使人鼓舞的。"这里说的"和善的与可恶的，温和的与乖戾的，使人不快的和使人鼓舞的"，这些话是对自然所具有的情感意味的具体展开，举例式地说明自然本身所具有的各种独特的甚至相互对立的情感色彩。看得出来，这些情感意味中大多含有某种伦

---

① ［美］杜威：《艺术即经验》，商务印书馆 2005 年版，第 15—16 页。

理倾向。这类情感色彩，不仅与自然对象自身的生态功能直接相关，而且更是一种借助其外在形式的表现，即是以其生态气象表现出来的生态功能上的意义。

杜威还进一步指出："甚至像长与短、坚实与空洞这样一些词，对于除了那些在理智上专门化的人以外的所有的人，都具有一种道德或情感上的含义。词典将告诉所有查词典的人，像甜与苦这样一些词的早期用法不是表示感觉性质本身，而是区分喜欢与不喜欢的东西。怎么可能不是这样呢？"这些话可以说揭示了形式具有意味的内在秘密。无论哪种语言中，长与短，坚实与空洞，以及甜与苦这些本来是用来指称自然事物感性特征的词语，无一例外都或者朦胧或者鲜明地表达着一定的道德和情感意味。在汉语里，大与小、方与圆、正与邪、直与曲、亮与暗、实与虚、宽阔与狭隘、坚定与动摇、轻薄与稳重、清白与浑浊，等等，这些词语直接表达的都是自然事物的某种形式特征，却一概都可以同时表达人的性情和品格。至于用自然事物的形式特征或者生态特性来形容人事人情，那更是极为普遍，俯拾即是。这些本来指称自然事物形式特征的词语之所以能够如此，与它们本来的表情性密切相关。杜威所揭示的这一事实说明，不是动物和人把感情投射到自然事物之上，而恰恰是自然事物的表情意味赋予人的情感以表现形式，即借助自然的情感形式来表达人自己的情感。也许，直接把自然的这种意味说成情感未免有些唐突，因为情感毕竟是高等动物主要是人才有的一种生命形态。但是，自然作为一种有生命的存在，它的感性形式表现的正是它的生命状态，一种生命姿势和情态，一种具有情绪和情感色彩的力学结构——总之，是一种类似于情感并可直接引起情感的东西。因此，对于杜威所说的"情感"完全可以理解为往往被人感知为情感的那种意味。这就是说，尽管某些自然事物本身可能还没有真正的情感，但是它已经有了类似于情感的东西，即一种情感性的意味。

杜威说"直接经验来自于自然与人的相互作用"①。这是他对自然的情感意味何以为人所经验的解释。他说"自然的更大节奏甚至与人的基本生活条件联系在一起"，他指的是晨与昏、昼与夜、雨与晴这类变换的

---

① ［美］杜威：《艺术即经验》，商务印书馆2005年版，第15—16页。

节奏。"季节的循环与每个人都有着利害关系。当人类开始从事农业活动时，季节的节奏性运动与人群的命运形成了必然的联系。月亮的形状与运动不规则的规则性循环，与人、兽和庄稼的安宁和繁荣间似乎充满着神秘的联系，与生殖的秘密无法解脱地纠缠在一起。与这种更大的节奏联系在一起的，有不断出现的从种子到成熟并长出种子的循环，有动物的生殖，有两性的关系，有永不止息的生死之轮。"① 在这些生命交融的联系中，自然的情感意味必然作用于人的经验感受，从而为人所感知，并且通过人的感受使自然的情感意味更加鲜明和强烈。

在这里，杜威指出了自然节奏的作用。可以说，杜威关于自然自身情感意味的观点是与他的节奏论密切相关的。在杜威看来，一切艺术的"共同模式"和"第一特征"，就在于它们所具有的节奏。他在回答"什么是那些深深地扎根于世界本身之中的艺术形式的形式方面的条件"的问题时，从有机体与周围环境的相互作用这一根本的生命事实出发回答道："我们周围世界使艺术形式的存在成为可能的第一个特征就是节奏。在诗歌、绘画、建筑和音乐存在之前，在自然中就有节奏。如果不是这样的话，作为形式的一个基本特征的节奏就将会仅仅是添加在材料上的东西，而不是材料在经验中向着自身的顶点发展的运动。"② 在杜威看来，节奏是生命运动和存在的"更根本的本质特征"。杜威极为看重节奏在艺术和审美中的能量组织功能，同时也没有忽略节奏作为形式的特征而使形式具有表现性的作用。应该说，正是节奏的表现性和动力性的共同作用，使自然对象具有了情感的意味。

第二节 "精神物理"概念揭示了自然情感意味是客观的关系质

杜威对自然对象情感意味客观存在的肯定，与他关于审美情感和审美表现性的观念直接相关。

自然事物的情感意味，其实也就是对象的一种"意义"——一种具

---

① ［美］杜威：《艺术即经验》，商务印书馆2005年版，第164页。
② 同上书，第163页。

有情感内涵并指向情感、影响情感的意义。"意义可以变成是纯美感的，它可以在直接享有中被占有和被享受。"① 因此，要理解能够作为美感而被享受的自然情感这种特殊的意义，先得了解杜威对于"意义"的一般见解。

对于"意义"，杜威指出："意义是普遍的也是客观的。它开始是使用或享受事物的一种共同的或联合的方法，所以意义就是指一种可能的交互作用，而不是指一个分隔孤立的失误而言。""意义是客观的，因为它们是自然交互作用的一种样式。是这样一种交相作用，即虽然基本上是有机物之间的交互作用，但是也包括有生物以外的事物和能在内。"② 意义如此，其实情感意味也是如此。说意义是自然交互作用的一种样式，如前所述，情感也是人与自然交互作用形成的。说意义关乎一切事物和能，是因为正是事物和能在相互作用中才显示出其对于这种作用的意义，或者说此事物对彼事物、自然事物对于人的意义。这种作用样式决定于事物和能本身的性质，因此意义必然是客观的。众所周知，杜威是实用主义的哲学家，他十分重视事物在相互作用中的实际效用，重视这种效用的普遍的工具意义。这一切，都是以对性质的客观性的确认为前提的。但是，自然对象的情感意味虽然启示某种实用的和道德的意义，它更是一种审美的意义。因此，自然情感就成了审美情感的客观基础，或者说审美情感中必然包含着自然情感这个客观因素，并且以之为基础。

对于理解自然对象的情感意味和审美感情，杜威针对无机物提出的"精神物理"的概念十分重要。情感是精神的东西，它为什么会存在于无理性的自然事物中呢？杜威是这样说的："如果我们，如俗语所说的，认为这种物理的东西乃是无机的，那么我们就需要另外一个字眼来指明这种有机体的活动。精神物理是一个合适的名词。在这里所运用的'精神物理'一词系指'需要—要求—满足'在活动中联合出现的情况而言……在这复合词中，这个字首'精神'是指明说：物理的活动已经获得一些附加的特性，即能从周围的环境中取得一种特殊的交相作用的支持以满足需要。有精神物理的东西并不是说废弃了物理化的东西，也不

① ［美］杜威：《经验与自然》，江苏教育出版社 2005 年版，第 185 页。
② 同上书，第 122—123 页。

是指由某些物理的东西和某些心灵的东西所混合起来的一个古怪的东西（如半人半马的怪物一样），它是指具有无生物所未表现出来过的一些性质和效能而言。"① 杜威对"精神物理"概念的解释强调的是事物在相互作用中所"附加"的一种可以支持满足某种需要的性质，而且这个"精神"的东西不是作为实体性的独立存在而与物理的东西相混合，它只不过是在事物相互关系中所获得的一种"关系质"，即由关系所赋予的性质。换一种说法，可以说就是事物以其物理存在所表现出来的对于他物和人的意义的信息。杜威指出"意义就是指一种可能的交互作用，而不是指一个分隔孤立的事物而言"，就是强调其作为关系质而非实体质的内涵。当然，意义离不开事物的某些实体性质，但是这些实体性质本身不能单独成为意义，它们之所以具有意义或者现实意义是因为他们处在与他物或人的交互作用之中，是他们如何满足他物或人的需要的一种状态。

在杜威的自然观中，任何自然事物都不是一个孤立的存在，而都是要以其他事物为对象的，并因此处在彼此相互作用的关系之中。既然如此，事物就不仅具有实体的质，在相互作用的"需要—满足"的关系中就会显示出具有独特意义的关系质。因为这种关系质不是实体存在，而又呈现出某种意义，它作为一种信息就成了好似"精神"的东西。于是，附着了这种关系质的物理事物就作为"精神物理"的现象而存在了。

其实，在杜威看来，无论是自然的情感意味还是人的心灵所生发的情感，都是自然的事情。"意义或心灵是属于自然所有的，意义乃是属于什么东西的意义。事实上，一切的意义都内在地涉及自然的事情。"② 这里说的所谓自然的"事情"，就不是单独孤立的自然事物，而是事物之间发生交互作用的事态。强调意义属于自然，也就是强调自然情感存在于自然本身，它发生于自然的"事件"之中。

自然的情感意味使自然可以成为人的审美享受的对象，这不仅因为自然情感作为美感对象存在着，而且因为自然的情感意味培育了人的相应需要和心灵，使之能够感知和享受这种意味。杜威指出："客观的自然使人可能获得一种安适、秩序和美丽的感觉，或者从另一个语言领域来

---

① ［美］杜威：《经验与自然》，江苏教育出版社 2005 年版，第 163 页。
② 同上书，第 184 页。

说，客观的自然是十分屈服于心理活动之下的，因而它能为人所认知。这个事实曾时常被人们当做是一种神秘的事情。"对于"何以人类会具有一种秩序、美丽和正义的感觉；何以他会具有一种思维和认识的能力"这个问题，杜威是这样回答的："这个世界就是认识的题材，因为心灵就是在那个世界里面发展出来的。身心的结构就是按照它存在其中的这个世界的结构发展出来的，所以身心就会很自然地发现它的某些结构部分和自然是吻合的、一致的，而且也发现自然的某些方面和它本身是吻合的、一致的。"① 可见，是自然本来具有的情感意味之类的意义，养育和创造了人类感知和认识以及享受这些情感意味和意义的需要和能力。

第三节 "自然情感"的存在与审美情感表现性之间的密切关系

在论述"审美情感的本性"时，杜威强调在艺术中情感也必须与物理材料一起进行"修正"。"这种修正是一种真正的表现动作的建立。像动荡的内心要求表述那样沸腾的冲动必须经历同样多、同样精心的管理，以便像大理石或颜料，像色彩和声音那样得到生动的表现。实际上，并不存在两套操作，一套作用于外在的材料，另一套作用于内在的与精神的材料。"② 这就是说，作为艺术的"一个经验"必须经过"表现的动作"对情感和表现情感的材料本身同时进行修正、调整，使材料的感性特征所能够具有的情感意味与所要表现的情感达到一致，从而使其通过材料得到充分直接的生动表现。只有在达到这种表现性之后，情感才成为能够凭借感官直接感知的审美情感。这样的表现过程，既要修正情感使之适合于材料的特性所具有的表现性可能，同时也是从所要表现的情感出发对材料进行选择和修正的过程。两个方面的修正并不是"两套操作"，而只是同一个操作的两个方面。在这个表现性动作的操作中，不仅物质材料的"自然情感意味"必须受到尊重，而且还要把所欲表现的情感变成材料特性上的感性存在。显然，正是自然材料客观存在的情感意

---

① ［美］杜威：《经验与自然》，江苏教育出版社 2005 年版，第 177 页。
② ［美］杜威：《艺术即经验》，商务印书馆 2005 年版，第 80 页。

味决定着情感是否客观化的可能。这个借材料的客观情感意味使情感客观化地得到表现的动作，说明承认情感意味的客观存在对于艺术是何等重要——非如此，情感不能通过感性表现而成为审美情感，因而也就没有艺术。

对此，杜威总结说："正是这一变化改变了原初情感的性质，使它在本性上具有独特的审美性。正式的定义就是，情感当附着在一个由表现性动作构成的对象之上，而这个表现性动作取前面所给予的定义之时，它就是审美的。"① 意思是说，原初情感必须通过表现性动作对对象进行修正而使情感在对象形式上得到充分的表现，才可能成为审美性的情感。他又说，审美情感"它不是一种从一开始就独立存在的感情形式。它是由表现性的材料所引发的，并且由于它是由该材料所激发，并依附于该材料，因此它由变化了的自然情感所构成。自然的对象，例如风景，引发了它。"② "只有依附在作为结果的对象或与之相互渗透的情感才是审美的。'也就是说'像这样一种情感的'客观化'就是审美的。"③ 所有这些论述都意在说明，情感只有成为物理性媒介客观的感性直接表现才是审美的。

正因为如此，杜威才反复强调物质材料作为表现媒介的重要性。他指出："直接根据色彩、语调、图像所做的思维，从技术上讲，是与用语词所做的思维不同的运作过程。那种认为由于绘画与交响乐的意义不能被翻译成语词，或者诗不能被翻译成散文，因而思想为后者所垄断的观点，只是一种迷信。如果所有的意义都能被语词充分地表现，那么绘画和音乐艺术就不会存在。有些价值与意义只能由直接可见与客体的性质来表现，从它们可备用语词表达的含义上来问它们具有什么意义，就是否认它们的独立存在。"④ 这段话明白无误地指出了不同媒介的艺术之间的区别，那就是不同的物质媒介的材料的物理性所具有的表现性意味不同，这就使它们成了不同的艺术，表达出不同的审美情感，产生不同的

① ［美］杜威：《艺术即经验》，商务印书馆2005年版，第81页。
② 同上书，第83页。
③ 同上书，第84页。
④ 同上书，第79页。

审美效果。有一种说法，在语词停止的地方艺术开始了，说的就是这个意思。尽管从理论上说乃是美学的常识，但在实际生活乃至艺术实践中却常常被有意无意地忽略，人们总是力图把一切艺术都变成只是语言可表达的思想的图解，即所谓"形象化表现"。这种观念，根本没有意识到自然事物的物理材料具有客观的情感意味，根本没有对艺术的审美表现性的基本知识。

这正如杜威所说："要想成为艺术家，我们中绝大多数人所缺少的，不是最初的情感，也不仅仅是处理技巧。它是将一种模糊的思想和情感进行改造，使之符合某种确定媒介的条件的能力。如果表现仅仅是一种贴花法，或者是将一只兔子从它所藏身的地方变出来的魔术，艺术表现就将是一个相比之下简单的事。但是，在受孕到生产之间存在着一个长长的孕育过程。在此期间，内在的情感与思想材料像客观材料在成为表现的媒介时经历了的修正一样，在作用于客观材料，并被客观材料所作用的过程中发生很大的变化。""它是将一种模糊的思想和感情进行改造，使之符合某种确定媒介的条件的能力。"①

可能是鉴于生活中把情感和审美情感混为一谈的观念太过普遍而且顽固，杜威特地以诗歌应该如何表现爱为例来说明审美表现是怎么回事。"爱的情感可以寻求并找到并非直接所爱，但却是通过将事物吸引进来的情感而成为亲近和同类的材料。任何事物，只要它能充实这种情感，就可成为这种材料。看一看诗人们就可知道我们可以发现爱表现在湍急的河流和静静的池塘中，表现在风暴前的焦虑和泰然自若飞翔着的鸟，遥远的星辰和圆缺变化的月亮之中。"② 这里所举的一系列的自然事物都因其物理特性具有不同的情感意味，才使爱这种情感得到审美的表现。杜威在此特别指出，这样的表现绝不是人们所说的"隐喻"。"如果'隐喻'被理解为任何有意识的比较活动的结果的话，那么，这种材料在性质上也不是隐喻性的。诗中有意的隐喻是当情感没有浸透材料之时心灵的依靠。语词表现可以采取隐喻的形式，但是，在词的背后，存在着的

---

① ［美］杜威：《艺术即经验》，商务印书馆2005年版，第81页。
② 同上书，第82页。

是一种情感认同，而不是理智比较的运作。"① 意思是说，在隐喻中，情感并没有在对象上得到充分生动的直接的表现，这与审美情感所得到的表现是有区别的。可以说，这个区别就是中国古代美学所说的"隔与不隔"的区别：隐喻的对象和情感之间是"隔"的，而审美表现在两者之间则是"不隔"的。这也就是钱钟书说诗的形象是"体示意义之迹"，而非"指示意义之符"的意思。

对于审美表现性，杜威指出："艺术对象的表现性是由于它呈现出一种感受与行动材料的彻底而完全的相互渗透，而这里的行动包括我们的过去经验材料的重新组织。在这种相互渗透中，这里的行动不是通过外在的联想，也不是强加在感觉性质之上。此对象的表现性是报告与庆祝我们所经历的东西，与我们的注意性知觉活动所带进来的、我们通过感觉所接受的东西之间的完全融合。"② 这就是他关于艺术的审美表现的实质的观点。这里说的"完全融合"，正是艺术的审美表现性的要害所在。

第四节　从"自然情感"说对西方美学中诸种"表现"说的批评

为了说明自然事物情感意味的客观存在及其意义，杜威批评了西方美学中"联想""移情"等学说。从这些批评可以看出他的"自然情感"客观存在说与这些流行观点的主要区别，并且彰显出他的观点对于美学的重要意义。

杜威认为："存在于直接感性物质与由于先前的经验而结合进去的东西之间的关系问题，直接触及到了一个对象的表现性问题的核心。"③ 这就是说，审美情感的表现或者情感的审美表现，依存于直接的感性物质和它在过去的经验中所发生的关系，因为正是这些关系赋予它意义和价值这样的关系质。这就意味着：第一，审美意味客观地存在于感性物质这个对象之中；第二，作为意义和价值的审美意味表现的是客观存在关

---

① ［美］杜威：《艺术即经验》，商务印书馆 2005 年版，第 82 页。
② 同上书，第 111 页。
③ 同上书，第 107 页。

系。这两个方面决定了审美表现的客观化性质。而"联想"和"移情"说恰恰忽视和抹杀了这种客观性，而把审美情感仅仅看作是人的情感向对象的"注入"和"投射"。

关于"联想"，杜威指出："我避免使用'联想'一词，这是因为传统的心理学认为，所联想到的材料与激起它的直接的色彩与声音仍保持着相互分离的状态。它不接受完全融合，从而不接受将两方面的因素结合成一个整体可能性。这种心理学认为，直接的感性性质是一种东西，而它所召唤或提示的思想与意象，则是另一种独特的精神存在。"① 这把他的意思说得很明白了。"看不到所发生的并非外在的'联想'，而是内在的与内部的综合，导致了两个相互对立，但却同样错误的关于表现的观念。按照其中的一种观念，审美的表现性从属于直接的感性性质，提示所增加进去的不过是那些使它变得更加有趣的东西，这些东西不能成为它的审美存在的一部分。而另一种观念则走一条相反的路，将表现性完全归因于所联想到的材料。"② 联想只是把意义同对象联系起来，而并不管对象的物理特征是否表现了相应的意义和情感。在这里，物理对象的感性特征本身所具有的情感意味常常是被忽略的。

在批评"联想"说时，杜威以线条为例说："线条仅仅作为线条所具有的表现性，可以作为审美价值本身，并由于其本身而属于感官特性的证明。""不同种类的线，直线与曲线，直线中的水平线与垂直线，曲线中的封闭的、低垂的与上扬的线，都各自具有直接的审美性质。"③ 在生活经验中，"线条表达了事物相互作用，以及对我们作用的方式；表达了当对象在一道起作用时，就相互加强或相互干扰。由于这个原因，线条摇摆、挺立、偏斜、扭曲、威严；由于这个原因，它们甚至在直接知觉中就具有道德表现性。它们实际而又抱负远大；亲近而又冷漠；吸引人而又拒斥人。在它们身上，具有对象的特性"④。在他看来，不同的线条具有不同的意义内涵，因此具有不同的价值。这一切，并不是由于联想

---

① ［美］杜威：《艺术即经验》，商务印书馆 2005 年版，第 107 页。
② 同上。
③ 同上书，第 107—108 页。
④ 同上书，第 109 页。

才附加上去的，而是由线条本身的物理特性所表现出来，由线条在生活中与对象的关系赋予的。也就是说，线条并不是孤立的存在物，它的意义和价值也是在生活的关系中形成的。对此，杜威说得很明白："自然并不孤立地向我们呈现线条。在被经验之时，它们是对象之线条；物之边界。它们限定形体，而我们一般通过形体来认识我们周围的对象。因此，甚至在我们试图忽视其他的一切，而只是孤立地将目光盯住它们时，线条也承载着它们只是其部分的对象的意义。"① 杜威在这里说的也许并不全面，线条从事物关系中获得意义的途径和方式是多种多样的。但是他强调线条的意义和价值作为关系质的客观存在这层意思，却是无可置疑的。杜威说线条"甚至在直接知觉中就具有道德表现性"，还说"不同的线条和不同的线条关系在下意识中充满着我们在每一次与周围世界接触使得所作所为所形成的价值观"②。对很多人来说，这简直是匪夷所思的。但是，正是这些道德的和价值的内涵构成了线条的情感意味，从而使情感得到审美的表现。当然，联想对于对象的审美表现具有不可忽视的意义，但是，决不能忽略了对象自身情感意味的客观存在，因为这乃是引起联想的前提，并对联想的内容加以制约与规定，并使其成为审美情感而得到表现。

对于"移情"说，杜威主要批评的是浮龙·李的"内摹仿"说。与立普斯的纯粹把对象的情感内涵说成是主体的"投射"和"移注"，因而审美无非是欣赏投射到对象中的自我的观点不同，浮龙·李认为审美情感是主体在生理上和心理上摹仿对象而造成的。杜威认为，在这种理论中，"感官的性质被说成是非审美性的"，"否认直接的感觉性质具有任何表现性"③。也就是忽视了对象感性特征本身的表现性，而把审美的愉快完全归之于主体自身摹仿对象形式的活动。杜威批评道："她的理论尽管与德国人（指立普斯——引者注）的移情理论有共同之处，却以某种方式避免了那种思想，即我们的审美知觉是将对于对象特性的内在摹拟投射到对象上去，在我们注视对象时，这种特性就戏剧性地起作用。实际

①　［美］杜威：《艺术即经验》，商务印书馆 2005 年版，第 108 页。
②　同上书，第 109 页。
③　同上书，第 109—110 页。

上，这一理论不过是古典的再现理论的一种万物有灵论式的翻版而已。"①杜威之所以如此说，是因为这种"内摹仿"说毕竟还强调了对对象形式的摹仿，既然是模仿，那就不能完全忽视对象形式本身的感性特征。但是，比起杜威自己的观点来，浮龙·李根本没有认为对象形式特征本身即具有审美的情感意味，而仍然将其看作是由主体的模仿行为所赋予的东西。按照杜威的观点，"内摹仿"说津津乐道的对中国式花瓶进行模仿的例子恰好说明，这花瓶的形式是表现性的，它的线条和线条关系生动而清晰地表现出一种庄重、严肃甚至矜持却又柔和优雅的情感意味。

其实，克罗齐的"直觉即表现"说也可以看作另一种移情说。他认为，"美就是得到胜利的表现活动"，人的情感在一个表象上得到成功的表现，这就是直觉，也就是美，而"直觉只能来自情感，基于情感"，"直觉就是情感的表现"。也就是说，是欣赏者把自己的情感成功地即直觉式地表现在一个作为对象的表象上，对象才成为美的。这种影响很大的观点也完全抹杀了对象本身感性特征所具有的情感意味，忽视了这种意味对于情感表现的制约。

杜威的观点使人想起克莱夫·贝尔关于艺术是"有意味的形式"的观点。克莱夫·贝尔认为意味是形式自身中蕴含的东西，从而把意味的存在诉诸对象形式本身。克莱夫·贝尔在解释图案等抽象艺术的美时指出，抽象艺术中这些由线条、色彩组成的形式之所以是审美的感人的形式，是因为从这些形式中可以得到某种对"终极实在"的感受，这是具有特定意味的形式。但是克莱夫·贝尔说的只是抽象艺术的意味，而杜威说的是自然对象，而且去除了意味本身的神秘性，这两者显然是大不一样的。

杜威关于自然对象本来就有情感意味的观点，深刻地揭示了事物审美性质存在和生成的生态根源。关于艺术在自然中如何生成的问题，杜威指出："在这里实质上只有两条道路可以选择。或者说，艺术乃是自然事情的自然倾向借助于理智的选择和安排而具有的一种继续状态，或者说，艺术乃是从某种完全处于人类胸襟以内的东西迸发出来的一个附加

① ［美］杜威：《艺术即经验》，商务印书馆 2005 年版，第 109—110 页。

在自然之上的奇怪东西，不管这种完全处于人类内心的东西叫做什么名称。"① 杜威坚持的是前一条道路，即从自然的连续性和内在关系中揭示这种审美情感意味的客观存在。杜威的这一观点，同他的"节奏"论一样，作为对审美意味的生态寻根思维，从自然本体的层面揭示了审美存在的生态本性。承认并重视自然对象本身客观存在的情感意味，乃是人本生态美学的题中应有之义。它说明，美乃是自然中客观的真实存在，也因此才能对自然和人类发生实实在在的生态作用。可以说，杜威关于自然事物情感意味及其客观表现的观点，乃是生态美学确认美的本体性质的一个极其重要的基点。

---

① ［美］杜威：《经验与自然》，江苏教育出版社 2005 年版，第 247 页。

第 三 编

审美存在形态论

第 九 章

同体共融：杜威经验论美学中
美与美感存在的特殊生态

　　杜威经验自然主义美学中作为艺术的"一个经验"的审美形态，是美与美感同时存在于"一个经验"事件之中，两者互相作用并共同融合在一起的一种特殊的审美存在方式。这不仅对于流行美学中把美与美感截然二分的观念是一个重要的补充，而且对于认识审美活动的本体存在和生态功能等问题具有重要的理论意义。

　　在杜威的经验自然主义的美学中，作为艺术的"一个经验"是一种特殊的审美形态，即美与美感两者同体共在、互动共融于经验之中的一种审美"事件"。这与流行的美学中总是把作为对象的美与作为主体体验的美感截然区分开来的观念是大不一样的，与那种认为美即美感或者美感即美的所谓"主观论"更不是一回事。我们知道，流行美学通常把美与美感视为相互区分的两种形态。在这两者之外，杜威指出了他说的经验之美的存在方式，那就是美与美感同时存在于一个经验事件之中，两者互相作用并共同融合在一起的存在形态。这是作为"活的生物"的人，在自己与自然环境交互作用中充分完满的生命状态所呈现出的一种审美存在方式。深入认识这种特殊的审美存在形态，对于美学基本理论的建构具有非常重要的意义。

第一节 "一个经验"中美和美感同体共融的存在生态

　　杜威认为："审美既非通过无益的奢华，也非通过超验的想象而从外部侵入到经验之中，而是属于每一个正常的完整经验特征的清晰而强烈的发展。我将此事实当作审美理论可以建筑于其上的唯一可靠的基础。"①这段话，对于理解杜威美学的学理特色具有纲领性的意义。这就是说，审美就在经验之中，是经验中生命活动自身发展到"完整"状态的结果；也就是说，审美就是生命活动自身内在具有的特质，而并非从外部修饰或加以想象所赋予的东西。说"艺术即经验"，就是因为经验高度发展的形态本身就是具有审美性质的艺术。杜威说他"将此事实当作审美理论可以建筑于其上的唯一可靠的基础"，就是说把审美诉诸经验乃是他的审美理论赖以存在的"大地"。

那么，杜威为什么要强调经验自身的审美性质呢？

对此，杜威做了这样的解说："我们在英语中没有一个词明确地包含'艺术的'与'审美的'两个词所表示的意思。既然'艺术的'主要指生产的行为，而'审美的'指知觉和欣赏行为，缺乏一个术语来表示这被放在一起的两个过程，这是不幸的。它的结果有时就是将这两者区分开来，将艺术看成是附加在审美材料之上，或者认定，既然艺术是一个创造过程，对它的知觉和欣赏与创造行动就没有任何共同之处。不管怎样，存在着某种语词上的笨拙性，我们有时被迫使用'审美的'这个术语来覆盖全部领域，有时又被迫将它限制在指活动整体的接受知觉方面。我从这一明显的事实开始，是为了显示，有意识的经验的观念是怎样作为做与受的知觉到的关系，使我们理解这样的联系，即艺术作为生产，知觉与欣赏作为享受，是相互支持的。"②

显然，杜威不满于流行的美学总是把美的生产即艺术的生产与作为欣赏知觉活动的审美区分开来。这种流行观念实际上也就是把美与美感绝对地区分开来，美是有待审美的欣赏而引起美感的对象存在，而美感是通过对美的审美知觉才在欣赏者即审美主体身上产生的情感体验。这种区分当然是常见的事实，但是在杜威看来，这样的区分并不是绝对的，在生命体的经验中，这两者是可以共同存在并相互融合的。这就是说，经验在生产着艺术之美的同时，也具有"审美"的性质，即同时也在欣

①　［美］杜威：《艺术即经验》，商务印书馆 2005 年版，第 49 页。
②　同上书，第 49—50 页。

赏和感受着美。之所以如此，是因为"有意识的经验"是"做"与"受"相融合的事件，"做"在生产，"受"是感受，两者交互作用生产出艺术之美的同时，也直觉地体验因而感受了这艺术的美。美的生产与美感的发生同时进行，彼此促进，这就是"艺术作为生产，知觉与欣赏作为享受，是相互支持的"意思。

对此，杜威还有更深入的论述："总之，艺术以其形式所结合的正是做与受，即能量的出与进的关系，这使得一个经验成为一个经验。"他阐释说，在生活中，"人们削、割、唱、跳、做手势、铸造、画素描、涂颜色，只有在所见到结果具有其所见之性质控制了生产问题的本性之时，做与造才是艺术的。以生产某种直接感知经验中被欣赏的物品为意图的生产行动具有一种自发或不受控制的活动所不具有的性质。艺术家在工作时将接受者的态度体现在自身之中"。在杜威看来，真正的艺术家在创造艺术的时候，应该是同时沉浸在美感体验之中的，只有这样，他才能创造出真正的艺术品。"要想成为真正艺术的，一部作品必须同时也是审美的——也就是说，适合于欣赏性的接受知觉。经常的观察对于从事生产的制作者来说，是必要的。但是，如果他的知觉不同时在性质上是审美的，那么它就是苍白地、冷漠地对他所做的事的认知，仅成为一个本质上是机械的过程的下一步的刺激物。"① 艺术家在创造这艺术品的时候，他是把自己已经臻于艺术之境的经验及"一个经验"赋予物质的形式而使之成为一个可欣赏的对象，这就是杜威说的"艺术品"。在这个过程中的创造和制作尚且不能脱离美感的"审美的知觉"，那么，当其"一个经验"形成之时，这个"艺术"所伴随的美感即"审美的知觉"就应当是更加强烈的。在此，生命活动本身就是一种审美的享受。"一个经验"作为艺术首先是一个美的事实存在，同时，处在这经验之中的"活的生物"又感受着这种美的生命状态。这样一来，美与美感共存一体，相互融合。这不是"美即美感"或者"美感即美"，而是审美经验中共存了审美事态中不同的两个方面。

值得注意的是，杜威在这里所说的"艺术家在工作时将接受者的态度体现在自身之中"的状态过去并非没有人指出过，比如柏拉图就指出

---

① ［美］杜威：《艺术即经验》，商务印书馆 2005 年版，第 51 页。

过艺术家在模仿时由于对神性的回忆而引起的迷狂，很多艺术家也谈到他们在艺术创造时常常要经历的激情和感动、陶醉和沉迷。但是，人们只是指出这类现象的存在，而并没有重视它的理论意义，因此这类现象的存在并没有能够影响美学理论把美与美感截然区分的思维定式。

在杜威看来，美与美感的这种共在融合的状态乃是生命体与环境相互作用中的一种常态。"秩序只有在一个常受无秩序威胁的世界（在这个世界中，活的生物仅仅在利用其自身周围存在的秩序，并将这种秩序结合进自身之内）中，才能受到赞赏。在像我们这样的一个世界中，每一个获得感受性的活的生物，每当他发现周围存在着一个适合的秩序时，都带着一种和谐的感情对这种秩序作出反应"，以至"在自身之中具有类似于审美的巅峰经验的萌芽"①。在这里，对秩序的分享和吸收，既使生命体自身进入艺术的即美的状态，又使他同时感受和体验着这种美的生命状态而获得美感。

尽管杜威在这里还只是把这种"巅峰经验"看作是"类似于审美"的状态，但是却也说明，对"秩序"的"分享"，首先包含了"将这种秩序结合进自身之内"，使之"保持一种对生命至关重要的稳定性"。可见，所谓"分享"，并不只是对"自身周围存在的秩序"的外在的观赏，而是因为这种秩序已经结合进自身，成为自身生命的实在内涵而被体认，才受到"赞赏"的。在这样的"巅峰经验"中，作为"活的生物"的生命体一方面具有并表现出这种秩序，使自己的生命存在现实地呈现出"类似于审美"的性质；另一方面，它又因为享有这种秩序所造成的生命状态而引起真实的情感体验。这种情感体验，不只是这种秩序出现时引起的"和谐的感情"和"赞赏"，而是自己身处如此生命状态而自然发生的兴奋、安适与和谐的感觉，这种感觉会充盈全身心，乃至成为"巅峰体验"。在这里，我们看到，生命体在自身就是一个审美的存在即美的同时，又享受着由自身的美而必然引起的美感。也就是说，它既是一个美的存在，又是一个美感的存在；美与美感同时存在于这个生命体上，两者交融在一起。

杜威关于经验与自我的关系的论述，有助于理解审美经验中美与美

---

① ［美］杜威：《艺术即经验》，商务印书馆 2005 年版，第 14 页。

感同体共融的关系。"当经验发生时，它是同样依赖于客观的自然事情、物理的和社会的事情，正如一所房屋的发生一样。它有它自己客观的和显著的特征，而我们能够描述这些特征而无须涉及一个自我。""经验，即具有它们自己所特有的特性和关系的一系列的事件进程，发生着、遭遇着和存在着。所谓自我的那些事情就在这些事件之间和这些事件之内，而不是在它们之外或在它们之后。"① 这就是说，经验一经发生，就是客观的存在，而且自我是在其内的。这个处于经验之内的自我不仅是经验的构成因素，也理所当然地感受着经验。如果这个经验充分发展而为作为艺术的"一个经验"，那么这个自我在表现于经验的同时也就感受着经验的美，从而享受着美感。在这里，经验之美就与处于经验中的自我所享受的美感融为一体。

第二节　节奏特性是美与美感同体共融的生态动力中介

杜威对作为艺术的"一个经验"的生成中美与美感同在共融的审美形态的揭示，有其深刻的生态动力学的根据，那就是作为艺术的共同特征的节奏。正是节奏作为一种普遍中介才使美与美感的同在共融得以可能。

杜威认为，一切艺术的共同的本体性特征就是节奏，并且节奏作为最重要的生命本质赋予了艺术一种能量组织的生命动力。"审美活动与理智活动之间的区别在于对活的生物与其周围环境间相互作用的持续节奏过程的强调之处不同。"② 正是具有能量组织功能的节奏使生命体与环境之间在交互作用中通过能动的调适而实现和谐；这种和谐直接表现为环境和生命体的节奏之间的相互适合和协调，融合为一个节奏。

杜威在论述各种各样的经验的"共同模式"时说："存在着一些必须符合的条件，没有它们，一个经验就不能形成。这种共同模式的主要原则是由这样的一个事实所决定的，即每一个经验都是一个活的生物与他生活在其中的世界的某个方面的相互作用的结果。""两者的相互作用构

---

① ［美］杜威：《经验与自然》，江苏教育出版社 2005 年版，第 149 页。
② ［美］杜威：《艺术即经验》，商务印书馆 2005 年版，第 14 页。

成所具有的总体经验，而使之完满的结局是一种感受到的和谐的建立。"①那么，对于审美经验和作为艺术的"一个经验"来说，节奏不仅是实现和谐的动力，而且还是这种审美的和谐的直接生动的生命表现形式。

在对艺术的审美性质的考察中，节奏的观念始终贯穿在杜威的思维之中。由于节奏是自然的生命本性，当"活的生物"与环境相互作用而形成经验时，由于自然与经验之间的连续性，经验作为生命活动的生成性过程就必然具有节奏。在各种形态的自然中，"节奏状态在一切观察和观念中普遍存在"②。只不过人们在日常经验中并不直接感知和注意节奏，这是由于节奏作为自然运动和生命的原生态特征常常潜存于本能和直觉之中，而被生命体的其他需要和意识所屏蔽或忽略。但是，在审美和艺术中，节奏则成了必要而显性的条件，它不仅是审美意义得以表现的直接感性的形式，而且还是审美活动实现其生成功能的动力因。

在论述"一个经验"的过程时，杜威指出："经验过程就像呼吸一样，是一个取入与给出的节奏性运动。"③ 他提出了"什么是那些深深地扎根于世界本身之中的艺术形式的形式方面的条件"的问题。他从有机体与周围环境的相互作用这一根本的生命事实出发回答这个问题说："我们周围世界使艺术形式的存在成为可能的第一个特征就是节奏。在诗歌、绘画、建筑和音乐存在之前，在自然中就有节奏。如果不是这样的话，作为形式的一个基本特征的节奏就将会仅仅是添加在材料上的东西，而不是材料在经验中想着自身的顶点发展的运动。"④ 在这里，他在指出节奏的自然根源的同时，更是明确指出了节奏是艺术形式的"第一个特征"。杜威还进一步指出："因为节奏是一个普遍的存在模式，出现在所有的变化之秩序的实现之中，所以所有的艺术门类：文学、音乐、造型艺术、建筑、舞蹈，等等，都具有节奏。"这个"共同模式"成了艺术的"形式的最终条件"⑤。

进一步，杜威阐述了艺术的这个"共同模式"和"最终条件"的作

①　[美] 杜威：《艺术即经验》，商务印书馆 2005 年版，第 47 页。
②　[美] 杜威：《经验与自然》，江苏教育出版社 2005 年版，第 245 页。
③　[美] 杜威：《艺术即经验》，商务印书馆 2005 年版，第 60—61 页。
④　同上书，第 163 页。
⑤　同上书，第 166 页。

用。他的阐释还是从人作为"活的生物"与自然环境之间的交互作用出发的。"人对自然节奏的参与构成了一种伙伴关系，就要比为了知识的目的而对它们的观察都要亲密得多，这迟早会引导人将这种节奏强加到尚未出现的变化上。"比如在原始的舞蹈和绘画中通过对节奏的强调而使"动物生命最根本的本质得以实现"。① 由于节奏的适应与和谐，"仿佛自然赋予它自然王国中的自由一样"。② 个体生命还可借此扩展到宇宙，使自己好像生活在宇宙的整体之中，从而产生对于宇宙的一种神秘的归属感，似乎达到中国古代哲学所谓的"天人合一"的境界。

节奏在艺术中的这种作用，至今也还没有为美学界所普遍认同。对此，杜威说出了其中的秘密。"在每一类艺术和每一件艺术作品的节奏之下，作为无意识深处的根基，存在着获得生物与其环境间关系的基本模式。"③ 这里对节奏"作为无意识深处的根基"这一特性的揭示，说明了节奏及其作用常常不为理性所意识到的根本原因。其实，审美的直觉性的最深刻的内涵就是节奏的作用造成的。无论是自然的节奏还是生命存在及其活动的节奏，由于都是原生态的本能性的存在，人们便往往感受着它的效果而不知其所以然。杜威揭示了这个重要的秘密，使我们能够从理性上明确认识到艺术和审美的这一本质特性，即它的生态本性。诚如亚历山大·托马斯所指出的，"生活的有节奏的律动是我们世界中意义和价值的经验之基地"，乃是杜威得出的一个深刻而广泛的结论。④

正是由于节奏的动力作用，才造成了审美经验特别是作为艺术的"一个经验"中美与美感同在共融的事实。杜威指出："审美经验的仅有而独特的特征正在于，没有自我与对象的区分存乎其间，说它是审美的，正是就有机体与环境相互合作以构成一种经验的程度而言，在其中，两者各自消失，完全结合在一起。"⑤ 杜威说在审美经验中"没有自我与对象的区分存乎其间"，说的就是经验既作为美的对象又作为一种美感的主

① ［美］杜威：《艺术即经验》，商务印书馆 2005 年版，第 164 页。

② 同上书，第 165 页。

③ 同上书，第 166 页。

④ ［美］亚历山大·托马斯：《杜威的艺术、经验与自然理论》，北京大学出版社 2010 年版，第 27 页。

⑤ ［美］杜威：《艺术即经验》，商务印书馆 2005 年版，第 277 页。

体感受而"完全结合在一起"。使两者结合在一起的中介就是节奏。这是因为，一方面，审美经验以极具节奏的形式表现出完满的生命精神从而具有审美的意义和价值，因此是美的存在；另一方面，节奏的动力性通过能量组织实现的生命品质就是人在生命活动中的自身体验，是主体内在的和谐和享受，即其所感受到的美感。在这样的经验中，人的生命状态既表现为美，同时又享受着生命"巅峰状态"的美感。在这样的生命境界中，美与美感既相互融合又相互推动。

第三节　美与美感共融是自然发展和生命进化中的伟大事件

应该说，在没有生命的自然中，美存在着，但是还没有美感。只有当生命体在自然的发展过程中出现并达到相当的高度时，才会有作为主体身心享受的美感。从生命自身在自然中发展的过程来看，生命体的美感一经产生，就形成与生命体自身的美同体共在的存在方式，并且对生命体的美的成长发挥出极大的推动作用。杜威哲学由以出发的达尔文的生态进化论的美学，就以生动的事实揭示了这一规律。

杜威把经验看作人与自然环境交互作用中"做"与"受"相互融合的生命事件，因此，以经验的形态呈现的美与美感同体共融的存在形态，乃是具有感知和感受能力的生命体才可能有的，而在作为"活的生物"的人的经验中，这种存在形态可以说达到了一种更加完美的境界。这就是说，只有在自然发展出生命体，而且生命体达到不仅能"做"，同时还能"受"的水平时，具有审美性质的生命状态就会不仅呈现出美，而且同时也能够感受到美而生美感。只有在这种情况下，美与美感同在共融的形态才会发生。在这种情况下，生命事件所具有的"意义可以变成是纯美感的，它可以在直接享有中被占有和被享受"①。正是对意义的直接享有使生命体的审美意义既内化为自身的美，同时又享受这美而获得美感。在这里，生命体是否具有能够感知和判断意义的心灵就成了关键。

杜威是从"感觉性"来说明有机体与无机物的区别的。他认为生命

---

① ［美］杜威：《经验与自然》，江苏教育出版社 2005 年版，第 185 页。

是以"组织"的自我维持和生成为特征的。"当一个有组织的活动式样中的各个组成部分的活动具有一种倾向于保持原有样式活动的性质时，便有了感觉性（sensitiovity）的基础。一个有机体的每一个'部分'本身是组织起来的，而这一部分的各个'部分'也是组织起来的。所以在它和周围事物的交互作用中它所具有的这样有选择性的偏向即是为了继续维持它本身的存在。"在这样的有机体中，"整体这样普遍地出现于部分之中而制约着各个部分，而部分又这样出现于整体之中而制约着整体，这便构成了易感性（susceptibility）——即感触的能力（the capacity of feeling）"。由这种易感性引起的"反应为了某种结果不仅是有选择性的，而且是具有区别作用的。这种区别作用就是感觉性的意蕴。因此，偏向在组织之中就变成了兴趣，而满足就成了一种善或价值"①。有机体的易感性即感触的能力构成其感觉性的意蕴，由于其选择性而引起的"反应"，包括有"偏向"的"兴趣"以及进而得到的"满足"，实际上都是有机体自身获得外界刺激的反馈并产生肯定性的感受即满足的合成和结果。从这种感觉性开始，有机体与环境的交互作用就形成了"做"与"受"交融的生命状态，这就为美与美感共在的审美形态的生成奠定了最初的基础。植物的情况不好说，但是动物的感觉性对其生命进化的意义是不言而喻的。如果注意到达尔文对动物美感的深入而详细的论述，我们看到，美与美感同在共融而且互动的审美形态，其实在动物的生命中就已经出现了。

杜威认为"感触"是一切有主动性的动物都有的"精神物理"的能力，但这还不是心灵。"'心灵'也是一个有感触的动物所具有的一个附加的特性，这时候，它已经达到有了语言、有了互相沟通那样一种与其他有生命的动物交互作用的组织状态。于是感触所具有的各种性质就变成对外在事物的客观区别、对过去和未来的事物都有着重要意义的了。事物有着这样一种状态，在这种状态之下，有着质的差别的各种感触不仅仅为机体所享有，而且对于可观的差别也有着重要的意义；事物的这种状态就是心灵。感触不再只是被感触到。它们具有意义而且产生意义；

---

① ［美］杜威：《经验与自然》，江苏教育出版社2005年版，第164页。

它记录过去和预测未来。"①

这就是说，感触还只是被动的、本能的，而心灵已经有了意识与认知判断的参与，不仅能够认识和发现事物的意义，而且还能发挥自己的作用去"产生意义"，进而还能在对事情的过去与未来的连续中把握其成长的意义，从而使经验不仅具有成长的内涵，还具有推进成长的功效。尽管在一些高级动物那里似乎也有心灵的某种雏形或萌芽，但是只有人类才真正具有心灵。由于心灵选择和把握甚至创造意义的作用，当经验充分完整而生动之时，就成了既具有美的性质和意义同时又充盈着美的感受的存在。于是。美与美感同在共融的审美形态就真正诞生了。

不仅达尔文的描述，我们从生活中也可以观察到，在动物以其色彩、鸣叫、体态和动作表现出美的同时，在它们强烈和谐的生命状态中洋溢着高度满足的自我享受，那就是达尔文说的动物的美感。同样，在动物感受着强烈美感的同时它们的生命样态必然在生命力的亢奋与和谐之中表现为特殊的美，如强健、敏捷、和谐和优雅。在美与美感的这种融合中，动物的美感促成了它们的性选择，通过激发性活动的活力而提高性结合的质量，从而直接推动着生命的进化。正是在这个过程高度发展的一定阶段，具有实践能力的人才从动物中提升出来。应该说，美与美感的同在共融和互动是动物进化和人类生成的一个极其重要的生命机制，因此可以说，由于感觉性的产生而开始的美与美感共融的审美形态的诞生和发展，乃是生命进化中的一个十分重要，甚至可以说是伟大的自然事件。

在《确定性的寻求》中，杜威对心灵在生命体中能动作用还有更为明确的论述。"心灵不再是从外边静观世界和在自足观照的快乐中得到至上满足的旁观者。心灵是自然以内，成为自然本身前进过程中的一个部分了。心灵之所以是心灵，是因为变化已经是在指导的方式之下发生的而且还产生了一种从疑难混乱转为清晰、解决和安定这样指向一个明确方向的运动。"②"心灵不仅指导和聚焦于生命活动，而且还将把这些活动转变为超越它们的东西。可以说，心灵遵照身体的暗示实现自身。心灵

---

① ［美］杜威：《经验与自然》，江苏教育出版社 2005 年版，第 165 页。
② ［美］杜威：《确定性的寻求》，上海人民出版社 2005 年版，第 224 页。

不仅内在于身体，构成身体的整体与目的；而且还超越了身体，它依照心理目的而改变身体活动。"① 这些论述有助于理解人类经验中美与美感同在共融的生命根源。

杜威从自然的连续性来认识身心结构的生成。他指出："身心的结构就是按照它存在其中的这个世界的结构发展出来，所以身心就会很自然地发现它的某些结构部分和自然是吻合的、一致的，而且也发现自然的某些方面和它本身是吻合的、一致的。" 这样就出现了"自然、生命和心灵之间彼此适应的情况"②。在杜威看来，"心灵是一个活生生的力量，已经并继续把身体构建为它自身的机制"。"心灵构建了一个机制，通过那个机制，心灵能够直接认知自身知识的片段并把它们把握成为一个表征整体，而不必费力地去收集与拼凑那些片段。通过那个机制，心灵可以直接行动。事实上这是精神的自动机制，永不停息，不知疲倦地去实践与心灵需要相符合的要求。"③ 这些话，道出了身与心能够互感共融的自然根源。在杜威看来，心灵是身体的心灵，它与身体是一个整体。身与心的整体结构更是经验之中"做"和"受"相互融合的生命基础。

杜威还从意义是被使用还是被享受及两者的关系来说明这个问题。这就是说，当生命体在使用者意义上也可以同时享受着这意义。作为意义的使用者，生命体占有和表现出这意义，因此成为一个美德存在；而作为意义的享受者，生命体则因感受到美而获得美感。对此，杜威说了这样一段话："真实的因素是在享有一个意义和使用一个意义之间有着确切的区别，而其错误的因素是假定意义，观念是先被享有，然后才被使用的。要认识到这个区别，需要有长期的经验，因为任何被享有的意义原来总是在使用它的过程中和为了要使用它才被享有的。在静观中和美感中享有一个观念，这在人类的文明中是一个比较晚近的成就。"④ 这就是说，经验中对意义的享有与使用虽然有区别，但这两者原本是同时发生的，而后来才把两者区别开，而且错误地以为是先有享受，然后才去

---

① ［美］杜威：《确定性的寻求》，上海人民出版社 2005 年版，第 85—86 页。
② ［美］杜威：《经验与自然》，江苏教育出版社 2005 年版，第 177 页。
③ 同上书，第 90 页。
④ 同上书，第 185 页。

加以使用。这种区别最终导致把审美看成是"在静观中和美感中享有一个观念"。尽管"这在人类的文明中是一个比较晚近的成就",但是,使用和享有共在的原生态事实就被这个"成就"屏蔽了。于是在几千年来的美学中,把审美等同于静观的理念就成了占据统治地位的主流。

第四节　同体共融的审美形态对于美学理论建构的意义

杜威的经验论美学对美与美感同体共融这一独特存在形态的揭示和阐释,对于当今美学的理论建构具有十分重要的意义。

第一,这丰富和深化了对审美存在形态的多样性和层级性的认识。传统的美学基于文明发展对"静观"的凸显,把美与美感截然区分为互相对峙的两种审美形态:美是引起美感的客观对象的性质,美感则是主体观照对象之美时产生的主观体验。而实际上,按照杜威的理论,在这个区分被绝对化之前,就已经存在着两者同体共存的形态了。按照达尔文的说法,这首先在动物那里就有了。而在杜威美学中,这首先存在于人的审美经验之中,特别是作为艺术的"一个经验"之中。

第二,从这个事实出发,美学理论可对"审美"一词的含义加以细致剖析,突破把"审美"仅仅局限于"观照"式欣赏的旧观念,而把从原始人到现代人都十分重视并普遍存在的那些参与性和表现性(表演性)审美活动方式也纳入其中,并且借此把美学的理论视野回归到审美活动原生态的广阔领域。同时,还应该进一步把审美分为广义的和狭义的两种范畴:广义的审美包括感美、识美和创美三种具体形态,狭义的审美则指的是把静观的和表现的都纳入其中的感美活动。在这样突破"静观"模式的视域下,长期以来占主流甚至统治地位的认知论美学才可能最终得以廓清,使对审美本体特性的认识回到杜威说的以节奏为基础的"知觉"的观念上,亦即笔者在30多年前主张的"节律感应"的基础之上。倘如此,美学理论的整体面貌和具体学理内涵都必将大为改观。

第三,由于节奏对经验中美与美感同体共融所具有的特殊作用,必然深化节奏作为艺术和审美的"共同模式"和基本特征的认识,特别是对于节奏的"生态动力学"意义的认识。这样就使美与美感相互对应的中介及其生命机制敞亮开来,从而真正确立节奏(或节律)作为审美本体的生态特征的根本地位。而对节奏的自然连续性的认识，还有助于深入认识身心之间和心物之间的生态整体关系，并且还进一步在心灵与自然的连续性中认识两者共同的目的论意义，而这与审美价值论和审美功能论的关系都十分密切。

第四，能够更加真切地解释审美活动功能的生态根源和审美活动的生命成长功能。这诚如杜威自己所说，审美知觉"伴随着，或者更确切地说是组成一个能量在其纯粹的形式时的能量的释放；这正如我们所见到的，是组织起来的，因此是节奏性的"①。"艺术通过选择事物中的潜能来运作，而正是由于这种潜能，一个经验——任何经验——才具有意义与价值。""秩序、节奏与平衡就是意味着对于经验重要的能量在起着最大的作用。"②"一个经验"中美与美感同体共融的生命形态把美与美感相互激发、引领和推动、强化的机制显示出来，作为自然发展和生命进化中的一个伟大事件，以最强烈而生动的形式表现出审美活动的生命成长功能，这就为深化和强化对审美活动功能及其具体机制的理论探究提供了最为充分而生动的事实形态。对这样的审美事实进行深入探究，当会得到更切近审美生态原形的理论成果，并把审美功能的生态机制与审美价值的成长性内涵统一起来。

第五，启示了表现（表演）性审美活动的特殊意义和重要地位，从而突破流行美学把审美限于静态观赏的顽固偏见，调整对审美活动具体形态多样性及其生态结构的认识，以开启美学学理更新的出发点。杜威指出："表现，正像构造一样，既表示一个行动，也表示它的结果。"这里没有个体与普遍、主观与客观、自由与秩序的对立，"作为个人动作的表现与作为客观结果的表现是有机地联系在一起的"③。表现性审美活动在美与美感的共融中把审美活动的特性和功能都展示得更加深刻和充分。从动物的美感到原始人的审美活动，再到现代审美参与性的空前高涨，这些事实不仅把审美的自然本性凸显出来，而且对社会文明发挥着越来越巨大而特别的作用，完全应该受到美学的密切关注。对这些审美形态

① ［美］杜威：《艺术即经验》，商务印书馆2005年版，第196页。
② 同上书，第204页。
③ 同上书，第88—89页。

的研究将极大拓宽对审美活动生态本性的认识空间，并且直接丰富和强化这美学的实践性，使之与人民大众的日常生活的联系更加密切而深入。如果注意到伊瑟尔文学人类学对表演性的重视，那么，美学对表现性（表演性）审美活动的引入和重视，也将会开拓出审美人类学的理论视域。

第 十 章

经验内外：杜威在与艺术的
生态关系中论美的观点

　　杜威的经验论美学可以有助于处理其他在传统上对美学理论至关重要的问题。他在与美感的互证关联中对美的观念内涵和感性特征的阐释，从经验的自然连续性对美在生活和自然中的普遍存在的展示，所提出的节奏论打通了认识美的本体存在形态多样性上的思维通道，对价值事实和价值评价的区分肯定了美的价值存在的客观性，这些对于传统美学中长期纠结的美论指正都具有综合的意向，而且还有不少重大的发现和超越。杜威在美论上的科学态度值得认真学习。

　　舒斯特曼说："美学，曾经是 20 世纪实用主义最活跃和最有影响的人物约翰·杜威的一个非常重要的关注所在。"他认为"实用主义美学在帮助我们重新定位和复兴艺术哲学上，占有很好的位置"，并且可以"把它看做未来美学理论有前途的源头"①。在论及"实用主义美学如何能够有助于处理其他在传统上对美学理论至关重要的问题"② 时，在这里，舒斯特曼提出的是"有机统一"的问题。其实，所谓"其他在传统上对美学理论至关重要的问题"首先应该是关于美的本质的问题。诚如舒斯特曼所说："美学不止涉及艺术概念。"③ 而杜威的经验论美学的对象是作为"一个经验"的艺术，只是一种艺术美学。不过这是否就意味着杜威只认

---

① ［美］理查德·舒斯特曼：《实用主义美学》，商务印书馆 2002 年版，第 16—18 页。
② 同上书，第 93 页。
③ 同上。

可艺术的美，或者说他认为美只是存在于艺术之中呢？对于这个问题的回答，直接关系到杜威美学与一般美学之间的关系。从作为"一个经验"的艺术的生态关系考察这个问题，不仅有助于理解杜威美论的内涵，而且我们会发现，在杜威的经验论美学所呈现的艺术美学的显结构中，还存在着一个一般美学的隐结构。这对于认识杜威美学与当今美学发展的关系，特别是与生态美学建设的关系，无疑具有重要的意义。

第一节　在与美感的互证关联中阐释美的
观念内涵和感性特征

杜威在《艺术即经验》中论述质料与形式的关系时谈到了对美的概念的认识。他指出："美在习惯上被人们认为是专属于美学的研究主题。"他认为："严格说来，这是一个情感的术语，尽管所指的是一个独特的感情。当我们被一片风景、一首诗或一张画以直接而强烈的感情所控制时，我们会激动地喃喃低语或叫道'多美啊'。这种冲动正是对对象激发一种接近崇拜的赞美的能力的颂扬。"说美是一个"情感的术语"，可以理解为它是诉诸情感的。这可以看作是对美的本质的重要界定，也提示了美与美感之间的密切联系——要说明美为何物，必须先说明美感是怎样的。把美作为一个实体孤立地加以考察是行不通的。因此，杜威接着又说："美离开分析的词语是最远的，因此离一种可用理论来描绘，以成为解释与分类的手段的观念是最远的。不幸的是，它被凝固化成为一个特殊的对象；情感上的专注从属于哲学上称之为实体化的东西，并且导致了作为只觉得本质的美的概念。对于理论的目的来说，它因此成为一个阻碍性的术语。在这个术语在理论中被用来表示一个经验的全部审美性质的情况下，处理经验本身，显示此性质的来源于何处和怎样发展的，是一个很好的办法。这时，美就是对通过其内在关系结合成性质上整体的质料的圆满运动的反应。"① 这里，杜威指出，美是表示一个经验的全部审美性质的术语，因此必须从经验的内部关系和发展去追溯和探寻它的内涵。《艺术即经验》就是循着这个思维路向来探寻美的答案的。

---

① ［美］杜威：《艺术即经验》，商务印书馆 2005 年版，第 143 页。

在论及经验的不可分裂的整体性时，杜威以"生活"和"历史"为例，说："'生活'和'历史'具有同样充分的未予分裂的意义。""生活是指一种机能，一种包罗万象的活动，在这种活动中机体与环境都包括在内。只有在反省的分析基础上，它才分裂成为外在条件——被呼吸的空气、被吃的食物、被踏着的地面，和内部结构——能呼吸的肺、进行消化的胃，走路的两条腿。"① 这就是说，尽管经验是主观与客观的有机统一体，主体与客体二者互动融合，你中有我，我中有你，但是在对经验的反思中，也就是在反思经验中，由于理性的分析，这二者才加以区别。正是有了这个区别，才可能进一步考察两者之间的关系。在论及自己所主张的经验的方法时，杜威强调把经验这个统一的整体当作是哲学思想的出发点。同非经验的方法把主客二者的区分看作各自独立的原始存在不一样，经验的方法是"注意整体怎样和为什么被分成为主体与客体、自然和心理活动的"，"看出这样的区分会有什么结果，这些被区分出来的因素在进一步控制和丰富粗糙而完整的经验的题材中有怎样的功能。"② 美和美感的区分亦应作如是观。这种经验法的精神实际上已经渗透在杜威早年对美和美感关系的考察中。它没有把它们截然分开，而是看作经验整体之中的两个方面，因此可以相互印证，既从美感的性质去说明美为何物，又可以从美的性质去说明美感是怎么回事。这样的互证与我们常常看到的美与美感之间的循环阐释不同，它绝不是简单而直接地用美感去说明美，又用美去说明美感，而是在两者的密切关联中深入考察和阐释它们的特殊性质。

这里，我们主要从杜威的早期著作《心理学》看看他是怎么在美与美感的互证关联中阐释美的本质和特性的问题的。

杜威把美与理智认识区别开来，说："美不是真理，美感也不同于理智感。"以火车为例，对火车的各种认识都不是美，而"一旦火车被看做一种观念的完美体现火车也就有了'美'"。这就是说，美是有观念的理智内涵的，但观念本身并不就是美，这观念还必须得到"完美体现"才会有美。"理智兴趣和活动的产物有关，而审美兴趣则和表达一种观念的

---

① ［美］杜威：《经验与自然》，江苏教育出版社 2005 年版，第 8 页。
② 同上书，第 8—9 页。

过程相联系。"① 这里指出了美和美感的过程性这一重要特征。观念性、表现性和过程性，就是美的基本特性所在。

在《心理学》中，美和美感常常是没有严格分开的，在说明美感的时候往往直接指的就是美的事物。从他对美感的某些论述中，可以看出他对于引起美感的对象即美的一些重要见解，这些见解大多是对上述三性的阐释。比如他说："美感是伴随着对经验的观念价值的理解过程而产生的情感。"② 这个判断涉及了美的观念性、价值性和过程性等方面。

美的观念必须得到完美的表现，这就与感觉直接相关。杜威专门论述了"美的感觉元素"问题，特别强调感觉元素对于美的重要性。"没有哪种美的事物不拥有感觉元素，就像没有哪种认识对象能脱离感觉元素而存在。然而从艺术角度来看感觉元素的组合，比从理智角度来看要重要得多。当一朵玫瑰花被看成一个认识对象时，那它的色彩就无关紧要了。乐器的锤击也可以作为一次科学调查的对象，也可以是一首贝多芬奏鸣曲。但是在艺术当中，即便是作为纯粹感觉特性的颜色，即便是脱离了更高的观念联合的声音，也足以产生美的效果。一种观念本身可能是很美的，但如果表达它的感觉素材选择不当，也会变得很丑。相反一个相对普遍的观念，如果表达的素材恰当，也能变得很美。"③ 由此可以说，所谓观念得到完美表现，就是指的观念在感觉元素（素材）中鲜明而生动地表现出来，观念完全融化在感觉素材之中。

美的观念与美和美感的普遍性密切相关，而普遍性也正是美的本质特征之一。杜威专门论述了美感的普遍性，这有助于认识美的普遍性本质。"美感的普遍性是它的观念的特性的必然结果。"造成美感的普遍性的途径有以下几种：第一，要排除低级感觉如味觉和嗅觉的重要作用。第二，"美的事物必然会排除占有感"，"即使感觉进入了经验领域，而经验不能被所有看到美的事物的人共享，那么这种感觉也不是美感"。第三，"美感的普遍性要求美的事物不能从属于任何外部的目的。……只要

---

① 《杜威全集》第 2 卷，华东师范大学出版社 2010 年版，第 213 页。
② 同上书，第 212 页。
③ 同上书，第 213—214 页。

行为不仅仅对其他事物有用而且对自身以及整个自我有用，那就会产生美"①。

杜威对"美感的因素"的论述也有助于对美的认识。"和谐，即统一中的多样性，是构成美的最一般的特性。"他指出："就其本质而言，和谐是某些经验与自我的观念特征相一致时所产生的情感。"②"在美感中，不管激起我们情感的是规则的图形、奇异的风景、悦耳的曲调、动人的诗歌还是美妙的图画，美感的本质都在于让人感觉到这些美好事物和人本身的天性之间的和谐。我们发现风景是美的，是因为在某种程度上我们从中发现了自己。它的魅力感染了我们。这并非意味着我们对自身的天性有一种先验概念，然后在风景中有意识地寻找它，并称其为'美'。实际情况是，美丽的风景向我们揭示了迄今未知的我们自身的能力和同情（sympathies）。"③ 在这段话里，杜威实际上论述了美与人本身的天性之间的关系。这就是说，只有表现了或者说符合于人的天性，即人作为"活的生物"所具有的行动和生长的本性，才可能是美的。杜威指出："美感是行为的动力。"这就是说，美感不是被动欣赏，而是包含着主动喜悦的一种热爱，而只有爱的产物才能满足这种热爱，于是美感就成了创造性行为的动力。④ 这样一来，能够激发和促使人行动的爱，也成了美之为美的本质内涵。

可以说，杜威在与美感的互证关联之中对美的本质特征的揭示是丰富、全面而又深刻的，这不仅与他后来的经验论美学一脉相通，而且远远超出了流行美学所达到的水平。

第二节 从经验的自然连续性展示美在
生活和自然中的普遍存在

诚如杜威所说，关于艺术和自然的理论，"在这里实质上只有两条道

---

① 《杜威全集》第 2 卷，华东师范大学出版社 2010 年版，第 215 页。
② 同上书，第 216 页。
③ 同上。
④ 同上书，第 217 页。

路可以选择。或者说，艺术乃是自然事情的自然倾向借助理智的选择和安排而具有的一种继续状态，或者说，艺术乃是从某种完全出于人类胸襟以内的东西迸发出来的一个附加在自然之上的奇怪东西，不管这种完全处于人类内心的东西叫做什么名称"。杜威当然选择的是前一条道路。他认为，艺术"是我们为了把自然事物自发地供给我们的满足状态予以强化、精炼、持久和加深而对待自然事物的一种技巧和理智的艺术的结果。在这个过程中发展了新的意义，而这些新的意义又提供了独特的新的享受特点和方式"①。在这里，杜威明确指出，自然事物本来就"自发地"供给我们以"满足状态"，而艺术不过是把这种满足状态"予以强化、精炼、持久和加深"。这就意味着，杜威实际上认为自然中是存在着类似艺术的美和美的元素。诚如舒斯特曼所说："杜威美学的一个最重要的特征，是他的身体自然主义。""杜威旨在'恢复审美经验同生命的正常过程之间的连续性'。美学理解，必须从这里开始，并且始终不能忘记：艺术和美的根源，潜伏在'基本生命功能'和人与'鸟兽'共享的'生物学的常见现象'之中。"② 对生活和自然中普遍存在美这一事实的肯定，正是杜威的经验论美学中潜在的重要思想。

杜威从经验自然主义的整体框架出发，基于自然连续性和生态生成性的观念，深入阐述了艺术生成和存在的多层面的生态关系。要从其艺术论考察其美论，必须通过这个生态关系所标示的通道。这个生态关系除了存在于上面说到的美与美感之间，同样重要的就是美从美的艺术向实用艺术以及生活扩展的生态结构，而这个结构的最后层次就是包揽万物万象的自然。这就是说，在杜威的美学视野中，美并不仅仅存在于通常所谓的艺术，即他说的作为"一个经验"的"人文艺术"，它还存在于从作为生活的大地到作为顶峰的"一个经验"之间的广大的世界之中。即使是作为"一个经验"的艺术，也绝不只是那些存在于剧院、音乐厅、博物馆和印刷品中的艺术品，还有存在于实用和工艺领域，存在于生产和生活实践的各个领域之内的艺术，最后还存在于自然的生命之中。归根到底，艺术属于自然，艺术是在自然的连续性中生成的。没有自然中

---

① ［美］杜威：《艺术即经验》，商务印书馆 2005 年版，第 247 页。
② ［美］理查德·舒斯特曼：《实用主义美学》，商务印书馆 2002 年版，第 20 页。

的美的元素，自然也就不会发展出作为自身顶峰的艺术之美来。

杜威早年就对美的存在具有一个广阔的视野，而并不把美局限于艺术之中。他指出："每一种意识内容都可能拥有美的元素。又或者说，它确实拥有美的元素，因为它包含着观念元素。我们常常谈及美丽的风景、漂亮的雕塑、富有韵律的美文、完善的真理、英勇的事迹以及优秀的品质，它们都可以用'美丽'来形容。"① 在杜威看来。经验是人与自然环境交互作用的产物，自然在经验中现身、扩展和深化。经验与自然之间的连续性，决定了在审美经验的本源自然中也必然存在着美或美的元素。他首先提到的"美丽的风景"，不就是存在于自然之中的吗？

更重要的是杜威对自然目的性与自然之美的关系的思考。在论及工业对自然的影响和伤害时，杜威指出："从宇宙间摒除了目的与形式对许多人来说似乎是理想与精神的枯竭。当自然被看成一套机械的相互作用时，它似乎失去了所有的意义和目的。其光荣没有了。本质差异的消除剥夺了它的美。否定了自然中向往和渴望理想目标的固有倾向，就将自然和自然科学同诗歌、宗教以及神圣事物的联系除去了。"② 剥夺了自然的美，就说明自然的美原本是存在着的。同时，这一论述还说到自然的谜底与其审美意义之间的关系，这就为从自然目的性的角度探究自然之美的生态根源提示了一个重要的思维路向。

杜威指出："把艺术的美的性质仅限于绘画、雕刻、诗歌和交响乐，这只是传统习俗的看法，甚或只是口头上的说法而已。任何活动，只要它能够产生对象，而对于这些对象的知觉就是一种直接为我们所享受的东西，并且这些对象的活动又是一个不断产生可为我们所享受的对于其他事物的知觉的源泉，就显出了艺术的美。"③ 因此，美的对象并不限于艺术，而是存在于无限广泛的生活领域之内的。而生活和艺术中的美，又是由自然连续性而从自然带进经验中来的。

在论及"自然界这种精密的连续性"时，杜威指出："一个东西很明

---

① 《杜威全集》第 2 卷，华东师范大学出版社 2010 年版，第 213 页。
② ［美］杜威：《哲学的改造》，陕西人民出版社 2004 年版，第 39 页。
③ ［美］杜威：《经验与自然》，江苏教育出版社 2005 年版，第 233 页。

显导致另一个东西，而后者又很精致地保持和利用以前所曾发生过的事情。"① 正是在自然的连续性的发展过程中，人类的经验中有了审美的经验，审美的经验再发展为"一个经验"，这就有了艺术。"在艺术中，我们发现了：自然的力量和自然的运行在经验里面达到了最完备，因而是最高度的结合。……因此，艺术既代表经验的最高峰，也代表自然界的顶点。"② 我们不要忘了，杜威把自然视为人类的母亲，人的天性是在自然中孕育和赋予的。在这里，达尔文进化论中关于动物美感的观点必然会融入他的思想。因此，在自然中本来就存在着美的元素，并由此孕育和生成人及其及经验之美，就是不言而喻的了。

对自己的"经验"概念的独特内涵和自然主义本质，杜威做了明确而深入的阐述。"经验既是关于自然的，也是发生在自然以内的"，"被经验到的并不是经验而是自然"，是外部自然的事物如石头、植物、动物等"与另一种自然对象——人的机体——相联系"时"被经验到的方式"。"经验到达了自然的内部，它具有了深度，它也有宽度而且扩张到一个有无限伸缩性的范围。""经验是这样一类的事情，它深入于自然而且通过它而无限制地扩张。"③ 审美经验之美就是经验到的自然之美，它只不过是在经验中才向人现身罢了。

进一步，作为审美价值核心的成长和发展的生命精神也是造就存在于自然之中的。在《哲学的改造》中杜威曾经写道："成长本身是唯一的道德'目的'。"他在论及这个道德的目的时这样说："发展、改善和进步的过程，而不是静止的成果和结果，变得重要。……目的不再是要达到的终点或极限。它是改造现存状况的积极过程。生活的目标已不再是作为最终目标的完美，而是完善、成熟、提炼的持久过程。"这样一来，"道德生活就不至于陷入形式主义和僵硬的重复，而是灵活、充满活力、发展的"。④ 这里说的是道德，但却是与自然的生态生成本性相连续的。显而易见，这样一个发展的、成长的生命过程并不只是存在于人的生活

① ［美］杜威：《经验与自然》，江苏教育出版社 2005 年版，第 176 页。
② 同上书，第 5 页。
③ 同上书，第 3—4 页。
④ ［美］杜威：《哲学的改造》，陕西人民出版社 2004 年版，第 101—102 页。

之中，而在自然界的生成运动中就已经存在了。而在动物等有机体与环境的交互作用中就有了审美经验的萌芽。正是自然自身就有的这种发展和成长的趋势和精神，才赋予人及其生活以这种生命精神。在杜威看来，人之所以能够力行自强，就是从自然学来的。作为艺术的"一个经验"所具有的这种生命精神，正是自然生命精神的集中、鲜明而完满的表现。美的根源在自然之中，它通过自然的连续性赋予艺术。在这里，杜威经验论美学的自然主义精神得到了彻底的贯彻。可以说，在美的存在问题上，杜威认为美是存在于从"大地"到"顶峰"的整个自然之中的；也就是说，不仅经验之内有美，经验之外的自然之中也有美。亚历山大·托马斯说得好："艺术的源头最终是在有充分活力的那一刻"，"杜威在任何生物中都看到审美的无所不在。"①

正如舒斯特曼所说："审美经验超出艺术的历史限定的时间之外，是显而易见的。首先，它不仅存在于对自然的欣赏中，尤其是作为充满生气的人体的那部分自然。而且，我们也发现它在典礼和运动中，在检阅、焰火和流行文化的媒介中，在身体和家庭的装饰中——从原始的文身与洞穴绘画到当今的化妆和室内装修，甚至在充斥我们城市和丰富我们日常生活的无数五颜六色的景观与运动事物中。"② 应该说，这是符合杜威的本意的。

第三节　节奏论打通了认识美的本体存在
形态多样性的思维通道

杜威对艺术普遍具有的节奏特性的论述，在深化对美的本体特性的认识的同时，更是在最深的本原上揭示了自然之所以存在着美和美的元素的生命本原，也揭示了自然之所以存在美的原因。

杜威把节奏确定为艺术之美的最基本的形式特征，这在他看来乃是自然主义的题中应有之义。"自然主义是一个比较性的术语，表示一种在

---

① ［美］亚历山大·托马斯：《杜威的艺术、经验与自然理论》，北京大学出版社 2010 年版，第 227 页。

② ［美］理查德·舒斯特曼：《实用主义美学》，商务印书馆 2002 年版，第 73 页。

某些方面更深更广的对先前就有的存在节奏的敏感。"① 在他看来，这种对本来就有的节奏的敏感，乃是世俗艺术的重要特征。"世俗的艺术是更直接的自然主义的，并且每当世俗精神进入到经验之中，就使得官方的艺术进行一次向着自然主义的再造。"② 杜威的这些话表达了他对节奏的自然主义本性的看重。

还是在早年的《心理学》中，杜威就很重视节奏感的性质及其在心理生活中的重要作用。"无论怎么强调节奏感在心理生活中的重要性都不过分。""心灵有一种天然的倾向，即把它接触到的内容都赋予节奏感。这也是心灵对自己的最内在的状态的一种表达。"③"从最广泛的意义上理解，节奏感等同于心智的统觉活动。""智力活动的典型特征，它总是包含着某种节奏感。"它把多样的"相继的部分联结成一个整体"④。这些论述包含了丰富的内容，既说明了节奏感是一种天性，心灵可以赋予内容以节奏感，它还有把事物和感觉整体化的统觉功能。这里实际上已经涉及他后来深入阐述的节奏的能量组织功能了。

杜威把节奏看作是艺术之为艺术的最基本的特征，而这个节奏的最深的根源就是自然。杜威指出："在自然中存在着节奏的多种多样的例证。人们常常引用的，有潮涨潮落，有月圆月缺，有脉搏的跳动，有出现在生命过程中的吸收与排泄。人们一般看不到的是，自然中的每一种变化的一致性与规律都是节奏。"⑤"泛着涟漪的池塘、叉状的闪电、树枝在风中摇曳、鸟儿在拍打着翅膀、花萼和花瓣形成的涡纹、草地上变幻着的云彩，都是简单的自然节奏。"⑥ 杜威认为，艺术的节奏源于人对自然节奏的参与。"人对自然节奏的参与构成一种伙伴关系，这要比为了知识的目的而对它们的任何观察都要亲密得多，这迟早会引导人将这种节奏强加到尚未出现的变化之上。"包括"通过在舞蹈中表演，用石头凿，用银来锻造，在洞穴的墙上描绘，蛇、麋鹿、野猪的神秘的运动具有了

---

① ［美］杜威：《艺术即经验》，商务印书馆 2005 年版，第 169 页。
② 同上书，第 168 页。
③ 《杜威全集》第 2 卷，华东师范大学出版社 2010 年版，第 126 页。
④ 同上书，第 127 页。
⑤ ［美］杜威：《艺术即经验》，商务印书馆 2005 年版，第 165 页。
⑥ 同上书，第 171 页。

节奏，使这些动物生命最根本的本质得以实现"①。在这里，杜威把节奏视为"动物生命最根本的本质"，其实植物的生命也有节奏。而生命在于运动，一切生命都以节奏表现自己最根本的本质。如果说整个自然界就是一个有生命的有机存在，那么节奏也就是自然界的最根本的本质了。从审美的眼光看世界，世界和宇宙就是音乐。远古希腊哲人的这个感受正好指出了自然的生命本质。其实岂止声音是节奏，一切感性的存在即杜威说的"感觉元素"都是节奏的存在形式，色彩、光影和形体，包括静态的形体，无不如此。在经验中，人的节奏和自然的节奏相融合，而人本来就属于自然。

杜威不仅认定节奏是艺术的普遍的基本特征，而且进一步深入论述了节奏的能量组织的机制和功能，从而揭示了美和美感的动力特征，即亚历山大·托马斯说的"生态动力学"。纵观人类美学史，杜威乃是如此明确而深入地揭示美和审美活动的动力性特征的第一人，这无疑是他对美学理论极其重要的贡献。须知，正是节奏的"能量组织"这种动力性特征才最充分和直接地表现美和审美的所具有的最本质的生命特征，也才能真正说明美和审美的生态本性和生态功能。笔者以"节律感应"来界定审美活动的生态本性，这个感应过程中对生命节律的激发、调节、引导，直至天人心物的合一，就是一个能量组织的过程。美、美感和审美之所以都具有过程性这一重要特征，就因为能量组织必须在一个过程中才能进行和完成。

节奏把自然和人从最深的自然生命本原上沟通了。这不仅说明了人与自然之间为什么能够发生审美关系的本体原因，说明美和美感互动生成的奥秘，说明艺术为什么能够成为文明的轴心，也说明了美并不只是存在于经验之中——在自然中它早就依附于节奏而存在了。这就意味着，凡是有节奏存在的地方都可能存在着美和美的元素。无论是自然还是社会生活中，是客观世界还是主观世界以及主客结合的世界中，都可以存在美。也就是说，无论在经验之内还是在经验之外，也就是杜威说的自然世界里，都存在着美，只是形态和品格不同罢了。通过节奏，美和审美的存在论难题得到了科学的解决，长期存在的美在主观还是客观之类

---

① ［美］杜威：《艺术即经验》，商务印书馆 2005 年版，第 164 页。

的纠结于此可以消解。

值得特别指出的是，杜威经验论美学所说的审美经验还显示出一种美和美感同体共在的特殊存在形态。包括作为艺术的"一个经验"在内的审美经验，比起传统美学所说的美感经验来，至少有两个重要的区别：一是前者出现和存在于作为欣赏对象的艺术品之前，而后者指的是由艺术品或别的审美对象引起的美感；二是前者并不仅仅是欣赏者主观的感受和情感反应，而是包含了进入经验的对象因素在内的整个生活事件。杜威的经验和审美经验是人与环境交互作用时"做"与"受"的交融。传统美学说的美感经验，则只是涉及其中"受"的一面。当审美经验形成之时，这个经验作为一个完整的生活事件存在着，它首先就是一种客观存在的美，并因此而发展为艺术的美。但是，这个经验中又同时存在着美感，即其中包含的"受"的方面。这样一来，一种特殊的美本体形态就出现了，那就是美与美感两者同体共在于经验之中：拥有审美经验的主体，由于拥有美的生命精神和节奏形式而成为美的存在，与此同时，他又一定强烈地感受到自己的生命之美，从中获得享受和满足。正是美和美感的同体共在，相得益彰，才使主体的生命状态达到一种美妙的理想的境界。这种美与美感同体共在的形态说明美的存在及其与美感具有十分复杂的生态关系，是应该以别样的眼光深入探究的。

第四节　价值事实和价值评价的区分肯定了美的价值存在的客观性

杜威实用主义哲学的价值观把价值事实与价值评价区分开来，承认价值首先是事实存在，因而相对于主观的感受和评价具有客观性。这个观点贯彻到它的经验论美学中，就明确回答了美与美感的这一重要关系。且不说存在于经验之外的美，如自然之美和把审美经验物化了的艺术品之美，相对于欣赏者的美感自有其客观的审美价值，即使作为"一个经验"形态的艺术之美，其客观的审美价值也不是由经验者自身的感受即美感来决定的。

与那些把价值仅仅看作主观感受和评价的观念不同，杜威明确地认为价值是一种事实。"时常出现有一些关于事实与价值的文章。如果在这种名称之下所讨论的题目是价值事实与其他事实的关系，那么就不会有我们适才提到的这种独特性的假定。"① 这就是说，价值与其他事实一样也是事实，作为事实用不着别的"独特性的假定"，而是客观的存在。杜威指出："近来出现了一派理论家，他们极力坚持关于价值的真正命题（和/或判断）是不可能的，因为价值具有一种特性，使它们完全抗拒理智的讨论。简言之，这一派人主张价值在文字上的表达是属于惊叹性质的，仅仅表达发出叹声的这个人的主导的情绪状态。"② 这种情况在对审美价值的讨论中最常看到。很多人都怀疑和否认美及其价值作为事实的客观存在，而把它仅仅归结为欣赏者的主观态度和感受，并由此得出美感决定美甚至美就是美感的结论。从这个结论出发，对美及其价值的事实性即本体性的探寻就被判作"伪问题"而搁置起来。

在人的行为和生活中，价值判断和选择具有极其重要的地位，因为人就是自觉地追求价值的"活的生物"。正是出于对价值的人学意义的高度重视，杜威才极为认真而深入地阐述价值事实和价值评价之间的区别，并要求充分发挥理智的反思作用去探寻和追求真正的价值。正如前面所论到的，杜威把发展和成长树立为价值之极，因而行动和事物价值根本上就在于对世界和人性的成长所发挥的效用。这个效用是在自然和世界发展的过程中显示出来的，因此也可以在这个过程中受到检验。这个效用就是事实，它可以也应该接受人们的理智反思的分析和评判。在这里，"效用即价值"作为实用主义价值观的核心，正是价值的事实性存在的基础。

因此，不是任何对价值的主观感受和评价都能正确反映价值事实本身的实际。"我们不能把任何享受的东西都当作价值……而必须用作为智慧行动后果的享受来界说价值。"③ 美感也是一种享受，也不能把凡是给人这种享受的东西都说成是美的，不能凭主观的享受就做出对于对象的审美价值的判断。

杜威认为："我们对于我们所爱好和所享受的事物的直接和原来的经

① ［美］杜威：《人的问题》，上海人民出版社 1965 年版，第 231 页。

② 同上。

③ ［美］杜威：《确定性的寻求》，上海人民出版社 2005 年版，第 200 页。

验只是所要达到的价值的可能性；当我们发现了这种享受的出现所依赖的关系时，这种享受就变成了一种价值。"① 这就是说，你的享受只意味着有价值的可能性，而并不就确定是价值。

享受有各种各样的，杜威要求"把完全不同种类的享受区别开来"，分清"所享受的东西和可享受的东西、所想望的东西和可想望的东西、使人满意的东西和可以令人满意的东西"的差别。他指出："当我们说某种东西满足了某种要求时，我们是把它作为一件孤立最后的事实报道的。当我们说某种东西可以满足某种要求时，我们是在它和其他事物的联系和交互作用中说明它的。"② 显然，杜威是把价值判断和评价建立在事物的相互联系和交互作用所得到的实际效果的基础之上的，而不是仅仅依凭于主观感受这个孤立的事实。这样的思路自然而然就导向对价值的"实践判断"。杜威认为，价值的判断是要指导人的行动的，而对行动的指导作用正是价值的根本意义所在。

在美学讨论中，"趣味无可争辩"是一个十分流行的观点，甚至被一些人看作审美自由性的标志。杜威不这样看，而是针锋相对地加以反对。美感与"嗜好"关系密切，杜威在谈到"嗜好"问题时就说："无论价值是在理智方面的、美感方面的或道德方面的，只要在有价值的地方，主要的问题就是如何形成嗜好。比较直接的判断（我们称为机悟或直觉）并不是在反省探究之先就有的，而是富于思想的经验所积累的产物。"③但是嗜好是在若干主观因素的积累中形成的，其意义就应该加以探究，并因而引起争论。"如果'争论'意味着包含有反省探究的讨论，那么我们对于我们的嗜好不但不是没有争论的，嗜好却正是值得争论的东西。"④因此，嗜好决不能成为对价值进行评判的而拒绝理智探究的挡箭牌。杜威深刻地指出："只有一个人所判断为可享有和可想望的事物中才能完全把他自己揭示出来。运用这种判断是在用冲动、机会、盲目的习惯和自我的利益去统治者一个人的信仰以外唯一的一条出路。到底什么是我们

---

① ［美］杜威：《确定性的寻求》，上海人民出版社 2005 年版，第 200 页。
② 同上书，第 200—201 页。
③ 同上书，第 202 页。
④ 同上。

在美感上可以赞叹的；什么是在理智上可以接受的；什么是在道德上可以赞许的，我们应该构成一种有修养的和在运用上效果好的判断或嗜好。这是经验琐事为人类所提出的最崇高的任务。"①

　　杜威的经验论美学及其自然主义的人文主义哲学基础中包含和潜在的关于美论的观点和思路，是一个需要深入发掘和探究的广阔而深邃的世界。上面论及的四个方面，还只是笔者初步思考的结果，远远不能反映其广度和深度。但是，即使如此，我们也可看到，从杜威的经验论美学对审美经验和艺术的见解向作为其生态根基的自然大地反观探寻，其潜在的美论所具有的丰富而精辟的思路确实超越了传统美学的思维定式。从中我们既可看到对流行的一些相互纠结不休的观念的综合，更看到不少重要的突破和超越。更为值得注意的是，杜威总是能够直面美学中的许多繁难的分歧和争论，并且从自己的哲学和美学立场尽力予以科学的回答，而不像很多人那样以各种借口绕开这些真正的美学所必须面对并加以解决的问题。除了其间许多深刻的见地之外，这种真正科学的态度，也是我们应该认真领会和学习的。

---

① ［美］杜威：《确定性的寻求》，上海人民出版社 2005 年版，第 202—203 页。

第 四 编

艺术审美活动中人的
生态存在

第十一章

活的生物：杜威审美主体论中的人的生态本性

　　杜威把他的"经验的自然主义"称为"自然主义的人文主义"，明确肯定了人在审美经验即艺术生成中的主体地位。与传统美学中对人的主体性的认识不一样，杜威美学中作为审美主体的人具有鲜明的生态本性。其主要内涵是：人作为自然的一部分的"活的生物"就是具有多层次整体性的生态性存在，他要按照自然所可能允许的途径和手段去适度地"修正"自然，进一步还要追求以自然化的智慧进行生态"调适"的"控制的艺术"，成为把行动和生活普遍审美化的使用艺术的存在物。

　　杜威在《经验与自然》一开头就说，他的"经验的自然主义"（或"自然主义的经验论"），"如果把'经验'按照它平常的含义来用，那么也可称为自然主义的人文主义"[①]。正如他所说的："没有什么经验之中人的贡献不是决定事物实际发生的因素。有机体是一种力量，而不是一种透明物。"[②] 所谓"经验"是人作为"活的生物"与自然和社会环境相互作用的结果，没有人就没有经验。人以经验而存在，人在经验中得到享受，并且在经验的连续中扩充和发展自己的生命，生成并实现自己的理想。在《艺术即经验》中，杜威不仅设专章论述"人的贡献"，而且对经验的阐释到处都离不开人。从美学的角度说，人是审美的主体。但是与传统美学中

---

① ［美］杜威：《经验与自然》，江苏教育出版社 2005 年版，第 1 页。
② ［美］杜威：《艺术即经验》，商务印书馆 2005 年版，第 274 页。

对人的主体性的认识不一样,杜威美学中作为审美主体的人具有鲜明的生态本性。正确认识人的生态本性,无论是对于深入理解和审美经验的性质还是艺术的根源、性质和功能,都具有根本性的意义。基于此,也才能充分认识杜威的经验论美学与自然主义相统一的人文主义精神。

第一节 作为自然的一部分的活的生物的生态性存在

杜威指出:"当科学的实际发展已指出人是自然的一部分而并非与自然对抗的时候,而仍然保持主观和客观的分离,这确是关于一切社会事务的明智讨论的主要障碍之一。"①因此必须从"人是自然的一部分"这个整体观出发去认识其中的部分和因素,当然也包括具有主观性的主体即人。这就是他说的"人在自然中的联系(而不是人对自然的联系)的理论"②。

《艺术即经验》全书就是从"活的生物"这个概念开始的。这一称呼明确地表达了他从达尔文来的生物学的观念,指出了人首先是自然生成物的根本性质。在"活的生物"这个概念中,不仅包含着人作为"生物"的生态本性,而且也指明了人作为"活的"生物所具有的行动(实践)、想象和创造的特征。这两个方面都表现为人与环境(自然的和社会的)之间的交互作用所形成的经验之中。

杜威的实用主义的经验论哲学,本来是以打破自然与人、客体与主体、肉体与心灵、现实与理想等的二元划分为宗旨的。它把经验"这个统一的整体当做是哲学思想的出发点","主体与客体、自然和心理活动"等乃是对这个整体进行分析得到的区分,"是这个整体内部的区分,而不是非经验方法那样把他们看做分开的和独立的"③。因此,这个整体就是认识人的基本视域和出发点。"由于一个经验都是由'主体'和'客体',由自我与世界的相互作用构成的,它本身就不可能仅仅是物理的,或仅仅是精神的。"经验"只有在我们考虑到整体的正常经验,在其中内

---

① [美]杜威:《人的问题》,上海人民出版社1965年版,第10页。
② 同上书,第162页。
③ [美]杜威:《经验与自然》,江苏教育出版社2005年版,第9页。

在的与外在的因素融合在一起，各自都失去了特殊的性质时，才能被理解"。进一步，"在一个经验中，在物质上与社会上属于世界的事物与实践通过它们进入了的人的环境而变化，而同时，活的生物通过与先前外在它的事物的交流而得到改变与发展"①。作为"活的生物"的人在经验中生存，也在经验的改变中发展。人的生命始终离不开这个整体性的经验。经验作为人与环境相互作用的生活过程，本身就是参与其中的多种事物的一个综合的过程。因此，在经验中，"一种改造性的综合把在分析性的肢解过程中必然消失掉的综合性的统一体重新建立起来"②。只有在这个经过综合重建起来的整体中，对于人以及作为审美主体的人的认识才可能真实和正确。

在与环境的交互作用中，人的个体生命与整个世界相联系，整个世界都是人的生命的存在；作为这个世界的生成物，世界是什么样就决定了人是什么样。这正如杜威所说，人的"身心的结构就是按照它存在其中的这个世界的结构发展出来的，所以身心就会很自然地发现它的某些结构部分和自然是吻合的、一致的，而且也发现自然的某些方面和它本身是吻合的、一致的"。"每一个这样的有机体总是在一个自然的环境中存在着，而它和这个环境总是保持着某种相适应的联系的。"③

从自然界中生成的人继承了自然的生成性，因而人与自然之间的连续性也是一个能动的生成性的运动过程。"对人这种生物的器官、需要和本能冲动与其动物祖先间的连续性的完全认识，并非必然意味着将人降到野兽的水平。相反，这使得为人的经验勾画了一个基本的大纲，并在此基础上树立人美好而独特的经验的上层结构成为可能。人的独特之处有可能使他降到动物的水平之下。这种独特之处也使他有可能将感觉与冲动之间，脑、眼、耳之间的结合推进到新的、前所未有的高度。"④ 所谓人的独特之处，就是说他既处在与自然和生物的连续之中，又超越于其他的生物。他追求生命的意义，他有心灵和想象，在顺应世界的同时

---

① ［美］杜威：《艺术即经验》，商务印书馆 2005 年版，第 274 页。
② ［美］杜威：《经验与自然》，江苏教育出版社 2005 年版，第 28 页。
③ 同上书，第 177 页。
④ ［美］杜威：《艺术即经验》，商务印书馆 2005 年版，第 23 页。

他还要按照自己的需要和目的利用自然提供的条件去努力改造世界。杜威说得好："自然是人类的母亲，是人类的居住地，尽管有时它是继母，是一个并不善待自己的家。文明延续和文化持续——并且有时向前发展——的事实，证明人类的希望和目的在自然中找到了基础和支持。正如个体从胚胎到成熟的生长与发展是机体与环境相互作用的结果一样，文化并不是在虚空中，或仅仅是依靠人们自身作出努力的产物，而是长期地，累积性地与环境相互作用的产物。"① 杜威这段话的意思是说，自然不仅为人提供了基本的物质条件，使人对自然的改造有可能，而且自然以自己的生成性本性哺育了人类，使人能够积极地用自己的有预见和目的的行动把自己的理想变成现实，从而使人与环境之间的相互作用能够使文明延续和文化持续，并且"有时向前发展"②。

作为自然的一部分的人这个"活的生物"的生态性不仅表现在他与环境交相作用的关系上，还表现在他的生命整体性上。人能够在与环境的交互作用中生成审美经验，达于艺术之境，都与他的生命的整体性密切相关。这种生命整体性表现在人的内部和外部的多层次多方面的相互联系和交互作用之中。这说明，"活的生物"的生命的整体性绝不是一个静态的固定的结构，而是洋溢着生命活力的动态的交互作用。

杜威指出："如果人是在自然以内而不是在自然之外的一个小神灵，而且他是在自然以内作为能量的一种式样，跟其他的式样不可分离地联系着的，那么交互作用乃是每一种人类关系所不可避免的特性。思维，甚至哲学的思维，也不例外。"③ 在论及感觉时指出："感觉的性质之中，不仅包括视觉与听觉，而且包括触觉与味觉，都具有审美性质。但是，它们不是在孤立状态，而是相互联系中才具有的；不是作为简单而相互分离的实体，而是在相互作用中具有的。"④ 这里说的是各种感觉相互作用的整体性。进一步还有感觉与其他心理机能之间相互作用的整体性、肉体之身与心灵的整体性、人的存在与自我的整体性以及人与环境直至

---

① ［美］杜威：《艺术即经验》，商务印书馆2005年版，第28页。
② 同上。
③ ［美］杜威：《经验与自然》，江苏教育出版社2005年版，第275页。
④ ［美］杜威：《艺术即经验》，商务印书馆2005年版，第132页。

宇宙之间的整体性。在这样一个多层次的，既在空间上连续又在时间上连续的整体性中，人与他所在的世界就有了在审美经验中融为一体的可能，并从中获得生命的最高意义。

杜威特别强调人的内部自然与作为环境的外部自然之间的密切联系，由于这个联系，人与他所生活的世界乃是一个整体。"生活并不是一种在有机体的表皮下面进行着的东西。它总是一种包含很广的事情，它包括有这个有机体以内的东西跟空间和时间上外在的东西之间的联系与交互作用，以及和外边更远些的高等有机体的联系与交互作用。"① "生物的生命活动并不只是以它的皮肤为界；它皮下的器官是与处于它身体之外的东西联系的手段，并且，它为了生存，要通过调节、防卫以及征服来使自身适应这些外在的东西。在任何时刻，活的生物都面临来自周围环境的威胁，同时在任何时刻，它又必须从周围环境中吸取某物来满足自己的需要。一个生命体的经历与宿命就注定是要与周围的环境，不是以外在的，而是以最为内在的方式作交换。"② 这些论述一再强调的就是，人作为"活的生物"是与它的环境息息相通的，是一个整体性的生命存在，生命体的活动都是在这个整体中各种因素的相互作用中进行的。

第二节　按照自然所可能允许的途径和手段去修正自然

作为"活的生物"的人，为了自己的生存和发展，还必须按照自己的目的去改变自然。但是，它既然是自然的一部分，就不能以自我为中心去恣意妄为。

杜威指出："当有机物的结构更加复杂因而联系到更加复杂的环境时，有机物便需要有一种特殊的动作来创造各种条件以利于以后采取持续生命过程的动作。这一点既是更加困难了，又是更加必要了。有时在一个关键性的地方，一个行动的正误就意味着生死。环境条件愈来愈矛盾紊乱：它们为了生命的利益，要求采取何种行动，也愈不确定。因此，

---

① ［美］杜威：《经验与自然》，江苏教育出版社 2005 年版，第 180 页。
② ［美］杜威：《艺术即经验》，商务印书馆 2005 年版，第 12 页。

行为就势必要更加犹豫审慎，更加需要瞻望和准备了。"① 人类必须谨慎小心地进行改变自然的行动。为此，他必须保持清醒的理智，不仅顾及行动的当下效果，还要考虑到它在此后还可能产生一些什么后果。

当然，人又不能因为顾及后果而畏缩不前，无所作为。在《经验与自然》中，杜威指出："忠实于我们所属的自然界，作为它的一部分，无论我们是多么微弱，也要求我们培植我们的愿望和理想，以致我们把它们转变为智慧，而按照自然所可能允许的途径和手段去修正它们。当我们尽量运用我们的思想而把我们微薄的力量投入这种动荡不平的事物均衡状态之中时，我们知道，虽然宇宙在残害我们，我们仍然是可以信任它的，因为我们的命运总是和存在中一切好的东西相一致的。我们知道，这样的思想和努力乃是产生更好的东西的一个条件。若就我们而论，它是唯一的条件，因为它是唯一在我们力量范围之内的东西。"这就是说，既然自然生成了人，自然是人的生命之母，就应该相信自然是我们的生存基础。"要求更多的东西，这是幼稚的；但是如果要求得比这还更少一些，这又是懦怯；期望宇宙符合和满足我们一切的愿望，这是一种自我中心的表现，把我们自己跟宇宙分割开来了，但是要求过低也同样是这样的。诚意地提出要求，如要求我们自己一样，就会激起我们一切的想象力，而且从行动中索取一切技能和勇气。"②

这段话包含了非常丰富而又深刻的内容，全面地表达了杜威关于人在自然生态中的能动地位的基本观念。第一，明确地把人视为自然界的"一部分"，要求"忠实于我们所属的自然界"，这是认识人的生态根基所在，是认识人与自然的关系包括能动作用的基本出发点和根本视野所在；第二，主张人应该"按照自然所可能允许的途径和手段去修正"自然界，"尽量运用我们的思想而把我们微薄的力量投入这种动荡不平的事物均衡状态之中"，从而明确肯定了发挥人的能动作用去改变自然，改善人与自然的相互关系的必要和可能；第三，人的能动性首先表现为"培植我们的愿望和理想"，即有"修正"自然界使之达到生态平衡的追求，而且这种愿望不能过高也不能过低，即应符合自然可能的生态尺度，要相信我

① ［美］杜威：《确定性的寻求》，上海人民出版社2005年版，第173页。
② ［美］杜威：《经验与自然》，江苏教育出版社2005年版，第266页。

们的命运总是和存在中一切好的东西相一致的；第四，还要进一步通过对自然界的了解，增强和深化对自然界的知识，发挥想象力，努力去认识和寻求存在中与我们的命运一致的好的东西，把修正自然的理想转变为相应的智慧；第五，最重要的是要把这些"思想"化为行动，把自己"微薄的力量"投入到对自然界的"修正"中去，并且在行动中索取一切技能和勇气，以实现需要的平衡，达到按照自然所可能允许的途径和手段去修正它的目的。贯穿在这段话中的一个最重要的思想，是人为了改善自己与自然的关系而对自然进行的"修正"必须适度。杜威说人对自然的改变只是"修正"自然，表达了对自然母亲的敬畏、珍惜和诚意。而正确把握修正自然的这个"度"，乃是对人的能动性的更高要求，它不仅要求人类放弃"自我中心"的狂妄之想，还需要人类具有充分的生态智慧。

第三节　追求以自然化的智慧进行
生态调适的控制的艺术

作为"活的生物"的人，从其生态存在的本性出发，还要自觉而积极地以自然化的智慧去有效调适自己与环境的关系，并为此努力掌握"控制的艺术"。

人所生活的世界具有既稳定而又不稳定的本性，它给人带来动荡不安的命运。"然而人类的经验对于真、美和秩序也有这种动人的渴望。不仅有这种渴望，还有成就的时候。经验表现出占有和谐的对象的能力。"① 经验是"做"与"受"的结合，而首先是"做"即行动。杜威指出："人做的什么，他就是什么。"② 在杜威看来，处在与环境的相互作用之中的人，必定是一个行动的人，做事的人，有所为的人，而不是抽象的或者只有意识的人。没有作用于环境的行动即"做"，就没有经验，人就不成其为"活的生物"。这对于人的进化，包括人的经验能不能具有审美的性质，能不能掌握和创造艺术，都极为重要。在这里，杜威提出了一种

---

① ［美］杜威：《经验与自然》，江苏教育出版社 2005 年版，第 40 页。
② ［美］杜威：《人的问题》，上海人民出版社 1965 年版，第 131 页。

新的价值观，即人生的意义应从静态的认识和观赏转向动态的创造和体验，并不断地创生达到艺术境界的新经验。

杜威认为，在人作为有机体与环境相互作用所发生的经验中，人要通过自己的"做"与"受"发挥积极的能动作用。"哪里有生命，哪里就有行为，有活动。""为了保存生命，周围环境的某些因素就要改变。生命形式越高，它对环境积极的改造就越重要。"因此，"经验变成了首先是做的事情。生物体并不站着不动，就像狄更斯小说中的米考伯，等着事情发生。它并不被动、迟钝地等着外部事物给它打上印记。生物体按照自己或简或繁的结构作用于环境。结果，环境中的变化又作用于这个生物体及其活动"①。机体结构最复杂的人，就是用积极的行动所引起的交互作用来改变自己与环境的关系的。

杜威指出："当一个人充沛地具有这个世界的许多好处，因而能在四周环境的突变中维护着他自己的平稳时，他便是一个具有人的实质的人。"② 这就指出了人的行动即"做"的基本内容，那就是维护和改善自己与变化着的环境之间的生态平衡与和谐。人这样"做"了，他的生命就得到发展，他也就具有了"人的实质"。人做的什么，他就是什么。人做的是有效的生态调适的事，他因此就是一个具有生态本色的人。这样的"做"，直接关系着经验的审美性是否产生。

作为"活的生物"，"人类必然要在这个世界之内活动，而且为了本身的生存，他必须在某种程度上把他自己作为自然界的一部分去适应其他的部分"③。这就要与周围环境有足够的谐调，恢复失去了的与周围事物的同步性。然而环境并不自动满足生命体的需要，这就会出现有机体与环境之间的冲突。而"当一个暂时的冲突成为朝向有机体与其生存环境之间的更为广泛的平衡过渡时，生命就发展"。在以动物为例说明上述道理之后，杜威指出："这些生物学的常识具有超出其自身的内涵；它们触及到经验中审美性的根源。"④ 这就是说，有了"做"，才会有"受"，

---

① ［美］杜威：《哲学的改造》，陕西人民出版社 2004 年版，第 48—49 页。
② ［美］杜威：《经验与自然》，江苏教育出版社 2005 年版，第 49 页。
③ 同上书，第 262 页。
④ ［美］杜威：《艺术即经验》，商务印书馆 2005 年版，第 13 页。

也才有两者结合而生的经验，而这个经验的完满和生动就有了审美性，就可以成为艺术。在这里，"智慧"成了一个很重要的因素。

在杜威关于人的能动性的观念中，相对于"理性"而提出的"智慧"这个概念具有非常重要的意义。对于"理性"他说，"按照这个字眼的传统意义讲来，标志着理性的特征是必然性、普遍性，它优越于变化，统治着变化的发生和对变化的理解。"而"智慧是和'判断'联系着的；那就是说，智慧有关于我们选择和安排达到后果的手段和关于我们对于目的的抉择"。在他看来，"智慧是实际的"，"一个人之所以是智慧的，并不是因为他有理性，可以掌握一些关于固定原理的根本而不可证明的真理并根据这些真理演绎出它们所控制的特殊事物，而是因为他能够估计情境的可能性并能根据这种估计来采取行动。从这个名词的广义来讲，智慧是实际的，而理性是理论的"①。由于这样的智慧，人们既可以防止某些后果的产生，也可以促进某些事情发生。

人的行动即"做"要达到预定的目的，就得有能实现目的的合适的工具。为了寻求到和掌握这样的工具，就得有智慧。"只有行动，相互作用，才能改变或改造对象。""为了择定的后果，对于正在进行的和不完备的过程予以调节，这就意味着：其中包括有顺序和同时存在的条理；当这些条理和关系确定下来的时候，它们就成了一种智慧上的手段，使得我们能够利用事物，把它们当做指导事物进程以期预见结论的具体手段。"② 杜威认为，"智慧乃是在这个世界之内发生作用的一种方法"。③知识还不就是智慧，只有知识与实践结合能够有效地调适和控制与环境的关系，才是智慧。智慧直接与行动（实践）相关，它决定着行为是否有效。由于智慧是人的生命能力的充分发挥，能够有效地调适人与环境之间的关系，从而使经验具有审美的性质，成为"一个经验"即艺术。

杜威把"艺术"分为"承受的艺术"和"控制的艺术"。他说，希腊人在思维中把自然看成一个"艺术的整体，以供心灵欣赏"。在那时的科学看来，"自然是一个秩序完整的宇宙，它是一个完整的组织体，但不

---

① ［美］杜威：《确定性的寻求》，上海人民出版社2005年版，第164页。
② ［美］杜威：《经验与自然》，江苏教育出版社2005年版，第103页。
③ ［美］杜威：《确定性的寻求》，上海人民出版社2005年版，第180页。

是从许多因素所组合起来的"①。现代科学的实验方法改变了这种观念，"存在着的自然就不再是为我们所如是地去接受、服从、忍受或欣赏的东西了。它现在已经成为需要我们去加以改革，需要我们把它置于我们优异的控制之下的了。它现在已经成为一种材料，对于这种材料我们要采取行动，把它转变成为一种新的对象，更好地满足我们的需要"。杜威这样概括这个重要的转变："简单说来，这个变化是从把认知当作是对于神圣艺术作品的自然的特性所进行的一种美感上的享受转变成为把认知当作是一种世俗的控制手段——当作是一种方法，有意地引进变化，以改变事物进程的方向。在一定时间上存在的自然并不是一件已经完成的艺术作品而是一种需要艺术去进行加工的材料。"出于这种认识，人们要做的就是把"变化间的相互关系当作是知识的目标，发现这种相互关系，因而实现我们的目的，就等于我们掌握了一种控制工具"。在他看来，"美感的态度必然倾向于已有的东西；倾向于已经完成的、完备的东西。控制的态度便注意未来，注意生产"②。杜威在这里强调的是通过积极的"控制的艺术"去改变对象，而这就需要智慧。

在杜威看来，自然的持续生成没有终结，"这个世界是还没有完成的"③。认识和改变人与环境的相互关系，使之朝我们所需要的方向变化，从而创造更加美好的未来，这就是人在自然面前发挥能动作用的控制的艺术。这与那种仅仅满足于接受和欣赏的承受的艺术是不同的。显然，他注意到了自然还是一个正在生成着的存在，而不是已经完成的艺术作品。人不能只是欣赏自然，还必须改变自然，这种主体能动作用就是对自然的变化进行控制。这种控制的艺术所达到的目的就是人与自然和环境之间不断进步的平衡与和谐。要掌握控制的艺术，就必须运用智慧，而且是自然化的智慧。

在杜威的心目中，智慧总是关乎人与自然的关系，并且必须从自然中学习和吸取。他说，通过深入于自然界的观察而得来的知识，可以把知和行紧密地联系起来，"这就使我们养成一种习惯在自然中运用智慧"。

---

① ［美］杜威：《确定性的寻求》，上海人民出版社 2005 年版，第 68 页。
② 同上书，第 75 页。
③ ［美］杜威：《经验与自然》，江苏教育出版社 2005 年版，第 50 页。

"智慧是自然本身不断交互作用的一部分。无论如何，交互作用总是在进行着的并且产生着变化。离开了智慧，这些变化就是不在指导之下的。这些变化只是效应而不是后果，因为产生后果意味着我们要审慎地运用手段。当有一种交互作用干预进来，指导着变化的进程时自然交互作用的情景便具有了一种新的性质和度。这种附加的交互作用就是智慧。人的智慧活动并不是什么外在地附加在自然之上的东西；它就是自然，这时自然为了更丰富地产生事件而实现着它自己的潜能。在自然以外的理性意味着固定和限制，而在自然以内的智慧则意味着解放和扩展。"① 这是一个很重要的思想。这就意味着，所谓智慧并不是人从外面加之于自然的，而是发生在自然内部的一种交互作用。这就是杜威说的"智慧的自然化"的基本含义。杜威指出："从传统的内在理性转变成为人类行动所实现的可理解性，这便在人类的肩上增加了责任。我们愈献身于智慧的理想，自然的实际条理就愈能投合于我们的心意。"② 这样的自然化的智慧，就是深谙自然生态本性的生态智慧。难怪杜威要说，"智慧的完善，乃成为具有最高价值的事情了"。③人以自然化的生态智慧去掌握控制生态关系的艺术，最终获得审美性的经验，这就是人的"做"的内容及其意义。

第四节　把行动和生活普遍审美化的
使用艺术的存在物

对于如何控制人与环境的关系，杜威在《一个共同信仰》中做了更为具体的阐释。他说："'顺应'（accommodation）'适应'（adaptation）'调适'（adjustment）这些词常被视为同义词，而为了清楚思考必须对它们进行辨别。有一些生存条件我们无法改变。如果它们是特定的，我们就调节我们自己的态度顺应它们、我们要顺应天气的变化、收成的变化。当外部条件持续时，我们要逐步习惯。……这种态度叫做'顺应'，它是

---

① ［美］杜威：《确定性的寻求》，上海人民出版社2005年版，第165—167页。
② 同上书，第166页。
③ 同上书，第154页。

行为的一种特殊模式，主要是消极的，它会沦为宿命论的认输或屈服。还有另一种面对环境的态度，也是特殊的，但更积极。不是调整我们顺应环境而是调整环境使其满足我们的需要和目的。这种态度我叫做'适应'。""现在这两种态度合起来我称之为'调适'。"① 为了实现有效的理想化的调适，控制就必须臻于艺术之境，真正掌握"控制的艺术"以充分发挥它的工具效能。

对于我们所在的这个世界，杜威清醒地看到它的不确定性和动荡性。"存在的动荡性的确是一切烦恼的根源，但同时它也是理想性的一个必要的条件。""处于一个烦恼的世界之中，我们渴望有完善的东西。我们忘了：使得完善这个概念具有意义的乃是这些产生渴望的事情，而离开了这些事情，一个'完善的'世界就会意味着一个不变化的、纯存在的事物。美感对象的理想意义适用这个原则而不是例外。"② 生活中充满各种相互矛盾、对立和冲突的事物，"生活的争端就依赖于如何使这些事物相互配合的艺术"③。正是因为现实有缺陷、有冲突，我们才有渴望、有理想，才要努力去"做"，并把"做"变成艺术；进而还自觉地把艺术作为改变世界的工具；人因此成为"使用艺术的存在物"。

杜威指出："那种将人看成是使用艺术的存在物的观念，既是构成人类与人类之外自然之区别，也是构成人类与自然联结之纽带的基础。一旦艺术作为人的独特特征的观念被确认，那么，只要人类没有完全堕落到野蛮状态，不仅继续使用旧艺术，而且发明新艺术的可能性就会成为人类的指导性思想。"④ 艺术的存在证明，"人在使用自然的材料和能量时，具有扩展他自己的生命的意图，他依照他自己的机体结构——脑、感觉器官，以及肌肉系统——而这么做。艺术是人能够有意识地，从而在意义层面上，恢复作为活的生物的标志的感觉、需要、冲动以及行动间联合的活的、具体的证明。意识的干预增加了选择和重新配置的规则和力量。因此，它以无穷无尽的方式改变着艺术。但是，它的干预最终

---

① 俞吾金主编：《杜威：实用主义与现代哲学》，人民出版社 2007 年版，第 156—157 页。

② ［美］杜威：《经验与自然》，江苏教育出版社 2005 年版，第 42 页。

③ 同上书，第 50 页。

④ ［美］杜威：《艺术即经验》，商务印书馆 2005 年版，第 26、30 页。

导致了作为一种有意识思想的艺术思想——这是人类历史上最伟大的思维成果"①。由于"艺术本身是物质与理想间实现了并因而可以实现结合之存在的最好证明"②，它作为自然发展的最高峰，实现了手段与目的的内在一致，它也就是人的生命和生活发展的最高峰了。

把人看作"使用艺术的存在物"，表达了杜威对人的理性、智慧和能力的最高期许，也体现了他希望把艺术带到生活的一切领域，特别是带到改变世界的行动之中的希望。这种关于人类的行动和生活普遍审美化的理想，表达了杜威对人类美好未来的信心和热情。由于杜威说的"艺术"作为"一个经验"所具有的生态内涵，这种普遍的审美化即艺术化，也就是普遍的生态化，即作为"活的生物"的人与环境之间的平衡和和谐的普遍实现。

作为使用艺术的存在物，不仅是与自然的关系要使用艺术，还要在调适和控制人与人之间、人与社会之间的关系，即人与社会环境之间的关系上发挥艺术这种工具的重要作用，在杜威看来，作为自然一部分的人，同时也是生活于社会之中的。"以单个的、分离的形式实现的连续性是这种生命的本质。"③ 这就是说，"人类和其他事物一样，同样也表明了既有直接的独特性，也有联系、关系的特性"，"每一个存在的东西，只要它是被认知的和可认知的，它就是在和其他事物的交互作用之中了"④。"没有任何人和任何心灵仅通过独处而得到解放。"⑤ 这就决定了个体的社会化的必要性，而艺术正是促进个体的人社会化的有力而美妙的工具，它既呵护个性的自由和独创，使之得到充分自由的发展和发挥，又凭借其广泛深入的交流功能去推动人与人、群体与群体之间的沟通。

杜威指出："沟通既具有圆满终结的性质，也具有工具的作用。它是建立合作、统治和秩序的手段。分享的经验是人类最大的好处。在沟通中，如动物所特有的这种交合和接触的情况变成了能够无限理想化的一些表达爱慕的标志，它们变成了自然界最高峰的符号。""'上帝就是爱'

---

① ［美］杜威：《艺术即经验》，商务印书馆2005年版，第26页。
② 同上书，第28页。
③ 同上书，第25页。
④ ［美］杜威：《经验与自然》，江苏教育出版社2005年版，第113页。
⑤ ［美］杜威：《新旧个人主义》，上海社会科学院出版社1997年版，第252页。

较之'神圣就是权力'乃是一种更为有价值的理想化。由于爱，至其极就带来了光明和智慧，这个意义便和'神圣就是智慧'是同样有价值的了。"① "当沟通的工具性和终极性的功能在经验中活动着的时候，便有了智慧，而智慧乃是共同生活的方法和结果，而且也就有了社会，而社会则是具有指导爱慕、景仰和忠诚的价值的。"② 这样一个充满爱和智慧的社会把具有自由个性的人们联合成为和谐、合作、共享的共同体。这个"伟大的共同体"，就是杜威关于人类未来的美好理想。由此可见，对于人这个使用艺术的存在物来说，艺术这种工具具有多么伟大的意义。

以上几个方面，是杜威经验论美学中作为的审美主体的人的生态本性的主要内涵。这些内涵同时也表现了杜威哲学和美学的鲜明的人文主义精神，这种人文主义精神是建立在其自然主义以及生态主义的坚实而深厚的基础之上的。全面而深入地阐释杜威哲学和美学中的人的思想，认识人在审美经验中既是手段又是目的，是目的与手段的结合和一致，这对于认识审美经验的价值和功能，认识艺术与人的关系都甚为重要。本章的阐释只是一个开头，更深入的认识还有待于对杜威哲学的人学内涵的全面展开。

---

① ［美］杜威：《经验与自然》，江苏教育出版社 2005 年版，第 130—131 页。
② 同上书，第 133 页。

第十二章

心身之间：杜威经验论身心
整体观的生态内涵和美学意义

　　杜威对哲学中的心物区分论的批判也体现在他的经验论美学中，他从心灵和自然界的连续性认识心灵与身体的整体关联，论述了心灵对于身体存在的内在性和超越性特征，从而揭示了心身互动共融的生态整体性。经验本来就是作为"活的生物"的人与环境交互作用中身心结合的产物，而审美经验和艺术更是心身互动融合的生命状态的最充分而生动的表现。认识心身互动共生的生态整体性，对于美学理论的生态化调整，包括身体美学理论的建构，具有深刻而重要的意义。

　　在为《人的问题》文集写的前言中，杜威写道："哲学中发展起来的心物区分论，把所谓观念的和精神抬高到存在的顶点，而把所谓物质的和世俗的东西则降压到最低的地位，这种理论是阶级的、经济的和政治的区分之反映。"[①] 这种区分在美学中表现得尤为突出，审美和艺术被认定为高高悬浮于物质生活之上的精神世界。物质和精神的分离，心灵和肉体的对立，这种传统哲学中的二元论是杜威着力给予批判并要加以解决的问题。杜威的经验论美学使审美和美学从精神的山顶落到了物质的大地之上，这对人而言，就是从心灵（精神）回到了作为肉身的身体，回到了心灵与肉身相互交融共生的真实生命之中。这个回归，对于流行的传统美学观念来说，乃是一个极为重要的纠偏。流行的传统美学极力

---

① ［美］杜威：《人的问题》，上海人民出版社 1965 年版，第 9 页。

宣扬审美和艺术的精神性，而把身体的因素简单地归为粗俗的肉欲，人类审美生活中那许多有身体参与并首先给身体以愉悦的活动形态，更是一直被视为娱乐而排除在审美之外，不屑一顾。这种把审美幽囚于精神领域的观念，使审美脱离了存在于自然连续性中的生命本原和生态根基，既遮蔽了自己的视野，更不能正确认识审美的生态本性和生态功能。为了纠正这种传统的偏向，有必要深入理解杜威经验论美学关于审美中心身关系的论述所具有的生态内涵。

第一节　从心灵和自然界的连续性认识
心灵与身体的整体关联

要讨论心灵与身体的关系，首先得明白什么是心灵？杜威在与感触的区别中来说明心灵的特征，他认为，感触是一切有主动性的动物都有的"精神物理"的能力，但还不是"心灵"。"'心灵'也是一个有感触的动物所具有的一个附加的特性，这时候，它已经达到有了语言、有了互相沟通那样一种与其他有生命的动物交互作用的组织状态。于是感触所具有的各种性质就变成对外在事物的客观区别、对过去和未来的事物都有着重要意义的了。事物有着这样一种状态，在这种状态之下，有着质的差别的各种感触不仅仅为机体所享有，而且对于可观的差别也有着重要的意义；事物的这种状态就是心灵。感触不再只是被感触到。它们具有意义而且产生意义；它记录过去和预测未来。"① 这段话既说明了心灵的生成，更说明了心灵的特殊内涵：第一，它把握了事物的意义，因而具有价值判断的功能；第二，它能把握事物的变化与发展，因而可以"记录过去和预测未来"。具备了这两个特殊内涵，心灵不就是人的生命罗盘，不就是人的灵魂吗？

但是无论在神学还是哲学的传统中，心灵都往往被看作是肉体之外的独立的存在，由此而产生了各种独尊精神而鄙视身体的学说。杜威认为："传统的关于心灵和心的认识器官的理论断绝了心灵及其器官和自然界的连续性。从这个字面的本意来讲，心灵及其器官是超自然的或在自

①　［美］杜威：《经验与自然》，江苏教育出版社 2005 年版，第 165 页。

然以外的。于是就不可避免地产生了心身问题。"①

从心灵生成的自然连续性观念出发，杜威在早期著作中就阐明了心身统一的观点。在《心灵与身体》中，他阐释了复杂的神经系统中纤维和细胞的关系，并进而得出结论说："心理与生理有着同质的关联。精神与神经系统有着怎样的关系，它就与神经系统的所有部分都有着相同形式的关系。大脑和脊髓都是精神器官，脊髓与神经纤维的外周末梢也都是精神器官。毫无疑问，大脑与精神生活有着最为密切、最有影响力的关联，但这个关联和'神经系统任意其他部分与精神的关联'是同质的。这使得我们只有以下唯一的取舍：要么身体与心灵没有任何关系，要么心灵通过神经系统出现在身体的每个部分。这意味着，精神根植于身体之内。"② 由于"精神在身体中的固有性"，"因而精神根植于身体，指导身体朝着某个特定目标前进。精神不仅是固有的，而且是目的论地固有的"③。

杜威还指出："我们的结论是：心灵内在于身体之中，内在地指导它朝向某个目标。为了这个目标而选择某些活动，回应某些活动，克制另一些活动，调节和整合复杂的整体，如此这般借助于最简单、最经济的途径来实现被选中的目标。所以我们发现，在最简单的神经活动中，蕴含着某些超越于物质之上的范畴。""在神经活动中，我们发现了目的论范畴。神经活动不是决定于它的直接前因，而是决定于那个必然目标。"④精神的调节作用乃是一种"目的性调节"。从精神与自然的连续性的观念出发，杜威进一步指出，神经活动的目的性的根源在于自然的目的性。"不仅神经系统的结构是如此，从而产生目的论行为，并且自然结构本身也是如此，从而产生这个特殊种类的目的论行为。""自然界自始至终都是目的论的。"⑤ 在杜威看来，精神活动作为一种最经济的调节活动，使人的行动能够更加有效地达到目的。他在另外的地方说得更明白："生物学的观点使我们确信，心灵，不管它可能是其他任何东西，至少它是一

① ［美］杜威：《确定性的寻求》，上海人民出版社 2005 年版，第 178 页。
② 《杜威全集》早期著作第 1 卷，华东师范大学出版社 2010 年版，第 77 页。
③ 同上书，第 79 页。
④ 同上书，第 81 页。
⑤ 同上书，第 83 页。

种便于我们为生活过程中的目的而控制环境的器官。"① 用今天的眼光来看，这实际上就是自然界本来通过复杂的信息进行的"目的性调节"在生物进化中达到的高度简单化而又经济有效的机制。

杜威还阐释了精神活动中各种专门化器官相互分工而又依赖的关系。"有时，也许会发现某个部分在单独发挥作用；但我们总会发现（除非这是一个病态行为），这个部分有着相对依赖性。允许特殊部分运作一定数量的原创和自主活动，是事先声明目标的最佳途径。明显的依赖性恰恰证明了生命的彻底目的论性质。依赖性表明了劳动的分界，目的是为了使整个任务，使生命的发展更加经济。"② 这种依赖性当然也存在于心灵与身体之间。

但是，"心灵不仅指导和聚焦于生命活动，而且还将把这些活动转变为超越它们的东西。可以说，心灵遵照身体的暗示实现自身。心灵不仅内在于身体，构成身体的整体与目的；而且还超越了身体，它依照心理目的而改变身体活动"③。因此，心灵在内在于身体的同时还具有对身体的超越性。对心灵的这种内在性和超越性，杜威做了更充分的论述。他指出："心灵内在于身体，因为心灵把身体当作其器官工具。""身体之所以是心灵的器官，是因为心灵通过器官表达并实现了自身的本质。"④ "身体作为心灵的器官，正是由于心灵使身体成为其器官。""身体作为心灵的器官，是心灵自身的激活与创造活动的结果。简言之，心灵内在于身体的原因不在于它是纯粹作为肉体的身体，而是由于它的超越性使它在身体中表达并展现了它的本质。"⑤ 在杜威看来，"心灵是一个活生生的力量，已经并继续把身体构建为它自身的机制"。"心灵构建了一个机制，通过那个机制，心灵能够直接认知自身知识的片段并把它们把握成为一个表征整体，而不必费力地去收集与拼凑那些片段。通过那个机制，心灵可以直接行动。事实上这是精神的自动机制，永不停息，不知疲倦地

---

① ［英］詹姆斯·坎贝尔：《理解杜威：自然与协作的智慧》，北京大学出版社 2010 年版，第 33 页。

② 《杜威全集》早期著作第 1 卷，华东师范大学出版社 2010 年版，第 83 页。

③ 同上书，第 85—86 页。

④ 同上书，第 89 页。

⑤ 同上书，第 90 页。

去实践与心灵需要相符合的要求。"①

诚如杜威在《新伦理学》中所说："心灵既不是相互隔开的盒子，也不是各自独立的权力部门。"② 对于人这样的"活的生物"来说，心灵存在于肉体之中并且赋予肉体以灵魂，引导和调节着生命的感受和行动，驱使生命通过行动去实现自己的发展。尽管杜威对于自然界本身的目的性的认识后来有所变化，但是心灵的目的性却是他的本质所在，这是杜威所明确肯定的。正是这样一种身心统一论，构成了他的经验论美学中审美心理学的重要内容。

第二节　"活的生物"与环境交互作用生成的经验是身心结合的产物

心灵存在于"活的生物"的身体之中，它的内在性、依赖性和超越性等特征必然要深刻影响经验的形成，并在经验中表现出来。

杜威指出："经验是实实在在的，而不是抽象的。心理生活是经验最充实、最深刻、最丰富的证明。"精神就活动在经验的心理生活之中，"在别的地方是找不到精神生命的"③。针对传统学说主张心灵是从物理的和社会的事物世界以外去观察或把握对象的东西的观点，杜威明确指出："心灵是一个参与者，与其他事物交互发生作用，而当这种交互作用是在一种明确的方式之中被控制着的时候，心灵便认知了这些事物。"④有机体是通过经验来认识事物和环境的，心理生活在经验之中，而经验作为"做"与"受"的统一是以"做"即行动为前提的。"如果我们用排除改变环境的动作的办法来解说'心理'一词，单纯心理的东西在实际上就不能解决疑难，澄清混乱现象。至多只能产生一种安定感——这是逃避现实世界，培养幻想所获得的最好结果。"⑤ 在经验与行动的这种关系中，身体与心理和心灵之间的密切联系就表现出来了，因为行动离不开身体，

---

① 《杜威全集》早期著作第 1 卷，华东师范大学出版社 2010 年版，第 90 页。
② 同上书，第 41 页。
③ 同上书，第 48 页。
④ ［美］杜威：《确定性的寻求》，上海人民出版社 2005 年版，第 154 页。
⑤ 同上书，第 179 页。

它是身体受到心灵的驱动而发生的。由于行动对环境的改变，心灵也会发生变化。这是因为，"只有当间接地改变了一个人和他的环境的实际关系时，才能改变一个人的欲望和意向本身"①。

思维是心灵的重要功能，它不仅离不开大脑，也联系着大脑之外的身体和身体的行动。"思维就是在有意地指导下从有问题的情境向安全可靠的情境实际过渡的过程。并没有一种分割的，独自具有思维功能的'心灵'；对思维的这种看法势必要假定有一种超自然的神秘力量干预着自然以内的事情。思维乃是在促使有问题的情境过渡到安全清晰情境时所采取的一系列的反应行为中的一种方式。"②

正是在人的实践和行动中，心灵与身体相互融合而形成的生命的整体性才最充分地表现出来，心灵的能动超越性也必然展示在经验之中。杜威在《哲学光复的必要》中说："人所必须解决的问题是适应他周围所发生的变迁以便使这些变迁朝着为他将来的活动所需要的方向走。如果人的生活是由环境来供养，那它只能是环境的平平稳稳的发散。人必须奋斗，就是说必须利用环境所给予的直接支持，去间接地造成别种变迁。从这种意义上来说，生活是通过控制环境来进行的，它的活动必然要改变他周围的那些变化，它们必然使有害它的事件变成无害的事件，使无害的事件变成有助的因素或变成新面貌的苞蕾。"③ 自然中的可能性是多种多样的，为了发展自己的生命，人就得通过选择和行动去实现其中对自己有利的一种。使可能性变成现实，必须通过"操作"。"我们实现这种可能性时不是通过一个外在地对自然加以思考的心灵，而是通过一种在自然以内所进行的操作；这种操作使得自然产生了许多新的关系而这些新的关系又是在产生新的个别对象的过程中所概括出来的。自然具有可理解的条理的程度要看借我们自己外部操作去实现包括在自然中的潜能的程度而定。"④ 在这里，杜威再次强调了心灵与自然的连续性。

在谈到人对自己与环境的关系进行控制的能动性时，杜威指出："很

① ［美］杜威：《确定性的寻求》，上海人民出版社 2005 年版，第 180 页。
② 同上书，第 175 页。
③ 刘放桐：《实用主义评述》，天津人民出版社 1983 年版，第 99 页。
④ ［美］杜威：《确定性的寻求》，上海人民出版社 2005 年版，第 166 页。

清楚，我们在有意识的控制方面，在以对事物之联系的知觉去指导行为方面，还未达到充分发展的水平。我们不可能把有机的生命和心灵同自然界分割开来，而不同时也把自然界同生命和心灵分割开来。"①它强调的依然是生命、心灵和自然之间的密切联系，与心灵联系在一起的不仅是作为人的肉身的身体，还包括那个与这个肉身只隔着一层皮的自然。在杜威看来，经验就是人与自然交互作用的结果，在心灵的带领下，它不断扩展着自己与自然交互作用的广度和深度。这样看来，整个经验都弥漫和渗透着心灵的神韵，这神韵又内在于身体与自然的肉身。在心灵与自然的连续性中，作为"活的生物"的人的身体，不正是由于心灵而成为自然发展的最高峰吗？心灵使人从动物中提升起来，它的超越性的内涵绝不是孤立的存在，而是以其固有的对于身体的内在性而与身体发生更加密切有机的关系。这使人想起惠特曼的诗，这个旷古未有的身体的歌者有一首诗题为"我歌唱带电的肉体"，诗中写道："肉体若不是灵魂，灵魂又是什么？"所谓"灵魂"是与肉体一起生成的，它引导了肉体的生成，并且贯注于肉体和肉体的行动之中。

第三节　审美经验和艺术是心身互动融合生命状态的生动表现

既然一切经验都是渗透着心灵因素的身体的体验，那么作为把生命内涵表现得最完满生动的审美经验和艺术就更应该是这样的了。

杜威认为："艺术由生命过程本身所预示。"②"审美的重现，是生命的、生理学的、功能性的。"③那么，作为审美经验的集中表现的艺术也就必然最充分而生动地蕴含和表现了生命过程中心身交融统一的关系。由于各种原因，人常常不能发现一个经验所表现的意义。"冷漠与迟钝在对象外建了一个外壳，将这种表现性隐藏起来。熟悉导致不关心，偏见使我们目盲；自负使人倒拿望远镜，将对象的重要性看小，而将自我的

---

① ［美］杜威：《经验与自然》，江苏教育出版社 2005 年版，第 190 页。
② ［美］杜威：《艺术即经验》，商务印书馆 2005 年版，第 25 页。
③ 同上书，第 186 页。

重要性夸大。艺术解开了隐藏所经验事物之表现性的外衣；它催促我们不再处于日常的松弛状态，使我们在体验我们周围世界的多样性质与形式的快乐中忘却自身。"① 杜威说"艺术解开了隐藏所经验事物之表现性的外衣"，这可以说是有关艺术中身体与心灵关系的一个隐喻。所谓"外衣"是有意用来表现心灵的，但它可能只是一种外在的装点和伪饰。艺术的形式对其意义（心灵）的表现是直接的，是无伪的，这就像赤裸的身体对心灵的表现一样。从古代希腊到近代罗丹的雕塑，身体的表情性越来越重要而直接。且看《拉奥孔》和罗丹的《思想者》，不仅身体的姿势，就连每一条肌肉都触目惊心地表达着人物的心灵。艺术的这种表现性说明，它的表现性必须以身体——一种类生命的形式——为直接的载体和媒介。正是艺术的这种类生命形式的特征表明了身体及其类似物对于审美表现的重要意义。正是因为艺术有身体，才使审美具有知觉性。

经验中心灵和身体的统一性还在情感中有更为充分而生动的体现。杜威说"经验是情感性的"②，而情感作为一种心理现象，或者都源于身体，或者要作用于身体，影响到身体的状态，乃至引起身体的动作和行动；更重要的是，情感还总是要表现于身体，从面部肌肉的结构变化到肢体的运动。在这里，情感不只是心灵与身体之间的中介，还是一种能量的组织和转换，是艺术和审美的目的所在。杜威指出，跟物质的东西通过相互作用构成新东西不同，"情感的奇迹在于，类似的东西在经验中发生，却没有物质的运输和装配过程。情感是运动和粘合的力量。它选择适合的东西，再将所选来的东西涂上自己的色彩，因而赋予外表上不同的材料一个质的统一。因此，它在一个经验的多种多样的部分之中，并通过这些部分，提供了统一。当统一像这样被描绘时，经验就具有了审美的特征，尽管它主要不是一种审美经验"③。这样的能量输送和组织，既需要心力也需要体力。就审美活动所追求的美感而言，无论是哪一种品格的美感——从美感、崇高感、悲剧感、滑稽感到荒诞感，没有不与生理—身体的反应互动共生的。真正打动心灵的东西，必然也渗透和撼

---

① ［美］杜威：《艺术即经验》，商务印书馆2005年版，第113页。
② 刘放桐：《实用主义评述》，天津人民出版社1983年版，第44页。
③ 同上书，第45页。

动身体。所谓"言之不足故嗟叹之，嗟叹之不足故咏歌之，咏歌之不足，不知手之舞之足之蹈之也"，描述的正是这种情景。

作为审美经验的艺术还以鲜明的个性为其特征。杜威指出："心灵在一种个体化的样式中有时也起一种建设性的作用，每一种发明，每一种艺术，无论是技术方面的、军事方面的和政治方面的艺术的改进，都是起源于一个特殊的革新者的观察和才能。""从消极方面来讲，个性意味着某些应被克服的东西，但同时，从积极方面讲来，它又指在制度和习俗中的变化源泉而言。"① 从经验的角度看个体，"个体不再是完全的、完善的、已完成的、为一个完整的形式的烙印所结合起来的各个部分所组成的一个整体。所尊称为个性的东西，这时候便是一种运动着的、变化着的、分散着的、而且尤其是首创的东西。""只有当心灵的变异具有社会性，用来产生更大的社会安全和更丰富的社会生活时，个体化了的心灵才能够不从一种轻蔑的意义上来被认识。"② 这样一种个性，绝不会只是心灵的孤立的存在，而必须表现于身体，也受到身体的影响。任何个性的鲜活的个体独有的特征都有其感性的表现，因而也必然是身体的。

在论述作为艺术的"一个经验"的生长过程时，杜威就说："经验过程就像呼吸一样，是一个取入与给出的节奏性运动。"他还谈到了节奏使经验成为整体的作用。③ 他认为"审美性质的一般条件是客体性，意思是，它属于物理的物质与能量的世界"，进而就提出了"什么是那些深深地扎根于世界本身之中的艺术形式的形式方面的条件"的问题。从有机体与周围环境的相互作用这一根本的生命事实出发，他的回答是："我们周围世界使艺术形式的存在成为可能的第一个特征就是节奏。在诗歌、绘画、建筑和音乐存在之前，在自然中就有节奏。如果不是这样的话，作为形式的一个基本特征的节奏就将会仅仅是添加在材料上的东西，而不是材料在经验中向着自身的顶点发展的运动。"④ 节奏是艺术形式的"第一个特征"，它的根源在自然之中。"人对自然节奏的参与构成了一种

① ［美］杜威：《经验与自然》，江苏教育出版社 2005 年版，第 136 页。
② 同上书，第 138 页。
③ ［美］杜威：《艺术即经验》，商务印书馆 2005 年版，第 60—61 页。
④ ［美］杜威：《人的问题》，上海人民出版社 1965 年版，第 163 页。

伙伴关系，就要比为了知识的目的而对它们的观察都要亲密得多，这迟早会引导人将这种节奏强加到尚未出现的变化上。"比如在原始的舞蹈和绘画中通过对节奏的强调而使"动物生命最根本的本质得以实现"①。由于节奏的适应与和谐，"仿佛自然赋予它自然王国中的自由一样"②。"个体生命还可借此扩展到宇宙，使自己好像生活在宇宙的整体之中，从而产生对于宇宙的一种神秘的归属感"③，达到一种似乎"天人合一"的境界。这里杜威所说的使"动物生命最根本的本质得以实现"的节奏，对于艺术的审美性质具有多重的意义：首先，节奏直接表现出生命活力的动态而有秩序的本质；其次，节奏使生命的能量在运动中得到组织使之能够以最生动强烈的方式表现出生命的本质；最后，节奏在最感性的层次上体现出作为艺术的"一个经验"与自然的连续性，从而能够表现出最深层的自然意蕴，把人这个特殊的"活的生物"与自然之间相互沟通，趋于适应与和谐。

节奏对于艺术的这种具有本体意义的重要性，由于节奏也通过节奏，身体与心灵之间互动共生的融合和统一关系就表现得更为深刻和真切了。对于从自然中生成并且是自然的一部分的人，节奏活动是贯穿于生理的和心理的活动之中的，因而也是身体与心灵共有的生命元素。在构成人的生命系统的生理的、心理的和意识的三个基本层面中，节奏作为普遍的中介把三者贯通起来，互动共生，相互交融成一个"活的生物"，一个身心共融的生命整体。这种身心共融的整体性和由此生成的身心全面成长的共生性，正是生命发展到高级水平的生态特征。

第四节 心身关系整体观对于美学的生态化调适的重要意义

在杜威的意识中，审美经验中心灵和身体互动共生的生态整体性直接影响着经验的生命的内涵及其表现的品质，决定着经验是否具有审美

① ［美］杜威：《人的问题》，上海人民出版社 1965 年版，第 164 页。
② 同上书，第 165 页。
③ 同上书，第 15 页。

性质。他指出："正是这种在制作或感知时所体验到的生活的完满程度，形成了是否是美的艺术的区分。""只要在生产行动不能成为使整个生命体具有活力，不能使他在其中通过欣赏而拥有他的生活，该产品就缺少某种使它具有审美性的东西。不管他对于特殊的、有限的目的来说如何有用，它在最高的层次——直接而自由地对扩展与丰富生活做出贡献——上没有什么用处。"① 这里说的"生活的完满程度"和"使整个生命体具有活力"，都与身心关系的这种生态整体性直接相关——既是它的原因，也是它的表现。

但是，在人类审美生活的发展过程中，由于经济、政治、哲学和宗教等各种原因，身体越来越被鄙俗化和动物化，心灵的超越性被推升到缥缈的高空而与身体相隔绝和对立。于是审美和艺术仅仅被视为精神和心灵的东西，以致流行的美学把审美关系严格地圈定在精神的范畴，而把身体加以驱逐。这样一来，就必然造成美学理论上许多有违审美实际的褊狭和谬误。正是心身一体的生态整体性，赋予了人的感觉和肉体以特殊的意义，特别是在审美中，离开或者背离了这种整体性，就不能正确认识感觉和身体的地位和作用。正如杜威所说，即使拿五官感觉来说，由于"五官是活的生物藉以直接参与他周围变动着的世界的器官。在这种参与中，这个世界上的各种各样的精彩和辉煌以他经验到的性质对他实现"②。杜威批判了人类社会中等级区分的制度造成的身体与心灵相分离而使感觉肤浅化的现状，说"在这种状况下，感官和身体就获得了一个坏名声"，以至于出现了"将感官的与肉欲的等同起来，将肉欲的与淫荡的等同起来"这种扭曲的道德理论。③

杜威的心身一体共融的观点，以其互动共生的生态整体性纠正了这种褊狭，这对于美学理论的建构具有非常重要的意义。

第一，从这种心身关系的生态整体观出发，就可以看到，人作为"活的生物"而成为审美主体，乃是以身心整体的行动投入审美经验和艺术的创造和鉴赏之中的。因此，审美关系绝不只是一种精神关系，审美

① ［美］杜威：《艺术即经验》，商务印书馆 2005 年版，第 27 页。
② 同上书，第 22 页。
③ 同上。

活动也绝不只是一种精神活动，而应该也本来就是一种包括了身体和心灵在内的生命整体的关系，因此也就是一种物质与精神相综合的全面的关系。

第二，对于心身关系的这种生态整体性，杜威特别强调它的自然连续性。从这个观念出发，就必然要重视也本来就开启了认识审美和艺术的"生物学遗传"即其自然生成本源的窗口。通过这个窗口，审美和艺术源于自然和生物进化的生态根基展示出来，自然界作为审美活动的本体基础的大情境得以展开，审美价值的生命生成性内涵在与自然的进化生成本性的联系中得以彰显和敞亮，美学因此而植根于它自身发育生长的生命家园。

第三，出于心灵对身体的内在性和超越性的认识，这就理所当然地应该恢复身体在审美生活中的基础地位，在此基础上也重视心灵对于身体的积极作用。这样一来，美学研究对象的范围必然得到扩展，原来那许多突出身体参与而具有自娱性质的审美活动，像杜威为之抱不平的那许多"大众艺术"，也该受到重视，并且作为艺术巅峰得以存在和生成的大地而具有其特殊的意义。杜威的美学方法所强调的"迂回"的道路，就是指的从这些"大地"艺术出发去认识山峰。杜威美学所展示的从"一般经验"到"审美经验"和作为"一个经验"的"艺术"的思维线索，以及他的几乎覆盖了人类所有生活领域的"大艺术观"，还有他的关于把人类各种活动都艺术化的理想，都与这个空前广阔的美学视野有关。至此，美学才真正回到了柏拉图说的"涵盖一切的学问"的境界。这个研究对象范围的扩展，还必然带来对审美活动的本体论和生态本性的认识上的调整，以至触及美学的理论的改造。

第四，对身心关系的生态整体性的肯定，有助于更加深入而全面地认识审美和艺术的功能。流行的美学把审美的功能仅仅限定在精神—心灵的领域肯定有违审美生活的事实。审美对于身体的作用、身体在审美中的作用，不仅充分表现在原始时代的艺术活动中，在现代艺术的活动中也是不容否认的事实。在中国古代审美文化中，音乐、舞蹈和诗歌、书画的活动不仅愉悦性情，而且有助于康复健身，这已经是一个不绝如缕的传统，至今还在发扬光大。杜威自己从事"亚历山大技巧"的训练而恢复健康的经历也是很好的证明。在论及心理的功能定位时，杜威指出：“越是低级的功能，其定位越是完善而详尽。功能的范围越宽广，必然性程度越高，它的定位就越完善，空间越是确定。因此，呼吸、消化、吞咽等必要的只含有见解心理意义的生命活动，拥有相当确定而彻底的定位中枢；而高级活动，如行走、说话、阅读和写作等诸多更为复杂的活动，拥有更不确定的定位中枢。”① 循着这个思路，人们津津乐道地通过审美实现“人的自然化”，不是也应该在向“低级的功能”的沉潜和积淀中才可能真正实现吗？如果说艺术和审美要为人的生命的生态优化做出贡献的话，那么就必须始终坚持身心关系的生态整体性的原则。

第五，在身心关系的生态整体性的观念指导下，身体美学的理论和实践意义可以得到更为充分的认可，并且有助于那种把身体绝对化而将其与心灵分隔开来的偏向。舒斯特曼在《实用主义美学》中专门讨论了建立“实践身体美学”的问题，认为尽管身体美学在鲍姆嘉通的现代美学典籍反感中被遗漏了，但是它对美学学科的完全成功来说乃是“必不可少的开始”②。身体美学“不仅将身体视为审美价值和审美创造的对象，而且将身体视为增进我们对其他所有审美对象的处理以及增进我们对非标准的审美事物的处理的至关重要的感觉媒介”。“身体美学预示着狭义的美学学科界限的破裂。”③ 舒斯特曼特别提到杜威的“身—心”统一论与实践身体美学之间的关系。“受达尔文和詹姆斯的鼓动，杜威发展了他所谓的‘身—心’的自然主义的‘突变（emergent）’解释。”“这种本体论理论同样也受到他对 F. M. 亚历山大的实用主义‘身—心’方法论的指导，对于这种方法论，杜威撰写了好几篇祝贺性文章。杜威对身—心统一的赞同，也许最受他在亚历山大激发中的具体实践练习的激发，在那里他训练了20多年，（在差不多90岁的时候）他将自己的健康身体和长寿归因于这种训练。”④ 在今天，可以结合瑜伽、气功和西方现代的艺术治疗与音乐治疗的经验，从理论和实践两个维度把真正科学的身体美

① 《杜威全集》早期著作第 1 卷，华东师范大学出版社 2010 年版，第 88 页。
② ［美］理查德·舒斯特曼：《实用主义美学》，商务印书馆 2002 年版，第 367 页。
③ 同上书，第 368 页。
④ 同上书，第 371 页。

学推向前进，并且以此使美学突破其流行的狭隘界限而面向人类审美生活的实际，并且更全面地发挥审美的生态功能，为人类的健康和幸福发挥更为真切实际的效用。

第十三章

整体合生：杜威"情境"说的生态意蕴及其美学意义

杜威哲学的情境（situation）范畴对于理解经验及其意义和价值的生成非常重要。从生态系统观念审视杜威对情境概念的解释，它指的就是围绕着人及其活动并深刻影响经验及其意义和性质生成的生态场；不仅经验及其意义和价值是在情境中整体合生的产物，情境对于经验的审美性质生成也有很重要的作用。由于情境范畴具有丰富而深刻的生态内涵，因此确立情境概念在审美研究中的基础性地位，并把它作为重要的基本范畴纳入美学的学理结构之中有着重要的意义。

在杜威的哲学中，情境（situation）范畴对于理解经验及其意义和价值的生成非常重要。杜威曾说："我敢于断定哲学思想中的大部分流传的谬误都来源于对情境的忽视。"① 在对杜威的"实在论"观念的讨论中，涂纪亮称杜威是"情境论的实在论者"，因为杜威认为，对处于特定情境之中的实在之物进行研究，才具有真正的意义。② 由此可见情境范畴在杜威哲学中的重要性。

任何事物和事情都是一定情境中的存在，是具体的情境赋予和规定着事物和事情以确定的性质和意义，哲学思维离不开也不应忽视这个总是在场却又常常被忽略的情境。杜威的经验论哲学充分表现出对于情境

---

① 涂纪亮：《实用主义、逻辑实证主义与其他》，武汉大学出版社 2009 年版，第 54 页。
② 同上。

这个范畴的重视，特别是后期著作中到处都有情境的身影。在杜威的视域中，经验总是发生在一定的情境之中的生活事件，任何经验的构成都要受到其所处情境的深刻制约，而人们对世界的探究和实践又总是追求和推动着情境的改变。用生态学的话语来说，这个情境实际上就是经验的生态发生场，即其生境。情境的这种生态重要性，在审美经验的发生、构成和变化中也不例外。

对于杜威所说的情境，传统美学似乎还并没有明确的自觉和重视，这也是造成其中很多"流传的谬误"的重要原因。深入认识杜威哲学的情境范畴的含义及其生态意蕴，理解其在审美活动中的意义，并确立其在美学学理中的特殊地位，对于人本生态美学的建设具有不可忽视的意义。

第一节　从生态系统观念审视情境概念的具体内涵

尽管情境这个概念在杜威的哲学思维中早就出现，但充分而深入的论述则主要是在其后期的著作中。在《逻辑：探寻确定性》中，杜威指出："情境这个词所指示的并不是一个单一的对象或事件，也不是一系列对象和事件。因为我们从来不是在孤立中经验对象和事件和形成关于它们的判断的，而只能是在一个背景（context）全体联系中进行的。而这个背景全体，我把它叫做情境。"① 显然，在用背景来指称情境时，应该说的是"背景全体"，即背景诸因素与存在和发生其中的经验对象和事件全面联系而生成的一个特殊世界。杜威说对对象和事件的经验从来不是孤立的，也就是说它们都是在与周围的事物的联系中形成的，其中当然也包括对它们的判断。情境的概念就是从经验与其"背景"的这种生成性联系中提出来的。正是这种生成性联系，凸显了情境概念的生态性质。从生态的眼光看情境，情境就是直接影响经验生成的母体。在情境与经验的关系中，经验的生态性质更为深刻和丰富。

杜威主要是在论述其探究理论时说到情境的，因此特别强调情境中的内在张力对于探究的动力性作用。在《逻辑：探究的理论》中杜威指出："就是情境那不确定的方面这一本性，引起探究成为不可靠的（ques-

① 常宏：《杜威的经验自然主义与其宗教观》，中央民族大学出版社 2011 年版，第 229 页。

tionable）；因现实性而非潜在性，探索成了不一定的、未解决的、受到扰乱的。在组成情境的给定材料中，这一广布的独特性质就是，总体上看不只是不确定的：这一独一无二的不确定，使得该情境成为这个情境和唯一的情境。就是这一独特性质，不仅引起了参与其中的特殊探究，而且还控制其特殊程序……具有这些特征就是情境（situation）。"① 这段话在指出情境的不确定、独特性、具体性的同时，就特别强调了它这种动力性，这是认识情境在经验生成和人的行动中的作用时所必须充分重视的。

杜威曾经这样解释情境这个词："心理分析把一个对象和事件作为他的分析的主客体，在实际的经验中，就从来不存在这种分离的单一对象或事件；一个对象或事件总是在一个围绕的被经验到的世界（environing experienced word）——一个情境……总有一个领域（field），在其中发生时这个或那个对象的观察。"② 杜威自认为他先于现代物理学使用"领域"（field）这个词，这实际上就是一个具有内在张力的"场"，一个经验在其中生成的生态场。在情境中，主客体是分不开的，是相互作用和交融的。一个情境总是相对于主体——人的活动而言的，它体现或者蕴含着主体活动与背景诸因素的彼此关系。

有论者认为，从杜威对情境这个词的说明可以看到，杜威认为情境就是一个明确的、以事件和对象为中心的、被经验到的领域。这个领域是一个代表着"包括更大时间范围的不同时期的某种东西，但是它们是一个自我的统一体"。③ 尽管杜威把情境也称作背景和环境，但准确地说这乃是主体活动发生关系，因而融合了主体因素的一个"场"，而不是与主体相分隔的存在。亚历山大·托马斯指出："杜威把情境的部分或因素称为'事情'、物（res）、'相互作用'、'事态'（states of affairs）和交易（transactions）。"④ 正说明了情境生成中的主客体关系，说明了情境所

① ［美］亚历山大·托马斯：《杜威的艺术、经验与自然理论》，北京大学出版社 2010 年版，第 94—95 页。

② 常宏：《杜威的经验自然主义与其宗教观》，中央民族大学出版社 2011 年版，第 230 页。

③ 同上。

④ ［美］亚历山大·托马斯：《杜威的艺术、经验与自然理论》，北京大学出版社 2010 年版，第 123 页。

具有的内在张力。无疑，有背景和环境才生成情境，但在用背景和环境去指称情境时，就应该从情境的意义上去加以理解，它表明背景和环境又成为情境的可能。显然，不能把背景和环境与情境等同起来。如果情境没有比背景和环境更丰富而独特的具有动力性的内容，情境这个概念就是多余的了。

在杜威看来，任何存在（实在）都是在特定情境之中的，犹如"这种桌子"（the table）和"这张桌子"（this table）之间的区别：前者是舍去了具体情境的一般性的抽象，而后者则是存在于一个特殊的情境之中的真实的感性存在。这说明，感性实存的事物和经验必定是一个具体情境中的存在。这就犹如杜威所阐释的："任何经验，哪怕是最普通的经验，也具有一个不确定的总体框架。事物与对象仅只是一个无限延伸着的总体之内的此时此地的焦点。这是性质上的'背景'，它被限定，并以其特殊的对象和具体的特点与性质而被明确意识到。"① "事物与对象仅只是一个无限延伸着的总体之内的此时此地的焦点"，这就意味着情境作用于对象和事物的存在及其性质的呈现；作为"焦点"，对象和事物身上就必然投射了那个作为"背景"的"不确定的框架"的作用。这同时也说明，情境是一个多层次的，越到边缘就越是模糊的存在。杜威说"一切情境都具有一种模糊不清的状态，由比较明显的中心点逐渐变成隐约不清的状态"②，说的就是情境这个特点。认识情境的模糊性非常重要，它提示了情境不仅有显在的、明确的方面和层次，同时还有隐约、不明确的方面和层次，而这就必然造成情境的生态复杂性。

杜威批评了把心理器官活动与情境分开的观点，认为这是"用晦暗不明的东西来'解释'那些比较明白而可以观察得到的东西；我们由于旧的传统习惯而看不到它们的晦暗性了"③。由此可以把人及其活动的环境分为物理的和心理的两种性质。所谓物理环境是环绕主体的事物构成的，它具有毫无疑义的客观性。而所谓心理环境则是客观的物理环境作用于主体的意识之中而形成的，呈现出与主体的关系并为主体心理所建

---

① ［美］杜威：《艺术即经验》，商务印书馆 2005 年版，第 213 页。
② ［美］杜威：《确定性的寻求》，上海人民出版社 2004 年版，第 181 页。
③ 同上书，第 177 页。

构的环境。这个环境是物理环境与主体之间的中介，更加直接地影响着主体的态度和行为。从杜威的说明看，他所谓情境更趋向于后者，即包含和体现了主体与客体的关系的心理环境。在实际生活中，相近或相同的物理环境，对于不同的主体，哪怕是不同心境之下的同一个人，也会呈现为不同的情境。基于此，可以把情境理解为物理环境与心理环境相融合的一个多层次结构。

如果把情境称为环境，那么罗伯特·B. 塔利斯对于环境的阐释很有意思，有助于我们理解环境的情境性。他认为，不能把环境理解为一种被我们的生活所依赖的、外在的静态的实体。如果这样就忽略了两个事实："一是，环境不是一个严格外在于我们的实体，我们就是环境的一部分，我们生活在环境之中；二是，环境并不是静态的，它是过程性的、易变的、动态的。环境这一术语并不表示某种永恒的、独立的实体，它是对一系列相互联系的、活动着的力量和要素的一种描述。这些力量和要素构成了我们在一定的时间和地点生活于其中的条件。"[1] 可以说，活动着的、进入了人的活动因而也进入了人的意识之中的环境，就是情境了。

当然，我们强调情境的心理状态，并不意味着它就是纯粹主观的东西，也不是指的那些心造的幻影似的东西。中国有"境由心造"的说法，然而杜威说的情境首先指的是人的活动和经验的现实处境，这样的情境总是以物理环境为物质基础的。在生活中，人们常常面对的是疑难不定的情境，杜威说这种疑难不定的情况并不只是心灵以内的事情，要改变那些经验到有不确定性的情境不能靠纯粹的心理过程，"要排除掉疑难不定的情况，就必须实际上改变外在的情境"[2]。在这里，杜威强调了人们通过自己的行动和实践（做）去改造外在情境并因而改造整个情境的重要性。人的生活和行为，就是为了实现与环境的和谐，使环境成为适宜于自己的和谐的情境。

---

① 常宏：《杜威的经验自然主义与其宗教观》，中央民族大学出版社 2011 年版，第 231 页。

② ［美］杜威：《确定性的寻求》，上海人民出版社 2004 年版，第 179 页。

第二节 经验及其意义和价值是情境整体合生的产物

杜威说的经验作为人与环境交互作用的产物,必定是在一定的情境中生成的经验,其中融合着情境的影响和作用。因为这样,杜威常常把经验与情境连在一起,称为"经验情境"。

离开了具体的情境,就不可能认识和把握经验的内涵、意义和价值。对此,杜威有明确的论述。他说,无论有机生命是什么或不是什么,它总是一个包含着环境的活动(activity)过程。它是延展超出有机体空间的一个转变……每个有机功能都是一个内在有机体和外在环境之间的互动行为,有的是直接的,有的是间接的。世界上存在着不是其环境的一部分的那种事物,是作为潜在的存在而存在的。生命过程通过环境就像通过有机体本身一样真实地活动着,因为它们是一个整合的整体。[1] 他又说:"经验像自然一样,一起生长以形成整体。按怀特海的话说,就是经验合生(concresces)。经验所实现的整体是有机的,即这些整体是功能的,由起作用的各部分组成,朝向一个目的(这些整体有目的论的结构),而且有开始,有结尾,即有历史,或者说又含蓄的叙述结构。"[2] 这里说的"起作用的各部分",当然包括了情境在内。怀特海说的"经验合生",就是一种整体性的合生,即人和与之相互作用的对象以及包括了环绕它们的环境所形成的情境这个整体过程共同生成的结果。

杜威在回答别人对他的情境说的批评时曾经申明:"按照我的看法,原来的情境是正面的和内在的,因而它激动着和指导着探究前进,以企图在存在上把原来的情境变成一个后来确定的情境。"在《逻辑:探究的理论》中杜威写道:"一个情境由于它具有直接渗透的性质而是一个整体。""这种渗透的性质也是独特的;它把一个情境构成一个单个的情境,它是不可分割的和不可重复的。……如果它不具有支配性地呈现出来,就无法决定任何所指出的区域或关系是不是相关的或融贯的。""情境这

---

① 常宏:《杜威的经验自然主义与其宗教观》,中央民族大学出版社 2011 年版,第 230 页。
② [美] 杜威:《经验与自然》,江苏教育出版社 2005 年版,第 123 页。

种独特的渗透的不确定的性质具有支配性地呈现出来，这就提出了方向。"① 这些话是针对探究而言的，它同样适合于人们为了生命的生存和发展而与环境相互作用构成的经验，因为人的一切行为中都包含着对事物和世界的探究。在杜威看来，是情境在"激动着和指导着探究前进"，是情境的具体的不确定性向人提出他必须面对的问题和疑难，同时也为他"提出了方向"。有了这一切，人的能动性就会发挥出来，用行动去改变外在的情境，把他从原来的不确定的、疑难的情境"变成一个后来确定的情境"，变成一个适合于自己生命生存和发展的和谐共生的情境。

　　情境不仅向主体提出问题和方向，而且通过它，人的理性和知识才转化成能够实际作用于对象和环境的智慧。在杜威看来，理性和知识并不就是智慧。智慧是运用理性和知识对环境进行有效改造的能力，它是与解决问题的"做"结合在一起的。只会说抽象的理论和知识还不是智慧，而只有运用理论和知识去解决具体情境中的问题并取得预期的效果，这才是智慧。杜威指出："如果单纯地留意到偶然性乃是自然界的一个特性而把它记载下来，这和智慧丝毫没有关系。然而，如果留意到偶然性和一个具体的生活情境的联系，这便成为智慧的开始了。"② 显然，智慧来自于情境所提示的方向对于有用的理论和知识的激发和唤醒，它要求面对情境去找到此时此地解决问题的工具和方法。

　　智慧与思维密切联系，而情境也与思维密切相关。在杜威看来，"思维就是在有意地指导下从有问题的情境向安全可靠的情境实际过渡的过程。……思维乃是在促使有问题的情境过渡到安全清晰情境时所采取的一系列的反应行为中的一种方式"。思维"是改变客观情境的一种努力"③。既然如此，思维就总是与一定的情境密切相关，是情境引发思维，推动思维，并且确定思维的目标，引导思维的路向，并最后影响思维的成果。在《我们怎样思维》中，杜威说："思维起于直接经验的情境。""人们不会无故思维，思维也不会凭空而起。""某种直接经验的情境，是你所经受的东西，所干的事情，所享受的快乐，或者所遭受的痛苦，而

---

① ［美］杜威：《人的问题》，上海人民出版社1965年版，第274页。
② 王玉樑：《追求价值——重读杜威》，四川人民出版社1997年版，第68页。
③ ［美］杜威：《确定性的寻求》，上海人民出版社2004年版，第175页。

绝不单是你所想到的东西。思维就从这原始的情境开始。它不仅由此而
发生,也以此为归宿。它的目的和结果,是被它们从出发的情境决定
的。""情境本身引起他们思考,控制他们对价值的理解。"因此,"为引
起思维,指导思维,需要一个情境"①。"思维总有两个方面:一是所要解
释和应付的情境;二是作为应付情境的计划或解释、说明现象的假设的
观念。"② 脱离具体情境的思维只是不着边际的妄想,是不结果的空花。
要把思维变成智慧的思维,让思维成为智慧的积极因素和内在动力,就
必须明确具体的情境,在情境的内在张力中展开思维的翅膀,充分发挥
情境引导和提示思维的广度、深度和有效度的作用。

　　作为活的生物的人与环境交互作用而生成的经验所具有的意义和价
值,不仅取决于贯注于问题情境中的思维和智慧,还取决于人的行动
(做)所达到的实际效果,及经验的工具性所达到的水平。于是,行动与
情境的关系就突出出来了。论到对情境的探究时,杜威指出:"一切反省
的探究都是从一个有问题的情境出发的,而且这种情境不能用它本身来
解决它自己的问题。只有把这个情境本身所没有的材料引入这个情境之
后,这个发生问题的情境才转化而成为一个解决了问题的情境。"③ 这里
说的"把这个情境本身所没有的材料引入这个情境"就是改变情境的行
动。杜威主张在用行动来解决疑难之前必须先把弥漫着危险的情境"变
成一个问题",从而明确困难的所在,然后才能"设计应付这个情境的方
法和手段"④,用行动去解决问题。贯穿在这整个过程的都是人的行动,
其中无不体现出人的智慧和积极思维的作用。这个行动的过程,是能动
而全面地发挥人的生命努力的过程,它在保存生命和发展生命上的实际
的效用就是它的意义和价值。正如杜威所说:"当有问题的情境获得了解
决的时候,这种有问题的情境便具有了由思维操作所说明的一切关系所
具有的意义。""由于有机体和环境实际交互作用,情境便具有问题的特
性。""情境是动荡而危险的,因为如果要维持生命的活动,就要有当前

---

① [美] 杜威:《人的问题》,上海人民出版社 1965 年版,第 213—214 页。
② 同上书,第 218 页。
③ [美] 杜威:《确定性的寻求》,上海人民出版社 2004 年版,第 145 页。
④ 同上书,第 172—173 页。

动作对于未来动作所发生的那种影响。只有当我们所执行的动作使得环境有利于后来的有机动作时，生命过程才得以延续下去。"①

情境的模糊性还表现在时间性的变化中。随着情境的变化，经验的意义也会发生变化。对此，杜威指出："经验是通过旧的意义与新的情境的融合，并因而两者都改变形态（这种变化就是想象）"②，"交互作用总不是孤立分隔的。没有一种经验情境能够永远把它的这种最后特征保持不变，因为构成这个情境的互相关系就是一些交互作用的状态，而它们本身也是变化不定的。交互作用使得我们所经验的东西发生变化"③。事物总是存在于各种联系之中的，这些联系的变化必然引起这些事物的特征的变化。"如果我们抽象地加以陈述，这就意味着，一个对象在它直接个别而独特的情况之下所具有的特性和当它和其他对象关联着或连续着的时候所具有的特性，这两者之间是不可调和的。"④ 因此，要确认和判断经验的意义和价值，就必须顾及情境及其变化。

在亚历山大·托马斯看来，关于想象之于经验的重要性"这一主题对于杜威哲学的重要性，怎么说都不为过"⑤。他评述杜威在《一个共同信仰》中关于想象的论述时指出："想象不过是根据可能的情境掌握当下的意义这一能力，可能的情境会实现，因为其理想的可能性已经被掌握并用于调停情境和指导活动。这只有靠灵敏感受情境无所不在的性质这一能力才有可能。如果理想的东西一直理想，就没有实现可能性，那就未能调节情境，因此，就不能成为那个情境的意义或那个情境的任何阶段。理想的东西成功建立了连续性，就此而言，它标志着一个经验的实现，在其中，情境性质的特征坚持并决定了情境各部分的意味。"⑥ 这就是说，作为想象中的可能性的理想要成为现实，就必须对情境进行调节，离开了具体情境的理想只能是一种虚幻。

---

① ［美］杜威：《确定性的寻求》，上海人民出版社 2004 年版，第 181 页。

② ［美］杜威：《艺术即经验》，商务印书馆 2005 年版，第 305 页。

③ ［美］杜威：《确定性的寻求》，上海人民出版社 2004 年版，第 182 页。

④ 同上书，第 183 页。

⑤ ［美］杜威：《人的问题》，上海人民出版社 1965 年版，第 303 页。

⑥ ［美］亚历山大·托马斯：《杜威的艺术、经验与自然理论》，北京大学出版社 2010 年版，第 303 页。

第三节 情境对于经验的审美性质生成的重要作用

杜威指出，"经验是受着所有干扰观察受与做之间关系的原因制约的"①，这些原因中就包括了情境。"任何经验，哪怕是最普通的经验，也具有一个不确定的总体框架。事物与对象仅只是一个无限延伸着的总体之内的此时此地的焦点。这是性质上的'背景'，它被限定，并以其特殊的对象和具体的特点与性质而被明确意识到。"② 既然如此，艺术经验也不例外，也有一个"性质上的背景"即情境。无论艺术的经验具有多少自身的特点，它都是在一定的情境中生成，因此接受情境的必然而重要的作用。

对于艺术经验来说，它所在的世界就是一个大情境。"有两种可能的世界，审美经验不会在其中出现。在一个仅仅流动的世界中，变化将不会被积累；它不是朝向一个终极的运动，稳定性与休止将不存在。然而，同样真实的是，世界是完成了的，结束了的，没有中途停止与危机的痕迹，不提供任何作出决定的机会。"那么使经验具有审美性质以至成为审美经验的情境应该是怎样的呢？杜威指出："由于我们生活在其中的实际的世界是运动与到达顶点，中断与重新联合的结合，活的生物的经验可以具有审美的性质。"③ 这个本来就具有生命活力的世界，就是经验能够具有审美性质的大情境。作为"一个经验"的艺术所表现的审美经验，是由这个大情境赋予的，它的审美价值即自然生命的生成性本质及其节奏本来就是这个情境所具有的。

值得注意的是，亚历山大·托马斯甚至认为杜威的情境概念就是为了其美学思想。他的根据是杜威在《经验与自然》中的这段论述："从经验上讲来，事物是痛苦的、悲惨的、美丽的、幽默的、安定的、烦恼的、舒适的、恼人的、贫乏的、粗鲁的、抚慰的、壮丽的、可怕的；它们本身直接就是这样，如果我们利用美感（esthetic）一词的广义，而不仅限

---

① ［美］杜威：《艺术即经验》，商务印书馆 2005 年版，第 47 页。
② 同上书，第 213 页。
③ 同上书，第 16 页。

于应用到美和丑的方面。那么美感的性质，即直接地、最后的或自足的性质，毫无疑问就是在经验中所发生的自然的情境的特征。"① 因此，对于艺术和审美经验，我们决不能孤立地加以研究，而必须将其放到自然这个大"背景"上，放到"自然的情境"中审视。

在这个大背景上还存在着各种个别的具体的情境，它们作为"环境"更是直接影响着对象和事物的性质。"如果我们将一种颜色从它的环境中取出来，比方说，取出一种特殊的红色的色带，它就不再是原来的颜色了。"② 杜威所说的这个简单的事实就道出了这个道理。杜威指出："对一个广泛而潜在的整体的感觉是每一个经验的背景，并且这是理智的本质。疯狂而不正常的事物对于我们来说是那种从通常的背景中拉出来，单独而孤立地存在着，仿佛那些可能会在一个与我们的世界完全不同的世界中出现的事物。没有一个模糊而不确定的背景，任何经验的材料都是支离破碎的。"③ 因此，为了认识经验，必须看到它所在的情境，而决不能孤立地看待经验。

杜威还进一步指出了使经验生成审美性质的情境的特殊性，那就是情境的封闭自足性构成了艺术经验的来源。"在有些情境中闭关自守的、分散的、个别的特征是占主导地位的。这些情境构成了美感经验的题材；而当经验是最后的而不再寻求其他的经验的时候，这种经验就总是具有美感性质的。当这种完全的性质突出的时候，这种经验便被称为美感的。"④ 杜威在这里说的"闭关自守的、分散的、个别的特征"实际上就是说的自成一体的完满性、独特性和个别性。这些特征都是与作为"一个经验"的艺术的特征密切联系的。这是因为，正是这些特征才使经验的生命意蕴具有强烈而丰满的生成性的生命内涵，显示出生命发展的意义和价值，而这样的经验只可能在这样的情境中才会生成。

杜威还进一步指出："艺术的目的就在于构成这种经验的对象；而且在某种条件下，我们所欣赏的这种对象十分完备，以致使这种经验具有

①　［美］杜威：《经验与自然》，江苏教育出版社 2005 年版，第 79 页。
②　［美］杜威：《艺术即经验》，商务印书馆 2005 年版，第 252 页。
③　同上书，第 215 页。
④　［美］杜威：《确定性的寻求》，上海人民出版社 2004 年版，第 182 页。

一种强烈的性质，竟可以公平地称之为宗教经验。和平与和谐充满着宇宙，集中于一个具有特殊中心和模式的情境之中。只要经验是在这种最后的特征支配之下，经验便具有这种宗教性质；因而，神秘的经验只是在经验的节奏中重复着的那种经验性质特别强烈化罢了。"① 这就意味着，经验的性质实际上是情境所具有的性质的聚焦和映照。所谓"和平与和谐充满着宇宙，集中于一个具有特殊中心和模式的情境之中"，这样的情境就是一个氤氲着宗教气息的情境，它以其特殊的节奏强化了这种气息和韵味，更以其神秘性而令人神往沉迷。在这里，经验与情境互动融合，生动地表现了整体合生的关系。

亚历山大·托马斯在论述杜威的"情境"对于自然与经验的连续方式时说："杜威根据自己的情境理论来理解这一连续性。对杜威来说，情境就是实体（ousiai），代表最基本的实在（realities）。它们作为基本的实在（ousiai），基本的本体论个体，哲学理解从此进行。此外，情境也为理解审美意义提供了基础——情境就是那些整体，语境据此从性质上确定并反映自身。审美性质是从情境的一般性质方面的发展或突现。"② 这既解释了情境在杜威哲学中的重要性，也指出了情境这个范畴在杜威美学中的意义。在讨论关于审美在经验中的位置的问题时，杜威指出："第一个要考虑的是，生命是在一个环境中进行的；不仅仅是在其中，而且是由于它，并与它相互作用。"③ 在这个相互作用中，情境发挥着作用。杜威在论及小说和戏剧中的人物时说："人物存在于激发其本性的情境之中，给予存在的特殊性以潜在的一般性。同时，情境被限定，成为具体的。我们对任何情境的了解，都依赖于它对我们，或与我们一道做了什么：那就是它的本性。"④ "人物与情境的相互性在这样的事实中得到证明，每当情境未成熟与摇摆之时，人物就模糊而不确定——某种东西需要猜测和未能体现出，简言之，没有性格。"⑤ 这些话，无疑都说明了情

---

① ［美］杜威：《确定性的寻求》，上海人民出版社 2004 年版，第 182 页。
② ［美］亚历山大·托马斯：《杜威的艺术、经验与自然理论》，北京大学出版社 2010 年版，第 123 页。
③ ［美］杜威：《艺术即经验》，商务印书馆 2005 年版，第 12 页。
④ 同上书，第 270 页。
⑤ 同上书，第 271 页。

境和情境地表现在艺术中的重要性。

第四节 确立情境概念在审美研究中的基础性地位

亚历山大·托马斯指出："当我们谈论艺术和审美意义这一主题时，指出审美意义独一无二的、整合的且非推论的方面，与指出其可以交流的、内在相连的以及推论的方面同等重要。使审美经验成为或者如此，或者那样，对经验都是种损害。反过来说，审美经验本身包含着人与自然之间关系的线索。我们是情境地身处世界之中，而这意味着，我们是性质地、关系地在这个世界里。"① 这段话的内容很丰富，其核心是强调情境对于审美经验的重要意义。

但是，在流行的美学中却没有情境范畴所应有的地位。而情境观念的缺失，正如杜威谈到哲学中的情况一样，也是造成许多谬误和混乱的重要原因。尽管笔者在 30 年前的《运用系统原理进行审美研究试探》一文中就阐释了"审美情境在审美中的重要性"和"审美情境的实现同人类整个实践的关系"② 并一直坚持至今，但是也远没有达到杜威的深入程度。今天，在坚守人文性的同时也在奋力追求科学性的美学，应该认真吸取杜威哲学的智慧，明确地确立起情境范畴在美学学理中的基础性地位。所谓基础性地位，就是说它对于认识和理解美学中的那些基本问题具有基础性的意义；只有把这些问题所涉及的审美事实和现象放到具体的情境之中，在与情境的密切联系之中，才可能有更为深入而真切的认识。为此，情境和审美情境就应该作为重要的范畴纳入美学学理的体系之中，并且作为一个到处都不可忽视的范畴而发挥其学理作用。在此，情境就不只是一个具体观念，还是一个方法、一个视野，它要求我们在美学思维中必须贯穿一种具有整体合生意蕴的"情境思维"。

确立情境范畴在美学学理中的基础性地位，首先要有审美情境的观念。所谓审美情境，指的是围绕人的审美活动并深刻影响其过程和结果

---

① [美] 亚历山大·托马斯：《杜威的艺术、经验与自然理论》，北京大学出版社 2010 年版，第 138 页。

② 曾永成：《运用系统原理进行审美研究试探》，《四川师范大学学报》1982 年第 4 期。

的各种物理环境和心理环境相互融合所形成的具体的生活世界。它作为人的审美活动所处的具体境况，即前面说到的生态场。

具体说来，确立情境范畴在美学学理中的基础性地位，大体有以下几个方面的内容。

第一，确立美学思维的大情境观念，即像杜威所指出的那样，不是孤立地研究审美、审美活动和审美关系，而是从人是自然界的一部分、自然界是人类的母体的根本观念出发，把审美和审美活动放到包括了人在内的自然之中，放到人与自然关系这个具有终极性本体意义的大情境之中去审视。从美学的角度看，这个大情境就以其本来的审美性而成为作为"活的生物"的人的根本性的审美情境。在这个大情境中，才能看到生物和人的审美生活的自然的和生物的根源，才能从根基上认识和理解审美和艺术的性质和价值，才能发现形态万千的美的生命原型，也才能真正认识审美活动的生态本性和生态功能。

第二，把情境作为审美活动的基本构成因素确立下来，并认识到它是围绕审美主体和审美对象及其相互作用生成美感这三个因素同生共在的"环境"和"背景"。如果说主体和对象的关系构成的是一个审美的子系统，那么审美情境就是这个子系统的母系统。这样一来，审美活动的框架就立体化了。置身于审美情境中的审美关系能否实现，审美对象的呈现出什么样的审美性质，审美主体释放出什么样的审美态度和审美能力，主体与对象相互作用最终生成什么样的美感，如此等等，都离不开这个情境的作用和影响。在此，审美的情境对主体审美态度的制约特别值得重视。杜威指出："一个发现自己与愤怒的公牛在一起的人，只有一个欲望和思想：到达一块安全的地方。一旦他到了安全之处，他也许会欣赏野性力量的情景。"[①] 这使人想起郑板桥《湖上观荷遇雨》那首诗所描述的情景。这位画家兼诗人正在湖上观赏荷花，突然间阵雨袭来，他写道："忽然湖上片云飞，不觉舟中雨湿衣。摘得荷花浑忘却，空将荷叶盖头归。"这说的就是情境的变化把审美态度变成了功利态度，结果打断了原本惬意的审美过程。同时，情境还影响着对象的审美性质和品格的呈现，同一个对象当其处在不同的情境中时，它的审美性质和品格就会

---

① ［美］杜威：《艺术即经验》，商务印书馆 2005 年版，第 283 页。

不同。狄德罗早就用同一句"他就死（去死吧?）"的台词在《荷拉斯》和《史嘉本的诡计》两个戏剧情境中的对立来说明了这个道理。

第三，要深入认识审美和艺术在人的生活中作为其环境因素而构建其具体情境的作用。"艺术的道德职责与人性功能，只有在文化的语境中才能得到明智的讨论。""一种较少意识到，但却更大量而经常的经验的调整，来自于由一个时代的艺术整体所创造的整体环境。""它们构成一种整体的占有状态，决定了兴趣与注意力的方向，从而影响了欲望与目的。"① 在杜威看来，艺术作为自然的顶峰乃是文明的轴心，它的一个极其重要的作用就是直接参与改变人的生活情境，并借助这个情境改变自己的性格，引导和鼓舞人们实际地改变环境以调适与环境的关系，使生命得到维持和发展。在人类生活中，艺术总在以各种方式向日常生活和各种实践领域渗透，今天这个艺术走进生活过程的趋势更是成了汹涌的潮流。

第四，无论是在审美批评中还是在审美教育中都应该重视情境的作用。在论到对艺术的批评和判断中的分析与综合时，杜威指出："这两者不能相互分开，因为分析所揭示的部分是作为一个整体的部分；是从属于整体情境，即一个整体论述的细节与个别之处。"②这里包含了不能离开情境来分析和判断艺术价值的意思。在论述实验探究的第三个特点时杜威指出："在指导下构成了一个新的经验情境，而这些情境中对象之间彼此产生了不同的关系。"③ 这是说要有意识地通过改变和创造情境来积极影响对事物的探究。"如果一个了解整个情境的人着手要设计一些控制定性价值经验的办法，他所计划的进程和实验科学所遵循的进程就会是一样的"，就可以通过对情境的控制来得到预定的结果。④ 他的教育理论就很重视情境教育的方法，而这在审美教育中也尤其显得重要。

情境范畴以其丰富而深刻的生态内涵，在一个极其重要的层面上凸

① ［美］杜威：《艺术即经验》，商务印书馆 2005 年版，第 382 页。
② 同上书，第 344 页。
③ ［美］杜威：《确定性的寻求》，上海人民出版社 2004 年版，第 64 页。
④ 同上书，第 100 页。

显了杜威经验自然主义美学的生态精神。确立情境范畴在美学学理中的基础性地位，必然有助于美学走出许多因为忽视情境而产生的混乱与谬误，而且能够实际地推进美学的生态学转化。我们相信，在与情境范畴的本来关联中建构起来的美学理论，不仅更切近人类审美活动的生态真实，也更有利于美学实现其对人类生活和文明进步的"实用"功能。对于笔者所着力主张的人本生态美学来说，情境范畴无疑具有极其重要的理论建设意义。

第 五 编

艺术审美活动价值的
生态内涵

第十四章

生成追求：杜威审美价值观中的
人性生态关怀

　　杜威的价值论特别重视世俗价值，但并非就是庸俗价值论。他的审美价值观从作为"活的生物"的人与环境交互作用探究审美价值的生态根源，并指出价值作为事实所具有的客观性，进而从自然——宇宙和人性及其活动的生成性阐释审美价值的本质，还从审美需要的多样性和全面性的生态内涵出发，在重视审美的世俗价值的基础上逐步实现其对于人性生成的终极价值，并且提出了价值创造的生态尺度。以上的理论内涵说明，杜威的美学提出了一种人本性与生态性高度统一的审美价值论，表现出对人性生态的深切关怀。

　　杜威的哲学在本质上是一种价值哲学。过去有论者在论及这一问题时认为："不仅杜威哲学本质上是一种价值理论，而且整个实用主义哲学，都是一种'兑现价值'的理论，是一种世俗价值哲学、庸俗价值哲学；杜威哲学只是把理论的价值哲学与世俗的价值哲学相结合，使之具有理论色彩而已。"① 这里把"世俗价值哲学"与"庸俗价值哲学"相等同，未必公允。应该说，对世俗价值的重视和追寻，力求使哲学为世俗价值的实现给予助力，正是杜威为代表的实用主义哲学的优胜之处，鲜明地表现了那个时代的"美国精神"求真务实的一面。用我们习惯的话来说，就是充分显示了一种脚踏实地的实践精神。世俗的必然是现实的

---

①　王玉樑：《追寻价值——重读杜威》，四川人民出版社 1997 年版，第 3 页。

和大众的，但并不一定就是庸俗的。在杜威的经验论的艺术美学中，其审美价值观念也首先是世俗的，但决不就是庸俗的。与那些把审美的价值推升到不食人间烟火境地的审美"玄学"不同，杜威更关注艺术和审美对于人的现实的日常生活包括身体健康的意义。但是他绝不仅止于此，正如他的哲学对超越性理想的执着寻求一样，他的美学也对人性生成表达了热忱的关怀，而且把这种关怀深入到对人和人性生成与自然和社会环境的相互关系的层面，深入到人赖以生存的大地，而这种最根本的生态关怀正是一种深度的人文关怀。杜威把自己的经验自然主义哲学称为自然主义的人道主义，他的价值理论是他作为一个人本主义者的价值论。这正如有论者指出的："杜威的经验哲学，不是一种传统意义上形而上学理论。而是一种立足于人，以人为本的价值理论。"①杜威的审美价值观充分体现了对人性生态的深切关怀，并从其生态根源、生态本质、世俗价值与终极价值的关系和价值创造的生态尺度等几个层面加以深入阐释，因此它既是人本的，又是生态的，是人本性与生态性有机统一的。

第一节　从人与环境的生态关系揭示
审美价值的根源和特性

在杜威看来，价值不是孤立的存在，而是存在于作为"活的生物"的人与事物和世界的积极的交互作用之中的，即人以自己的动作与自然发生的关系之中的。他认为，"交互作用乃是每一种人类关系所不可避免的一个特性"，因此，"把知识、静观、爱好、兴趣、价值或者其他等等跟动作孤立起来的这个观点本身，就是认为事物能够脱离与其他事物的积极联系而存在和被认知的这个见解的一种残余"②。把作为价值主体的人置于其与自然和社会环境相互作用这样的生态关系中来认识，进而确立价值的存在的本体根源及其客观性，这正是杜威审美价值观的人性生态关怀的现实和自然基础所在。

在《经验与自然》中杜威引述了他认为是"我们最伟大的美国哲学

---

① 王守昌、苏玉坤：《现代美国哲学》，人民出版社1990年版，第85页。
② ［美］杜威：《经验与自然》，江苏教育出版社2005年版，第275页。

家"贺尔姆斯的"一些光辉语句"："如果我们不想把我们的生存视为一个外在的小神灵的存在，而是在这个宇宙以内的一个神经中枢，我们还有无限的境界在我们的背面。它给予了我们以唯一的但恰当的重要意义。""一个已经在经验面前揭露自己，而且经过训练达到成熟的心灵知道它自己的渺小和无能；它知道，它的愿望和谢礼，无论在知识或行为方面，都不是衡量这个宇宙的最后尺度，因而它终究还是变化无常的。但是它也知道，它对于权利和成就的这种幼稚的假定也不是一个将被完全遗忘的梦境。它意味着一个跟宇宙融会一体的境界，而这是要保持下来的。这个信仰亦即它所激起的在思想上的努力和奋斗也是这个宇宙的动作，而它们，无论是多么的微小，在某种方式之下，也推动着宇宙前进。关于我们的重要性我们已经有一个比较正确的感知，即理解到，它并不是衡量整体的尺度，这跟我们相信我们以及我们的努力不仅对我们本身而且对于整体是有重要意义的这个信仰乃是一致的。"[①] 这段关于人与宇宙—自然的关系的论述，对于深入理解杜威的价值观包括审美价值观的生态根源和生态内涵十分重要。

杜威的这段体现了终极性生态视野的话，包含了两个方面的意思：一方面，由于"我们来自宇宙，而非宇宙来自我们"，而"部分不能吞灭整体"，因此在宇宙面前人应该"知道它自己的渺小和无能"，"无论在知识或行为方面，都不是衡量这个宇宙的最后尺度，因而它终究还是变化无常的"[②]。这就是说，尽管人是在宇宙中生成的，不仅因为它只是宇宙的一部分，而且因为宇宙及其所生成的人还在生成的过程之中，还"变化无常"，因此不能以为人是衡量宇宙的最后尺度。另一方面，由于对"跟宇宙融汇一体的境界"的追求，人的努力和奋斗就实际上"也是这个宇宙的动作"，人的努力也对于宇宙的整体具有重要意义，因此从人与宇宙互动生成的这种内在关系来说，人的活动和努力又是有价值的，而且人通过自己与环境的交互作用推进人自身和宇宙的生成，乃是最根本的价值所在。

审美价值作为一种特殊的价值，是存在于形式之中的，是由形式直

---

① ［美］杜威：《经验与自然》，江苏教育出版社 2005 年版，第 265—266 页。
② 同上书，第 266 页。

接表现出来的。杜威以某些图像为例，它们"是指示而不是包含意义。它的价值就像指示牌对于开汽车的人的价值一样，指引他进行下一步的活动。线条与空间的安排不是由于其自身的被经验的性质而是由于它提示了我们某种东西"①。这就是说，事物和对象的审美价值乃是"被经验的性质"即直接感知的性质，它存在于经验的形式自身所表现的意义之中，是对象自身的价值，而不是外在的东西。他说"线条仅仅作为线条所具有的表现性，可以作为审美价值本身"②，就表达了这样的意思。

杜威进而揭示和肯定了自然中客观存在的节奏对于艺术审美的本体意义。认为生活的有节奏的律动是我们世界中意义和价值的经验的基础，这是杜威得出的一个极其重要的结论。杜威不仅指出"一个经验"的表现性，而且深刻揭示了经验的有节奏的形式所具有的能量组织作用，也就是对于审美经验来说特别重要的动力性特征。"秩序、节奏与平衡就是意味着对于经验重要的能量在起着最大的作用。"③ 他认为："审美经验的仅有的独特的特征正在于，没有自我与对象的区分存乎其间，说它是审美的，正是就有机体与环境的相互合作以构成一种经验的程度而言，在其中，两者各自消失，完全结合在一起。"④ 正是这种进行能量组织的力量造成的节律感应，使审美主体的自我与对象结合起来并且融合为一，达到人与宇宙融汇一体的境界。生成于人与环境交互作用的审美经验，以其具节奏的形式的表现性与动力性而产生了对于人的生活和人性生成的审美"效用"，才具有审美的价值的。从实用主义的本义出发，杜威注意从后果和实效去确定价值。值得注意的是，他说的后果和实效，并不仅仅是个人是否感到享受和满意的主观效果，而是要看是否可以创造一个有利于人和环境和谐发展的条件。

杜威严厉地批评了那种把形式与质料区分开来的观念，认为这种划分造成了深重的灾难。他认为，艺术的审美价值是同质料和形式的表现性密切联系的，也可以说是存在于质料与形式的结合之中的。"由于形式

---

① ［美］杜威：《经验与自然》，江苏教育出版社 2005 年版，第 97 页。

② 同上书，第 107 页。

③ ［美］杜威：《艺术即经验》，商务印书馆 2005 年版，第 204 页。

④ 同上书，第 277 页。

与质料在经验中结合的最终原因是一个活的生物与自然和人的世界在受
与做的密切的相互作用关系"①，因此，审美价值的根源也就是作为活的
生物的人与自然及社会环境之间的相互作用。而"区分质料与形式的理
论的最终根源就在于忽视这种关系"②。这也就是艺术的审美价值的生态
根源所在。在谈到对一节诗的欣赏时杜威说："是否有人在感受这首优美
地写出来的诗的同时，又有意识地将感觉与思想、质料与形式区分开来？
如果有的话，那么他就不是审美地去读和听，因为这节诗的审美价值存
在于两者的结合之中。"③ 从这些论述可以看出，杜威是审美价值作为审
美对象自身存在的东西来看待的，而其最深的根源则是"一个活的生物
与自然和人的世界在受与做的密切的相互作用关系"。

第二节 从对人的活动的生态生成意义
确定审美价值的工具性本质

有论者早就指出："杜威对价值理论的研究，是从本体论入手，从存
在出发，从价值与存在的关系出发进行研究。"④ 在杜威看来，价值乃是
存在物所产生的，是独立于思想和判断之外而为我们所经验到的，因此
价值本身也是一种存在，也是一种事实，即"价值事实"，即使对价值的
评价判断亦即价值判断也是一种事实判断。在《人的问题》中，他首先
使用了"价值事实"这个概念，认为事实与价值的关系问题，就是"价
值事实"与其他事实的关系的问题。⑤ 这就与那些把价值包括审美价值仅
仅归于人的主观需要和态度的观点有了根本的区别，而肯定了价值和审
美价值的科学性与客观性。杜威的这个观点，体现了生态思维中价值论
与真理（认识）论在本体论基础上相统一的意向。即使从"有用（效
用）即价值"的角度看，所谓"有用"也存在于人与环境的交互作用之
中，存在于这种交互作用对人和人性的生成的实际影响之中。艺术审美

---

① ［美］杜威：《艺术即经验》，商务印书馆 2005 年版，第 146 页。
② 同上。
③ 同上书，第 145 页。
④ 王玉樑：《追寻价值——重读杜威》，四川人民出版社 1997 年版，第 23 页。
⑤ ［美］杜威：《艺术即经验》，商务印书馆 2005 年版，第 231 页。

就是为这个不断的生成过程创造更好的条件，其生成性"后果"作为审美价值也都是客观存在的事实。包括审美价值在内的一切价值的这种生成性意义，正是生态运动的本质所在。杜威说得好："人类追求理想的对象，这是自然过程的一种继续；他是人类从他所由发生的这个世界中学习得来的，而不是他所任意注射到那个世界中去的。"① 这就从自然界本身的生成性本质揭示了人类的能动性和人的活动（实践）的生成性意义的最深根源。自然界是生成的，而且处在一个永无"终结"的过程之中。"人类从他所由发生的这个世界中学习得来的"这种永无"终结"的生成性乃是其之所以能够创造价值的根源所在。本来就具有生成性意义的自然界，赋予了人类追求和创造生成性价值的努力。杜威的这一观点，与现代生态思维对自然—人生态系统的整体生态价值的揭示和重视是精神相通的。

在《经验与自然》中，杜威就表达过这样的思想。他指出："人类之诉诸美感对象，乃是人类从一个痛苦和艰难的世界中自发地寻求逃避和安慰的一个方式。如果一个世界全部包括着稳定的对象，直接呈现出来而且为人们所占有，这个世界就会没有美感的品质，它就会只是存在而已，而且会缺乏满足和启示人们的力量。当对象把混乱和失败转变成为一个超越于烦恼和变化以上的结果时，它们实际上就是具有美感性质的。"② 这就是说，对象引起人的美感的内在价值，乃是其改变不满意的现状的努力及其后果。杜威看中的是这种不断进取的精神，是像没有终结的自然本身那样不断自我生成的变化及其过程。他所说的"一个经验"正是由于完满而生动地表现了这种精神，并通过节奏的能量组织去振奋人的这种精神，才具有审美价值的。

在论及道德的改善问题时，杜威针对那种只是追求静止的完满目的的观念指出："发展、改善和进步的过程，而不是静止的成果和结果，变得重要。不是作为一成不变的目的的健康，而是健康所需的改善——一个连续的过程——才是目的和善。目的不再是要达到的终点或极限。他是改造现存状况的积极过程。"他还强调地说："发展本身是唯一的道德

----

① ［美］杜威：《经验与自然》，江苏教育出版社 2005 年版，第 267 页。
② 同上书，第 59 页。

'目的'。"① 这里说的"发展、改善和进步"，无非是生成的具体表现。

审美价值与节奏同在，是通过节奏来表现的。人本来就是在具有节奏的大自然中生成，对于他的生命存在和运动，节奏具有特殊的意义和价值。"人对自然节奏的参与构成了一种伙伴关系，这要比为了知识的目的而对它们的任何观察都要亲密得多，这迟早会引导人将这种节奏强加到尚未出现的变化之上。""通过舞蹈的表演，用石头凿，用银来锻造，在洞穴的墙上描绘，蛇、麋鹿、野猪的神秘运动具有了节奏，使这些动物生命最根本的本质得以实现。"正是这种节奏使人与自然的关系达到"自由王国中的自由"一样的境界。② 这样的节奏本来就存在于自然之中，而这也就正是审美价值的客观性的基础。杜威说原始人的舞蹈、雕刻和绘画中的节奏使其所表现的"动物生命的最根本的本质得以实现"，这"本质"是什么呢？就是在大自然的生态运动中被赋予的永无"终结"的生成性追求和努力。

这种并非"终结"的生成性追求，是与世界和事物的连续性互为表里的，因为世界的生成性本来就是连续性的运动，而连续性则本来就是生成运动中的连续。在这个连续的生成过程发挥作用的一切事物和活动预示都成了推动这个进程的工具。这样一来，价值创造活动中的目的与手段的关系就凸显出来。杜威在阐释他的工具论时，特别强调工具作为手段应该是与"效用"的"目的"相统一因而预示了"目的"的手段，这就是他的手段与目的一致论。在杜威看来，恰恰是艺术最充分地体现了这种"效用"和工具、"目的"和手段的内在的一致性。"艺术——这种活动的方式具有能为我们直接所享有的意义——乃是自然界完善发展的最高峰。""把经验当做艺术，而把艺术当做是不断地导向所完成和所享受的意义的自然的过程和自然的材料。"③ 这就是说，艺术作为一种实现"目的"的手段，其自身就包含和"导向"这个"目的"。须知，目的和手段的高度统一，正是艺术审美的本质性的特征。席勒主张通过审美教育实现政治的自由，就是出于对审美活动这一本质特征的确认。显

---

① 王守昌、苏玉坤：《现代美国哲学》，人民出版社 1990 年版，第 101 页。
② ［美］杜威：《艺术即经验》，商务印书馆 2005 年版，第 164 页。
③ ［美］杜威：《经验与自然》，江苏教育出版社 2005 年版，第 228 页。

然，杜威对艺术审美作为"有用"的工具的认识，其中不仅包含了对其
"目的"的确认，而且正是为了有效地达到目的才强调其作为工具即手段
的意义的。杜威的目的与手段应该一致的工具观，无论对于认识审美价
值还是其他领域中的价值问题，都具有十分重要的意义。在杜威那里，
经验的生成性意义就既是目的也是手段。正如他说的："发展本身是唯一
的道德'目的'。"当然也是艺术审美的目的。因此，那种认为杜威在价
值论中重视手段价值而轻视目的价值的观点，是立不住脚的。

"除非记住经验生长，而且在生长中呈现出意义这一基本学说，否则
就无法理解杜威的思想，尤其是无法理解他审美意义理论中的任何思
想。"① 亚历山大·托马斯的这个告诫是十分深刻的。

第三节 在回归世俗价值的基础上
重建审美价值的终极关怀

实用主义的价值观是以对象的实际效用为依归的，艺术的审美价值
也不背离这个根本的准绳。杜威认为"哲学的中心问题"是"由自然科
学所产生的关于事物本性的信仰和我们关于价值的信仰之间存在着什么
关系"，而"在这里所谓价值一词是指一切被认为在指导行动中具有正当
权威的东西"②。既然说"价值"是指的能够"在指导行动中具有正当权
威的东西"，那就必然是能够带来肯定性的"效用"的东西。杜威的价值
观，显然具有极其鲜明的实践性品格，他的审美价值观也立足于此。

杜威非常看重理智对于价值认知和判断的作用，并由此提出一个
"主要命题"："价值判断就是关于经验对象的条件与结果的判断；就是对
于我们的想望、情感和享受的形成应该起着调节作用的判断。因为凡决
定我们的想望、情感和享受的形成的东西就决定着我们的个人行为和社
会行为的主要进程。"③ 尽管价值判断只是主观的认知和评价，但它所面
对的对象的价值，指的正是"决定着我们的个人行为和社会行为的主要

① ［美］杜威：《艺术即经验》，商务印书馆 2005 年版，第 94 页。
② 同上书，第 197 页。
③ 同上书，第 205 页。

进程"的东西，亦即对个人行为和社会行为的主要进程"有用"的东西，是对这一进程的"效用"。换句话说，也就是"实用即价值"。

在论及建筑的价值时，杜威特别强调建筑"表现人的集体生活的持久的价值。它'再现'了那些建造房子以便为家庭遮风雨，为神筑祭坛，设立一个地方在那里制定法律，或者建起一个堡垒以抗拒攻击的人的记忆、希望、恐惧、目标，以及神圣的价值。如果建筑不是对人的利益和价值具有高度的表现性的话，那么一些建筑物分别称为宫殿、城堡、家、市政厅、会场，就会使人无法理解"①。在杜威看来，这些建筑的审美价值是与它们在生活中与人的实际关系所造成的经验密切相关的。而对象的"有用"性即"效用"，又总是同人的欲望相关的。杜威指出："由于生命就是活动，每当活动受阻时，就会出现欲望。一幅画令人满意，是因为景色比日常围绕着我们的绝大多数事物具有更完满的光与色，从而满足了我们的需要。""在审美对象中，强烈的感性性质占据着主导地位，这本身，从心理学上说，就证明了欲望的存在。"② 对审美需要这种特殊的生命需要的满足，带给人对生命意义的体验和对物我关系的调适，这就是艺术的"效用"，这也就是审美的价值。他认为："黑人雕塑家所作的偶像对他们的部落群体来说具有最高的实用价值，甚至比他们的长矛和衣服更加有用。"③ "实用即价值"的观念也适用于艺术，只不过"实用"的含义与通常的理解有所不同。

有论者认为，实用主义哲学的"兑现价值"的观念，主导的是一种求利思维或求利倾向，这种倾向所体现的"美国精神"中"求实精神"的一面恰好与市场经济中"经济人"对物质利益的追求相一致。宾克莱就曾说："美国人常常被称为注重实际的人民。他们希望把事情做成；他们关心一样东西或一种理论有无用处的问题胜似关心人生终极意义的比较理论性的问题。""实用主义的方法，如威廉·詹姆士和约翰·杜威所发展的那样给美国人之关心实际行动而不关心崇高理想提供一个哲学根

---

① ［美］杜威：《艺术即经验》，商务印书馆2005年版，第246页。
② 同上书，第284页。
③ 同上书，第27页。

据。"① 实用主义的价值观无疑有"求利思维或求利倾向",但是这种"求实精神"并不弃绝"崇高理想"。杜威哲学中对生成性的一贯强调,就在高扬自然—宇宙的生成性的主张中为这种"崇高理想"留下了充足的空间,并且把它与"求实精神"有机统一起来。

问题的关键在于,杜威所说的"有用"或"效用"本来就超越了传统的美学所说的"功利"的范围,他是把艺术对人的美感上的享受和满足也看成一种重要的"效用"的。在《经验与自然》中他就明白指出:"所谓有用就是满足需要。人类特有的需要就是去占有和欣赏事物的意义,而这种需要在传统的对于'有用'这个概念中却被忽视而未曾予以满足。"② 如果艺术的美感不是"有用"的,人为什么会需要它,还那么努力地去创造它呢?杜威对于艺术审美的"有用"性的观点,不禁使人想起鲁迅关于美术乃"无用之用"的说法。

不仅如此,杜威在所谓"高级"艺术与"低级"艺术的联系中,在"一个经验"与日常经验的联系中认识审美的价值,与传统美学局限于博物馆、画廊和音乐厅的审美视野不同,他首先关注的是大众的、娱乐性的、身体也参与其中的那些原生性的艺术和"准艺术",认为这些艺术绝不只是精神的享受,而是由各种各样的实际效用,会给人带来现实的好处。本着"回归大地"的生态化的思路,杜威把凡是具有类似"一个经验"的行为都称为艺术,也就是说在人与环境交互作用中那一切能够同时给人以美感享受的技艺活动及其经验,都是艺术。正是出于对艺术的工具性的坚持,杜威极其反感"为艺术而艺术"的观念而屡屡加以批评。在杜威心目中,艺术不仅是"有用"的,而且它的用处首先是面向世俗日常生活的。

杜威通过对"艺术"概念的生活还原和外延扩展,既沟通了艺术与日常经验之间的联系,又使艺术审美价值的生态内涵的多样性和全面性得以敞亮,并且在重视其世俗价值的同时也展示了对于艺术的终极价值的追求意向。对于坚持认为宇宙是一个不断生成的过程的杜威来说,对

---

① [美] L.J. 宾克莱:《理想和冲突——西方社会中变化着的价值观念》,商务印书馆1983年版,第19—20页。

② [美] 杜威:《经验与自然》,江苏教育出版社2005年版,第231页。

于与生成的无限性直接相关的终极价值的漠视，乃是不可思议的。正如
亚历山大·托马斯所说："经验的终极目的是审美。审美标志着经验成为
积累的表现与内部价值这种可能性的实现。因此审美就变成了对于任何
哲学理解的最终关怀。"① 而审美之所以能够成为这样的"最终关怀"，
就因为在审美经验的形式及其节奏中最完满、最充分也最生动地表现了
人与自然环境之间交互作用中的生成性意义。杜威指出："一个真正的美
感对象并不是完全圆满终结的，而是还能够产生后果的。如果一个圆满
终结的对象不也是具有工具作用的，它不久就会变成枯燥无味的灰尘末
屑。伟大艺术所具有的这种'永垂不朽'的性质就是它所具有的这种不
断刷新的工具作用，以便进一步产生圆满终结的经验。"② "审美经验的材
料由于其人性——与自然联系在一起，并作为自然一部分的人——而具
有社会性。审美经验是一个文明的生活的显示记录与赞颂，是推动它发
展的一个手段，也是对一个文明质量的最终的评判。"③ 以此可见，艺术
正是作为推动文明发展的工具即手段而具有其独特而重要的价值的。既
然如此，杜威的这种工具主义的价值观就不是像某些论者说的那样"特
别是忽视对终极价值的追求"，并因而为"不关心崇高理想提供一个哲学
根据"了。

杜威关注世俗价值，但绝不只是关注迫在眉睫的问题。他对价值的
追寻最终指向人性的生成，指向人与自然环境之间的动态的和谐和平衡，
指向人与宇宙融为一体的某种神秘的宗教境界，这无疑是超越了所谓世
俗价值层面的。只是他并不虚悬一个抽象的所谓"终极"目标，而是把
它融入当下每一个具体的目的之中，并一步步地去加以实现。这样的观
念在他的审美价值观中表现得十分明显。

第四节 从人与自然的生态关系把握价值创造的适当尺度

杜威说，理想主义和教会把价值分为两种：一是"具有低级实有的

---

① ［美］杜威：《艺术即经验》，商务印书馆 2005 年版，第 4—5 页。
② ［美］杜威：《经验与自然》，江苏教育出版社 2005 年版，第 233 页。
③ ［美］杜威：《艺术即经验》，商务印书馆 2005 年版，第 362 页。

特征"的价值，即从"世俗兴趣"出发的"暂时性的价值"；二是"由
'最后实在'（或'最高实在'）所产生的标准和理想来衡量的"价值。
他不赞成这样的区分，而倾向于用比较符合日常生活实践的概念，去代
替具有永久而超验价值的权威的旧说。杜威并不简单地把享受和满足就
看作价值，而是把它与思想、智慧联系起来，享受并不就是价值，相反，
价值要调节享受，并且进而要去指导对经济、政治和宗教的改造。它并
不认为一切现实的享受就是合理的，而追求有思想、有智慧的享受，为
此就必须改造现实。也就是说，真正的价值是人在与自然和社会环境的
交互作用中以自己的行动去创造的。

那么价值应该怎么创造呢？杜威认为："忠实于我们所属的自然界，
作为它的一部分，无论我们是多么微弱，也要求我们培植我们的愿望和
理想，以致我们把它们转变为智慧，而按照自然所可能允许的途径和手
段去修正它们。当我们尽量运用我们的思想而把我们微薄的力量投入这
种动荡不平的事物均衡状态之中时，我们知道，虽然宇宙在残害我们，
我们仍然是可以信任它的，因为我们的命运总是和存在中一切好的东西
相一致的。我们知道，这样的思想和努力乃是产生更好的东西的一个条
件。""要求更多的东西，这是幼稚的；但是如果要求得比这还更少一些，
这又是懦怯；期望宇宙符合和满足我们一切的愿望，这是一种自我中心
的表现，把我们自己跟宇宙分割开来了，但是要求过低也同样是这样的。
诚意地提出要求，如要求我们自己一样，就会激起我们一切的想象力，
而且从行动中索取一切技能和勇气。"① 这段话包含了非常丰富而又深刻
的内容，不仅集中地表达了杜威关于人对自然生态的能动作用的观念，
而且提出了人的能动作用的"尺度"问题。

杜威明确地把人视为自然界的"一部分"，要求"忠实于我们所属的
自然界"，这是其价值意识的基本立足点，也是其价值观念的生态内涵的
根本所在。他又明确主张人应该"按照自然所可能允许的途径和手段去
修正"自然界，"尽量运用我们的思想而把我们微薄的力量投入这种动荡
不平的事物均衡状态之中"，从而肯定了发挥人的能动作用去实现生态平
衡的必要和可能。这种能动性首先表现为"培植我们的愿望和理想"，即

---

① ［美］杜威：《经验与自然》，江苏教育出版社 2005 年版，第 266 页。

有"修正"自然界使之达到生态平衡的追求，进一步还要通过对自然界的了解，增强和深化对自然界的知识，而把修正自然界的理想转变为相应的生态智慧。再进一步，还要把这些"思想"化为行动，把自己"微薄的力量"投入到对自然界的"修正"中去，以实现需要的平衡，达到"跟宇宙融会一体的境界"。这样一种洋溢着理想精神的追求，具有鲜明的终极性意义。

对于人在改善自己与自然界的生态关系上的能动性，杜威还提出了一个必须适度的要求，那就是既不能沦于自我中心主义的为所欲为，也不能要求过低，而应该把自然界看作我们自己一样，在这个范围内"激起我们一切的想象力，而且从行动中索取一切技能和勇气"。这就是说，人对自然界的"修正"是有"度"的，把握这个"度"乃是对人的能动性的更高层面上的要求。在杜威看来，在人与环境交互作用中生成的经验在不断的自我调适中本来就会引导我们去考虑并走向未来，因为作为人的环境的自然—宇宙环境本来就是没有"终结"，因而总是处在尚未完成的进化过程之中。自然在生成中，人也不断追求生成，这个追求永无止境。而艺术审美正应该去促成和推进这种生成理想的一种价值创造。杜威对人在改造自然环境时应该"适度"的强调和现实的物质价值的重视，体现了他的价值尺度的生态精神。在杜威的审美价值观中，作为价值创造者的人才回归到了真正立足大地的、有真实血肉的现实的人。由此可以说，杜威的审美价值观中的人性生态关怀，只有在他提出的生态尺度的要求下才能确保其逐步实现。

第十五章

成长之源：杜威经验观与
审美经验生成性价值的生态根源

    杜威的经验论竭力彰显面向未来的生成性，从而不同于那种面向过去的旧经验论，他还从自然界自我生成的生态本性追溯经验生成性的生态根源。杜威认为艺术的审美价值是经验的生成性意义的充分表现，因而对经验生成性的自然溯源实际上也就从自然连续性阐明了审美价值的自然生态根源。杜威对审美经验的生成性的自然溯源，对于深入理解杜威美学整体的生态精神，都具有十分重要的意义。

在杜威的经验自然主义哲学和美学中，关于自然、人性和世界的生成性的观念，是一个贯穿始终而且具有核心价值意义的思想，并成为其审美价值观的根本内涵。自然是具有连续性的生成中的过程，因此生命就是生长，自然和世界可以理想化并且把理想变成现实。正是这种奠定于科学的对自然、人性和世界的生成性的坚定信仰，赋予杜威的哲学以理想主义和积极实践的精神。更为重要的是，杜威关于自然和世界的生成性的观念以达尔文的进化论为基础，深刻而科学地揭示了世界进化的生态本性和人性自我生成的生态根源，从而有助于深入认识生态存在及其运行的生成性本质，为人类的需要和行动启示了根本的价值指向和信仰追求。为了深入理解杜威经验论美学的审美价值观，有必要从其经验论和自然哲学中更加真切地认识世界生成性的生态根源。正如亚历山大·托马斯所说："除非记住经验生长（experience grows），而且在生长中呈现出意义（meaning）这一基本学说，否则便无法理解杜威的思想，尤其是无法理解他审美意义理论中的任何思想。"①

第一节　杜威经验论以面向未来的生成性而不同于旧经验论

在对人类思想发展的研究中，杜威把培根称为现代思想的真正建设者和人类新精神的代表，说他的最大功绩并不是归纳法，而是发现理论和发现法，他使人们从注重过去转向注重未来，强调新的事实和真理的发现，不断地去探究自然的秘密。② 这种面向未来、注重发现，积极推进世界的理想化进程的精神，正是杜威改造传统哲学，提出他的经验自然主义哲学的宗旨所在。在杜威看来，只有这样，哲学才能结束与生活隔绝这个最大的不幸而获得新生。正如梯利所说："对杜威这个进化论者来说，实在绝不是一个完全已有的、现成的和固定的体系，而是处于变化、成长和发展中的事物。"③ 对世界的生成性的揭示和重视，正是杜威经验论的精华所在。

在《哲学复兴的需要》一文中，杜威对传统经验论和他自己的经验论做了五点比较：第一，在正统的观点中，经验首先是一种认识事件。但如果不以老眼光来看，它无疑就表现为生命体与物理环境及社会环境之间的交流。第二，在传统中，经验是（至少主要是）一种精神性的东西，它影响着整个"主体性"。经验自身意味着一个真实的客观世界，它进入到人们的行为和痛楚之中并接受后者的改变。第三，一旦已确立的原理意识到应该超越只有现在的存在，过去这一维度无疑会被考虑。对已发生事件的记录将优先被考虑为经验的本质。于是，经验主义就被理解为对过去存在的事件，或对"所与"的关注。但经验的最重要的形式是实验，是改变"所与"的努力。它是以规划和探寻位置领域为特征的，与未来的联系是其最重要的特征。第四，传统的经验论可以被归结为特

---

① ［美］亚历山大·托马斯：《杜威的艺术、经验与自然理论》，北京大学出版社 2010 年版，第 94 页。

② ［美］杜威：《哲学的改造》，陕西人民出版社 2004 年版，第 4 页。

③ ［美］梯利：《西方哲学史》下卷，商务印书馆 1979 年版，第 343 页。

称论。关联与延续性被排除在经验之外，被视为不确定的有效性的副产品。而对环境的忍受及向着新方向来控制环境的努力等经验，确实孕育在上述关联之中的。第五，在传统的观念中，经验与思维是对立的术语。一旦不是对过去所与的复现，推论就超越了经验，因而它或者是无效的，或者是对绝对的衡量尺度。以经验为跳板，我们凭借推论就可以了解稳定之物及其他自我的世界。但是一旦脱离了陈旧观念的束缚，经验中就充满了推论。很明显，没有有意识的经验不包含推论，反思是天赋的和永恒的①

在评述杜威的这个比较时，塔利斯指出："比较而言，杜威的经验概念不是对外部世界的被动的记录，而是与外部世界发生互动的行为事件。从生命体与环境中的其他因素之间的互动这一角度来理解，经验主要关注被规划的未来以及被改造的环境。"② 这正好揭示出杜威的经验论与传统经验论之间最重要的区别。这就是说，杜威从人与环境交互作用而发生的经验，不仅综合了人与环境的现实关系，而且是面向未来的，在人与环境的互动中包含着改造和改善现实使之更符合人的理想性目的的意向和行为冲动，而这正是其生成性精神所在。这样的经验，只是现实发展的环节，其中包孕着向未来发展的愿望和对现实可能的预见，乃至对行动方法的启示。正因为如此，塔利斯才说："通过这种比较，我们较合理地、完整地了解了杜威的经验论。这一概念为杜威哲学的其余部分提供了基础。"③

在中国，胡适最早注意到了杜威在这个比较中对自己经验论的本质性含义的阐发。在《杜威哲学的根本观念》中，他在概述了上述五点比较之后指出："这五种区别，很是重要，因为这就是杜威的哲学革命的根本理由。"他认为，在这五种区别中，"最要紧的是第三第五两种区别。杜威把经验看作对付未来，预料未来，联络未来的事，又把经验和思想看作一件事。这是极重要的观念。照这种说法，经验是向前的，不是回想的；是推理的，不是完全堆积的；是主动的，不是静止的，也不是被

---

① ［美］罗伯特·B. 塔利斯：《杜威》，中华书局 2002 年版，第 54—56 页。
② 同上书，第 55 页。
③ 同上书，第 56 页。

动的；是创造的思想活动，不是细碎的记忆账簿。""经验不是一本老账簿；经验乃是一个有孕的妇人；经验乃是现在的里面怀着将来的活动。"①胡适的上述理解无疑很中肯、很深刻。

杜威把经验主义又称为实验主义，这是一个极为重要的观念，因为正是这实验性才显示了杜威所说的经验的本质特征。这正如杜威自己所说："当经验不再是经验的，而是实验的，有重大意义的事情就会发生。从前，人只是用他先前的经验的结果来形成习俗，这些习俗后来被盲目遵守 或盲目破坏。现在，旧的经验被用来提出目标和方法，用以发展新的改进了的经验。结果经验就变得积极的自我调节了。"②"对于这样以建设的形式用于新目的的经验主义建设，我们命名为智慧。"于是，这种能动的、积极面向未来的经验就与现实地改变是无现状的智慧和理性相通了。③ 杜威指出："理性是实验智慧，按照科学的模式孕育，用于改造社会艺术；它要做事。它将人从由于无知和偶然而凝固成习俗的过去的束缚中解放出来。它规划了更好的未来并协助人将其实现。它的运作又总是经受经验的检验。所定的计划、人提出的指导改造行动的原则都不是教条。它们是假说，需要按照它们是否能够给予我们目前经验所需的指导来决定我们是否在实践中解决、放弃、修正并扩展它们。我们可以称它们为行动纲领，但由于它们是用来使我们未来行动更少盲目、更有方向的，所以它们是灵活的。"经验不仅生成智慧，而且还在自身的变化中发展智慧，推动智慧适应变化了的环境和关系。僵化了的智慧不是真正的智慧，而经验总在变化之中，因此智慧也会变化。"智慧不是一旦拥有就永远拥有的东西。它处于不断形成的过程中，要保存它，就要经常注意观察结果，要有谦虚学习的意愿和重新调整的勇气。"④ 这一切，只有在常动常新的经验之中才能实现。

---

① 张宝贵编：《实用主义之我见——杜威在中国》，江西高校出版社2009年版，第72页。

② ［美］杜威：《哲学的改造》，陕西人民出版社2004年版，第54页。

③ ［美］梯利：《西方哲学史》下卷，商务印书馆1979年版，第55页。

④ ［美］罗伯特·B. 塔利斯：《杜威》，中华书局2002年版，第55页。

第二节 经验的生成性植根于自然界
自我生成的生态本性

那么，为什么杜威所说的经验会具有这样的生成性内涵呢？这个问题的答案存在于经验与自然的连续性之中。这就是说，经验之所以具有面向未来的生成性，归根到底是因为它在自身之中继承了自然界本来的生成本性。杜威把自己的经验论称为经验自然主义或者自然主义的经验主义，就已经道出了此中秘密。

对于传统哲学，杜威指出："它们作为哲学的本能关注是要寻找不可改变的和终极的东西，而不考虑时间和空间的东西。"[1] 尽管自然科学已经被迫意识到所谓"普遍的""实际是过程"，但还只是当作一个技术问题对待。杜威所追求的是，把这个变化的、过程的观念引进哲学，对其加以革命性的改造。"在科学中，固定性秩序已经无可挽回地变成了在过程中联系。系统地处理人类过程，这是哲学的改造在发展研究人类或道德事实的可行工具方面最直接的义务之一。"[2] 显然，杜威不满意传统哲学只是忙于对既有观念进行"证明"，而强调要把哲学与作为过程在变化和发展着的现实中结合起来，使之成为推进现实进步和发展的工具。对传统哲学的这种改造，"可以作为对人类生活实际状态进行改造的必要先驱，使人类生活走向秩序，走向人类还没有享有的其他更完美的生活条件"[3]。

杜威所说的哲学改造的成果，就是它所主张的经验自然主义。它通过经验把人与自然结合在一起，把经验看作人与环境交互作用从而深入地介入自然的结果。他说"经验既是关于自然的，也是发生在自然以内的"，"被经验到的并不是经验而是自然"，是外部自然的事物如石头、植物、动物等"与另一种自然对象——人的机体——相联系"时"被经验到的方式"。"经验到达了自然的内部，它具有了深度，它也有宽度而且

---

① ［美］杜威：《哲学的改造》，陕西人民出版社2004年版，第5—6页。
② 同上书，第21页。
③ 同上书，第19页。

扩张到一个有无限伸缩性的范围。""经验是这样一类的事情，它深入于自然而且通过它而无限制地扩张。"① 通过经验，人才在"做"与"受"的融合之中感受自己与自然的关系，把握合理地改造自然以使之与自己的目的更为和谐的可能性和合理尺度，并且认识和估量相应的现实条件。经验之所以能够如此，其根本原因在于自然本来就具有自我生成的生态本性。因此，杜威非常重视经验与自然之间的内在联系。而对于传统哲学把经验与自然分隔的弊病，杜威持尖锐批评的态度。他指出："对象是通过经验而获得的，而且它们也是在经验中发生作用的。当对象从这种经验中孤立出来时，经验本身就被降低地位而变成了单纯的经验过程，而且经验过程也被当做好像它本身就是完备的了。我们便遇见了这种荒谬可笑的事情，即一个经验过程之经验它本身意识的状态和过程而不经验自然的事物。自从 17 世纪以来，这种把经验和主观私自的意识等同起来的对经验的概念，就一直和全部由物理对象构成的自然对立起来，并已大大地蹂躏了哲学。这也就是在开始时我们所提到的那种把'自然'和'经验'当做是彼此毫不相关的事物的这种感觉所由产生的原因。"② 在杜威看来，"在作为经验过程的中心的心灵和被经验的自然世界之间，避免一种僵硬的隔绝的唯一途径就只有承认：经验活动的一切样式都是自然界的某些真实的特性之显著的体现"③。而这些特性中最重要的就是自然生命自我发展进化的生成性。

杜威的哲学反复告诉我们一个事实，那就是自然仍然还是一个并没有完成和终结的过程，它还处在自我生成的过程之中。"如果自然是像这些学派所曾说明的那样是已经完成的，那么自然终究没有这样一个心灵的地位，它以及据说它所有的特性，事实上都是超自然的或者至少是在自然以外的。"④ 在人改变环境的行动中产生的经验，不过是人作为其中一个部分的自然自我生成的一种更具能动性的方式。因此可以说，经验中所具有的生成性，就是自然的生成性在作为"活的生物"的人的活动

---

① ［美］杜威：《经验与自然》，江苏教育出版社 2005 年版，第 3—4 页。
② 同上书，第 10 页。
③ 同上书，第 18 页。
④ 同上书，第 104 页。

中的具体表现。

　　人要以自己的行动调适自己与自然的关系，就必须认识自然生成的可能性，获取自然化的智慧。杜威认为，人对事物的认识是在实践中达到的。"只有通过这些为实现其目的而对事物积极操纵的过程，他才发现事物的属性是什么。"① 人之所以要获取认识和知识，其目的是为了对自然进行必要的改造。杜威认为，人类认识自然的态度多种多样，而"关于认识的正确方法的观点带来的结果是人对自然世界态度的深刻变化"。无论是"服从与屈服"，还是"轻蔑和逃避"，或者"强烈的审美好奇心"，这些态度都只是把认识看作"观察与注意"的概念。"但是，当知识的积极概念流行，环境被看做必须变化以便真正了解的事物，人就会为对自然的勇气，为几乎可称为进攻的态度所感染。自然变得可塑，变成服从人类使用的东西。对于变化的道德倾向也被深刻改变。它不会引起怜悯，也不再受忧郁困扰，仅仅暗示衰败与失落。变化对于新的可能性和要达到的目标来说变得重要了；它预示着更好的未来。"这就意味着，"在深刻的意义上，知识已不再是默想的了"②。正是这种对知识的实践性和工具性的强调，经验才充分凸显出生成性的价值和意义。

　　杜威说得很明确："人类追求理想的对象，这是自然过程的一种继续；它是人类从他所由发生的这个世界中学习得来的，而不是他所任意注射到那个世界中去的。"③ 这就是说，作为自然的一部分的人，在从自然中生成自己的过程中，也就继承和获得了自然本来的生成性，而且把它提升到更为自觉和能动的水平上。杜威说：人不仅是一个"能知的动物"，"他也是一个能动的动物，这种动物具有欲念、希望、惧怕、目的和习惯。以平常人而论，知识本身之所以重要，那是因为它对于它所需要做的事情和它所要创造的东西有影响。它帮助他使他的欲念明确化；帮助他构成他的目的；并帮助他去求得实现这些目的的手段"④。从自然界中生成的人继承了自然的生成性，因而人与自然之间的连续性也是一

---

① ［美］杜威：《哲学的改造》，陕西人民出版社 2004 年版，第 66 页。
② 同上书，第 66—67 页。
③ ［美］杜威：《经验与自然》，江苏教育出版社 2005 年版，第 267 页。
④ ［美］杜威：《人的问题》，上海人民出版社 1965 年版，第 132 页。

个能动的生成性的运动过程。"对人这种生物的器官、需要和本能冲动与其动物祖先间的连续性的完全认识，并非必然意味着将人降到野兽的水平。相反，这使得为人的经验勾画了一个基本的大纲，并在此基础上树立人美好而独特的经验的上层结构成为可能。人的独特之处有可能使他降到动物的水平之下。这种独特之处也使他有可能将感觉与冲动之间，脑、眼、耳之间的结合推进到新的、前所未有的高度。"① 所谓人的独特之处，就是说他既处在与自然和生物的连续之中，又超越于其他的生物。他追求生命的意义，他有心灵和想象，在顺应世界的同时他还要按照自己的需要和目的利用自然提供的条件去努力改造世界，从而也就改善着自己与自然之间的关系。

人的欲望和目的铸成他的理想。在论述理想的意义时，杜威还不厌其烦地申说经验的实践性意义。他指出："在传统哲学中，理想世界实质上使人们躲避生活风暴以求安息的港口；它是一个人们可以带着'只有它才是最高真实'的沉着信念来躲避生活苦恼的避难所。当'知识积极而有效'的信念深入人心的时候，理想王国不再是不同而独立的东西；而是想象中可能性的总汇，刺激人们进行新的努力和实现。人们经历的困难是动力，引导人们绘制更好景象的图景，这依旧是真实的。但是这一更好图景的绘制可以使之成为行动的工具。"② 人"通过自己作为具体自然活动的检验、实验、选择和结合的工具或方法的功用，理想得以实现"③。而理想正是在经验之中孕育出来的。人类对理想的追求和为实现理想的不倦努力，正是自然的生成性在人的生命活动中的能动实现。

第三节　艺术的审美价值是经验的
生成性意义的充分表现

如前所述，经验面向未来的生成性与自然的连续性密切相关。在杜威的动力性的有机整体观念中，连续性是一个十分重要的原则性的概念。

---

① ［美］杜威：《经验与自然》，江苏教育出版社 2005 年版，第 23 页。
② ［美］杜威：《哲学的改造》，陕西人民出版社 2004 年版，第 67—68 页。
③ 同上书，第 69 页。

在连续性的概念中，时间性得到凸显，世界及其经验作为具有生成性的过程亦即历时态的相互联系展现开来。连续性作为方法原则在杜威关于恢复到艺术与日常经验的连续性的思路中已经体现，并且显示出其重要性。可以说，没有"连续性原则"，就不会有杜威的经验论美学。"经验在处于它是经验的程度之时，生命力得到了提高。不是表示封闭在个人自己的感受与感觉之中，而是表示积极而活跃的与世界的交流；其极致是表示自我与客体和事件的世界的完全相互渗透。不是表示服从于任意而无序的变化，而是向我们提供一种唯一的稳定性，它不是停滞，而是有节奏的，发展着的。由于经验是有机体在一个物的世界中斗争与成就的实现，它是艺术的萌芽。甚至最初步的形式中，它也包含着作为审美经验的令人愉快的知觉的允诺。"①

连续性的"原则"，在杜威的美学思维中也极为重要。杜威也把审美经验与普通经验相区分，但是，与寻找一个单一的、特殊的性质或经验去定义艺术或审美、一个单一的基本区分的典型分析方法相反，杜威的区分，是用在复杂的相互联结的特征的群体中突出的或"重要的倾向"方面。审美经验与一般经验的区别，不是通过它拥有一个特别的要素，而是通过它对日常经验的所有要素的更完美、更热情的整合，通过一个多样性的整体，给经验者对世界的秩序和整体的更大感受。在审美经验中，更强烈而生动地显示出生命体自我生成即生长的本性。而正是这种洋溢着进取和向善精神的生成性，赋予经验以审美的意义和价值。对此，亚历山大·托马斯有很精辟的阐述："对于杜威来说，艺术开始于对人类境况存在的（existential）回应与历史的回应，从人的方面说，这与其说是在宇宙中留下自己的记号这种普罗米修斯式的努力，莫不如说是带着清楚阐述的共享意义回应这个世界内在完满的价值。"② 他还一步指出："杜威不是把审美还原为有机体的竞争。但他是把有机形式的本性确认为审美之根源。形式，就其本性而言，是有张力的、发展的、时间的，并

---

① ［美］亚历山大·托马斯：《杜威的艺术、经验与自然理论》，北京大学出版社2010年版，第19页。

② 同上书，第224页。

包含了活动、参与、生长等要素。"①

"艺术即经验"，艺术就是最充分集中地体现和包孕了生命的生成性精神的"一个经验"，这是杜威美学的核心观念。"艺术的源头最终是在有充分活力的那一刻。""杜威在任何生物中都看到审美的无所不在。"②当杜威从自然这个"大地"出发来探寻艺术的生态根基时，他深刻揭示了作为艺术的"一个经验"与自然之间的内在的生成性联系，因此也就理所当然地认为对于自然有机体的生命机能的生物学的知识，也就必然触及了经验中审美性的根源。在杜威看来，艺术乃是自然发展的最高峰，它因此也就是自然的生成本性发展的最高峰。在这里，自然的价值、人的生命存在及其活动的价值和艺术审美的价值三者之间，既存在着内在的连续性，又呈现出上升发展的生成性。

在杜威看来，作为"活的生物"的人的生成性生命精神的突出表现就是他能够"使用艺术"。杜威指出："那种将人看成是使用艺术的存在物的观念，既是构成人类与人类之外自然之区别，也是构成人类与自然联结之纽带的基础。一旦艺术作为人的独特特征的观念被确认，那么，只要人类没有完全堕落到野蛮状态，不仅继续使用旧艺术，而且发明新艺术的可能性就会成为人类的指导性思想。"③通过对艺术的使用，人类把自己的生活状态，归根到底也就是与自然的关系不断地推向前进——人文的艺术不断激发和昭示新的理想，工艺的艺术不断地把理想变成现实，从而又催生新的理想。

对生成性的执着，是杜威哲学价值论的核心和精髓。他在论及道德问题时曾说："道德探究的'目的'不是某种外在的'善'或固有的法则，'成长'自身是唯一的道德'目的'。"它是对我们的习惯进行"不断完善、培养和提升的过程"。成长是一个进步的概念。人们不再根据对与经验无关的价值标准的服从，或者根据对传统习俗的遵从来理解道德。杜威就此写道："坏人就是那种不管他以前有多好，但开始恶化，变得不

---

①　［美］亚历山大·托马斯：《杜威的艺术、经验与自然理论》，北京大学出版社 2010 年版，第 226 页。

②　同上书，第 227 页。

③　［美］杜威：《哲学的改造》，陕西人民出版社 2004 年版，第 26 页。

够好的人；好人则是那种不管他以前在道德上多么无价值，但正在向好的方向发展的人。"① 正是对生成性的坚定关怀和护持，我们才可能树立起对人的道德成长和社会进步以及人与自然的和谐关系的信心。

第四节 审美生成性的自然溯源对于
人本生态美学的意义

杜威把审美经验的生成性本质以及审美价值的本质通过人的活动溯源于自然本身的生成性，实际上就是赋予了这种生成性以深刻的生态内涵，揭示了它的生态根源，从而充分彰显了杜威经验论美学的生态学性质。这一观念，乃是杜威美学丰富的生态意蕴的核心和基础。从这个基础出发，杜威关于审美经验和作为艺术的"一个经验"的生态生成及其价值内涵的思想，他的大艺术观对于各种艺术的生态结构的揭示，他的工具主义的艺术功能观的生态精神，还有他关于艺术作为自然发展的最高峰在文明中的轴心地位的观念，等等，才能在具有总体性的共生关系中得到理解，并因此把这林林总总的观念统一起来。在这种统一中，我们才得以真切体认杜威美学内在的生态进化论的总体精神。正是基于此，可以说，杜威的经验论美学实际上是一种特殊形态的生态美学，是今天方兴未艾的生态美学的先声，因而也理所当然是今天的生态美学建设不可忽视和轻视的思想资源。

那么，杜威从经验的生成性本质揭示审美价值的自然生态根源的观点，对于人本生态美学的科学形态的建构具有哪些重要的意义呢？

第一，这种观念引导我们把眼光从社会、实践和历史追溯到作为人类生成根源和母体的自然，深刻认识审美和艺术的生态本性及其生态功能。长期以来，流行的美学在审视审美活动的生成来源和本质特征时，总是把视野局限在社会、实践和历史的范围之中，从人的活动中确定审美活动的现实生长点和逻辑起点。对于这些美学观念来说，只有人的活动才是存在，自然也只有在与人发生直接关系时作为一种特殊的社会和历史存在而在场。这种观念偏执地把人与自然分离开来，只愿意看到自

---

① ［美］罗伯特·B. 塔利斯：《杜威》，中华书局2002年版，第85页。

然与人之间共时态的现实联系，而无视两者之间的历时态的生成性联系。这样的观念，在对康德的"自然向人生成"命题的阐释中首先出现，虽然不时受到诟病，30多年来却没有得到纠正，至今仍然大行其道，似乎已成公理。杜威把审美经验的生成性植入自然连续性的过程之中，具体体现了从达尔文的生态进化论出发在生物性中探寻审美的真正根源的根本思路。这样一种返本归真的思路，对于美和审美的生成性价值的生态根源的揭示，凸显了社会、实践和历史与自然的连续性，也就肯定了它们与自然之间的整体性的生态关系。循着这个思路，参照杜威经验论美学中关于审美经验和"一个经验"的审美性质的观点，包括"节奏"论的观点，审美活动的生态本性就会豁然敞亮。由此，我们会认识到，审美活动乃是植根于自然生命之中，追求生命存在及其与自然关系的和谐理想的一种活动。于是，审美功能的生态性质也就显示出来。在人本生态美学的理论构架中，审美活动生态本性问题既是核心，也是基础。对审美活动生态本性的确认，人本生态美学的全部理论就可以在历史与逻辑的统一中有序地展开了。

第二，这种观念有助于认识审美价值的生态本质，在审美价值观上把人和自然统一起来，在美学思维中实现人本主义与自然主义的统一。杜威所说的经验的生成性在审美经验和"一个经验"中充分而生动地表现出来，这样的生命精神意蕴就是审美价值的真正内涵。经验的这一价值意蕴由于人的行为和自然连续性而产生，它实际上就是自然的生成性本质在人的经验中的能动实现。由此，就显示出审美价值的生态本质的两个最重要的方面：一是其自然本源和自然本性；二是表现了自然自我生成这一本质性的生态规律。美的规律与生态规律相统一的基点，就在生态系统运行的生成性上。包括人在内的自然生态是一个"自然向人生成"（或"自然界成为人"）的过程，而这种生成在人尚未现实生成的时候就开始了。没有自然界从无机到有机以至于生命的漫长的生成过程做准备，也就不会有后来生成的人；而人至今还在想着自己的理想状态，即杜威说的高度社会化的、全面成长的和充分自由的个体生成之中。审美活动的价值就在于以自己特殊的生命活动方式来激活和推动这个过程，并使人在这种生成中享受自己的生命；在杜威那里，就是使自己的经验充盈着向理想提升的生成性的生命精神。

第三，这种观念有助于从根本上理解生态美学的人文性及其与生态性的统一，从而消弭人类中心主义与生态中心主义在美学中的对峙。杜威把自己的哲学称为自然主义的人本主义，力求把自然主义与人本主义统一起来。在他所说的经验中，人通过自己的行动而与自然发生交互作用，这经验既是人的，也是自然的。这样的经验，实际上就是自然与人的结合和统一的产物。当杜威揭示出经验面向未来的生成性时，它从人的能动的行为出发通过自然的连续性实际上把这种生成性溯源于自然，并且认为人的生成性追求就来自于自然。这样，它就彻底地把作为审美价值生态意蕴的为人性与自然性统一起来。这种自然追忆与人本主义相融合和统一的理论格局，也就消弭了生态思维中人类中心主义与生态中心主义之间的对峙，使生态观念的人本性不是从外面赋予，而本来就是其内在的精神。而消弭这种对峙，把生态性与人文性有机统一起来，正是人本生态美学的根本精神。

第四，这种观念解开了自然美的本体之谜，揭示了自然美及其审美价值的生态基础，并在自然连续性的基础上把自然美问题中人的本质与自然的本质之间的分离和片面性加以消融。在中国当代的流行美学中，自然美的问题一直是自外于自然、鄙弃自然主义的各种美学学派的"滑铁卢"。坚持美的社会性也好，认为美产生于实践也好，还是把美学置于历史本体也好，都不能对自然美做出符合自己理论体系逻辑的阐释。在杜威的经验论美学中，以自然与人的连续性为中介，这个问题就迎刃而解了。既然人的生成性追求和能力都是从自然那里学得的，经验中的生成性价值也源于自然，那就意味着这种生成性本来就存在于自然之中。参以杜威的"节奏"说，那么，自然事物如果以自己的生命节奏强烈地表现出这种生成性来，它就当然是美的了。跟审美经验和作为艺术的"一个经验"以生成性为其价值意蕴一样，自然美也是这样而美的。对于人本生态美学来说，自然美也极其重要。它所关注的人类生态存在的优化，其基础就是自然生态。无论是社会生态、文化生态还是人性生态，都与自然生态密切相关。在这个生态系统结构中，自然美的观念直接关系着对自然生态优化的追求，因此也与整个人类生态存在的质量相关。这样确立自然美的概念，也就保持了审美价值观上的内在一致和统一，使生成性作为审美价值的内在意蕴而成为人本生态美学的理论轴心。

第五，这种观念所张扬的积极进取向善的生成性精神，有助于突出和提升人本生态美学的实践性品格，在审美活动的功能中努力追求对于改善人性和社会以及人与自然关系的真实"效用"。那些把杜威实用主义哲学加以庸俗化的阐释和批评，根本抹杀了杜威哲学的这一价值内涵。恰恰是被那些肤浅的理解所掩盖这种生成性精神，赋予杜威经验论哲学和美学一种"力行的理想主义"的积极色彩，把日常的现实价值满足与对自然、人性和社会发展的终极性价值关怀相连续和结合。正是在这样的结合中，艺术才得以广泛地渗透到人类实践的各个领域，对生活发挥实际的作用。

杜威关于经验的生成性的观点，不仅对于理解其审美价值观极其重要，对于认识其美学的整体结构和总体精神也至为重要。杜威的美学被称为经验论美学，其全部理论都从经验中生发，又结穴于经验。因此，理解杜威经验自然主义的经验观的自然主义与人本主义相结合的内涵，就成了打开其美学的全部秘密的钥匙。这里既是其哲学和美学的入口，也是其哲学和美学的出口。在杜威的思维中经验就是人所存在的世界。经验中的生成性在审美经验和艺术中强化和提升，又返回来使经验向理想化提升。于是自然本来的生态生成性，亦即达尔文所指出的生态进化，就在人的生活世界和人自身得以实现。这个生生不息的生成过程，正是人类未来进步可能性的寄托所在。

第 六 编

艺术审美活动功能的
生态意义

第十六章

审美之用：杜威实用主义
审美功能观的生态意义

> 杜威的美学是真正的"实用"主义的美学，这最直接地表现在他的审美功能观上。这种审美功能观以工具性观念纠正了传统美学把审美与功利实用相对立，使艺术自外于日常生活实践的倾向，在人与自然和社会的相互作用中揭示审美功能的生态根基，揭示了在审美与实用的生态融合中享受生命和发展生命的基本作用，非常重视艺术的审美语言作为普遍中介推动社会交流和社群融合的社会化功能，并且认为艺术作为人的环境的组成部分而成为文明持续性的轴心，对文明的延续和进步具有极其重要的意义。

杜威的美学是真正的实用主义的美学，这最直接地表现在他的审美功能观上。诚如舒斯特曼所说，把实用主义与审美连在一起，在传统美学看来，实在是令人匪夷所思。但是在极其重视审美经验与日常经验的连续性的杜威看来，这却是顺理成章的事情。他明确地指出："审美经验的材料由于其人性——与自然联系在一起，并作为自然一部分的人——而具有社会性。审美经验是一个文明的生活的显示、记录与赞颂，是推动它发展的一个手段，也是对一个文明质量的最终评判。"① 这里杜威从审美经验的社会性出发指出了他对于人类文明的"显示、记录与赞颂"、"推动它发展"和对其质量做"最终评判"这样三种功能。这是对社会文

---

① ［美］杜威：《艺术即经验》，商务印书馆 2005 年版，第 362 页。

明而言。由于审美经验和艺术是人与环境交互作用中生命力最充分完整的表现，它就必然对人的生命质量直接发生重大的影响，而且推进人与环境的平衡与和谐。在这样一种生态化的视野中，艺术和审美经验就必定是"有用"的。正是在对艺术和审美的实用功能的肯定中，长期被传统美学象牙塔化的艺术和审美才重新回归到自然和生活的大地上，回到人的日常生活中，回到人的身体，真正显示出它对人及其社会的进步和发展非常"有用"的意义。

第一节 在人与环境的交互作用中
揭示审美功能的生态根基

在生态系统的主体与环境之间，需要与功能的相互耦合的关系处于核心的地位。这种关系要求适应、平衡和和谐，对存在的矛盾和冲突要积极而恰当地加以调节和控制。审美作为人类的一种基本的生命活动，也以需要与功能之间的耦合为重要的生态内涵。与传统的美学中一些只是把功能考察诉诸对象一方的观点不同，在杜威的经验论美学中，审美功能首先应该是作为活的生物的人与自然和社会环境交互作用生成的审美经验的功能。杜威指出："艺术——这种活动的方式具有能为我们直接所享受的意义——乃是自然完善发展的最高峰。"①所谓审美功能就首先是人以自己的"做"与"受"积极参与所形成的经验的功能，需要与功能的耦合也存在其中。

杜威的审美功能观深深地植根于他的"艺术即经验"和审美经验生成的理论中。正是在日常经验与审美经验的联系和对经验的生命内涵的阐释中，杜威揭示了"活的生物"的审美需要的生态根源，从而也揭示了与审美需要相对应的审美功能的生态根基。

杜威是从作为生态学的中心命题即有机体与环境的关系开始探寻审美经验的生成的。在论及审美在经验中的位置这个问题时，杜威说："第一个要考虑的是，生命是在一个环境中进行的；不仅仅是在其中"，"并且，它为了生存，要通过调节、防卫以及征服来使自身适应这些外在的

---

① ［美］杜威:《经验与自然》，江苏教育出版社 2005 年版，第 228 页。

东西。在任何时刻，活的生物都面临来自周围环境的威胁，同时在任何时刻，它又必须从周围环境中吸取某物来满足自己的需要。一个生命体的经历与宿命就注定是要与周围的环境，不是以外在的，而是以最为内在的方式作交换"①。生命体需要与周围环境有足够的谐调，以保持与周围事物的同步性。然而环境并不自动满足生命体的需要，这就会出现有机体与环境之间的冲突，"当一个暂时的冲突成为朝向有机体与其生存环境之间的更为广泛的平衡过渡时，生命就发展"②。在以动物为例说明上述道理之后，杜威说这些生物学的常识触及经验中审美性的根源。他认为，面对与环境之间的冲突，有机体会努力克服这些冲突，从而"使它们向更有力而更有意义的生活"转化。于是，"通过扩展（而不是通过矛盾与被动的适应）进行有机而又生命地调节的奇迹实际上发生了。在这里，通过节奏而达到的平衡与和谐初露端倪"③。至此，经验的形式以其节奏而生动完满地表现出生命的发展的意义，而这就是"一个经验"所达到的审美的境界。在这个有机体与环境融为一体的经验里，生命体的审美需要得到最充分的满足，其审美的功能也得到充分的发挥和实现，需要和功能相互耦合，融为一体。

与传统美学认为审美和艺术源于生命力富余的游戏说不同，杜威认为"艺术产生于需要、匮乏、损失和不完备"④。"人类之诉诸美感对象，乃是人类从一个痛苦和艰难的世界中自发地寻求逃避和安慰的一个方式。如果一个世界全部包括着稳定的对象，直接呈现出来而为人们所占有，这个世界就会没有美感的品质。它就会只是存在而已，而且会缺乏满足和启示人们的力量。当对象把混乱和失败转变成为一个超越于烦恼和变化以上的结果时，它们实际上就是具有美感性质的。"⑤ 既然艺术产生于匮乏、痛苦和艰难，它就是"有用"的。"所谓有用就是满足需要。人类特有的需要就是去占有和欣赏事物的意义，而这种需要在传统的对于

① ［美］杜威：《艺术即经验》，商务印书馆2005年版，第12页。
② 同上书，第13页。
③ 同上。
④ ［美］杜威：《经验与自然》，江苏教育出版社2005年版，第226页。
⑤ 同上书，第59页。

'有用'这个概念中却被忽视而未曾予以满足。"① 传统的"有用"只是指的物质的实际功利的用处，认为审美的享受只是物质需要满足后的精神游戏，可有可无。这样的"有用"观是粗陋、狭隘而肤浅的。

在"有用"的意义上，审美就理所当然具有工具性——它是人们用以满足特定需要、实现特定目的的工具。"一个真正的美感对象并不是完全圆满终结的，而是还能够产生后果的。如果一个圆满终结的对象不也是具有工具作用的，它不久就会变成枯燥无味的灰尘末屑。伟大艺术所具有的这种'永垂不朽'的性质就是它所具有的这种不断刷新的工具作用，以便进一步产生圆满终结的经验。"② 常有常新的工具性使艺术"永垂不朽"，这就是说，永久的工具性正是艺术具有永久魅力的秘密所在。

作为审美经验的艺术的工具性意味着它具有生产性。这恰如杜威所说："任何活动，只要它能够产生对象，而对于这些对象的知觉就是一种直接为我们所享受的东西，并且这些对象的活动又是一个不断产生可为我们所享受的对于其他事物的知觉的源泉，就显现出了艺术的美。"③ 艺术就是这样产生着美感，产生着"一种直接为我们所享受的东西"的经验；好的艺术还可以不断地产生这样的东西。直接地产生美感，这就是审美经验和艺术的基本功能。不过这美感本来就存在于经验的过程之中，它不是外在的目的，而是与其工具性统一在一起的目的。艺术和审美的工具性乃是具有美感的工具性。

第二节　在审美与实用的生态融合中享受生命和发展生命

杜威指出："那种将人看成是使用艺术的存在物的观念，既是构成人类与人类之外自然之区别，也是构成人类与自然连接之纽带的基础。"④ 人之所以"是使用艺术的存在物"，就是因为艺术对他是"有用"的，他

---

① ［美］杜威：《经验与自然》，江苏教育出版社 2005 年版，第 229 页。
② 同上书，第 233 页。
③ 同上。
④ ［美］杜威：《艺术即经验》，商务印书馆 2005 年版，第 26 页。

要使用它作为自己生存和发展的工具。

在《确定性的寻求》中，杜威把艺术分为"工"艺和"文"艺，两者之分"即涉及事物的艺术和直接涉及人事的艺术之分"。在传统社会中，"学习文艺的人们是占有一定权威地位，执掌着社会统治的人们。这些人生活富裕，闲暇自在，从事着特别高尚而有实力的职业。而且他们的学习不是机械的重复和亲身去使用材料与工具的操作而是'理智上'的学习"①。这实际上揭示了社会分工和阶级划分造成艺术成为精神贵族的高级享受的事实。这样的现实影响了人们（包括美学家们）对于艺术审美功能的认识，而把艺术和审美看作非功利或无功利的事情。在这种情况下，"艺术（Art）被人们高高地供奉起来，把娱乐与审美分开，那些对于普通人来说最具有活力的艺术（the arts）被认为不是艺术"②。基于这样的观念，就不仅把很多最具有原生态意义的艺术从艺术的领域中驱逐出去，而且也挤干了审美功能中最生活化也最具生命意义的"实用"内容。与此相联系，静观状态的审美被过分强调，以至于把审美只是看作静态的观照与欣赏，而不承认许多动态的、参与性的审美活动的审美性质。

杜威的经验论美学消除审美与实用的传统隔离而回到两者的生态融合。作为活的生物的人在与环境的关系中首先要满足的是与基本生存相关的各种需要，这些物质的实用肯定先于审美的实用。但是实用与审美并不是决然分开的，而往往是相互结合和融合的。在为了使用进行的活动中形成的经验可能具有审美的性质，以至成为艺术；实用的东西上可能同时是审美的，而被视为艺术精品的东西可能原本是实用的。这正如杜威所说："我们无须走遍天涯，也无须回到几千年前的过去，从不同的民族那里寻求证明，一切加强了直接生活感受的对象，都是欣赏的对象。文身、飘动的羽毛、华丽的长袍、闪光的金银玉石的装饰，构成了审美的艺术的内涵，并且，没有今天类似的集体裸露表演那样的粗俗性。室内用具、帐篷与屋子里的陈设、地上的垫子与毛毯、锅碗坛罐，以及长矛等等，都是精心制作而成，我们今天找到它们，将它们放在艺术博物

---

① ［美］杜威：《确定性的寻求》，上海人民出版社 2005 年版，第 55 页。
② 同上。

馆的尊贵的位置。然而，在它们自己的时间与地点中，这些物品仅是用于日常生活过程的改善而已。它们不是被放到神龛之中，而是用来显示杰出的才能，表示群体或氏族的身份，对神崇拜，宴饮与禁食，战斗，狩猎，以及所有显示生活之流节奏的东西。"①

与传统美学不同，杜威的"艺术"概念是很宽泛的。在他看来，人与环境相互作用的各种活动中的经验都可能成为具有审美性质的"一个经验"，即成为"艺术"。在《确定性的寻求》中，他就专门论述了"承受的艺术和控制的艺术"②。为了说明审美的经验与日常经验的联系，杜威还特别指出"一个经验"也包括"一个思维的经验"和"实践性的行动过程"的经验。"一个思维的经验具有它自身的审美性质。""审美不能与智性经验截然分开，因为后者要得到自身完整，就必须打上审美的印记。"③"任何实际的活动，假如它们是完整的，并且是在自身冲动的驱动下得到实现的话，都将具有审美性质。"④杜威认为："审美的敌人既不是实践，也不是理智。它们是单调；目的不明确而导致的懈怠；屈从于实践和理智行为中的惯例。一方面是严格的禁欲、强迫服从、严守纪律，另一方面是放荡、无条理，漫无目的地放纵自己，都是在方向上正好背离了一个经验的整体。"⑤杜威的这些论述正好展开了生命的生成性精神的两个基本维度，即感性活力和理性秩序。这两个基本维度的互动融合与冲突，正是一切事物和整个世界的审美意义最根本的内涵所在。审美的因素存在和生成于人类各种生命活动之中，因而与实用结下了不解之缘。

杜威专门讨论过"美的"与"有用的"之间的关系，这也就是"美的艺术"与"实用或技术的艺术"之间的关系。"我认为黑人雕塑家所作的偶像对他们的部落全体来说具有最高的实用价值，甚至比他们的长矛和衣服更加有用。但是，它们现在是美的艺术，在 20 世纪起着对已经变得陈腐的艺术进行革新的作用。它们是美的艺术的原因，正是在于这些

① ［美］杜威：《艺术即经验》，商务印书馆 2005 年版，第 5 页。
② ［美］杜威：《确定性的寻求》，上海人民出版社 2005 年版，第 55 页。
③ ［美］杜威：《艺术即经验》，商务印书馆 2005 年版，第 40—41 页。
④ 同上书，第 42 页。
⑤ 同上书，第 43 页。

匿名的艺术家们在生产过程中完美的生活与体验。""正是这种在制作或感知时所体验到的生活的完满程度，形成了是否美的艺术的区分。""只要在生产行动中不能成为使整个生命体具有活力，不能使他在其中通过欣赏而拥有他的生活，该产品就缺少某种使它具有审美性的东西。不管它对于特殊的、有限的目的来说如何有用，它在最高的层次——直接而自由地对扩展与丰富生活作出贡献——上没有什么用处。将有用的与优美的隔断并最终形成尖锐对立的历史，也正是通过它许多生产成为延宕生命的形式，许多消费成为对别人的劳动的成果依附性欣赏的工业发展的历史。"①正是基于这种把审美与实用相分离的观念的恶果，杜威特地强调："赋予各种方式的生产以审美性的问题是一个重大的问题。"②而这无疑是打开了审美和艺术走向生活和实践的广阔道路。一段时间以来被热议的"艺术走向生活"和"日常生活审美化"的问题，在杜威这里不是可以得到深刻的启发吗？

舒斯特曼在论及杜威对科学和哲学的审美经验的论述之后指出："所有这些不同学科间的连接和相似，显示了杜威在美学和别处中的一个最为关键的论点，即像他通常所命名的那样被称作连续性论点。与分析哲学相对（也许再一次反映出康德/黑格尔之间的对应），杜威热衷于进行连接而不是区分。"杜威旨在恢复审美经验同生活的正常过程之间的连续性的"审美自然主义"，打破了传统美学严格地将艺术区分于真实生活而将它移交给一个独立领域（博物馆、剧院和音乐厅）的陈旧观念。③舒斯特曼还指出，杜威的连续性美学，连接的不只艺术与生活；它还坚决主张一大群传统的二分的概念——其长期假定的对立差异已经构成了太多的哲学美学——在根本上的连续性。这些二分的观念有：美的艺术对应用的或实践的艺术、高级的艺术对通俗的艺术、时间艺术对空间艺术、审美的对认识的和实践的，艺术家对组成其受众的"普通"人。④ 这些二分观念的打破，也就从根本上敞亮了艺术的审美性与实用性并存共生的

---

① ［美］杜威：《艺术即经验》，商务印书馆2005年版，第27页。
② 同上书，第318页。
③ ［美］理查德·舒斯特曼：《实用主义美学》，商务印书馆2002年版，第29页。
④ 同上书，第30页。

广大空间。

杜威对审美经验的生命整体性和生命动力性的阐释，有助于更加深入地认识艺术和审美功能对于人的生命质量的改善所具有的实际用处。由于生命活动在各种感官和心理机能之间、在感性和理性之间、在肉体和心灵之间以及在人与环境乃至宇宙之间的整体性相互关系，艺术和审美就可以通过生命的动力性对能量的组织来调适和改进这些关系，促进人的身心健康。杜威对给他带来健康的"亚历山大技巧"的长期热衷，在欧美广泛流行的"艺术治疗"和"音乐治疗"，还有中国传统的艺术与气功融合养生的实践，都与杜威的这种观念密切相关。舒斯特曼由此引申出"身体美学"，其间的联系也可以理解了。

杜威特别强调"秩序"在审美需要与审美功能相互适应过程中的意义。世界和生命都是有秩序的，这个"秩序并非从外部强加的，而是由能量在其中相互影响的和谐的相互关系所组成的"①。秩序不是静态的而是积极的。"秩序只有在一个常受无秩序威胁的世界（在这个世界中，活的生物仅仅在利用其自身周围存在的秩序，并将这种秩序结合进自身之内）中，才能受到赞赏。活的生物具有发现这种秩序并作出反应的感受性。"因此，"只有当一个有机体在与它的环境分享有秩序的关系之时，才能保持一种对生命至关重要的稳定性。并且只有在这种分享出现在一段分裂与冲突之后，它才在自身之中具有类似于审美的巅峰经验的萌芽"②。在审美经验中，有机体由于受到节奏形式对能量的组织而获得和谐的相互关系，这就是对秩序的积极调节和保持，从而使其生命力和生命意义达到高度完满和生动的境界，也就是"审美的巅峰经验"。和谐的秩序带来美感的享受，在美感的享受中强化和谐的秩序，并向着新的秩序努力，于是，美感的享受与有机体的生态关系的改善同步发生。在这里，美感享受与生命发展即生成高度统一，这正是审美功能最重要的特征和内涵所在。

亚历山大·托马斯特别注意到杜威在《论经验、自然与自由》中关于艺术中创造性的个体性以其最强烈的形式在工作的观点。杜威说"艺

---

① ［美］杜威：《艺术即经验》，商务印书馆 2005 年版，第 14 页。

② 同上。

术是对科学的补充"，艺术"不仅是艺术家个体性的展现，而且也是在创造未来中，在对过去存在的某些状况做出史无前例的反应中表现出个体性"，"艺术家在实现自己的个体性时，也展现出以前未得到实现的潜在性"。"自由的个体性既是艺术的源泉，也是时间中创造性发展的最终源泉。"① 根据达尔文的观点，审美对于生命发展的功能已经充分显示在生物的进化过程中。通过对艺术家富于创造性的个性的表现，艺术就不仅使人享受生命，而且是实现可能的潜在性而发展生命的巨大力量。以生成为内涵的发展是人的生态本质所在，艺术促进人的生命发展的功能实在太重要了，这也是审美经验作为自然发展的最高峰的原因所在。

第三节　艺术的审美语言作为普遍中介推动社会交流和社群融合

对于艺术和审美的交流功能，怀抱人类共同体的伟大理想的杜威尤为重视。他指出："经验是有机体与环境相互作用的结果、符号与回报，当这种相互作用达到极致时，就转化为参与与交流。"②这种交流可以促进人际关系的和谐和社群的融合。

杜威对交流的重视，源于他在肯定人的个体性的同时又强调人是社会性存在的观点。既然人是社会性的存在，因此人与人之间的联系非常重要，而交流就是加强联系以进行人际关系生态调适的必要手段。当然，通过艺术和审美进行的交流，同时也是一种特殊的享受，这种交流把手段和目的最生动地结合在一起了。"人们以各种方式形成联系。但是，真正人的联系的唯一形式，不是为了温暖和保护而群居，也不仅仅是为了外在行动效率的设置，是对通过交流而形成的意义与善的参与。成为艺术的表现是在纯粹而无污染的形式中的交流。艺术打破了将人们分开的，在日常的联系中无法穿透的壁垒。"③

---

① ［美］亚力山大·托马斯：《杜威的艺术、经验与自然理论》，北京大学出版社 2010 年版，第 121 页。

② ［美］杜威：《艺术即经验》，商务印书馆 2005 年版，第 22 页。

③ 同上书，第 272 页。

从杜威对作为艺术的"一个经验"的论述看，正是"由于艺术的对象是表现的，它们起传达作用"，艺术才得以实现人与世界和人与人之间的"交流"。凭了这种表现性，"在一个充满着鸿沟和围墙，限制经验的共享的世界中，艺术作品成为仅有的、完全而无障碍地在人与人之间进行交流的媒介"。对于这种传达作用，杜威特别指出："我不是说，向别人传达是艺术家的意图。但是，这是他的作品的结果——如果作品在别人的经验中起作用的话，它确实只能存在于传达之中。"①

艺术的这种交流作用与艺术的语言作为中介所具有的普遍性密切相关。对此，杜威做了较为深入的论述。"由于艺术对象是表现性的，它们是某种语言。"②尽管日常生活中的言语是最好的交流媒介，但是不能把各种艺术的语言都翻译成言语。杜威还指出："艺术是一个比言语更为普遍的语言样式，它存在于许许多多相互无法理解的形式之中。艺术的语言必须通过习得才能具有，但是语言的艺术并不受区分不同样式的人的言语的历史偶然性影响。特别是音乐的力量，将不同的个人融合在一个共同的沉湎、忠诚与灵感之中，一种既可以用于宗教，亦可用于战争的力量。证明了艺术语言的相对普遍性。英语、法语与德语之间的言语差别造成了障碍，当艺术来说话，这种障碍就被淹没了。"③

艺术就这样以其特殊的普遍终结的作用发挥出交流的功能。正如杜威所说："表现打破了将人与人隔开的障碍。由于艺术是最普遍的语言形式，由于它由公众世界中普遍的性质构成，甚至非文学的艺术也是如此，因而它是最普遍而最自由的交流形式。每一个强烈的友谊与感情的经验都艺术地完成自身。由艺术品所产生的共享感可以带上一种明确的宗教性质。人与人相互的联合是从古到今人们纪念出生、死亡与婚姻的仪式的源泉。艺术是仪式与典礼的力量的延长，这些仪式与典礼通过一种共享的庆典，将人们与所有生活的事件与景观结合起来。这一功能是艺术

---

① ［美］杜威：《艺术即经验》，商务印书馆2005年版，第114页。
② 同上书，第115页。
③ 同上书，第372—373页。

的回报与印记。艺术也使人们意识到他们在起源与命运上的相互联合。"①
这些论述显示出艺术语言的交流可能达到的生活内容上的广度和生命意
义上的深度，以至引起"类"的同情和共鸣。

这种交流还给人带来家园感。杜威指出："通过与世界交流中形成的
习惯（hibit），我们住进（in - hibit）世界。它成了一个家园，而家园又
是我们每一个经验的一部分。"②艺术的交流作用使它成为能够共享的对
象，而这种共享又促进了交流。"既然艺术是现存的最有效的交流手段，
那么由于这个原因，在意识到的经验中共同或一般经验的存在就是艺术
的一个效果。世上任何东西，不管在其自身的存在中是如何独特……都
具有潜在的共同性，这是因为，它是某种正由于是环境的一部分而可与
任何活的存在相互作用的东西。但是，比起艺术的手段来，它通过艺术
作品而更加成为一个有意识的共同所有物，或者被共享。"③杜威在这里
说的共享性，对于认识美感的特征，对于认识审美功能的特殊性，具有
重要的意义。对"共同所有物"的认同和融合，必然增进人的社群乃至
"类"的归属感和家园感。

不仅如此，由于在审美经验中达到的人与环境的整体性和谐，还给
人以最亲切而幽远的宇宙归属感。"一件艺术品引发并强调这种作为一个
整体，又从属于一个更大的、包罗万象的、作为我们生活其中的宇宙整
体的性质。"④说的就是这种宇宙归属感。这种最深广的家园感甚至可以
与某种宗教经验相通。杜威认为，审美经验的仅有而独特的特征正在于
"没有自我与对象的区分存乎其间"，"在其中，两者各自消失，完全结合
在一起"⑤。具有美感性质的经验在某种条件下，"具有一种强烈的性质，
竟可以公平地称之为宗教经验。和平与和谐充满着宇宙，集中于一个具
有特殊中心和模式的情境之中。只要经验是在这种最后的特征支配之下，
经验便具有这种宗教性质；因而，神秘的经验只是在经验的节奏中重复

---

① ［美］杜威：《艺术即经验》，商务印书馆2005年版，第301页。
② 同上书，第112—113页。
③ 同上书，第318页。
④ 同上书，第215页。
⑤ 同上书，第277页。

着的那种经验性质特别强烈化罢了"①。在这样"天人合一"的家园感中，人的心灵得到最稳妥而温馨的安顿与满足，得到马斯洛晚年所说的超越性高分体验的境界。

在杜威对审美的交流作用的阐述中，寄托着他对社会进步的美好理想。他满怀深情地说："在一个不完美的社会（没有社会是完美的）之中，美的艺术在一定程度上是从生活的主要活动中逃脱，或对它们的外在装饰。但是在一个比我们所生活在其中的社会更好地组织起来的社会之中，一个比起现在来要大得不可比拟的幸福将会参与到所有的生产方式里。我们生活在一个其中有着大量的组织的世界之中，但是，它是外在的组织，而不是一种增长着的经验，一种涉及活的生物整体，朝向一个完美的终结的秩序。艺术作品并非疏离日常生活，它们被社群广泛欣赏，是统一的集体生活的符号。但是，它们对创造这样的生活也起着非凡的帮助作用。物质经验在表现性动作中的再造，不是一个局限于艺术家，局限于这里或那里的某个恰好喜欢该作品的人的一个孤立事件。就艺术起作用的程度而言，它也是朝着更高的秩序和更大的整一性的方向去再造社群经验。"②杜威热忱希望艺术能够发挥"朝着更高的秩序和更大的整一性的方向去再造社群经验"的作用，促进社会的进步，他对艺术和审美的社会功能的寄望很高很高。

第四节 艺术作为环境的组成部分而成为文明持续性的轴心

在《艺术即经验》中，杜威专门论述了艺术与文明的关系的问题，认为在社会中艺术作为环境的组成部分而成为文明持续性的轴心，从而把艺术和审美的功能提升到一个新的高度。

杜威指出："只要艺术是文明的美容院，不管是艺术，还是文明，都不是可靠的。"③这就意味着，艺术和文明要可靠，就不能把艺术仅

---

① ［美］杜威：《确定性的寻求》，上海人民出版社2005年版，第182页。
② ［美］杜威：《艺术即经验》，商务印书馆2005年版，第87页。
③ 同上书，第381页。

仅当作"文明的美容院"，而应当发挥艺术对于文明建设和进步的实际作用。在杜威看来，"不管是野蛮人，还是文明人，都不是由于本身的身体特征，而是由于他所参与的文化，才获得其存在的。艺术的繁盛是文化性质的最后尺度"。"也许会提供安全与力量的政治上与经济上的艺术，假如没有伴随着对文化起决定作用的艺术的繁荣的话，就不是人的生活富足充裕的证明。"①一种文化的性质的"最后尺度"是它的艺术。人的生活的富足充裕不只在于物质上和科学上，还应该"伴随着对文化起决定作用的艺术的繁荣"，由此可见艺术对于文明是何等重要。

文明是对一种社会普遍认可的意义在心灵上的结合和凝聚。在杜威看来，"艺术是实现这种结合的伟大力量"。在一种文明的发展过程中，"拥有心灵的个人一位接一位地逝去了，意义在其中得到客观表现的作品保存了下来。它们成为环境的组成部分，而与环境的这个状态相互作用成为文明生活中持续性的轴心。……每一艺术门类都以某种方式成为这种传递的一个媒介"②。杜威在这里说，那些为文明大发展做出贡献的"拥有心灵的个人"不会长存世间，但是他们创造的艺术留了下来，作为文明的遗产和财富而成为后来的一代又一代人的文化环境，在继续享用中得到心灵的滋养，使生命有新的发展。这样的艺术累积，实现了文明发展的连续性，使文明的质量和水平得到提升，文明因此而不断进步。杜威把艺术累积构成的环境视为"文明生活中持续性的轴心"，这个观点对艺术的审美功能的推崇，已经臻于极致。这对于把艺术视为"自然完善发展的最高峰"的杜威来说并不难理解，在他看来，科学也不过是"领导着自然的事情走向这个愉快的途径"的"婢女"罢了。

科学和道德是文明的重要内容。杜威不仅高度重视艺术审美的想象性中的创造因素对于科学发展的作用，而且着重论述了艺术与道德的关系问题。杜威首先指出"艺术与道德的关系问题常常被当作只是存在于艺术这一方的问题"这种流行的观念。"这实际上假定道德如果不还是在

① ［美］杜威：《艺术即经验》，商务印书馆 2005 年版，第 383 页。
② 同上书，第 362—364 页。

实际上，那也是在思想上令人满意的，而唯一的问题在于艺术是否并以何种方式，符合已经发展起来的道德体系。"①在这种观念看来，艺术只应该接受道德的引导，并以自己的审美特性去为它服务，诚惶诚恐地表现和传布道德的规范。杜威不赞成这种观念，他认为雪莱的陈述才进入到这个问题的核心，那就是强调想象对于认同道德之爱的重要性。杜威指出："想象力是善的主要工具。一个人对于他的同伴的想法和态度，依赖于他将自己想象性地放在同伴的位置上的力量。"② 道理很简单，因为没有想象就没有设身处地，就没有同情。"但是，想象的优先性远远超出于直接的个人关系的范围。除了'理想'被用于常见的差别，或者作为一个感伤性幻想的名称之外，在每一个道德观与人的忠诚之中，理想的因素都是想象性的。宗教与艺术的历史联姻关系，就植根于这种共同的性质之中。"③由此杜威得出一个结论："艺术比道德更具道德性。"他还说"关于人性的道德预言家总是诗人"，"他们对（道德的——引者注）可能性的先见之明无一例外地变成了宣布既存的事实，并将之凝固为半政治性的体制"。在这个推动道德进步的过程中，艺术成了"使目标感保持鲜活的手段，具有超越僵硬的习惯的意义"④。杜威的这一思想在人类艺术史中到处都可以找到印证，他明确地肯定艺术引导和推动道德的进步的重要功能。杜威的这一思想，不仅使人想起那种认为"美学是未来的伦理学"的观点，而且更突出了艺术引导道德、美学引导伦理学进步的观念，这是值得格外注意的。

舒斯特曼《实用主义美学》的《序》中写道："实用主义不可避免地结合了实用概念，而审美在传统上刚刚好与这个概念相对，甚至相反地被定义为无目的和无利害。本书的目的之一，就是通过挑战传统的实用—审美的对立，从占统治地位的哲学意识形态和文化经济已经赋予它的狭隘的领域和角色中，扩大我们的审美观念。当我们开始认识到美学

①　［美］杜威：《艺术即经验》，商务印书馆 2005 年版，第 385 页。
②　同上。
③　同上书，第 386 页。
④　同上。

在拥抱实践中，在表现和报告生活现实中，也延伸到社会和政治领域时，美学就变得更为重要和富有意义了。"① 这段话无疑可以帮助我们理解杜威的审美功能观的实践意义。

① ［美］理查德·舒斯特曼：《实用主义美学》，商务印书馆 2002 年版，第 9 页。

第十七章

大艺术观：杜威美学中艺术形态的
生态构成和生成机制

与流行美学对艺术概念的狭隘界定比起来，杜威的艺术概念所具有的外延覆盖了人的整个存在，展现为"大艺术观"的格局。杜威通过对艺术概念含义的演化及其在经验中自然生成的分化展示了它的大艺术观的基本内涵，进而在经验生成的连续性中揭示艺术的特殊性质和作为"一个经验"所具有的特征。这种大艺术观以其多层次的生态结构昭示了艺术植根大地的生命源泉，并以其独特的开放性形态实践性联系体现了艺术向其生态本性的全面回归，从而对于认识审美存在及其本体特性和功能都具有重要的建设性意义。

斯蒂文·费什米尔指出："流行的不食人间烟火的艺术观，导致了哲学家们对艺术的忽视，因为根据这种观点，艺术巅峰脱离了日常生活。"① 这里说的正是杜威也着意批判的观点。在杜威看来，流行的哲学和美学中所说的艺术，只不过是巨大的艺术山峰上凸出的顶峰罢了，而艺术绝不仅仅局限于这个狭小的领域，它是遍及人类生活的各个领域的一种非常普遍的存在。就拿费什米尔说的"道德艺术家"这个概念来说，也就意味着在道德领域内也存在着艺术，或者说道德也可以上升到艺术之境。与流行的艺术观念这种有限的外延比起来，杜威的艺术概念所具有的外延展现出一种"大艺术观"的格局。尽管对艺术这个概念的泛化使用到

---

① ［美］斯蒂文·费什米尔：《杜威与道德想象力》，北京大学出版社 2010 年版，第 163 页。

处可见，但是流行的美学对此并不理会，只不过看作一种修辞的借用罢了。而在杜威这里，与其自然主义经验论密切相关的大艺术观却是其哲学和美学中很重要的思想。这种大艺术观，不仅显示了杜威对于艺术的生成和功能的独特认识，充分体现了杜威对艺术的工具性的追求和对艺术的实践性社会功能的期许。这种大艺术观的开放性势态，展现了杜威经验论美学的生态内涵的一个重要方面。

第一节　艺术概念含义的演化及其在经验中生成的形态分化

　　无论在杜威的美学文本中，还是在其他哲学文本中，"艺术"都是一个出现频率极高的概念，而且对这个概念的使用越到后来就越是广泛而频繁。这里，笔者首先试着梳理一下"艺术"概念在杜威后期著作中使用的情况，借以对这个概念的含义所发生的演化有一个大略的了解。

　　在1925年的《经验与自然》中，杜威认为："人们几乎普遍地把艺术的和美感的东西混淆不清。"① 他似乎力求在与审美的区别中来界定艺术。他指出："我们从其含蓄的意义方面来讲，把经验当做是艺术，而把艺术当做是不断地导向所完成和所享受的意义的自然的过程和自然的材料。""思想、智慧、科学就是有意地把自然事情导向可以为我们所直接占有和享受的意义。这种指导——即操作的艺术——本身就是一件自然的事情，在这件事情的过程中，原来片面而不完备的自然变得十分完满。"② 在这里，他使用了"操作的艺术"这个概念，直接把艺术与操作结合起来。这个"艺术"的含义，实际上就是在技术和技艺之上突出了"直接占有和享受的意义"，这就是说本来作为手段的操作由于其自身具有了目的性意义才成其为艺术。这个意思，与日常生活中被泛化的艺术概念相近。

　　1930年的，在《确定性的寻求》一开始论及人类如何逃避世界上的

------

　　① ［美］杜威：《经验与自然》，江苏教育出版社2005年版，第227页。
　　② 同上书，第228页。

危险的途径时，杜威先说了与命运和解的途径，然后说了这样一段话："另一种途径就是发明许多艺术，通过它们来利用自然的力量……他建筑房屋、缝织衣裳、利用火烧，不使危害，并养成共同生活的复杂艺术。"①这里说的艺术指的是人类利用自然力和管理社会的各种技艺，都与人的实践直接相关。

还是在这部著作中，杜威以专章论述了"承受的艺术与控制的艺术"。"曾经有过一个时期，'艺术'和'科学'实际上是具有同一意义的两个名词。""也曾经有过'工'艺和'文'艺之分。这个区分多少就是工业艺术与社会艺术之分，及涉及事物的艺术和直接涉及人事的艺术之分。"②在这里"艺术"分化为"工艺"和"文艺"——前者指"工业艺术"，这是"涉及事物的艺术"，"所涉及的仅仅是当做手段的一些事物"；后者指"社会艺术"，这是"直接涉及人事的艺术"，"所涉及的则是当做目的的一些事物，是具有最后的和内在的价值的一些事物"。而社会的原因使得这种区别更加显著了。③ 这种区分不仅造成了高级艺术与低级艺术的分别，而且对理论与实践、心灵与身体、目的与工具的区分都有很大的影响。在这个区分中，文艺作为指涉人事和社会、具有自身目的和最后的和内在的价值的一种艺术，即所谓"高级的艺术"而浮出艺术之海的水面。这个区分同时也是联系，它表明了这种"高级的"艺术与工艺（技术）之间的生成性关联，说明了前者尽管比后者"高级"，但它是从技术和技巧的基础上生成起来或分化出来的。在这些区别中，"具有最后的和内在的价值"乃是关键的特征。这就是说，"工艺"还是外在目的与内在目的两者的结合，而"文艺"（或称人本艺术或社会艺术）则只有内在的目的即以其自身为目的的性质，也就是说，在这类艺术中手段与自我享受的目的高度一致，除此之外没有其他外在的目的了。

1934 年的《艺术即经验》，是杜威专门论述艺术问题的著作。在论及艺术的表现问题时，他说："人为的（artificial）、巧妙的（artful）与艺术

---

① ［美］杜威：《确定性的寻求》，上海人民出版社 2005 年版，第 1 页。
② 同上书，第 55 页。
③ 同上。

的（artistic）之间的区别只是表面的。"① 在这部著作中，杜威用"一个经验"对艺术加以明确的界定。在这里，杜威坚持了艺术与日常生活过程的连续性的基本思想，并且把艺术放到审美经验之上来肯定其审美性质。杜威指出："一个经验（取其所蕴含的意义）与审美经验之间既有相通性，也有相异性。前者具有审美性质；否则的话，其材料就不会变得丰满，成为一个连贯的经验。"② 这就是说，作为艺术的"一个经验"，必然是具有审美性质的；正是这种审美性质才使它成为一个因丰满而生动、因连贯而完整，并且具有个性的"一个经验"，成为艺术。"一个生机勃勃的经验是不可能被划分为实践的、情感的，及理智的，并且为各自确定一个相对于其他的独特的特征。情感的方面将各部分结合成一个单一的整体；'理智'只是表示该经验具有意义的事实；而'实践'表示该有机体与围绕着它的事件和物体在相互作用。"③ 这样一个具有生命整体性特征的结构，蕴含着艺术作为"一个经验"的生命意义和价值，成为自然界生命发展的顶峰。

　　但是，即使在这里，具有审美性质的东西并不仅仅属于作为"一个经验"的艺术。杜威指出："最精深的哲学与科学的探索和最雄心勃勃的工业或政治事业，当它们的不同成分构成一个完整的经验时，就具有了审美的性质。"④ 在这个意义上，哲学与科学、工业或政治事业，都可以在"构成一个完整的经验"时具有审美性质。显然，即使此时，杜威的艺术概念仍然存在两个层次的含义：处于基础层次的是生活的实践的艺术，这是"工艺"；而在这个基础之上的则是作为"一个经验"及其作品的艺术，即专门供人审美的"文艺"。

　　值得注意的是，杜威用在"操作"、生活和实践上的"艺术"概念，并不是如同流行观念那样是对"高级的"艺术这一概念的泛化，而是两者之间同根而生的内在连续性使然。也就是说，这不是借艺术这个词语来形容某种技术和技艺的巧妙高超和由此而生的可享受性，而是表明它

---

① ［美］杜威：《艺术即经验》，商务印书馆2005年版，第67页。
② 同上书，第59页。
③ 同上。
④ 同上。

们有着共同的审美性质和生成性关联。

在更晚的《人的问题》中，杜威还明确指出："我们还必须注意与'艺术'或'人为的'相反的'自然'或'自然的'意义。""科学明确地和毫无争论地是属于艺术方面而不是属于自然方面的事体。"① 这里就显然是把艺术界定为"人为的"，而与"自然"和"自然的"相区别。在杜威的思想中，艺术本来就是作为"活的生物"的人与环境交互作用形成的"做"与"受"相结合的经验的产物，它当然是人为的——尽管存在着与自然的连续性。"科学无论在方法方面还是在结论方面都是一种艺术。"② 因为科学是从经验到实验的"再寻求"。不过，径直把科学说成就是艺术，显然与他在《经验与自然》中关于科学是艺术的婢女的观点相矛盾，因此他特地表明："为了标志出科学这种艺术的这个具有区别性的因素，我将使用技术（technology）一词。"③ 按照这个说明，在这里出现的"工业艺术"和"商业艺术"以及"生产艺术"等概念中所说的"艺术"，就都是"技术"的意思了。

综观杜威的艺术概念的演化，可以看出其间呈现出一个由操作（实践）到经验到审美经验以至"一个经验"的生成性线索，与这个线索对应的就是从操作（实践）到技术到工艺直到文艺的艺术观念的生成思路。在这个思路中，流行观念所指艺术出现在经验发展的最高层次，成了作为"活的生物"的人与环境交互作用的最高成果。在这两个思路的对应和结合中，一种突破了流行美学和艺术学的狭隘视域的大艺术观就呈现在我们眼前。本着"回归大地"的生态化的思路，杜威把凡是具有类似"一个经验"的行为都称为艺术，也就是说，在人与环境交互作用中那一切能够同时给人以美感享受的技艺活动及其经验，都是艺术。正是出于对艺术的工具性的坚持，杜威极其反感"为艺术而艺术"的观念而屡屡加以批评。在杜威心目中，艺术不仅是"有用"的，而且它的用处首先是面向世俗日常生活的。这种大艺术观十分鲜明地突出了艺术与人的实践和操作之间的互动关系。

---

① ［美］杜威：《人的问题》，上海人民出版社1965年版，第241页。
② 同上书，第242页。
③ 同上书，第243页。

第二节　在经验生成的连续性中
揭示艺术的特殊性质

基于上述的大艺术观，杜威指出："把艺术的美的性质仅限于绘画、雕刻、诗歌和交响乐，这只是传统习俗的看法，甚或只是口头上的说法而已。任何活动，只要它能够产生对象，而对于这些对象的知觉就是一种直接为我们所享受的东西，并且这些对象的活动又是一个不断产生可为我们所享受的对于其他事物的知觉的源泉，就显出了艺术的美。"① 这段话是在《艺术即经验》之前对艺术之美的本体内涵的最明确的说明，其中包含了三层意思：第一，艺术是"能够产生对象"的活动，而只有具有相对完整性的具体事物或事件才能成为对象；第二，"这些对象的知觉就是一种直接为我们所享受的东西"，也就是对于人的维持和发展生命的要求具有肯定性价值的东西，这点最为重要；第三，"这些对象的活动又是一个不断产生可为我们所享受的对于其他事物的知觉的源泉"，就是说对对象的享受具有生成性的工具意义，能够生产出具有普遍意义的知觉，使人对事物之美的直觉能力得到提高。这三个层次之间具有递增累积的联系，一层比一层更进一步，也更为深入。

在《经验与自然》中，杜威对于艺术的特殊性质还有一些很重要的论述。"'在激动中的宁静'（repose in stimulation）乃是艺术的特征。秩序和比例，如果它们是唯一的东西，也就会立即枯竭，经济本身就是一个讨厌的和具有拘束力的监工。当它使人松弛的时候，它就是艺术了。"② 这是说出了秩序和比例之外，生命活力的生动而自由的表现对于艺术具有至为重要的意义。"自然界基本的一致性使得艺术具有形式，因而这种一致性愈是广泛和重复，艺术就愈'伟大'。但有一个条件——而这个条件却显示出了艺术的特点——即这种一致性要跟对新颖的惊奇和对无理的宽容不可，分辨地混合在一起。"③这仍然是对生命活力及其内在秩序的

---

① ［美］杜威：《经验与自然》，江苏教育出版社 2005 年版，第 233 页。
② 同上书，第 229 页。
③ 同上。

强调。艺术具有形式，而且是具有某种普遍对应性质的形式，因为正是这样的形式才是"广泛"的，可"重复"的。而这种普遍性越是指向宇宙的无限，能够超越休闲的时空，当然也就越是"伟大"。在这里，杜威说"但有一个条件"，就是这种具有普遍性的形式必须"跟对新颖的惊奇和对无理的宽容不可分辨地混合在一起"。这是什么意思呢？在杜威看来，包括人在内的自然乃是一个在生成中、尚未完成的世界，它远远没有达到终结，也不可能终结，而总是在不断地变化，包括人的探寻和实验中实现自己可能性的过程。这是一个生命发展的过程，正是各种可能性昭示着自然和生命连续进化的趋势及其对生命活力的呼唤。既然如此，当然必须时时保有"对新颖的惊奇"，要有对某些一时看似"无理"的东西的宽容。没有这种"惊奇"，我们就不会发现和重视那些我们需要的可能性；而如果没有"对无理的宽容"，就可能把那些我们一时未能理解的可能性加以抹杀。无论是杜威说的"惊奇"还是"宽容"，都必须以旺盛而又开放的生命活力为前提，因为生成性的不倦追求正是生命的内在本质所在。显然，在这里，杜威所强调的仍然是生命活力对于艺术的关键意义。

从上述的认识出发，杜威给出了这样的结论："界说艺术的两极，一方面是机械习惯的东西，而另一方面是偶然的东西。……如果把这个方面孤立起来，每一单个的方面都是既不自然的，又不艺术的，因为自然就是自发性和必然性、有规则的和新颖的东西、已完成的东西和刚开始的东西，这样两个方面的相互交叉。""如果经验已不成其为艺术，如果在自然中规则的、重复的和新奇的、不定的东西不再在一种具有内在的和直接所享受的意义的生产活动中彼此互相支持和互相沟通，那么上述的两种分隔开来的情况（指活动与意义相分隔和感受与意义相分隔——笔者注）都是不可避免的。"① 这个结论，对于理解杜威的艺术本质观具有极为重要的意义。杜威是从自然和生命的生成性本质来确认艺术的价值内涵的，而生命的生成性正是生命活力与秩序形式的交融和统一，是生命活力对旧秩序的突破和新秩序的形成。所谓"自发性和必然性、有规则的和新颖的东西、已完成的东西和刚开始的东西，这样两个方面的

---

① ［美］杜威：《经验与自然》，江苏教育出版社 2005 年版，第 230 页。

相互交叉"，归根到底，就是这两个方面的相互关系的具体表现。

接下去杜威的论述又深入了一步，他指出："我们的主题已在不知不觉中转入手段和后果、过程和产物、有工具性的东西和圆满终结的东西之间的关系问题了。如果任何活动同时是这两方面，既非在两者之中选择其一，也非以其中之一者代替另一者，那么这种活动就是艺术。"① 在这段话中，杜威又从手段与目的的统一的角度对艺术的性质做出界定。杜威认为，与人的其他很多活动中手段与目的相分离的情况不同，"在艺术中手段和终结（目的）是一致的"②。"在艺术中就包含有在手段和终结（目的）之间的一种特殊的相互渗透的状况。"③ 这就是说，在其他活动把自己当作实现某种外在目的的手段的时候，艺术在作为手段的同时就是目的，手段实施的过程就是目的得以实现的过程，艺术活动正是在这两者的一致和融合中给人带来满足和享受。任何活动，只要手段和目的没有分离，它就成为艺术了。

在谈到把艺术分为"工艺的"和"美术的"时，杜威指出："如果我们把这些形容词放在'艺术'的前面而作为字首，它们就毁灭和破坏了'艺术'的内在意义。因为只有有用的艺术就不成其为艺术而只是机械习惯罢了，而只是美术的艺术，也不成为艺术，而只是消极的娱乐和消遣，其所不同于其他的纵情娱乐之处，仅在于它还需要一定的锻炼成'修养'而已。"④ 这就是说，无论是"工艺的"还是"美术的"，它们作为"艺术"的内在意义都是一样的，是"有用"与"娱乐"的统一，是手段与目的的交融。为了说明这个道理，杜威还指出："因为仪礼的、文学的和诗歌的艺术跟工业的和科学的艺术有着十分不同的工作方式和不同的后果，所以就远不像当代一些学说所界定的那样，说它们丝毫也没有成为工具的力量，或者说，在对它们的欣赏性的知觉中并不包含有它们具有工具性的这一种感知。"⑤ 这无疑纠正了流行美学否定"美术的"艺术如文学、诗歌之类没有工具性的偏颇。

---

① ［美］杜威：《经验与自然》，江苏教育出版社 2005 年版，第 231 页。
② 同上书，第 236 页。
③ 同上书，第 241 页。
④ 同上书，第 231 页。
⑤ 同上书，第 245 页。

但是，此时的杜威还没有进一步揭示出艺术何以具有这些特殊性质的本体基因。艺术为什么是生命两极的结合，同时也是手段与目的的一致呢？这个问题在《艺术即经验》中才得到回答。

《艺术即经验》对这个问题的回答是通过对"一个经验"的具体阐释来实现的。亚历山大·托马斯曾说："除非记住经验生长（experience grow），而且在生长中呈现出意义（meaning）这一基本学说，否则便无法理解杜威的思想，尤其是无法理解他审美意义理论中的任何思想。"① 之所以如此，就因为经验本来就是作为"活的生物"的人与自然和社会环境之间交互作用而形成的，人是为了自己生命的生存和发展才与环境打交道，在"做"与"受"的共生互动中产生经验，所以在经验的"生长"中就因体现了自然的生成性而具有价值和意义。然而，要达到艺术的境界，经验还必须成为"一个经验"。所谓"一个经验"与日常的零散的经验不同，它是具有完整性、个性化和自足性的经验，因而能够更为充分而生动地表现出自然和宇宙整体的生成性，并且以其完整的过程性和相随的情感性而更加鲜明地呈现出生命进取过程的节奏。在杜威看来，节奏对经验特别是"一个经验"的审美性质的重要性是"怎么说都不为过"的，因为节奏乃是一切艺术的前提。"我们周围世界使艺术形式的存在成为可能的第一个特征就是节奏。在诗歌、绘画、建筑和音乐存在之前，在自然中就有节奏。如果不是这样的话，作为形式的一个基本特征的节奏就将会仅仅是添加在材料上的东西，而不是材料在经验中向着自身发展的顶点的运动。"② "因为节奏是一个普遍的存在模式，出现在所有的变化之秩序的实现之中，所以所有的艺术门类：文学、音乐、造型艺术、建筑、舞蹈，等等，都具有节奏。""在每一类艺术和每一件艺术作品的节奏之下，作为无意识深处的根基。存在着获得生物与其环境间关系的基本模式。"③ 节奏对于艺术的重要性，不仅在于它是生命进取的表征，而且具有对能量进行组织的功能，因而直接作用于人的生命水平的

---

① ［美］亚历山大·托马斯：《杜威的艺术、经验与自然理论》，北京大学出版社 2010 年版，第 94 页。

② ［美］杜威：《艺术即经验》，商务印书馆 2005 年版，第 168 页。

③ 同上书，第 166 页。

调节和提升，成为调适与环境关系的重要中介，并直接影响和激发主体的身心感受。无论是"工艺"还是"文艺"，其之所以成为艺术，节奏和节奏感都是其重要的特征。

第三节　多层次的生态结构昭示了艺术与生活的生命联系

从这样的大艺术观出发，在杜威所谓艺术的家族式存在中就出现了各种各样的形态，这些形态以其从"大地"到"山峰"直至"顶峰"的格局，构成了一个多层次的生态结构。在这个结构中，不仅有前面说到的"工艺"（工业艺术）与"文艺"（社会艺术）的划分，而且还有更多的说法。就拿《确定性的寻求》来说，其中就有"实践艺术""行为艺术""管理与指导自然条件的艺术"和"实现自然的潜在意义的艺术"等。这些说法几乎囊括了人类实践活动的各个领域。这些说法含义深刻，说明了人的一切"实践"和"行为"，归根到底都是为管理和指导自然条件而进行的，即为了调适自己与自然之间的关系。同时，这些活动又是为了实现自然界的潜在意义，即充分发掘和发挥自然界对于人的生成和进化所具有的各种可能。这些活动中的经验，只要实现了上述的目的，完满而生动地表现出自然界生命进取的节奏，就都可以成为艺术；人类通过自己的努力也一定能够使之达到艺术的更高层次。

不只是有实践和行为的艺术，还有思维的艺术。"思维尤其是一种艺术，而作为思维产物的知识和命题，也跟交响乐一样，乃是艺术作品。"为什么说思维是一种艺术呢？这是因为"思维的每一个后继的阶段都是一个结论，而在这个结论中，产生这个结论的事物的意义就被概括起来了，而且当它被陈述出来时就成为一道辐射在其他事物上的光芒——或成为遮蔽它们的迷雾"[1]。

这样展开的大艺术观的视域，把流行美学所说的美的艺术通过各种实践行为和生活活动的艺术与日常生活和自然连接起来，这就犹如一株参天大树通过它的枝干根系深入大地而接通了地气，从而使艺术能够始

---

① ［美］杜威：《经验与自然》，江苏教育出版社 2005 年版，第 241—242 页。

终保持与生活大地的血肉联系而得到永不衰竭的生命源泉。

诚如杜威所说，关于艺术和自然的理论，"在这里实质上只有两条道路可以选择。或者说，艺术乃是自然事情的自然倾向借助理智的选择和安排而具有的一种继续状态，或者说，艺术乃是从某种完全出于人类胸襟以内的东西迸发出来的一个附加在自然之上的奇怪东西，不管这种完全处于人类内心的东西叫做什么名称。在前一种情况之下，愉快的扩大的知觉或美感欣赏跟我们对于任何圆满终结的对象的享受乃是属于同一性质的。它是我们为了把自然事物自发地供给我们的满足状态予以强化、精炼、持久和加深而对待自然事物的一种技巧和理智的艺术的结果。在这个过程中发展了新的意义，而这些新的意义又提供了独特的新的享受特点和方式，而这跟突创成长的地方所发生的情况是完全一样的"①。杜威说"艺术乃是自然事情的自然倾向借助理智的选择和安排而具有的一种继续状态"，这就既明确地揭示了艺术与自然之间的连续性，又明确地肯定了人之作为的能动作用。艺术既然是人为的结果，就必然具有不同于日常经验的特性，能够更好地满足人的生命发展的要求。这个特性就是杜威说的"把自然事物自发地供给我们的满足状态予以强化、精炼、持久和加深"，而这正是人的"一种技巧和理智的艺术的结果"。在各种形态和层次的艺术中，"美的艺术"无非将这一特点发挥到了极致。

通过上面的梳理可以看到，杜威对艺术的特殊性质的不断深入的阐释过程是在其大艺术观的框架中渐次展开的。这个过程所展示的思路，充分体现了杜威在《艺术即经验》一开始就标明的所谓"迂回"的路径。在杜威看来，艺术不是突如其来、与日常生活经验毫无联系的孤立的存在，因此不能像流行的美学那样孤立地直接从经典的艺术作品研究美学的路向，而是首先回到生活的大地上来。艺术是"自然的最高峰"。"山峰不能没有支撑而浮在空中，它们也非只是安放在地上，就所起的一个明显的作用而言，它们就是大地。"② 这就是说要从大地去理解山峰，才能找到山峰的根基，从而也才能弄清山峰何以成为山峰以及山峰与大地的联系与区别。他说的"迂回"，就是不能直接孤立地从艺术本身去认识

---

① ［美］杜威：《经验与自然》，江苏教育出版社 2005 年版，第 247 页。
② ［美］杜威：《艺术即经验》，商务印书馆 2005 年版，第 1—2 页。

它的审美性质，而是要从在常人眼中并非艺术的日常的、普通的经验出发去认识。正是这种"迂回"的思路，造就了他的大艺术观，也因此在揭示艺术与自然和日常生活之间的连续性的同时，也敞亮了艺术的特殊性质以及不同层次的艺术之间的区别，并从总体上昭示了艺术与生活之间十分密切的生命联系。

第四节　开放的形态视域为艺术全面回归生态本性开路

杜威的大艺术观无疑展示了极具开放态势的艺术形态视域。这种开放性不仅存在于各种形态和层次的艺术之间，更存在于艺术与自然之间，存在于人与环境交互作用的生活世界之中，乃至蕴含着无穷无尽的变化和可能性的宇宙之中。对于艺术来说，这种开放性是以生命的生态进化的方式展开，以表现生命本质的节奏为中介的。如此具有广度和深度并富于生命活力的开放性，本身就表现了艺术与大千世界的生命进程密切联系和交互作用的生态本性。正是在这种开放的生态联系中，艺术才不仅保有它的生命，而且把它的生命意义反馈给自己置身其间的世界，"赋予各种方式的生产以审美性"①，以其作为自然发展的顶峰的普照之光，使人类的生活，包括人与自然的关系更加和谐和美好，从而充分发挥艺术对于人类文明进步的实际效用。

我们说杜威的大艺术观为艺术全面回归其生态本性开辟了道路，其理论内容和实践意义大致包括以下几个方面。

第一，从艺术的生命本原出发，在艺术自身的生成过程中认识其表现于节奏的生态本体特性。杜威的大艺术观沿着从"大地"到"山峰"的自然生成线索考察艺术的本体特性，从自然的节奏、生命的节奏与艺术的节奏的连续性中揭示出节奏对于艺术的审美性质所具有的决定性意义，这就实际上凭借节奏这个生命的感性表征和动力机制把握了艺术与自然界和人的生命之间内在的生态联系。在这个思路中揭示出来的节奏特征，植根和生成于自然和生命的根基之中，并因此而与自然乃至宇宙的生命运行相感应。"人类经验的历史就是一部艺术发展史。科学从宗教

---

① ［美］杜威：《艺术即经验》，商务印书馆2005年版，第87页。

的、仪式的和诗歌的艺术中明确地突然显现出来的历史，乃是一种艺术分化的记录，而不是与艺术脱辐的记录。"① 这段话强调的就是艺术生成的生态气象——从日常经验中分化出审美经验，从审美经验中分化出艺术，而艺术又分化为工艺和文艺；在这个分化的过程中，艺术始终没有脱离经验这个生命基础。

　　第二，大艺术观所展示的艺术形态的多层次生态结构，形成了艺术广泛而实际发挥其生态调适功能的内在互动共生的机能。在大艺术观的视域中，与日常生活密切联系的首先是那些实践的和生活的"工艺"艺术，它们以其实用性普遍存在于人的生活的各个领域。相对于更高级的"美的艺术"即"文艺"而言，这些"实用的"艺术构成了"美的艺术"与生活相互作用的重要中介，同时也对"实用的"艺术发生影响，不仅扩展生活艺术化的范围，而且不断提高其艺术水平。大艺术观所揭示的艺术的这一内在结构，无疑为早就兴起的"劳动美学""技术美学"和各种生活美学提供了充分发展的理论依据和思维空间。更为重要的是，在这个多层次生态结构中，各种实践的和生活的艺术还成了美的艺术与自然之间的中介，借助这个结构的内在互动机制，艺术对于人与自然关系的调适功能就能发挥出更切实而广泛的"效用"。艺术以其完满而生动充沛的生命内涵激发起人的生命活力和生态智慧，使人的能力得以解放。"当人类能力的解放作为一种社会创造力量而运作，艺术将不是一种奢侈，与日常生计不相干的东西。"② 艺术将会以其手段与目的一致的特性帮助人们克服工业文明中手段与目的两相脱离的状况，从而为人类与环境的和谐发挥巨大的作用。

　　第三，大艺术观的从大地上升到山峰以至顶峰的结构，是艺术成为"文明轴心"这一生态位的现实基础，也是其发挥"文明轴心"作用的功能依托。杜威把艺术视为自然生命发展的顶峰，而这个顶峰又是深深植根于人与自然环境交互作用的经验之中的，因此也就当然地成了文明的轴心。以艺术为轴心，人类的生活和实践几乎全部环绕着它，受它影响，既向它趋近又为它所提升，以实现社会生活全面艺术化的美好理想。在

---

① ［美］杜威：《经验与自然》，江苏教育出版社 2005 年版，第 246 页。
② ［美］杜威：《哲学的改造》，陕西人民出版社 2004 年版，第 120 页。

论及科学与艺术的关系时杜威指出："把科学跟艺术分隔开来，而又把艺术区别为与单纯的手段有关的艺术和与目的本身有关的艺术，这乃是掩盖我们的力量和生活的幸福之间缺乏两相结合办法的一个假面具。我们对生活幸福的预见愈能是人认知力量的表现，这个假面具就愈失去其似真性。"① 显然，杜威所揭示的艺术内在的层次结构为"我们的力量和生活的幸福之间"的"两相结合"打开了现实的通道。在大艺术观的框架内，科学与艺术之间不再彼此分隔。这样一来，就正如杜威所说："当科学和艺术这样携手之后，支配人类行为的最高动机已经达到了，人类行为的真正动力将被激发起来，人类性中可能达到的最好的事业便有保障了。"②

第四，大艺术观内在的民主精神是对社会生活中等级分裂状态的反拨和批判。杜威指出："在一个不完美的社会……之中，美的艺术在一定程度上是从生活的主要活动中逃脱，或对它们的外在装饰。"③ 这种状况是他所不满意的。对于流行观念中独尊"美的艺术"而鄙薄大众艺术和实用艺术的倾向，杜威出于一贯的民主精神表达了强烈的不满。"我们所熟悉的这种把奴役式的工艺和自由的、社会所尊重的文艺分为等级的社会条件，这种理论与实践的二元论原来所由产生的社会条件，至今仍然还持续存在着。"他要求改变这种分裂状态，"把实际支配着我们生活的兴趣和活动提升到这样一个高度的水平，使它们具有真正自由和人本的意义"④。对于那种把艺术区分为"比较低级"和"比较高级"的贵族化倾向，杜威也明确表达了他的不满。当杜威把艺术的等级分裂诉诸社会政治的原因时，他的大艺术观内在的民主精神就昭然若揭了，那就是既要承认各种形态的艺术的个性合理性，又要实现它们彼此之间的协同合作，以全面发挥其对生活的生态功能。

杜威的大艺术观以丰富而深刻的内涵，昭示了生成于经验的艺术与

① ［美］杜威：《经验与自然》，江苏教育出版社 2005 年版，第 243 页。
② 《杜威全集》早期著作第 5 卷，华东师范大学出版社 2010 年版，第 71 页。
③ ［美］杜威：《艺术即经验》，商务印书馆 2005 年版，第 87 页。
④ ［美］杜威：《确定性的寻求》，上海人民出版社 2005 年版，第 57 页。

自然和生活的内在生态联系和其自身的生态特征，更揭示了艺术形态的多层次和开放的生态结构，这对于从生态眼光重新审视艺术提供了广阔的视域和深刻的思路。笔者在 20 世纪 90 年代初曾经提出过"大审美观"的命题，并且从审美活动原生特性的复归、审美活动在人类生活中普遍涵盖和审美价值的本源追溯三个方面阐释了其基本意义。① 这种大审美观尽管可以与杜威的大艺术观相照映，却没有后者从生成过程建构起独特生态结构的深刻内容。借鉴杜威的大艺术观的思维成果，今天的美学理应确立起更加符合实际的艺术大视域，并且深入探寻其内在的协同共生的生态结构和促进生命发展和世界和谐的生态功能。

---

① 曾永成：《感应与生成》，成都科技大学出版社 1991 年版，第 295—300 页。

第十八章

面向现实：杜威经验论美学与
生态批评的"实用"追求

　　"实用生态批评"对"实用"的追求，强调面向生态问题跟生态实践的现实，显示出与杜威的经验论哲学和美学的紧密联系。它们都在达尔文进化论为共同理论基础上确立起生态关怀的共同主题，都主张以生态进化论为生态思维的科学基础。杜威关于用自然化的智慧通过控制的艺术实现生态理想和对经验的审美性质特别是作为艺术的"一个经验"的生命内涵的思想，还对与生态批评的实践之维和文学—审美之维有重要的启示意义。强调面向现实的生态批评，应该更加充分地认识和吸取杜威美学中生态思维的资源。

　　美国当代生态批评家格伦·A. 洛夫在解释自己提出的"实用生态批评"时说，"实用"（Practical）这个术语"对我的诱惑的原因在于它倡导一种话语，其旨在让思想接受物理现实机制检验，人文思维与科学的经验主义的精神相结合，对环境的文字上的关怀应落实到我们在现实世界所从事的具体工作中"①。在谈到"实用的"这个词语时他指出："如果这个词语暗含庸俗乏味的实用主义意蕴，那么我希望凭借其重要的生态内涵给与弥补。"② 洛夫说得不错，实用主义哲学，特别是杜威的检验自然主义的哲学和美学确实具有丰富而又深刻的"生态内涵"，并且值得为生态批评所"凭借"。洛夫所强调的"实用"，正是与这些"生态内

---

① ［美］格伦·A. 洛夫：《实用生态批评》，北京大学出版社 2010 年版，第 9 页。
② 同上。

涵"结合在一起的，也正是这种结合与洛夫关于生态批评"实用"化的
追求相呼应。一方面，以杜威代表的实用主义哲学和美学的生态意蕴确
实为洛夫所主张的"实用生态批评"所吸收和发扬；另一方面，杜威的
经验论美学中还有一些重要的观点可以给生态批评以重要的启示。把后
起的生态批评与杜威美学联系起来加以考察，可以从一个侧面说明杜威
美学的现实意义。

第一节　以达尔文进化论为共同理论基础的主题融合

无论是杜威的经验论美学还是洛夫的生态批评，都以其对"实用"
的追求表现出面向现实的理论关注和实践精神。对于他们来说，所谓
"面向现实"，首先就是面向人与自然关系这个已经成为人类思维前沿的
现实问题。正是出于对这一现实问题的深切关注和深入探寻，他们才都
以实际地改善人与自然环境的关系，推进人的进化和现实福祉为共同的
主题，并且以对世界的生态思维为共同的思想基础。

洛夫在《实用生态批评》一书中引用刘易斯·芒福德的话说："从现
在开始所有的思考都必须是生态的。"① 洛夫明确表白："我的目的旨在实
实在在地开启一种更具生物趋向的探讨文学与自然、环境关注之间的关
系的生态批评对话。"② 把"对环境的文字上的关怀应落实到我们在现实
世界所从事的具体工作中"。洛夫认为，生态批评目前面临的最大问题是
现存文学批评学术的惯性，这主要就是早已习惯的人类中心主义的思维
和话语。然而，在第三个新千年这个"环境世纪"中，"任何涉及社会现
实与物理现实的文学批评将会涵盖生态的考量"③，因而都应该具有生态
批评的维度和视角。

对于生态批评的理论基础，洛夫特别强调的是达尔文的学说。他指
出："我对具体的生态学或曰科学生态学即作为生态学基础的进化生态学
感兴趣，是与近几十年来人文学科中广泛存在的对科学的漠视，甚至敌

---

① ［美］格伦·A. 洛夫：《实用生态批评》，北京大学出版社 2010 年版，第 107 页。

② 同上书，第 12 页。

③ 同上书，第 1 页。

视截然对立，这种敌视很大程度上是对一个世纪以前扭曲的社会达尔文主义正当反应遗留下的过时的思想残余。其遗风往往遮蔽了这个基本事实——是科学的发展，再加上其学科方法论，驳斥了社会达尔文主义的愚昧与种族主义偏见。"① 洛夫批评了所谓"标准社会科学模式"（SSSM）的预设，说"生物学对标准社会科学模式的挑战源于达尔文关于人是动物世界的一部分的认识——他们也像其他动物一样，身体和大脑都在进化"②。达尔文的生物进化生态学，恰好也正是杜威的自然主义经验论哲学和美学的理论基础。正是在这个共同的基础上，他们都把人与自然的关系的问题突出在理论的前沿或作为思维的基础，对人与自然的关系和人自身的进化与福祉的关注，也就成了他们共同的主题。

洛夫对达尔文的强调是针对美国的现实状态而发的，因为"美国是唯一的大多数人自认为受过教育而对达尔文思想却不屑一顾的发达国家"。在洛夫看来，"达尔文思想对理解人类文化至关重要，文学当然是其中的一部分，进化理论让我们明白我们何以成为文化生物"③。洛夫的这一观念无疑是与杜威相通的。还在大半个世纪之前，杜威实际上就心仪于达尔文的进化论的生态观，把达尔文的学说当作自己的出发点。正如斯蒂文·洛克菲勒所说，"杜威对自然的虔诚以及他的达尔文主义的、自然主义的思维样式，在 1949 年引导他拥护和支持体现在生态主义世界观中的那种精神"④。这就是说，在洛夫一辈学者秉承达尔文的引导走进生态批评的世界之前大半个世纪，杜威已经在自己的哲学和美学中从"人是自然的一部分"出发来思考人与自然的关系了。因此，可以说，今天的生态批评无非是杜威所开拓的思维路径的继续和扩展。不过，洛夫特别强调生态批评的"实用"性，这就使他跟杜威走得更近，他的"实用生态批评"可以看作杜威的实用主义美学在文学批评领域的理所当然的延伸和运用。

"人是自然的一部分"作为杜威哲学的根本观念，贯穿在他的包括美

---

① ［美］格伦·A. 洛夫：《实用生态批评》，北京大学出版社 2010 年版，第 7 页。

② 同上。

③ 同上书，第 19 页。

④ ［美］斯蒂文·洛克菲勒：《杜威：宗教信仰与民主人本主义》，北京大学出版社 2010 年版，第 581 页。

学思想在内的全部思想之中，这就必然具有鲜明而深邃的生态思维的特征。杜威论述人与自然之间的关系说："生物的生命活动并不只是以它的皮肤为界；它皮下的器官是与处于它身体之外的东西联系的手段，并且，它为了生存，要通过调节、防卫以及征服来使自身适应这些外在的东西。在任何时刻，活的生物都面临来自周围环境的威胁，同时在任何时刻，它又必须从周围环境中吸取某物来满足自己的需要。一个生命体的经历与宿命就注定是要与周围的环境，不是以外在的，而是以最为内在的方式作交换。"① 自然与人是不可分的，人生成于自然，并与自然构成一个整体。"当科学的实际发展已指出人是自然的一部分而并非与自然对抗的时候，而仍然保持主观和客观的分离，这确是关于一切社会事务的明智讨论的主要障碍之一。"② 基于这种观念，他把这种具有鲜明生态精神的思维也贯穿到了他对社会和人类问题的思考中。

杜威用自己的自然主义与人本主义相统一的经验论把自然与人统一起来，这实际上就是生态整体的观念。他认为人是生存于自己与环境交互作用形成的经验之中的，而经验"只有在我们考虑到整体的正常经验，在其中内在的与外在的因素融合在一起，各自都失去了特殊的性质时，才能被理解"。这说的是经验中主客体统一的整体性。同时，"在一个经验中，在物质上与社会上属于世界的事物与实践通过它们进入了的人的环境而变化，而同时，活的生物通过与先前外在它的事物的交流而得到改变与发展"③。就是说，经验中的主客体又是互动共生的，通过人的实践（做和行动），人和环境都在相互改变着。人同环境的行动形成经验，他既在经验中生存，也在经验中发展。显然这个具有整体性和内在生成性的经验及其所在的情境，就是一个生态场，也是展开生态思维的思维场。

杜威说得好："自然是人类的母亲，是人类的居住地，尽管有时它是继母，是一个并不善待自己的家。文明延续和文化持续——并且有时向前发展——的事实，证明人类的希望和目的在自然中找到了基础和支持。

---

① ［美］杜威：《艺术即经验》，商务印书馆 2005 年版，第 12 页。
② ［美］杜威：《人的问题》，上海人民出版社 1965 年版，第 10 页。
③ ［美］杜威：《艺术即经验》，商务印书馆 2005 年版，第 274 页。

正如个体从胚胎到成熟的生长与发展是机体与环境相互作用的结果一样，文化并不是在虚空中，或仅仅是依靠人们自身作出努力的产物，而是长期地，累积性地与环境相互作用的产物。"① 杜威的这些关于文化发展的思想，正是生态批评所面对的核心问题。

洛夫批评流行的"不涉及世界的自然条件和支撑所有生命的基本生态原则的文学教学和研究"，认为它"似乎显得愈来愈短视和不合时宜"。他指出："如果要按照我们在生物圈中的位置所要求的那样进行有意义的教学与研究，多一份实用主义是非常必要的。"② 洛夫谈到了实用主义哲学家威廉·詹姆斯的立场，"实用主义原理终极的哲学探讨，'将有关意义和真理的问题转化为实践问题'"，将其导向"具体、充实、事实、行动和力量"。"依我看，实用主义意识为生态批评的原则提供坚实的基础。"③ 至此，不仅在科学的生态观念上，而且在现实的实践立场上，生态批评与杜威的实用主义美学走到一起了。

第二节　以生态进化论为科学基础
建构生态批评的学科理论

追求"实用"的生态批评要面向现实，就必须把自己的生态思维建立在切实可靠的科学的基础上，因此对科学性的强调，特别是对直接与生态思维有关的生物进化论和生态进化学的重视，就成了生态批评科学化的出发地。杜威哲学和美学所高扬的现代科学精神，在洛夫的生态批评主张中响起了巨大的回声。

杜威的经验论哲学和美学是他自觉用科学成果对传统的形而上学哲学进行批判和改造的结果。他对自己的哲学的"自然主义"的标榜，把人本主义与自然主义相结合，实际上就体现了立足于科学的原则立场。在《哲学的改造》中，他对"哲学改造中的科学因素"专门进行了论述。无论是世界的无限开放性，还是世界发展的无穷可能性，还有经验的工

---

① ［美］杜威：《艺术即经验》，商务印书馆 2005 年版，第 28 页。
② ［美］格伦·A. 洛夫：《实用生态批评》，北京大学出版社 2010 年版，第 16 页。
③ 同上书，第 17 页。

具性和实验性，以及自然的连续性，人与自然和环境的交互作用，人在与环境的作用中进化，等等，杜威的这些观念都是凭借新科学的成果而产生的。而在各种科学理论中，达尔文的生物进化论无疑受到杜威的特殊青睐。他再三强调认识自然的一部分，强调人与自然的有机整体性和自然的连续性和生成性，在《艺术即经验》中开篇即把人称为"活的生物"，都打上了达尔文思想的鲜明印记。他对人类社会的理解，对人类解决自己与环境关系问题和人类前途的乐观主义，都是建立在对达尔文学说的全面而深刻理解之上的。

生态学用生态的眼光看世界所形成的生态世界观，已经不是传统以上的那种形而上学式的哲学，而是一种科学的世界观，也就是洛夫说的，"生态学不仅仅是诸学科领域中的一个重要的专业领域，而且更作为一种思维方式"①。洛夫强调生态批评要以生物进化论和生态学为其科学的理论基础，实际上也是对杜威哲学的科学精神的发扬。

洛夫肯定了生态科学家奥德姆关于将生态学看成当今世界基础性和整合性的科学的呼吁。与前期生态批评的反科学倾向相对立，洛夫主张把生态批评建立在牢固坚实的科学基础之上，倡导建构一种生物学取向的，尤其是达尔文进化生物学取向的生态批评范式。"如果生态批评立足生态学——也就是，生态学是一门科学而不是一个流行的术语——那么就得接受科学在我们生活中的地位及其价值等问题。"② 在生态话语已成时尚的今天，生态学确实已经成了一个流行术语，但是，把它作为一门科学来认真对待的人却并不多。因此，对于生态批评（也包括生态美学和生态文艺学等）来说，强调生态思维的科学内涵和科学修养非常必要。在这里，需要的绝不只是换一套话语和术语，根本的是首先要换一副用生态科学武装起来的能进行真正生态思维的头脑。

正如洛夫所指出的，一些人文学者常常忽视了生命科学，尤其是进化生物学与生态学。这种情况在一直弥漫着文化狂躁的当今中国更为明显和严重。洛夫认为："达尔文的进化论和现代生命科学为我们提供了应对人类危机和转机最为正确的基础，这种意识不仅影响了我们广大教师

---

① ［美］格伦·A. 洛夫：《实用生态批评》，北京大学出版社 2010 年版，第 45 页。
② 同上书，第 44 页。

和学者的工作，而且也影响了我们与自然的关系，正是这种关系将我们与生活在这日益狭小的星球上的生命联结在一起。在现代西方知识界的三巨人达尔文、马克思和弗洛伊德之中，只有达尔文几乎还没有被文学学者们发掘运用，尽管他的发现在其重要性和影响力方面是无与伦比的。在达尔文和作为其遗产的现代生物学被忽视的教育体制中，人文学科的学者们总是持续不断地受到蒙蔽。"① 在中国，达尔文的学说早在 19 世纪末就开始传播了，但是其间却遭遇了许多屏蔽和歪曲，唯有"物竞天择"的观念广为流行，以致被等同于社会达尔文主义而遭到排斥，真实的达尔文并不为人所知，被津津乐道的"进化论"也只是一种政治话语。结果是科学的、全面的、真实的达尔文并未进入人们的视野，也是如同洛夫说的那样"持续不断地受到蒙蔽"。因此，差不多一个世纪，达尔文在中国远远不如马克思乃至弗洛伊德那样受到重视。这是我们必须正视的状况，并且为了普遍需要的生态思维补上这一基础课程。

为此，洛夫的见解值得认真对待。他认为，生命科学，尤其是进化生物学与生态学，"就是生态批评可以找到与自然世界研究之间联系最为紧密的地方"。洛夫告诉我们："进化论已经压倒了许多令人愉悦的理论家，最根本的原因在于它经受住了如此多的挑战。""不言自明的是，生态思维——就它要求从更广泛的视角来考量如何回答诸如有关自然世界及人在其中的地位等问题来看——必须更广泛、更谨慎地研究进化生态学与遗传学、生物文化进化论、进化心理学、神经科学以及基于达尔文主义考量人的行为的其他观念。在这些领域知识的快速爆炸是我们时代的核心思想及社会问题之一，已经引起了社会科学领域思想的重新整合。"② 洛夫还告诉我们，有学者指出，由于进化论具有强大的不可遏止的阐释力，所以"以它为基础的理论在 20 年内也许会成为主导的观点"③。洛夫的这些论述，足以使我们认识到达尔文对于生态思维的重要性了。然而早在差不多一个世纪之前，杜威就已经把达尔文作为自己的思想导师并从他出发开始建构自己洋溢着生态精神的自然主义经验论了。

---

① ［美］格伦·A. 洛夫：《实用生态批评》，北京大学出版社 2010 年版，第 165 页。
② 同上书，第 57 页。
③ 同上。

应该特别指出的是，洛夫根据现代生物学的成果把"进化"与"生态"两个概念结合起来提出了"进化生态学"的概念。洛夫指出："我们注意到'进化与生态学'现已经成为生物学一个正在快速发展的亚领域的标准题目时——我们意识到，不仅达尔文是进化论思想的源头，他也认识到生态学原则与进化发展是相互交错、密不可分的——似乎很明显，生态批评应该进一步了解科学家所称交错记载了进化与生态的'生态进化'。"① 的确，达尔文的进化论是生态的，所谓"生态进化"无疑是对达尔文学说的核心精神的概括。不过，杜威早就对此心领神会，在自己的哲学和美学中已在论述自然和世界的永无终结的生成性，论述人在与环境的交互作用中共生进化的趋势及其无限的可能性。因此，理解杜威关于自然连续性和经验生成性的观点，可以帮助我们更好地理解达尔文的"生态进化"观念，也可以更深刻地理解洛夫所强调的"生态进化"的观念，从而把生态思维建立在真正科学的基础上。

洛夫还指出应该注意那种认为"社会复杂，自然简单"的观点，他说这个观点乃"是人类中心主义思维的最大错误观念之一"②。他因此强调"复杂的生态批评"，重视人与自然关系中人的因素所造成的复杂性，为此"必须不断追问做人意味着什么"这个新问题。③ 对此，杜威早就意识到了。"当有机物的结构更加复杂因而联系到更加复杂的环境时，有机物便需要有一种特殊的动作来创造各种条件以利于以后采取持续生命过程的动作。这一点既是更加困难了，又是更加必要了。有时在一个关键性的地方，一个行动的正误就意味着生死。环境条件愈来愈矛盾紊乱：它们为了生命的利益，要求采取何种行动，也愈不确定。因此，行为就势必要更加犹豫审慎，更加需要瞻望和准备了。"④ 杜威不仅高度重视自然本身的结构和变化的复杂性，而且对于介乎自然与人之间的社会关系非常重视，敏锐地意识到自然和社会之间互动共融的复杂联系。他对自然的生态内涵的认识也贯穿到了他关于社会和人的探寻之中。

---

① ［美］格伦·A. 洛夫：《实用生态批评》，北京大学出版社 2010 年版，第 55 页。
② 同上书，第 24 页。
③ 同上书，第 6 页。
④ ［美］杜威：《确定性的寻求》，上海人民出版社 2005 年版，第 173 页。

进入生态批评领域的每一个人都应该明白，生态学是一门复杂的科学，而不是用几个新术语装扮起来的时髦行当。"我们面临的挑战是：必须超越人是独特的、地球是供我们享受及任人处置的观念，超越狭隘的自我意识，通向一种更包容的生态意识。"细胞生物学家刘易斯·托马斯说得好："如果我们要获得进化论上的成功，我们应该构成或成为整个地球的意识，我们是星球的自我意识。"① 这种境界的自我意识，也就是恩格斯说的"自然界的自我意识"。生态批评要具有这样的自我意识，就必须树立起生态进化论或进化生态学所昭示的整体性、生成性和实践性等根本观念。而这一切都是杜威哲学和美学的生态内涵的重要内容。正是在人类生态的这些性质中，才蕴藏着我们改善与环境的生态关系的可能和条件，我们也才得以有信心地面对生态的现实。

第三节 用自然化的智慧通过控制的艺术实现生态理想

要面对现实的生态问题，人就必须有所作为。在杜威看来，人的活动不断形成经验的过程，就是通过"做"去调适和控制人与自然和环境的关系使之同步和谐的过程。杜威的哲学和美学都是行动的和实践的，洛夫继续发挥了杜威的这种实践的精神。针对生态批评的自我意识问题，洛夫指出："当代最有害的自我意识版本也需要算后现代思潮中大量存在的极端主观主义。""这样的主观主义除了关注我们头脑中建构的事物之外，不会涉及现实和自然，这是在人们的日常行为观察中凭常识都会拒斥的唯我主义世界。"② 的确，这种唯我主义的东西是与人们的日常经验相违背的，但是凭着某种惰性或者意识形态的蒙蔽，它却并不一定会遭到拒斥。拿生态问题来说，就存在着一种仅仅把生态改善寄托于头脑中的建构的倾向，这在美学和文艺中都能看到。由于对现实的生态难题莫可奈何，便求助于审美虚拟的补偿，用审美话语建立起"诗意栖居"的家园，而"不会涉及现实和自然"。生态批评不能助长这种倾向，而应该

---

① 转引自〔美〕格伦·A. 洛夫《实用生态批评》，北京大学出版社 2010 年版，第 40 页。
② 同上书，第 27 页。

凭借生态科学的帮助和启示，积极推动对于生态问题的实际改善。

通过实际的"做"（行动和实践）去实际地改变人与自然的关系，实现两者和谐的"效用"，本来就是杜威的经验论哲学和美学的核心内容。在杜威看来，"美感的态度必然倾向于已有的东西；倾向于已经完成的、完备的东西。控制的态度便注意未来，注意生产"①。因此，不能满足于"美感的态度"，而应该以"控制的态度"去面对生态现实的各种问题，去积极有效地改变现实，生产出能够满足我们的生态要求的未来。

为此，仅仅有生态情怀是不够的，即使有生态学的科学知识也是不够的。为了有效地控制人与自然的关系，控制人的生态处境，还必须把科学的理性和知识变成实践中的智慧，掌握实现生态目的的适当手段，掌握"控制的艺术"。唯有如此，我们才能有效地进行生态实践，真正担当起严峻的生态责任。杜威说得好："自称有目的，却忽视实现目的的手段，是最危险的自欺。"② 如果生态批评要面向现实，追求"实用"，那就应该十分关注这个生态智慧的问题。在此，杜威关于"智慧"的思想对于生态批评的意义就很重要了。

在杜威关于人的能动性的观念中，相对于"理性"而提出的"智慧"这个概念具有非常重要的意义。他指出："对于这样以建设性的形式用于新目的的经验主义建议，我们命名为智慧。"③ 这里说的"建设性"和"新目的"一起体现了智慧的实践性品质。在他看来，"智慧是和'判断'联系着的；那就是说，智慧有关于我们选择和安排达到后果的手段和关于我们对于目的的抉择"。"一个人之所以是智慧的，并不是因为他有理性，可以掌握一些关于固定原理的根本而不可证明的真理并根据这些真理演绎出它们所控制的特殊事物，而是因为他能够估计情境的可能性并能根据这种估计来采取行动。从这个名词的广义来讲，智慧是实际的，而理性是理论的。"④ 由于这样的智慧，人们既可以防止某些后果的产生，也可以促进某些事情发生。显然，如果没有这样的智慧，任何生

---

① ［美］杜威：《确定性的寻求》，上海人民出版社 2005 年版，第 75 页。
② ［美］杜威：《哲学的改造》，陕西人民出版社 2004 年版，第 41 页。
③ 同上书，第 55 页。
④ ［美］杜威：《人的问题》，上海人民出版社 2065 年版，第 164 页。

态的理想和渴望都只是空谈。

杜威说道："人类追求理想的对象，这是自然过程的一种继续；他是人类从他所由发生的这个世界中学习得来的，而不是他所任意注射到那个世界中去的。"① 同时，生态智慧的最深的根源在自然之中。"智慧是自然本身不断交互作用的一部分。无论如何，交互作用总是在进行着的并且产生着变化。离开了智慧，这些变化就是不在指导之下的。这些变化只是效应而不是后果，因为产生后果意味着我们要审慎地运用手段。当有一种交互作用干预进来，指导着变化的进程时自然交互作用的情景便具有了一种新的性质和度。这种附加的交互作用就是智慧。人的智慧活动并不是什么外在地附加在自然之上的东西；它就是自然，这是自然为了更丰富地产生事件而实现着它自己的潜能。在自然以外的理性意味着固定和限制，而在自然以内的智慧则意味着解放和扩展。"② 这是一个很重要的思想。这就意味着，所谓智慧并不是人从外面加之于自然的，而是发生在自然内部的一种交互作用，由此就有了杜威说的"智慧的自然化"的概念。这样的自然化的智慧，就是深谙自然生态本性和规律的生态智慧。只有这样的智慧，才能赐予我们与生态实践的目的相一致的工具和手段。难怪杜威要说，"智慧的完善，乃成为具有最高价值的事情了"③。杜威说智慧的完善是具有最高价值的事情，生态批评应该充分理解其间的深刻含义，并且不遗余力地鼓励和培育这样的智慧。

在《经验与自然》中，杜威表达过这样一个极具生态睿智的思想，他指出："忠实于我们所属的自然界，作为它的一部分，无论我们是多么微弱，也要求我们培植我们的愿望和理想，以致我们把它们转变为智慧，而按照自然所可能允许的途径和手段去修正它们。当我们尽量运用我们的思想而把我们微薄的力量投入这种动荡不平的事物均衡状态之中时，我们知道，虽然宇宙在残害我们，我们仍然是可以信任它的，因为我们的命运总是和存在中一切好的东西相一致的。我们知道，这样的思想和努力乃是产生更好的东西的一个条件。若就我们而论，它是唯一的条件，

① ［美］杜威：《经验与自然》，江苏教育出版社2005年版，第267页。
② ［美］杜威：《确定性的寻求》，上海人民出版社2005年版，第157—165页。
③ 同上书，第154页。

因为它是唯一在我们力量范围之内的东西。"这就是说，既然自然生成了人，自然是人的生命之母，就应该相信自然是我们的生存基础。"要求更多的东西，这是幼稚的；但是如果要求得比这还更少一些，这又是懦怯；期望宇宙符合和满足我们一切的愿望，这是一种自我中心的表现，把我们自己跟宇宙分割开来了，但是要求过低也同样是这样的。诚意地提出要求，如要求我们自己一样，就会激起我们一切的想象力，而且从行动中索取一切技能和勇气。"① 在这段话里，生态情怀、生态责任感和对生态智慧的企求溢于言表，而对于生态智慧来说关键的就是把握好适当的生态尺度。须知，最了不起的智力之谜是地球及其滋养的无数生命系统。② 用生态科学武装起来的生态批评，应该帮助人们尊重和敬畏自然界这个永远的导师，努力去探寻这个"最了不起的智力之谜"。

第四节　从经验的审美性质认识和重视生态批评的文学性

对于面向现实的生态批评来说，毫无疑义应该面对批评对象的文学性特征，重视批评的审美之维。

米克在《生存的戏剧：文学生态研究》一书的序言中说："人类是地球上唯一能够创造文学的动物"，"如果创造文学是人类的一个重要特征，那么就应该认真公正地审视它，以发现它对人类行为和自然环境的影响——如果有作用的话，确定它对人类的福祉与生存到底起了何种作用，对了解人与其他物种及其周围环境的关系提供何种洞见。它是一个让我们更好地适应世界的活动呢，还是一个使我们远离世界的活动？从进化和自然选择不可抗拒的观点来看，文学更有助于我们的生存呢，还是导致我们的灭亡？"③ 应该说，这正是生态批评之所以兴起和存在的理由。生态批评是对文学的，就更不能无视和轻视其文学性。文学性不仅是审美性，但审美性是它的其他各种性质的轴心。因此，谈到文学性，首先

① ［美］杜威：《经验与自然》，江苏教育出版社 2005 年版，第 266 页。
② ［美］格伦·A. 洛夫：《实用生态批评》，北京大学出版社 2010 年版，第 25 页。
③ 转引自［美］格伦·A. 洛夫《实用生态批评》，北京大学出版社 2010 年版，第 26 页。

应该关注的是审美性。

　　但是，生态批评的文学—审美之维之所以必需和重要，其根本的原因还在自然和人的生态存在和关联本身。所谓生态关系，不仅存在于物质和能量的互动交换中，还存在于与前者并存的信息交换和互动的关联之中。对于生态系统的运行和进化来说，信息生态具有特殊的意义。在信息生态中，审美占有极其重要的特殊地位。在《艺术即经验》中，杜威从自然和人的活动的节奏揭示了艺术审美性质的根源，论述了节奏的形式表现和能量组织的生态机制和对人与环境关系的调适作用。杜威对审美的生态本性的揭示说明，对作为信息生态的重要内容的审美的考量，本来就是生态批评的题中应有之义。缺失了审美批评的生态批评是不全面也不完整的。

　　在杜威看来，作为"活的生物"，"人类必然要在这个世界之内活动，而且为了本身的生存，他必须在某种程度上把他自己作为自然界的一部分去适应其他的部分"①。这就要与周围环境有足够的谐调，恢复失去了的与周围事物的同步性。然而环境并不自动满足生命体的需要，这就会出现有机体与环境之间的冲突。而"当一个暂时的冲突成为朝向有机体与其生存环境之间的更为广泛的平衡过渡时，生命就发展"。在以动物为例说明上述道理之后，杜威指出："这些生物学的常识具有超出其自身的内涵；它们触及到经验中审美性的根源。"② 这就是说，有了"做"，才会有"受"，也才有两者结合而生的经验，而这个经验的完满和生动就有了审美性而成为审美经验，如果进一步达到"一个经验"的水平就可以成为艺术了。在杜威的生态眼光里，艺术乃是自然生命发展的最高峰。既然如此，对人与自然和环境关系的审美考量，就理所当然是生态批评所不可忽视的课题。

　　值得注意的是，洛夫肯定了埃伦·迪萨纳亚克在《人类审美》中关于人类艺术的生物行为起源的观点，后者将艺术的起源和吸引力放置在了普遍人性的进化论视野之中，认为艺术起源于前文化时期，艺术实践

---

　　①　［美］格伦·A. 洛夫：《实用生态批评》，北京大学出版社 2010 年版，第 262 页。

　　②　［美］斯蒂文·洛克菲勒：《杜威：宗教信仰与民主人本主义》，北京大学出版社 2010年版，第 13 页。

是一种被证明具有进化优势的倾向。"对于迪萨纳亚克而言，达尔文式的
以物种为中心的艺术考察'揭示了审美并不是外加于我们的东西……而
在很大程度上就是我们存在的方式，人之审美与生俱来，是永远难以剔
除的人性特征'。"①说人之审美与生俱来，就承认了审美的生态本性。在
这里，杜威美学又与生态批评走到一起，并且可以用自己的美学思想为
生态批评的审美之维拓展空间，注入活力。正如亚历山大·托马斯所说：
"经验的终极目的是审美。审美标志着经验成为积累的表现与内部价值这
种可能性的实现。因此审美就变成了对于任何哲学理解的最终关怀。"②生
态批评也应该有这样的"最终关怀"。

对于生态批评的审美之维，杜威经验论美学的启示是多方面的。

首先，杜威的节奏说启迪我们深入而真切地感受和探寻自然和人与
自然关系以及经验中的节奏，进而认识节奏的价值。人本来就是在具有
节奏的大自然中生成，对于他的生命存在和运动，节奏具有特殊的意义
和价值。"人对自然节奏的参与构成了一种伙伴关系，这要比为了知识的
目的而对它们的任何观察都要亲密得多，这迟早会引导人将这种节奏强
加到尚未出现的变化之上。""通过舞蹈的表演，用石头凿，用银来锻造，
在洞穴的墙上描绘，蛇、麋鹿、野猪的神秘运动具有了节奏，使这些动
物生命最根本的本质得以实现。"正是这种节奏使人与自然的关系达到
"自由王国中的自由"一样的境界。③这样的节奏本来就存在于自然之中，
而这也就正是审美价值的客观性的基础。杜威说原始人的舞蹈、雕刻和
绘画中的节奏使其所表现的"动物生命的最根本的本质得以实现"，这
"本质"是什么呢？就是在大自然的生态运动中被赋予的永无"终结"的
生成性追求和努力。正是这种节奏昭示了生命活动和关系的幽微。节奏
和有节奏引起的"同步"和"融为一体"，在表现了生命活力的同时还体
现了生命的秩序，并且能带给人神秘的宇宙感。自然和经验中到处都有
节奏，生态批评应该深入到这个最幽微深邃的生命层次中去，激发和引

———————————

① 〔美〕格伦·A. 洛夫：《实用生态批评》，北京大学出版社 2010 年版，第 88 页。

② 〔美〕亚历山大·托马斯：《杜威的艺术、经验与自然理论》，北京大学出版社 2010 年
版，第 4—5 页。

③ 〔美〕格伦·A. 洛夫：《实用生态批评》，北京大学出版社 2010 年版，第 164 页。

导人们全身心地感受和探寻自己生命存在的生态秘密。

其次，杜威关于艺术是"一个经验"的观点给生态批评的审美之维提供了一个基本的审美要求。作为"一个经验"的艺术既与日常经验相联系，又以其完整性、生动性和个性化比日常经验具有更加丰盈充实的生命力度和生成性价值。杜威指出："一个真正的美感对象并不是完全圆满终结的，而是还能够产生后果的。如果一个圆满终结的对象不也是具有工具作用的，它不久就会变成枯燥无味的灰尘末屑。伟大艺术所具有的这种'永垂不朽'的性质就是它所具有的这种不断刷新的工具作用，以便进一步产生圆满终结的经验。"①"审美经验的材料由于其人性——与自然联系在一起，并作为自然一部分的人——而具有社会性。审美经验是一个文明的生活的显示记录与赞颂，是推动它发展的一个手段，也是对一个文明质量的最终的评判。"② 由此可见，艺术正是作为推动文明发展的工具即手段而具有其独特而重要的价值的。既然如此，杜威的这种工具主义的价值观就不是像某些论者说的那样"特别是忽视对终极价值的追求"，并因而为"不关心崇高理想提供一个哲学根据"了。"实用的"生态批评在重视文学对于现实的实际意义的同时，也应当关注并阐发这种具有终极价值的崇高理想。

最后，杜威关于"人是使用艺术的存在物"的观点启示我们重视审美性质在人的生命存在和活动及其生成进化中的重要意义。"那种将人看成是使用艺术的存在物的观念，既是构成人类与人类之外自然之区别，也是构成人类与自然联结之纽带的基础。"③ 艺术的存在证明，"人在使用自然的材料和能量时，具有扩展他自己的生命的意图，他依照他自己的机体结构——脑、感觉器官，以及肌肉系统——而这么做。艺术是人能够有意识地，从而在意义层面上，恢复作为活的生物的标志的感觉、需要、冲动以及行动间联合的活的、具体的证明。意识的干预增加了选择和重新配置的规则和力量。因此，它以无穷无尽的方式改变着艺术。但是，它的干预最终导致了作为一种有意识思想的艺术思想——这是人类

---

① ［美］杜威：《艺术即经验》，商务印书馆 2005 年版，第 233 页。
② 同上书，第 362 页。
③ 同上书，第 26 页。

历史上最伟大的思维成果"①。把人看作"使用艺术的存在物",表达了杜威对人的理性、智慧和能力的最高期许,也体现了他希望把艺术带到生活的一切领域,特别是带到改变世界的行动之中的希望。生态批评面对的文学也是艺术,就理应从这个高度去发掘和阐释其对于生命发展的生态意义。

此外,杜威实用主义的理想观强调通过手段与目的一致的行动推进现实的生成发展,脚踏实地地实现生命发展的理想,而不是虚悬一个抽象的终极目标。这种深深植根于现实生成的理想观,要求直面现实的真实,尊重自然生态生成的现实性和可能性,使生命发展过程中的每一个具体目的的实现都同时也是相信的目的的推进。在杜威看来,"艺术本身是物质与理想间实现了并因而可以实现结合之存在的最好证明"②。这种基于经验的生成本质和生产性的理想观,凸显了一种生态现实主义的精神。杜威认为:"任何具有特别浪漫主义色彩的东西激起一种感觉,觉得所提示的可能性不仅仅超过了实际的现实,而且超过了任何经验中能有效地达到的范围。就这一点讲来,有意带有浪漫主义色彩的艺术乃是任意做作的,因而也就不成为艺术。"③ 然而,各种生态书写中这样的浪漫主义到处可见。联系到杜威对生态智慧和生态尺度的强调,这种生态现实主义的精神显然也是"实用"的生态批评所应当高度重视的。

显然,洛夫主张的"实用生态批评"已经走上了杜威早就开辟的生态思维之路,但是杜威哲学和美学中丰富而深刻的生态思维成果还远远没有得到充分而深入的认识和理解。出于严肃的生态责任感,今天的生态批评毫无疑问应该是实用的,这就必须重视杜威哲学和美学中的生态思维资源,甚至应该将其作为生态批评直接的理论基础。在生态批评面向现实的高度自觉中,方兴未艾的生态批评一定会是杜威美学展示其无尽生命力和生态睿智的天地。

---

① [美]杜威:《艺术即经验》,商务印书馆 2005 年版,第 26 页。
② 同上书,第 28 页。
③ [美]杜威:《经验与自然》,江苏教育出版社 2005 年版,第 240 页。

第十九章

文明轴心：杜威艺术审美功能观的生态位审视

      杜威的经验论美学提出艺术是文明轴心的命题，明确揭示了艺术在文明系统运行中的生态位。从杜威的相关论述可以看出，艺术成为文明轴心的直接原因是艺术本身特殊的审美性质，而自然连续性是艺术成为文明轴心的生态根源，"大艺术观"所显示的艺术自身生态结构则是其成为文明轴心的本体基础。在文明诸因素与艺术的互动中，主要通过与科学的联姻促进经验共享和文明的整体性提升，乃是艺术作为文明轴心的基本作用。

    杜威把艺术看作自然发展的顶峰，把自己的艺术美学看作经验自然主义哲学的完成。在《艺术即经验》的最后一章，他以"艺术与文明"为题论述了艺术在人类文明及其发展中极为重要的地位，提出了艺术是"文明生活中持续性的轴心"①的命题，这就实际上指出了艺术在文明这个人类生态系统中的生态位。处在这个生态位上的艺术，对于文明生活的形成和发展，具有交流、综合和理想化提升等多方面的功能。在杜威看来，"审美经验的材料由于其人性——与自然联系在一起，并作为自然一部分的人——而具有社会性"。文明乃是自然在其连续性发展中所达到的人性状况和水平的表现，因此，"审美经验是一个文明的生活的显示、记录与赞颂，是推动它发展的一个

---

① ［美］杜威：《艺术即经验》，商务印书馆 2005 年版，第 363 页。

手段，也是对一个文明质量的最终的评判"①。确立艺术作为文明轴心的生态位，乃是对艺术生态功能的认识的终极性深化。以人与自然的和谐为目的的生态文明，在今天已经是物质文明、精神文明和政治文明建设的基础和尺度，并成为人类文明的一种超越性新形态的标志。当生态文明建设已经成为紧迫的实践课题的时候，杜威的这一观念所具有的现实意义是不言自明的。

第一节 "轴心"的含义与艺术成为
文明轴心的直接原因

为了理解"文明轴心"的含义，可以参考雅斯贝尔斯对于"轴心时代"和"世界轴心"的论述。针对黑格尔关于"上帝之子"耶稣的出现乃是世界历史轴心的观点，雅斯贝尔斯把公元前500—前200年这个时期称为人类历史的"轴心时代"。在他看来，这个时期无论是东方还是西方出现的哲学思想，包含了几乎所有关于人的根本问题。雅斯贝尔斯指出，在这个时期"所发生的精神过程，似乎建立了这样一个轴心。在这时候，我们今日生活中的人开始出现，让我们把这个时期称之为'轴心时代'"②。"在这个时代产生了我们今天依然借助于此来思考问题的基本范畴。"③ 正是在这个"轴心时代"，形成了人类进行自我理解的普遍框架。直至近代，"人类一直靠轴心时代所思考和创造的一切而生存，每一次新的飞跃都回顾这一时期，并被它重燃火焰，自那以后，情况就是这样，轴心期潜力的苏醒和对轴心期潜力的回归，或者说复兴，总是提供了精神的动力"④。人类在后来的进程中，总要不时从中寻求人性生成的参照。在西方"言必称希腊"，在中国"言必称孔孟"，说的就是这种情况。西方的"文艺复兴"乃是最突出的例证。直到今天，当人类为了寻求生态问题的出路时，还在从这个时期的思想中寻求启示和智慧。由此不难理

① ［美］杜威：《艺术即经验》，商务印书馆2005年版，第362页。
② ［德］卡尔·雅斯贝尔斯：《大哲学家》，社会科学文献出版社2006年版，第8页。
③ 同上书，第4页。
④ 同上书，第14页。

解，杜威把艺术看作文明持续性的轴心，也就是强调了艺术对于作为人性表现的文明的这种永恒的参照和启示的作用，就是说整个文明都要围绕着艺术这个轴心来运行，艺术总是在引领和影响着文明的形成和发展。

为什么艺术在文明中占有这样重要的轴心地位呢？这个问题的答案，首先应该从杜威对于艺术作为"一个经验"的生态本性中去寻找。

在杜威的经验自然主义哲学看来，"文明延续和文化持续——并且有时向前发展——的事实，证明人类的希望和目的在自然中找到了基础和支持。正如个体从胚胎到成熟的生长与发展是机体与环境相互作用的结果一样，文化并不是在虚空中，或仅仅是依靠人们自身作出努力的产物，而是长期地、累积性地与环境相互作用的产物"①。艺术正是人与环境交互作用中生成的经验的产物。作为艺术的"一个经验"，因其完整地、圆满而强烈地表现了自然和人的生成性的生命精神而具有充分的审美价值。这种审美价值，不仅体现出自然的连续性，体现出人为了调适与环境的关系而做出的努力，体现了人与环境关系向理想化境界进步发展的趋势，而且以生命的根本特征——节奏的形式生动地表现为一种具有能量组织功能的生命意象。在这种人的"做"与"受"相融合的经验中，自然界和作为"活的生物"的人所具有的进化生成的生命本质，贯穿在欲望、情感、理智、智慧和感受之中。这种生成性的生命精神，乃是人作为其中一部分的自然本来就具有的生态进化的本性。正是凭着这种本性，文明才得以产生并不断发展。因此，可以说，艺术之所以成为文明的轴心，根本的原因就是因为在艺术中最充分而恒久地蕴含和表现了这种生态本性，并且还以其独特的能量组织的功能激发、推进和强化着这种生态本性。

由于艺术具有这样的审美性质和生态功能，所以，"不管是野蛮人，还是文明人，都不是由于本身的身体特征，而是由他所参与的文化，才获得其存在的。艺术的繁盛是文化性质的最后尺度"。不仅如此，艺术还作为文明的主要内涵和精神标志的道德产生深刻而巨大的影响，以至"所有反思性论述对道德影响的总和，与建筑、小说、戏剧对生活的影响相比，是微不足道的"。杜威指出："假如没有伴随着对文化起决定作用

① ［美］杜威：《艺术即经验》，商务印书馆2005年版，第28页。

的艺术的繁荣的话，就不是人的生活富足充裕的证明。"① 这样一来，艺术就真的成了"对一个文明质量的最终的评判"了。

艺术之所以成为文明轴心，还因为它对自然和人的生活所具有的广泛的涵盖性。作为"活的生物"的人，为了生存和发展就总要与自然和社会的环境发生关系，要对环境有所作为，由此就会在"做"与"受"的结合中产生经验。不管经验中的材料是什么，都有可能上升为审美经验，甚至成为"一个经验"即艺术。对此，杜威有明确的论述。他指出："艺术是一种性质，它渗透在一个经验之中，除了比喻的说法以外，它不是经验本身。审美经验总是超过审美。在它之中，一个内容与意义的实体，本身并非是审美的，即在它们进入到朝向其圆满的有规则的有节奏的运动之时，才成为审美的。"由于"物质本身在很大程度上具有人性"，审美经验的材料也由于其人性而具有社会性。"尽管它为个人所生产与欣赏，这些个人的经验内容却是由他们参与其中的文化所决定的。"②

杜威说"审美经验总是超过审美"，意思是说，审美经验作为经验除了具有审美性质之外，还具有其他各种各样的生活内容和性质。也就是说，各种不同的生活内容构成的经验，都可能具有审美性而成为审美经验。这就使各种经验都可以因其审美性而得以提升其人性水平，而且艺术的审美性也可以广泛地渗透到一切经验之中，与各种不同的经验交流融会，使个人的经验成为社会的共享，使之变成共有的经验，从而实现心灵的沟通和文化的综合。杜威举例说："那些原始人用来铭记与传递他们的风俗与制度的艺术，那种公共的艺术是源泉，所有美的艺术从中发展起来。那些武器、垫子与毛毯、篮子与罐子特有的图案，成为部落联盟的标志。今天，人类学家依赖于刻在棍子上的，或者画在碗上的图案来确定它的起源。仪式庆典以及传说将生与死联系在一个伙伴关系之中。它们是审美的，但又不只是审美的。服丧仪式所表示的不只是悲伤；战争与收获的舞蹈不只是聚集精力到要完成的任务之上；魔法不只有一种操纵自然力听从人的命令的方式；宴会也不只是使饥饿者得到满足。这

---

① ［美］杜威：《艺术即经验》，商务印书馆 2005 年版，第 383 页。
② 同上书，第 362 页。

些公共活动方式中每一个都将实践、社会与教育因素结合在一个具有审美形式的综合整体。它们以最使人印象深刻的方式将一些社会价值引入到经验之中。它们将那些显然重要的与显然与社群的实质性生活有关的东西联系起来。艺术在它们之中，因为这些活动符合最强烈的、最容易把握的与记忆最长久的经验的需要与条件。但是，尽管审美的线索是到处存在的，它们却并不仅仅是艺术。"① 这个到处都存在的"审美的线索"，把形形色色的经验串联和沟通起来，在促进经验的共享的同时，还成为其不断自我改善和提升的诱因。

杜威认为，"经验的共有性质是哲学的最严重的问题"②。而艺术的重要功能就是能促进经验的共有和共享。他指出，人们的活动、接触和关系形成了一个"场"，但是对这种场的意识并非进入到作为其综合和控制力量的共同行动之中，没有将各种不同的经验"综合成一个经验"，因此，不能克服人们在物质上的分离。而艺术以其特殊的语言却具有克服分离的交流作用。杜威指出："存在着这样的情况：没有交流，也没有经验的共同体所产生的结果——这样的结果只有在语言以其全部含义打破物质的孤立与外在的联系时才出现。艺术是一个比言语更为普遍的语言样式，它存在于许许多多相互无法理解的形式之中。艺术的语言必须通过习得才能具有，但是语言的艺术并不受区分不同样式的人的言语的历史偶然性影响。特别是音乐的力量，将不同的个人融合在一个共同的沉湎、忠诚与灵感之中，一种既可用于宗教，也可用于战争的力量，证明了艺术语言的相对普遍性。英语、法语与德语之间的言语差别造成了障碍，当艺术来说话时，这种障碍就被淹没了。"③ 杜威的这些论述，使人自然而然想到作为艺术普遍特征的节奏的魔力。节奏作为生命的共同特征，无疑是一种本能而普遍的交流中介。从根本上说，节奏就是一切艺术共有的语言。正是节奏这个中介，通过节律感应的方式沟通人与自然、人与人和身与心、心与心，把世界加以整合和组织，作为一个整体表现出宇宙的生命和神秘。

---

① ［美］杜威：《艺术即经验》，商务印书馆 2005 年版，第 364 页。
② 同上书，第 371 页。
③ 同上书，第 372—373 页。

第二节　自然连续性是艺术成为
文明轴心的生态根源

在杜威的经验自然主义哲学中，自然连续性是一个极其重要的原则性概念，它与自然和世界作为一个生成性的过程的观念互为表里。杜威反复指出一个极其重要的事实，那就是时至今日自然仍然是一个没有完成和终结的过程，它还处在自我生成的过程之中。他说，如果自然是像某些学派所曾说明的那样是已经完成的，"那么自然终究没有这样一个心灵的地位，它以及据说它所有的特性，事实上都是超自然的或者至少是在自然以外的"①。这段话的意思是说，从自然中生成的心灵，总有不竭的欲望、需要和理想追求，总有新的智慧，这说明自然的连续性过程还在继续之中。在人改变环境的行动中产生的经验，不过是人作为其中一个部分的自然自我生成的一种更具能动性的方式，它本身也是尚未完成的。因此可以说，经验中所具有的生成性，就是自然的生成性在作为"活的生物"的人的活动中的具体表现。生成于这种连续性之中的艺术，作为自然发展的顶峰，最充分、最生动地表现了这种连续性，并以这连续性中的生成性意蕴而具有审美的价值。因此，可以说，艺术之所以成为文明持续的轴心，其最终的根源应追溯于自然本来的连续性，而这种连续性，可以说就是包括了人类在内的自然的生态运动所具有的本质属性。

作为自然一部分的人，把自然在连续性中所具有的自我生成性，以更加能动自觉的方式表现出来。对此，杜威说得很明确："人类追求理想的对象，这是自然过程的一种继续；它是人类从他所由发生的这个世界中学习得来的，而不是他所任意注射到那个世界中去的。"②这就是说，人类要把现实连续地推向前进这种对理想的积极追求，本身也是自然连续性的结果和能动表现。艺术是人的创造，是人作为"活的生物"在与自然和社会环境交互作用中生成的结果。在经验中，

---

① ［美］杜威：《经验与自然》，江苏教育出版社 2005 年版，第 104 页。
② 同上书，第 267 页。

自然的因素和作为自然一部分的人的因素融合成一个新的世界，其中
凝聚了自然向更高的水平生成的努力和成果。正因为如此，艺术就以
最强烈鲜明的形态把自然的连续性表现出来。这种连续性不仅构成艺
术的质料和内容，也构成它的以节奏的形式表现出来的生命的本质属
性。正是对自然的连续性的充分表现，使艺术成了表达人类理想的最
自由和生动的方式。

　　在文明的持续发展过程中，艺术作为文明传递的媒介更是发挥了不
可替代的作用。世界在自然连续性的作用下变化着。在这个过程中，上
一代与下一代的心灵需要连接和结合，文明才能传递和发展。"艺术是实
现这种结合的伟大力量。拥有心灵的个人一位接一位地逝去了，意义在
其中得到客观表现的作品保存了下来。它们成为环境的组成部分，而与
环境的这个状态相互作用成为文明生活中持续性的核心。宗教仪式与法
律的力量在披上想象所造成的华美、高贵与庄严的外衣时，就更加有效。
如果社会习俗有什么超出一致的外在行动模式之处的话，那是因为它渗
透着故事，并传递着意义。每一艺术门类都以某种方式成为这种传递的
一个媒介，而它的产品并非这种渗透着的内容的微不足道的部分。"杜威
以希腊、罗马文化为例说明，"文化从一种文明到另一种文明，以及在该
文化之中传递的连续性，更是由艺术而不是由其他某事物所决定的"①。
艺术就这样以其审美的魔力把一代一代的心灵结合起来。以它为轴心，
文明不仅承续，使后来的人们能够享有前代人的文明成果，同时也得以
在累积、综合和创新中把文明推向前进。艺术在文明持续中的轴心作用，
使自然的连续性得以生机勃勃地从过去延续到现在，又从现在延伸到将
来。在这样的延续中，艺术最生动地表征了文明生活中生命精神的演变
与提升。

　　正是艺术中的自然连续性使艺术具有特殊的交流作用，以有助于不
同文明的人们之间的相互理解与融合。这种交流绝不只是肤浅的模仿和
好奇心的满足，而是对别样的经验的深入参与和融合。杜威指出："当它
们处在一种最好状态时，可以导致一种将我们自己时代独特的经验态度
与远方民族的态度的有机混合。这是由于，新的特征不仅仅是装饰性的

---

① ［美］杜威：《艺术即经验》，商务印书馆 2005 年版，第 362—363 页。

增加，而是进入到艺术作品的结构之中，从而引发了一种更广泛，更完满的经验。它们对那些在进行知觉和欣赏的人身上的持久效果，对这些人的同情、想象与感觉将会是一种扩展。"在这里，发生了新的"综合"，它使"我们自身的经验得到了调整"，以至"障碍被清除了，限制性的偏见消解了。这种感觉不到的消融比推理所产生的变化要有效得多，因为它直接进入到态度之中"①。而这种对态度的影响才是最深刻的，因为态度的改变实际上就是人性的改变。

杜威把艺术的这种交流、综合的作用与自然连续性联系起来。"当另一个文化的艺术进入到决定我们经验的态度之中时，真正的连续性就产生了。我们自身的经验并不因此失去其个性，但是，他将那些扩大其意义的因素吸收进自身，并与之结合。""只有吸收了来自于与我们自己的人文环境不同的生活态度而经验到的价值，从而使经验得到了扩展，不连续的效果才能被消解。"② 人本来就生活在自然的连续之中，在这种连续中，他生长和发展。艺术的交流不仅以其对生活的广泛的涵盖性在量上扩展和丰富这种连续，而且以其对生命的生成精神的凝聚而在质上直接而感性地推进这种连续性的水平提升。

斯蒂文·费什米尔说得好："将艺术与美学与日常方式隔离开来，与想象力相隔离，是一剂使道德不育、破碎、异化的处方。'乏味、单调而死气沉沉'的想象力不可能具有民主性，因此历史上看来，这种想象要么转向极端的个人追求，要么转向为极权统治效命。"③ 为此，艺术审美就成了对道德进行改造和提升的十分重要的工具。杜威说，当道德哲学家恢复了对"作为善的行为之主要特点的优雅、韵律与和谐"等审美价值的敏感时，常常与道德相联系的冷漠和苛刻之阴云，终究会被驱散。④ 于是，道德本身艺术化和审美化的理想就产生了，自然的连续性因此而在道德的进步中凯旋。

艺术培育想象，而想象的作用还不仅仅与道德的成长有关，它更直

---

① ［美］杜威：《艺术即经验》，商务印书馆 2005 年版，第 371 页。
② 同上书，第 373 页。
③ ［美］斯蒂文·费什米尔：《杜威与道德想象力》，北京大学出版社 2010 年版，第 173 页。
④ 同上书，第 191 页。

接影响着人对未来的创造，影响着人在自然连续性中自我成长的方向和智慧。杜威认为："想象中的趋势变化，是对生活的极细微处的变化产生影响的前兆。""欲望与目标广泛而大规模地调整的初次暗示必须是想象性的。"而"最初的不满的骚动和最初的对更好的未来的暗示，总是出现在艺术作品之中"①。显然，艺术不仅"指导"道德和引领道德理想，而且在更加广泛得多的生活领域中把自然的连续性延伸到更加美好的未来。在这个永无终极的过程中，艺术对想象力的培育和对人性理想的表现，始终是极其重要的推动力量。在杜威看来，在艺术的引领下，一种自然与人之间和人与人之间更加和谐美好的文明即"协作式生活"必将在人类的经验中实现。

第三节 艺术自身生态结构是其成为
文明轴心的本体基础

既然艺术以其生态本性和自然根源对于文明的交流、综合和发展具有如此重要的作用，人类也就必然要自觉地利用这个工具，以充分发挥它的效用。于是，人就成了"使用艺术的存在物"。杜威指出："那种将人看成是使用艺术的存在物的观念，既是构成人类与人类之外自然之区别，也是构成人类与自然联结之纽带的基础。"② 正是由于人自觉地使用艺术，艺术对文明的影响才极为深入、广泛和实在。在这里，杜威的"大艺术观"所展示的艺术自身的生态结构，就成了艺术之所以能够成为文明轴心的本体基础。这就是说，艺术作为文明轴心的作用是依靠这个结构本体来实现的。

在《确定性的寻求》中，杜威以专章论述了"承受的艺术与控制的艺术"的问题。"曾经有过一个时期，'艺术'和'科学'实际上是具有同一意义的两个名词。""也曾经有过'工'艺和'文'艺之分。这个区分多少就是工业艺术与社会艺术之分，及涉及事物的艺术

---

① ［美］杜威：《艺术即经验》，商务印书馆 2005 年版，第 383—387 页。
② 同上书，第 26 页。

和直接涉及人事的艺术之分。"①在这里"艺术"分化为"工艺"和"文艺"——前者指"工业艺术",这是"涉及事物的艺术","所涉及的仅仅是当作手段的一些事物";后者指"社会艺术"(或"人文艺术"和"美的艺术"),这是"直接涉及人事的艺术","所涉及的则是当作目的的一些事务,是具有最后的和内在的价值的一些事物"。而社会的原因使得这种区别更加显著了。② 在论述科学与艺术如何融合成一个综合经验的问题时,杜威又谈到了"实用的与美的艺术的分离"。杜威恢复了在生活中具有各种各样的实际效用的艺术的地位,把实用的艺术与美的艺术即专门供人欣赏的艺术联系起来,揭示出它们之间密切的生态联系,并进而"恢复审美经验与生活的正常过程间的连续性"。杜威重新重视人们实际生活中存在的各种各样的具有实际效用的艺术,是因为这种分离"深深地影响着生活实践,驱除作为幸福的必然组成部分的审美知觉,或者将它们降低到短暂的快乐刺激的补偿的层次"。③

综合杜威关于艺术形态的上述论述,一个从日常生活经验到审美性经验再到"一个经验"即艺术,然后是从实用艺术到美的艺术这样由下到上包含了五层级的山峰形结构呈现出来,这就是杜威心目中的艺术自身的生态结构。杜威把艺术视为自然生命发展的顶峰,而这个顶峰又是深深植根于人与自然环境交互作用的经验之中的。在这个结构中,作为顶峰的艺术,特别是美的艺术,成了深深植根生活经验的大地的"轴心",人类的生活和实践几乎全部向它凝聚,将它推进,又环绕着它,受它吸引,因它提升。在这个以艺术为轴心的生态互动中,在实现社会生活全面艺术化的同时理想,也推动着整个文明的进步。说到底,杜威之所以强调恢复实用艺术在艺术家族中的地位及其与美的艺术之间的生态联系,进而重视艺术与日常生活经验之间的连续性,正是为了更充分而实际地发挥艺术在文明生活中的重要作用。

大艺术观的从大地上升到山峰以至顶峰的整体态势,是艺术具有

---

① ［美］杜威:《确定性的寻求》,上海人民出版社 2005 年版,第 55 页。
② 同上。
③ ［美］杜威:《艺术即经验》,商务印书馆 2005 年版,第 9 页。

"文明轴心"这一生态位的现实基础，也是其发挥"文明轴心"作用的功能依托。其中，美的艺术以其最自由而强烈的想象性激发和表现人性的激情和理想，而广被于各个领域的实用艺术则把审美性渗透和融入生活的方方面面——无论是经济、政治、道德、教育和科学的活动，还是人们的物质的和精神的生活——从而把人们的日常生活和生产艺术化，使之日益趋近于理想的境界。在这个生态结构中，美的艺术与实用的艺术共生互补，相互交流。美的艺术以最凝练而强烈的审美性吸引和感染着人们的心灵，进而指导和推动着实用艺术的审美性的逐步提升；而实用艺术直接从广泛的经验中感知生活中变化着的欲望和需求，吸取生活中生动活泼的生命精神，并且把这些营养传输给美的艺术。在这样的交流中，艺术的审美性本身也得到提升和丰富，并向生活的各个领域渗透。

杜威把两种艺术相分离的根源诉诸不合理的社会制度，深刻地感受到工业文明带来的生态问题，包括机械性与审美性的对立，实用工业产品的生活经验与艺术审美经验的分离，以及对自然环境的破坏造成的自然之美的失落，以至"有机体通过眼睛来满足的渴望"失去了应有的对象。面对这个严重的生态问题，杜威的思考深入到了社会改造的层面。他指出："我们深刻地意识到的劳动与雇佣问题并不能仅仅通过改变工资、工作时间与卫生条件而解决。除了彻底的社会改造以外，不可能有持久的解决办法。而这种改造影响到工人对他的生产和他所生产的产品的社会分配的参与程度与类型。只有这样一种改变才能对实用物品的创造所进入的经验的内容做重大修正。而这一对经验性质的修正，是所生产东西的经验的审美性质的最终决定因素。那种认为仅仅通过增加休闲时间就能解决根本问题的想法是荒谬的。"① 艺术虽然不能直接作用于对社会的根本改造，但是它提供理想和热情以及智慧。显然，杜威关于社会生产和社会制度改造的深入思考中，乃是围绕着艺术生态结构这个轴心来运行的。

在这样的生态结构中，艺术在自然连续性中被赋予的植根自然生命的生态意蕴，艺术中以人性生成的积极追求和不倦努力为内涵的审美价

---

① ［美］杜威：《艺术即经验》，商务印书馆 2005 年版，第 380 页。

值，艺术中身心融合的整体性生命精神，艺术语言作为普遍中介的交流功能，还有艺术对感受性和想象力的培育，都是它之所以能够发挥轴心作用的优势所在。对于这些，杜威都有深入的论述。

第四节　艺术与科学的联姻促进经验的共享和文明的提升

在杜威看来，"共享经验是最大的人类福利"①。他在《民主主义与教育》中提出这样的问题："怎样使艺术、科学和政治在丰富的精神状态中相互增强它们的作用，而不是牺牲别的事情而追求自己的目的？怎样能使生活的兴趣和强化生活兴趣的科目丰富人们的共同经验，而不使人们互相分开？"② 显然，他是把经验共享和各种经验的互动融合看作文明进步的美好理想。

在某种意义上，可以说，文明的生活就是经验共享在广度和深度上的扩展，而文明大系统中的各个部分都是以经验为共同基础的。但是，在现代文明发展的过程中，经验之间的分离越来越严重，而对文明影响最大的就是随着科学的发达而出现的科学与艺术之间的隔膜和对立。到了杜威晚年的时代，所谓人文主义与科学主义的对抗和论争就是这种对立的表现。这诚如杜威所说："科学带来了一种全新的关于物质的自然以及我们与它的关系的观念。……物质世界与道德王国的事物被分离开来了，而在希腊传统与中世纪传统中，它们保持着亲密的结合关系——尽管在不同的时期，是通过不同的手段完成的。现存的我们的历史遗产中的精神和理想成分与科学所揭示的物质自然的结构之间的对立，是自笛卡尔和洛克以来哲学上二元论公式的最终根源。这种公式相应地反映出一种现代文明无处不在地活跃着的冲突。"因此，他提出了"恢复艺术在文明中的有机位置问题"③。

---

① ［美］拉里·希克曼主编：《阅读杜威：为后现代做的阐释》，北京大学出版社 2010 年版，第 48 页。

② ［美］杜威：《民主主义与教育》，人民教育出版社 1990 年版，第 262—263 页。

③ ［美］杜威：《艺术即经验》，商务印书馆 2005 年版，第 375 页。

　　怎样恢复艺术在文明中的有机位置呢？就艺术与科学的关系而言，杜威看到了两个方面的积极因素。一方面，"科学倾向于显示人是自然的一部分这一事实"，因此"就有一种有利于，而非不利于艺术的效果"。另一方面，"抵抗与冲突总是产生艺术的因素；并且，正如我们所见到的，它们总是艺术形式的必不可少的组成部分"。因为，"不管是对人来说完全冷酷阴森的世界，还是合乎人意，满足人的一切欲望的世界，艺术都不能从中产生"。"科学所揭示的环境对人的抵抗就会对美的艺术提供新的材料。"① 在论及科学对于艺术的意义时，杜威说过这样一段话："艺术——这种活动的方式具有能为我们直接所享有的意义——乃是自然界发展的最高峰，而'科学'，恰当地说，乃是一个婢女，领导着自然的事情走向这个愉快的途径。"② 显然，在杜威看来，"人类经验的历史就是一部艺术发展史。科学从宗教的、仪式的和诗歌的艺术中明确地突然显现出来的历史，乃是一种艺术分化的记录，而不是与艺术脱辐的记录"③。

　　科学从艺术分化出来，但是并不是与之"脱辐"，它依然围绕着艺术这个轴心在运行，受着艺术的吸引和领导。这样，科学既推动着艺术又受到艺术的引领，两者在这样的互动中向艺术所昭示的美好境界探寻进取，以实现文明的进步。杜威对艺术本身的生态结构的揭示，为科学与艺术的联姻、推进科学的人文化提供了可靠的实现途径。在论及科学与艺术的关系时杜威说："把科学跟艺术分隔开来，而又把艺术区别为与单纯的手段有关的艺术和与目的本身有关的艺术，这乃是掩盖我们的力量和生活的幸福之间缺乏两相结合办法的一个假面具。我们对生活幸福的预见愈能是人认知力量的表现，这个假面具就愈失去其似真性。"④ 显然，杜威所揭示的艺术内在的层次结构为"我们的力量和生活的幸福之间"的"两相结合"打开了现实的通道。在大艺术观的框架内，科学与艺术之间不再彼此分隔。这样一来，就正如杜威所说："当科学

① ［美］杜威：《艺术即经验》，商务印书馆 2005 年版，第 376 页。
② ［美］杜威：《经验与自然》，江苏教育出版社 2005 年版，第 228 页。
③ 同上书，第 246 页。
④ 同上书，第 243 页。

和艺术这样携手之后，支配人类行为的最高动机已经达到了，人类行为的真正动力将被激发起来，人类性中可能达到的最好的事业便有保障了。"①

宗教在人类文明中占有极其重要的特殊地位，它的出现甚至被视为文明的起源。从宗教的原始形式巫术开始，它就与艺术结下了不解之缘。它不仅要凭借艺术的形式特别是节奏的魅力来影响人的身心，还与艺术一样具有强烈深邃的宇宙和生命的神秘感。杜威曾说："随着教会的发展，艺术再次被引入人类生活的联系之中，成为一条人们相互结合的纽带。通过礼拜与圣餐的仪式，教会以感人的形式复兴与改造了所有原有的仪式庆典中最动人的东西。"宗教活动中"对人民大众的日常生活有价值的、给他们某种统一感的影响，是由处于审美线索中的圣餐、歌声与绘画、仪式庆典，而不是由其他的某个东西所提供的。雕塑、绘画、音乐、文学出现在礼拜进行之中"。"由于这种审美的线索，宗教教导就更易传达，也更持久。通过艺术，它们就从教义转化成了活的经验。"② 这里主要说的是艺术服务于宗教的作用。而在杜威的从自然主义出发的宗教观看来，由于科学对自然的秘密的深入揭示和对人与自然关系的科学化影响，也由于艺术审美中神秘的宇宙归属感的启示，宗教观念也因融入了人们自然的生活经验而逐步改变。通过对艺术和科学的经验共享，人们的宗教性经验的内涵发生变化，而生成的是人性向善和敬畏自然的"共同信仰"。这样一种宗教经验的共享，对于生态文明建设的意义是不言而喻的。而科学与艺术的联姻，对此具有关键的作用，并因此而对文明发展产生最深刻的影响。

杜威告诉我们："一种较少意识到，但却更大量而经常的经验的调整，来自于由一个时代艺术整体所创造的总体环境。"③ 如何积极发挥艺术在文明中的轴心作用，是晚年杜威十分关注的问题。时至今日，这个

---

① ［美］亚历山大·托马斯：《杜威的艺术、经验与自然理论》，北京大学出版社 2010年版，第 71 页。

② ［美］杜威：《艺术即经验》，商务印书馆 2005 年版，第 365 页。

③ 同上书，第 382 页。

问题无疑显得更加迫切而重要了。诚如杜威所说："当手艺人离机械师更近，离艺术家更远的时候，那些依然被称为艺术家的人，如作家与设计者，要么听从组织化商业机构的摆布，要么被挤到边缘，成为古怪、放荡的'波西米亚人'。有人或许会说，作为一种活下来的个人力量的艺术家依然存在，但在这个国家，社会对这一称呼所保持的尊敬表示着这种个人力量的程度。在任何一种社会生活形式中艺术家所处的地位，却准确地记录着其文化的形态。"① 在认识到艺术作为文明轴心的生态位时，这样的状况是值得我们深思的。

---

① ［美］杜威：《新旧个人主义》，上海社会科学院出版社 1997 年版，第 67 页。

第 七 编

艺术审美社会功能的
生态展开

第二十章

个体成长：杜威美学与其教育哲学的生态化融通

　　杜威的美学和教育哲学都以经验为理论生长点。他的教育哲学立足于经验的连续性和交互作用两个原则，从经验的生成性本质确立教育就是生长的目的论。同时他还主张用民主主义精神使教育成为主动的和建设性的过程，使学生的个体性能全面而自由地成长。他所说的教育性经验与审美经验在生命精神上彼此相通，从而使教育成为一种艺术。这种对教育艺术的追求实际上体现了把教育生态化的理想，对于生态文明时代的教育改造具有十分重要的意义。

　　詹姆斯·W. 加里森说杜威"可能是用英语写作的最重要的教育哲学家"，认为杜威的哲学中关于人的生存的三个问题，即生命是什么？我们应该如何生活？人生意味着什么？是杜威教育哲学力求回答的根本问题。[①] 杜威在《艺术即经验》中没有论及教育问题，但是，他的美学和教育哲学都以"做"与"受"相融合的经验为出发点，其生命精神根本相通，何况他的大艺术观和艺术功能观还直接与教育密切关联。正如有论者所说，《艺术即经验》这本书"是针对那些希望掌握杜威关于教学艺术、教师作为艺术家以及教与学的美学的广泛意义的读者"，[②] 这个论断

---

① ［美］拉里·希克曼主编：《阅读杜威：为后现代做的阐释》，北京大学出版社 2010 年版，第 75 页。

② ［美］Douglas J. Simpson 等：《杜威与教学的艺术》，中国轻工业出版社 2009 年版，第 12 页。

无疑是正确的。希克曼说得更明确："杜威的艺术哲学、探究理论和形而上学都是源于他对我们有生命的、变化的世界的深刻理解，源于他对成长条件可以培养、生活可借此得以改进的信念。他的哲学是整体性的：它是作为教育学的哲学。"① 其中当然也包括他的美学。杜威自己曾说，"如果我们愿意把教育看做是包括智力、情感、对自然和同伴的态度在内的基本倾向的形成过程"，那就可以把哲学称为广义的教育学。可以说，不仅杜威的经验论美学蕴含着教育的意义，他的教育思想也融合着美学的精神，而且两者又都以内在的生态意蕴相互融通，致使其教育理想趋向于生态化的境界。

第一节　立足于经验的连续性和生成性本质的教育目的论

作为"活的生物"的人与环境交互作用的经验，是杜威美学和教育哲学共同的理论基石。杜威强调"教育与个人经验之间的有机联系"，认为"新教育哲学信奉某种经验的和实验的哲学"。在《经验与教育》中他指出："相信一切真正的教育从经验中产生，并不意味着一切经验就真正地具有或相同地起着教育作用。"因此，"越是明确地和真挚地坚持教育是在经验中、由于经验，为着经验的一种发展过程，对于什么是经验要有清楚的看法越是显得重要"②。为了判断经验是否具有教育价值，杜威提出了两个原则作为区分的标准，即"经验连续性原则"和"交互作用原则"。

在杜威看来，教育是要培养和形成受教育者适应环境的好的习惯，而"归根到底，经验的连续性原则是建立在习惯的事实之上"。他解释说："习惯的基本特征是每一项做过的和经历过的经验会改变作出和经历这个经验的人，而这种改变，不管我们愿意不愿意，会影响今后经验的性质。""习惯包括各种态度的养成，情感和理智的态度；它包括我们生活中遇到的怎样对付和反映各种情况的基本感受和方法。从这个观点来

① ［美］拉里·希克曼主编：《阅读杜威：为后现代做的阐释》，北京大学出版社 2010 年版，第 93 页。

② 赵祥麟等编译：《杜威教育论著选》，华东师范大学出版社 1981 年版，第 350—351 页。

看，经验连续性原则的意义是，每一经验总有些地方取之于以往的经验，同时以某种方式改变以后经验的性质。"① 这样看习惯，它也就是人适应和控制变动着的环境的态度、能力和方法的总和，它本身就是在经验的连续性中生长的结果。显然，经验连续性的原则之所以如此重要，就因为正是在这种连续性中才有"生长"——"生长，或者生长着即发展着，不仅指体格方面，也指智力方面和道德方面。" 至此，生长的方向就成了关键，而"看出一种经验是走向什么方向便是教育者的责任"。由于经验总是在具体情境中生成的，因此"教育者的主要责任，不仅要了解周围条件形成实际经验的一般原理，而且也要认识到在实际上哪些周围事物有利于经验的生长。最主要是，他们应该知道怎样利用现有的自然和社会环境，从中吸取一切有助于形成有价值的经验的东西"②。

所谓"交互作用原则"，乃是"解释经验在教育作用和力量上的第二个主要原则"。杜威说，这个原则"赋予经验的两个因素即客观的和内在的条件以同等的权利"，即这两方面的条件要"交互作用"。在这里，杜威特别强调了情境对于教育的重要意义。"任何正常的经验都是这两种条件的相互作用。合起来看，或者在它们的相互作用中看，它们构成我们所说的一种情境。"③"所谓个人生活在世界上，具体地说，就是生活在一连串的情境之中。当我们说，人们生活在这些情境之中，'在……中'这个词的意义，和我们说钱'在'衣袋'中'或油漆'在'罐头'中'的意义是不相同的。再说一遍，这意味着，相互作用是在个人和各种事物及其他的人之间进行着的。情境和交互作用这两个概念是分不开的。一种经验常常是个人和当时组成他的环境的一切发生作用的结果。"④ 这就意味着，经验应该是构成情境的主客观诸种因素整体合生的结果，因此它本身就包含着适应和控制环境的生活内容，从而既是人的习惯的表现又影响人的习惯。

杜威指出："经验的连续性和交互作用这两个原则不是彼此分离的。

---

① 赵祥麟等编译：《杜威教育论著选》，华东师范大学出版社 1981 年版，第 354 页。
② 同上书，第 356—358 页。
③ 同上书，第 359 页。
④ 同上书，第 359—361 页。

它们相互制约，又相互联合。可以说，它们是经验的经和纬的两个方面。"① "只有当相继的经验互相连结，完全统一的人格才能存在。只有当各种是无关联的世界建立起来，完全统一的人格才能形成。"因此，"连续性和交互作用的积极的相互结合，就提供了衡量经验的教育意义和价值的标准。于是，一个教育者所立即和直接关心的是发生交互作用的种种情境"② "就某种意义说，每一个经验，都应该为个人获得未来有更深刻更广泛性质的经验提供些什么，这就是经验的生长、连续性和改造的意义。"③ 把连续性和交互作用两个原则结合起来作为经验是否具有教育意义的标准，把作为教育目的的生长看作连续性与交互作用的结果，最充分地体现了杜威的教育目的观和方法论的生态学内涵。这与其所说的审美经验的生成性内涵是高度一致的。

在《哲学的改造》中谈到道德教育的问题时，杜威批评了那种把教育看作对未来的准备的观点。认为对于教育来说，"成长，或经验的连续改造是唯一目的"④。而"这种朝向后来结果的行为的积累运动，就是生长的涵义"⑤。在杜威看来，这种成长是在经验的连续性和交互作用中通过受教育者自己的努力来实现的，而绝不只是外在"灌输"的结果。他指出："生长的首要条件是未成熟状态。""当我们说未成熟状态意味着生长的可能性时，我们并非指现在尚无，以后才会出现的能力，而是指现在就确实存在一种势力，即发展的能力。"⑥ 与那些把未成熟状态简单地当作"缺乏"，把成长当作填补空白的看法不同，杜威高度肯定和重视生命自身生态生成和进化的本性。"哪里有生命，哪里就已经存在热烈的、充满激情的行为。成长不是从外面加于这些行为的东西，而是自己行动。""一个未成熟的人为生长而具有的特殊的适应能力构成了他的可塑性。"这种可塑性"主要指从经验中学习的能力"⑦。教育首先就应该建立

---

① 赵祥麟等编译：《杜威教育论著选》，华东师范大学出版社 1981 年版，第 361 页。
② 同上书，第 361—362 页。
③ 同上书，第 363—364 页。
④ ［美］杜威：《哲学的改造》，陕西人民出版社 2004 年版，第 105 页。
⑤ ［美］杜威：《新旧个人主义》，上海社会科学院出版社 1997 年版，第 191 页。
⑥ 同上。
⑦ 同上书，第 192—194 页。

在对这种作为自我生长能力的可塑性的尊重之上。

正是经验成长的方向决定了经验是否具有教育意义。这种能够为一个人获得更深刻、更广泛的经验做准备的经验，就是杜威说的"教育性的经验"。杜威认为教育自身即是目的。这就是说，"我们探索教育目的时，并不要到教育过程以外去寻找一个目的，使教育服从这个目的"，应该追求的是"属于教育过程内部的目的"，那就是学生个体生命的生长。

杜威的在经验中成长的教育观念，既重视人性成长的自然规律，又重视对生长方向的引导。他把教育的目的和手段统一于教育的过程之中，使这个生长的过程同时也就是自我生长能力的提高过程。教育性经验的这一特征，也是与审美经验的生命精神及其生成过程一致的。

第二节　民主主义精神使教育成为主动的和建设性的过程

教育怎样才能做到以自身为目的呢？那就要有与这个目的一致的手段和方法。在杜威看来："教育并不是一件'告诉'与被告知的事情，而是一个主动的和建设性的过程，这个原理几乎在理论上无人不承认，而在实践中又无人不违反。"① 在杜威的教育思想中，把教育变成一个主动的和建设性的过程，是通过高扬民主主义精神来实现的。

在《民主信仰与教育》中，杜威批判了对科学与技术的空前发展所造成的"把物质与人文对立起来"的后果，要求"在理论上和实践上承认人文的和自然的不可分割的统一性"。他提出"使科学人文化"，"使科学和技术成为民主希望和信仰的侍仆"的主张，以达到"科学、教育与民主动机合而为一"的成就。② 由此可见，对民主生活的希望和信仰在杜威的教育理想中极为重要。在杜威看来，"不但民主主义本身是一个教育原则，而且如果没有我们通常所行的狭义教育，没有我们所想的家庭教育和学校教育，民主主义便不能维持下去，更谈不到发展。教育不是唯一的工具，但它是第一的工具，首要的工具，最审慎的工具"③。根据杜

---

① ［美］杜威：《民主主义与教育》，人民教育出版社 1990 年版，第 42 页。
② ［美］杜威：《人的问题》，上海人民出版社 1965 年版，第 20—24 页。
③ 同上书，第 27 页。

威关于目的与手段应该统一的观念，对于教育来说，民主主义不仅是目的，同时也是方法和手段。

　　对于民主，杜威有自己独特的认识。在《论民主》中，杜威解释自己的民主观念，说它比流行的政治上的民主"有更宽广、更深刻的意蕴"，那就是说，"它是一种生活方式"——"作为一种生活方式之民主的关键，在我看来似乎可以表述为要求每个成熟的人参与形成用以调节人们共同生活的价值标准：无论从普遍的社会福祉还是从作为个人的人的全面发展来看，这都是必要的。"① 在《论民主的要素》中他又说："民主主义不仅是一种政府的形式，它首先是一种联合生活的方式，是一种共同交流经验的方式。""个人各种各样能力的解放"乃是民主的特征所在。② 如此理解的民主观念，就不仅关乎教育的目的，而且关乎教育的方法和手段，关乎教育的教材和过程的组织。可以说，这种作为一种生活方式的民主主义，乃是杜威教育思想的灵魂。教育的目的是要培养具有民主精神的人，因此教育的方法也应该是民主主义的。由于目的与方法高度统一，从而使作为生命个体的人得到全面和谐的发展，成长为真正具有民主精神的人，也就是个性自由与社会性相统一的人。

　　杜威非常重视人的个体性。但是同那些极端的个人主义者不同，他明确肯定"人是社会动物"，并且认为"人的社会性的中心在教育"③。他指出："政府、生意、艺术、宗教，所有社会制度都有一个意义，有一个目的。那个目的就是不考虑种族、性别、阶级或经济地位而解放并发展个人的能力。换句话说，它们价值的检验就在于在多大程度上能够教育个人，使其能达到其可能性的极致状态。民主有许多意义，但是如果它有道德意义的话，它的意义就在于，所有政治制度和实业组织的最高检验将是它们对社会每一个成员的全面发展所作的贡献。"④ 这段话表达了一种"泛教育"的观念，即社会生活的各个领域和方面都具有教育的意义，因为这一切作为情境都会通过交互作用影响人的经验的连续性及

---

① ［美］杜威：《新旧个人主义》，上海社会科学院出版社1997年版，第3页。
② 同上书，第7—8页。
③ ［美］杜威：《哲学的改造》，陕西人民出版社2004年版，第105页。
④ 同上书，第106页。

其结果，使其习惯发生生长性的变化。更重要的是，这段话还指出了教育的人性目标，那就是"解放并发展个人的能力"，使社会每一个成员得到全面发展。在这里，真实存在的人的个体性受到杜威的热忱关注。这样的个体，只有在洋溢着民主精神的教育活动过程中才可能成长起来。这就如杜威所说："即使在教室里，我们亦开始认识到：在仅是教科书与教师才有发言权的时候，那发展智慧和性格的学习便不会发生；不管学生的经验背景在某一时期是如何贫乏和微薄的，只有当他有机会从其经验中作出一点贡献的时候，他才真正受到教育；最后，启发是从授受关系中，从经验和观念的交流中得来的。"① 在杜威描述的这个教育情境中，个体能动性和个性受到充分尊重和激发，经验能够自然而生动地生成，并且在自由的对话和交流中交互作用，使经验得到深化和发展，这样，受教育者全面而自由的个体性和社会性就必然会成长起来。

既然民主主义首先是一种生活方式，这就决定了教育过程必须与生活过程相统一，使教育本身就成为受教育者的生活，而所谓教育性经验的连续性和交互作用就是这种生活的基本内容。基于这样的逻辑，杜威在主张"教育即生长"的同时还提出了"教育是生活的需要""从做中学"和"学校就是社会"的观念，而这一切都是"教育本身即是目的"的具体化。这就是说，要使学生在生活化的教育过程中形成教育性的经验，从而在这样的经验中成长。杜威强调："教育是一个生活过程，而不是为了未来的生活而作的一种准备。"② 这种"教育即生活"的观念，乃是深深扎根于经验即生活的观念之中的。

当然，杜威所说的生活是有其确定的内容的。这种具有教育功能的生活，必须具有社会性的内涵，这也就是"学校就是社会"的意思。在这里，学生要"做"，即要有与环境交互作用的行动，要把作为个体的学生置于社会性的交往之中，使生活真正成为影响学生习惯的情境。杜威指出："观察表明，儿童天生具有社会交往的最佳机制。很少有成人还完全保持着孩子具有的灵活和敏感的能力，他们对周围的态度和行为有着

---

① 〔美〕杜威：《人的问题》，上海人民出版社 1965 年版，第 25—26 页。
② 〔美〕杜威：《新旧个人主义》，上海社会科学院出版社 1997 年版，第 211 页。

同情的感应。"① 在这个基础上，学校教育要通过新的可能性使生命成长——"在这里，个人主义和社会主义统一起来。只有构成它的所有个人的圆满成长得以实现，社会才能在任何情况下使它自己的目的得以实现。"② 这就是杜威深情瞩望的教育理想。他指出："当学校把社会中的每一个儿童引导和训练成这样一个小社会的成员，把服务的精神灌输给他，并为他提供有效的自我指导的工具，我们有价值的、可爱的、和谐的大社会将有最深切的、最可靠的保证。"③

显然，民主主义精神不仅把教育的目的和手段高度统一起来，而且是使学生个性向着理想的社会化方向生长的保证。这样的学校，实际上就是民主社会的摇篮。

第三节　与审美经验相通的教育性
经验趋向教育的艺术

至此，我们可以把杜威所说的教育性经验与他的经验论美学中的审美经验做一个较为具体的比较了。通过这个比较，可以看到，教育性经验无论是在生态根源上还是在生命精神上，都与审美经验在本质上相通。正是由于这个精神上的相通，教育性经验才具有升华为教育艺术的内在趋向，而把教育提升为一种艺术，正是杜威所追求的美好境界。

杜威所说的教育性经验，与审美经验具有共同的生态根源，它们都深深植根于人与环境交互作用形成的经验之中。杜威对人类的审美经验的探寻是从动物那里追本溯源的。"尽管人不同于鸟兽，人与鸟兽却同样具有基本的生命功能，同样在生命的持续中作出基本的调节。"他这样描述这种"基本的调节"："第一个要考虑的是，生命是在一个环境中进行的；不仅仅是在其中，而且是由于它，并与它相互作用。"这个相互作用是在生物的生命整体与环境之间进行的，并努力达到"有机体与周围事物的同步性"这样的平衡和协调。其间会有冲突，但是"当一个暂时的

---

① ［美］杜威：《新旧个人主义》，上海社会科学院出版社1997年版，第193页。
② 同上书，第200页。
③ 同上书，第206页。

冲突成为朝向有机体与其生存环境之间的更为广泛的平衡过渡时，生命就发展"。杜威指出："这些生物学的常识具有超出其自身的内涵：它们触及到经验中审美性的根源。"那就是"通过节奏而达到的平衡与和谐初露端倪"①。这就是说，审美经验是在有机体对与自己与环境之间的生态关系的动态平衡的努力追求中产生的。没有这种追求平衡与和谐的努力，就没有审美经验的产生，这就是审美经验植根于生命本性的生态根源所在。杜威说的教育性经验在经验的连续性和交互作用中生成，在洋溢着民主精神的生活情境中使学生的个性得到全面而自由的生长，其生态根源与审美经验是一样的。正是这同样的生态根源，使它们在生态内涵和生命精神上都高度一致。

在审美经验中，人的各种感官是作为整体而活动的。"感觉的性质之中，不仅包括视觉与听觉，而且包括触觉与味觉，都具有审美性质。但是，它们不是在孤立状态，而是相互联系中才具有的；不是作为简单而相互分离的实体，而是在相互作用中具有的。"进一步，"任何一个感官的活动都涉及态度与倾向，而态度与倾向是由整个有机体决定的"②。这就是说，既然经验是生命整体反应的产物，是全身心的"感受"。在教育性的经验中，由于受教育者的生命能量的充分激发和释放，以其连续性和交互作用的内在机制对于受教育者的影响也具有同样的全面而整体的性质。

在论及经验的审美性质时杜威指出："一个生机勃勃的经验是不可能被划分为实践的、情感的，及理智的，并且为各自确定一个相对于其他的独特的特征。情感的方面将各部分结合成一个单一整体；'理智'只是表示该经验具有意义的事实；而'实践'表示该有机体与环绕着它的事件和物体在相互作用。最精深的哲学与科学的探索和最雄心勃勃的工业或政治事业，当它们的不同成分构成一个完整的经验时，就具有了审美的性质。"③ 教育性经验作为"一个生机勃勃的经验"，当然也具有审美的性质。这种审美性质，不仅表现在生机勃勃的生命气象上，表现在参

① ［美］杜威：《艺术即经验》，商务印书馆 2005 年版，第 13 页。
② 同上书，第 132—133 页。
③ 同上书，第 59 页。

与其中的学生的生命力作为整体被全面而综合地激活上，更表现在经验在情境的作用下提升到新的水平这种生态生成的成长趋向上。理想的教育应该是个体全面自由生长的过程，这一追求与杜威对作为审美经验的艺术所具有的鲜明的个性特征也不谋而合。"心灵在一种个体化的样式中有时也起一种建设性的作用，每一种发明，每一种艺术，无论是技术方面的、军事方面的和政治方面的艺术的改进，都是起源于一个特殊的革新者的观察和才能。""从消极方面来讲，个性意味着某些应被克服的东西，但同时，从积极方面讲来，它又指在制度和习俗中的变化源泉而言。"① 从经验的角度看个体，"所尊称为个性的东西，这时候便是一种运动着的、变化着的、分散着的、而且尤其是首创的东西"②。这个变化着和生长着的个体，生成于教育性经验之中。既然如此，杜威认为教育是一种艺术也就很自然了。

在批判传统的灌输式的教育时，杜威强调了教育要成为艺术的思想。他指出："我们现在还很少有或者说没有在控制之下调整行为的艺术，而行为的调整便构成了恰当的知觉或意识，那就是说，我们还很少有或者说根本没有原则方面的教育艺术。有机体的态度是影响我们的意识对象和意识动作的性质的，而所谓在原则方面的教育艺术即指管理这些机体态度的艺术。"③ 在被认为是"杜威的教育哲学的最清楚的表述"的 1897年的论文《我的教育信条》中，杜威就说："我认为这样形成人类的各种能力并使它们适应社会的艺术是最崇高的艺术；能够完成这种艺术的人，便是最好的艺术家；对于这种事业，不论具有任何见识、同情机智和行政的能力，都不会是多余的。"④ 除了把教师称为艺术家，杜威还把教师称为作曲家和雕塑家，称为园丁。为了达到教育艺术的这种境界，杜威要求把科学教育也与艺术结合起来。他断言："当科学和艺术这样携起手来，人类活动的最高动机就达到了，人类行为的真正泉源便唤醒了，人类天性的最高功能便有保证了。"⑤ 因此，杜威必然非常重视艺术在教育

① ［美］杜威：《经验与自然》，江苏教育出版社 2005 年版，第 136 页。
② 同上书，第 138 页。
③ 同上书，第 202 页。
④ 《杜威全集》早期著作第 5 卷，华东师范大学出版社 2010 年版，第 71 页。
⑤ ［美］杜威：《新旧个人主义》，上海人民出版社 1997 年版，第 223—224 页。

中的重要作用。正如詹姆斯·W.加里森所说，杜威"在教育领域内为艺术指定了一个中心位置"①。杜威自己也说："民主主义教育者因此必须也同时是预言家和诗人。在这项工作中，他们最重要的工具就是艺术。"②

在杜威看来，不仅教育可以成为艺术，艺术也内在地就是教育。为使艺术的教育功能得以实现，必须实施相应的教育。艺术作为具有丰满而生动的生命力的"一个经验"，可以在激发人的生命活力和启迪理性秩序的同时，解放感官，燃起欲望，激起热情，释放和诱导想象力，从而启示理想，促进成长。然而，流行的教育往往不是解放感官，而是封锁和禁锢感官；不是激发情感，而是压抑情感；不是释放和诱导想象力，而是扼杀和遏制了想象力。杜威从自己独特的民主主义观念出发，非常重视艺术的交流作用，因为通过交流而实现的交互作用对于个体的陶冶和生长具有无与伦比的功能。但是，流行的教育却满足于灌输和接受，拒绝了交流的互动共生的作用，也阻断了个体实现社会化的一个极其有效的途径。

杜威还很重视环境的美感的教育意义。他在论及把"美感和美的欣赏"作为教育的重要内容时就说："如果眼睛常常接触形式和色彩华美和谐的事物，审美的标准自然会发展起来。一个俗气的、没有秩序的和装潢过度的环境会败坏美感，正如贫乏而荒芜的环境会饿死美的愿望一样。"③

第四节　教育艺术的理想中蕴含着对教育生态化的追求

在杜威关于教育艺术的丰富而精辟的论述中，表现出他毕生都在满腔热情追求的教育理想。这种基于教育性经验的理想在他那里直接的主张是教育成为艺术，即教育的审美化和艺术化。由于其审美经验和教育性经验本来的生态意蕴，这实际上却是使教育回归人性和知识成长的自

---

① ［美］拉里·希克曼主编：《阅读杜威：为后现代做的阐释》，北京大学出版社2010年版，第92页。

② 同上书，第93页。

③ ［美］杜威：《民主主义与教育》，人民教育出版社1990年版，第20页。

然性而成为一种生态化的教育。在这里，它的审美性是生态的，也以其生态性而成为真正审美的。在杜威对教育艺术的理想中，实际上蕴含着深厚的生态学内涵，昭示了对教育生态化的热烈追求。

如前所述，经验的连续性和交互作用是教育性经验的两个基本原则，加上情境的因素，这就从整体性和生成性两个方面显示出这种经验的生态性质。再加上这种经验的生长机制和生活性质，这就使它具有了全面而充分的生态特征。这样的教育，在更加自觉的努力中，以一种"浓缩"的方式生动地再现了作为"活的生物"的人的个体生命及其知识和习惯自我生长的生态过程。教育者的主要任务是组织情境，创造条件，使学生个体自我生长的欲望得到解放和满足，并在经验的连续性和交互作用中不断成长，使自己成为能够适应社会和情境变化的社会化的人。在这里，教育者成了真正意义上的"园丁"，艺术也回归了它本来源于种植和养育的原始意义。在谈到教育以自身为目的时，杜威说教育者是和农民一样的。农民如果不顾环境情况提出一个农事理想，那就是荒谬可笑的。"农民的目的，只不过是利用这种种环境，使他的活动和环境的力量，共同协作，而不相互对抗。"① 这个比喻说明杜威对于教育的生态本性的信念之执着，也使人想起著名教育家叶圣陶关于教育是农业生产而非工业生产的观点。

笔者曾经用"生、和、合、进"四个字来概括基于生态规律的生态价值的根本内涵，可以说杜威的这种生态化的教育正好生动地体现了这四个字所概括的生态精神。

首先是"生"。所谓"生"，就是生气、生机、生命、生殖和生活的意思。生态是生命体的存在方式，"生"当然是它最基本的特征。生气氤氲，生意盎然，生机勃勃，生生不息，这就是生命所应有的感性状态。生命还在不断的分化中越来越多样，生殖就是分化的一种形式。多样化意味着生机旺盛和基因丰富，意味着生命发展的可能性的扩展和提高。而杜威说的教育性经验，要求学生从做中学，重视学生自己的生长本能和欲望，要解放学生的感官、感情和想象力，更强调新旧经验的连续性和情境中各种因素的交互作用，这一切就共同营造出生命气息十分浓郁

---

① 赵祥麟等编译：《杜威教育论著选》，华东师范大学出版社 1981 年版，第 169—170 页。

蓬勃的生态气象。

其次是"和"。"和"即和平、和善、和睦和和谐。"和而不同"，和是以存在差异与矛盾的多样性为前提，没有对多样性和差异性的尊重、接受和鼓励，就无所谓"和"。有差异和矛盾的多元、多样的因素之间不仅互容共存，而且互补共生、互利共荣，甚至还包括互相对立的事物之间相反相成、相克相生。在生物的生态系统中，普遍存在着这种"和"的局面，于是才有万物竞生、欣欣向荣的气象。杜威说的教育性经验，是首先作为个体的学生的个性充分展现和发挥的生活世界，个性的差异和矛盾受到有效的保护和释放，还要积极地加以鼓励和引导。在这里也会有竞争，但这是为了更加充分地表现个体特征和优势所需要的激励与鞭策，在互动中实现一种特殊的互助。

再次是"合"。"合"即合作、结合、融合和综合的意思。通过"合"，互相容纳、依存共济和互补共生的和谐关系上升到相互合作共同创新的更高水平，从而发挥出综合的建设创生功能，在系统的多元互补综合中产生出新的生命品质和力量，甚至出现整体的跃迁和进步。在杜威看来，社会就是许多个体的合作，而个体的社会性提升，不仅要能够与他人和社会和谐共处，还要学会与别的个体相互合作。这种和谐与合作，实际上就是个体适应社会的表现与结果。教育性的经验在其连续性中包含着新经验与旧经验在连续中的综合，在交互作用中更包含了构成情境的主观和客观各种因素的高度综合。教育性经验本来就是人与环境相互作用的生命综合过程的产物。没有各种水平和形式的综合，就不会有教育性经验的产生。

最后，一切都归结到"进"上了。"进"就是进化和进步，也就是生长、超越和发展。综合创新是生态进化的基本规律，通过综合和整合实现创新进步，表现了生态运行的生成性本质，而这个生成必须体现进化和进步的方向。杜威说的教育性经验是学生个性成长的过程，成长和生长就是进步，而且是自然界生成运动的最自觉而有效的方式，是学生生活的动态节奏。在个体性的全面自由的发展中，生命的活力、和谐和合作得到充分能动的展示，并最终结成个体生命及其社会性成长进步的成果。

教育的这种进步意义还体现在它对社会进步的作用上。杜威认为，教育是社会进步及社会改造的基本方法，这种进步和改造的作用，正来自教育中个人主义和社会主义两种理想的结合："它恰恰是个人主义的，因为它承认某种品格的形成是合理生活的唯一真正基础。它是社会主义的，因为它承认这种好的品格不是由于单纯的个人的告诫、榜样或说服所形成的，而是由于某种形式组织的或社会的生活施加于个人的影响，社会集体以学校为它的器官，决定道德的效果。"① 这里不只是社会主义内在的合作，还有社会主义与个人主义两种理想的合作，这种多层面的合作造就了教育对个体成长和社会进步的伟大作用。

显然，杜威的以经验、民主、生活和生长为基本内涵，以教育性经验为基本范畴的教育思想，在人类教育思想和实践的历史上，最充分地体现了生态化的趋向。

杜威的生态化的教育理想，不仅包含了他的美学思想，而且把审美和艺术的实际功能引申到对于人类生成具有关键性意义的教育领域。从生态文明建设的高度来审视这种重视人性成长的生态性的教育观念，对于改造现实中积重难返的灌输和从外部进行塑造的流行教育，无疑是一个极具启发性的参照。为了有效地培养具有民主精神的社会公民和创新精神的人才，也为了把学生应有的幸福还给学生，我们应该从杜威的审美化和生态化的教育理念中获取教益，深刻认识教育的生态本性，把我们的教育营构为具有生态之美的经验园地和生命家园。

---

① 赵祥麟等编译：《杜威教育论著选》，华东师范大学出版社 1981 年版，第 11 页。

第二十一章

善的培育：杜威美学关于艺术与道德生态关系的论述

　　杜威的经验自然主义的道德理论把道德带到尘世，力求把道德科学化并进一步艺术化。他以道德情境为起点，从人与环境的相互关系揭示道德经验的生态本性，并出于人性可塑性而认为经验探究中的成长是唯一的道德目的。由于作为"一个经验"的艺术最充分地表现了审美经验的价值和特征，因而是道德教育的有效工具。他还认为作为自然发展顶峰的艺术要比任何道德都更有道德性，因而真正的道德应该是一种艺术。

　　杜威在其早年著作中，就提出了关于道德观念、情感与实践的起源、性质和作用的自然主义观点。他认为，从欲望冲动到行动的道德选择这"整个过程是一个发现和运用尺度的过程，是一个评估价值的过程"①。杜威"把道德带到尘世"，力求把道德科学化。他认为："因为道德家们通常在自然科学领域和道德行为之间划上了一道鸿沟。但是有一种道德，它是依据后果来构成其价值判断的；这种道德必须紧密地依靠科学结论。因为科学就是使我们联系前因后果的那种关于变化关系的知识。"② 在他看来，"道德科学是一种置于人类语境中的物理学、生物学和历史学知

---

　　① 《杜威全集·早期著作》第 4 卷，华东师范大学出版社 2010 年版，第 215 页。
　　② ［美］杜威：《确定性的寻求》，上海人民出版社 2005 年版，第 211—212 页。

识，它的使命在于启明和指引人类的生活"①。这就是说，道德科学要运用对自然和社会各领域进行科学探究的所有可利用的成果，来帮助解决人类的道德问题。我们应该打破科学与道德之间的传统壁垒，以便能够持续而有序地利用所有可用的科学知识为人道的和社会的目的服务。正是基于这个根本的价值追求，杜威才极为重视艺术与道德的密切关系。由杜威经验论美学的生态本性所决定，他实际上揭示了艺术与道德之间互动共进的生态关系，并把艺术看作培育道德之善的重要工具。

第一节 从人与环境的相互关系揭示道德经验的生态本性

格雷戈里·F. 帕帕斯指出："杜威对当代道德理论进行了毁灭性的系统批判，借以提出他的全新起点。他的经验主义方法开始于并结束于道德经验。"② 正是道德经验的观念使道德问题从抽象的争论回归于人的基于自然和社会环境的现实生活，也因此回归了它的生态本性。

在早期与塔夫茨合著的《伦理学》中，他们就强调了伦理学与科学的密切关系，认为伦理学"是一种关于行为的科学"。③ 进一步，正如坎贝尔所说："由于杜威的伦理学根源于人作为一个与自然环境相互作用的有机体的概念，因而伦理学是一种自然主义的问题，一种关于这个世界而不是其他世界享福和受苦的问题。"④ 从人与环境的交互作用这个后来的人类生态学的基本观念出发认识伦理学和道德的性质与功能，这就从根本上开启了揭示道德的生态本性的认识通道。

在论及价值问题上科学对宗教的冲击时，杜威指出："理性主义的方法和经验主义的方法截然分开对于人类具有最后和最深远的意义，因为人类对于善恶的思想和行动都是与此联系着的。"理性主义的方法把"永

---

① ［英］詹姆斯·坎贝尔：《理解杜威：自然与协作的智慧》，北京大学出版社 2010 年版，第 115 页。

② ［美］拉里·希克曼主编：《阅读杜威：为后现代做的阐释》，北京大学出版社 2010 年版，第 115 页。

③ ［英］詹姆斯·坎贝尔：《理解杜威：自然与协作的智慧》，北京大学出版社 2010 年版，第 105 页。

④ 同上书，第 106—107 页。

恒的价值强加于所经验到的诸善之上”，而经验主义的方法虽然淡化了
“超验的价值”却只是把价值等同于现实的享受，“没有把完全不同种类
的享受区别开来”。他认为，真正的价值是应该“用智慧行动后果的享受
来界说的”，因此“实践的判断”是“在价值与指导行动之间有何关系的
关键”。① 这就把道德的价值拼盘落脚到实践及其效果上了。难怪詹姆
斯·坎贝尔说：“对杜威来说‘善’的寻求意味着从过去向未来的转向，
从权威教条向实际结果的转向。简而言之，他把对于‘善’的思考称为
一种‘理智’。那么，产生于这种理智或者说科学的伦理学的道德就必然
具有鲜明的自然主义特征而不是超自然的特征。”②

　　杜威的经验自然主义，把作为有机体的人与自然和社会环境交互作
用而生的经验看作是人的存在。经验多种多样，由于其所在的情境和目
的不同，就具有各自不同的性质，于是就有审美性经验、教育性经验和
宗教性经验之类，同时也就有道德经验。杜威把道德行为描述为包含了
三个阶段的探究过程：首先是主体发现自己置身于一个道德问题情境，
感受到某种道德困惑；其次，他对自己的道德处境进行思考，运用理智
找到自己应有的道德目标；最后，他的理智具体化为解决道德问题的智
慧抉择，而采取能达到好的效果的行为。所谓道德经验，就是人在遭遇
道德困惑的情境中通过理智的抉择对情境加以改善而发生的经验。在这
种经验中，善的效果是道德调节行为的直接目的，也是道德评判的现实
尺度。

　　在杜威看来，在人的各种经验中，道德经验所遭受的扭曲和误解最多，
其中最令人忧虑的误解就是把道德与普通经验相脱离而看成孤立的“精神
上的东西”，看成一种纯粹主观的范畴和规则。正如格雷戈里·F. 帕帕斯
所指出的：“在杜威改造传统哲学的目标中，其中部分工作就是尝试弥合这
些概念的裂缝。正如他反对将艺术与活生生的经验相隔离的那种‘博物馆
式的艺术概念’，他告诫大家不要将道德与工作场所的关系、与智力在科学

---

① ［美］杜威：《确定性的寻求》，上海人民出版社 2005 年版，第 198—201 页。
② ［英］詹姆斯·坎贝尔：《理解杜威：自然与协作的智慧》，北京大学出版社 2010 年版，
第 99 页。

上的使用、与商业世界中的'物质'导向割裂开来。"这就是把道德带到尘世。① 为此，杜威试图建立一种更为切合实际的道德经验观，使道德问题能够指向人们的道德生活层面，把道德看作是对情境进行探究，通过自己的行为去改良情境、创造新的善而进行的努力，即一种是社会性的、创造性的、充满想象力和情感的，是基于某个假设的、实验性的努力。

这样，杜威就把道德置于经验之中，也就是置于人与环境的交互作用之中去考察，把它与人在环境交互关系中的"做"与"受"密切联系起来，也就从人类生态存在的根底解释了道德的生态本性。这就是说，道德并不是从某些先天的或先知所规定的教条出发的东西，而是人在与环境的能动关系中，为了自身的生存和发展而获得的一种能够影响自己的生活"习惯"的经验，是人类拥有的"调节的艺术"中的一种。道德追求着"善"，但是这"善"并不由某种超自然的教条或信仰来判断，而应是由实践的效果来判断；不是由个人获得的享受来判断，而是由实践过程中调节人与环境关系的连续性经验所达到的效果来判断。

人的道德行为总是发生在具体的生活情境之中的。道德经验也总是在一定的生活情境中产生的。这样，道德的生活化就必然把道德置于情境之中。于是，情境自然而然就成了伦理学理论的起点。因此，杜威决不把人孤立起来谈道德，而是在人作为活动主体而与他人和环境发生的关系中来谈道德。他说"正像行走是腿脚与物理环境之间的相互作用一样，道德是人与社会环境之间的相互作用"。"如果一个人孤零零地生活在这个世界里，那么关于'人为什么要有道德'这类问题似乎是多余的：压根就不会有这类问题。而事实上，人生活在一个他人也在其中生活的世界里。我们的行为会影响他人，他们接受这些影响，结果又会反作用于我们。"②

杜威在这里只谈到了道德的社会性，这是不是意味着人与自然环境的生态关系中就不存在道德的问题呢？当然不是。在杜威的经验自然主义的视野中，社会存在于自然之中，跟人一样是自然的一部分。作为

---

① ［美］拉里·希克曼主编：《阅读杜威：为后现代做的阐释》，北京大学出版社 2010 年版，第 121 页。

② ［英］詹姆斯·坎贝尔：《理解杜威：自然与协作的智慧》，北京大学出版社 2010 年版，第 107 页。

"自然界的一部分"的人，不仅在社会中与他人发生关系，而是首先要与自然界发生关系；人与自然的关系从根本上决定着与他人的关系，而与他人的关系归根到底表现和影响着他与自然的关系。当杜威生前就已意识到的环境污染和自然生态问题今天已经成为全人类共同面对的严重危机之时，人类的理性开始认识到，解决好人与人的关系中出现的各种社会矛盾，乃是最终实现人与自然之间持续性协调和和谐的关键和前提。因此，对道德问题的社会性的强调，并不就意味着对其自然内涵的忽视。何况，在杜威的自然主义观念中，人和社会本来就是属于自然、依存自然的。在论及人对自然的改造和调控时，杜威强调"自然化智慧"的重要，并明确指出"自然的尺度"不可违背和超越。用杜威的经验自然主义的透视他说的道德的社会性，其深层蕴含的自然生态内涵应该是不言而喻的。毫无疑义，个人对自然的态度和行为必然要影响到他人的健康、利益和幸福，在经验的连续性中也就必然显示出道德伦理的意义和性质。杜威经验自然主义的道德科学理论把道德的生态本性揭示出来并使之空前敞亮，这无疑有助于进一步认识伦理观念和道德行为的生态本质，从而在生态伦理学的平台上建设与生态文明相适应的新的伦理学和道德科学。

　　值得注意的是，正是在通过经验自然主义把道德科学化的思路中，杜威看到了"自然科学不再脱离人道主义，其品质已变成人道主义的了"这样的前景。他满怀信心地说："当科学意识与人类价值意识完全结合的时候，现在压倒人道主义的最大二元论，物质、机械、科学同道德和理想之间的分裂就会摧毁。因为这一分裂而摇摆不定的人类力量会统一起来并得到加强。"由于科学和理性的作用，"道德集中于智慧，而理性的东西道德化了。自然主义和人道主义之间的烦恼和费时的冲突就被停止了"①。至此，杜威甚为反感的被道德家们在自然科学领域和道德行为之间划上的鸿沟被填平了，一种"依赖后果来构成其价值判断的道德"诞生了，也就是一种把自然主义和人道主义融合起来的具有鲜明生态精神的道德观念和伦理科学诞生了。在现代伦理学和道德科学的发展历程中，这乃是一个具有里程碑意义的理论创新。

_____

　　① ［美］杜威：《哲学的改造》，陕西人民出版社 2004 年版，第 99 页。

对道德经验的生态本性的深刻认识，决定于杜威对道德情境的重视。正如格雷戈里·F. 帕帕斯所说："一个急迫的道德困惑控制并渗透到整个情境中的发展中的时候，这样的情境就可称之为道德情境。"① 当杜威把道德问题从抽象的天国圣谕拉回到生态的大地时，道德就不能脱离存在道德困惑并要求道德选择的生活情境而抽象存在了，于是情境就成了作为伦理学理论的起点。每一个具体的道德问题情境都会展现一个具有内在的目标和方法的独特的道德任务，道德探究就是在很多选择中寻找该情境所需要的那个能够带来好的效果的行动。"一个人在一个情境中所能获得的最重要的道德'学习成果'不是信息（或规则），而是对习惯的间接培养，因为习惯会影响未来情境的质量。"② 人们通过"做"和"受"相融合的经验，用智慧的行动调节和改变自己的情境。这样，情境就成为探究性的情境，并通过探究的试验改善自己与环境的关系，实现自己对"善"的想望追求。正是因为把道德问题与道德情境联系在一起，杜威才在重视道德的工具性质的同时，出于对情境的复杂性的考量，也极为重视道德评价的宽容性和对道德选择的试错性的容忍，从而在实践上把他的道德科学与他的民主观念融合起来。而贯穿这一切的，就是他对道德经验的生态本性的深刻理解。

第二节　人性可塑性使经验探究中的
成长是唯一的道德目的

杜威指出："道德问题所关注的未来。这正是它的视野。"③ 正是基于此，他的道德科学所关注的中心始终是人的道德品格如何在现实中发展和提升，以实现其关于人性生成和社会进步的理想。

在杜威的观念中，经验的连续性决定了道德成长必然是一个连续的过程，而不是某种固定的成果。这里要的是不断地"更好"，而不是人为地确

---

① ［美］拉里·希克曼主编：《阅读杜威：为后现代做的阐释》，北京大学出版社 2010 年版，第 116 页。

② 同上书，第 126—127 页。

③ ［英］詹姆斯·坎贝尔：《理解杜威：自然与协作的智慧》，北京大学出版社 2010 年版，第 112 页。

定一个"最好"。这就是说，道德的核心意义在于人的品格的成长；在这里，成长就是一切。在《哲学的改造》中杜威直截了当地指出："成长本身是唯一的道德'目的'。"他在论及这个道德的目的时这样说："发展、改善和进步的过程，而不是静止的成果和结果，变得重要。不是作为一成不变的目的的健康，而是健康所需的改善——一个连续的过程——才是目的和善。目的不再是要达到的终点或极限。他是改造显存状况的积极过程。生活的目标已不再是作为最终目标的完美，而是完善、成熟、提炼的持久过程。诚实、勤劳、节制、正义，同健康、财富和学问一样，不是人们要占有的善……它们是经验的性质变化的方向。发展本身是唯一的道德'目的'。"这样一来，"道德生活就不至于陷入形式主义和僵硬的重复，而是灵活、充满活力、发展的"。① 杜威的道德理论也因此被称为"成长伦理学"。正因此，洛克菲勒才说："成长观念是贯穿在杜威的心理学、教育理论、道德生活理论和社会哲学中的枢纽性主题。"②

　　这样的道德目的论，把道德问题与人在实践中的经验的连续性结合起来，也把道德对善的追求与自然连续性中的生成性本质联系起来，从而揭示了道德经验的生态本性的更加深入而重要的层次，因为生成性正是自然生态运行的重要本性之所在。

　　杜威之所以把生长和发展确定为"唯一的道德'目的'"，是与他对人性的可变性和可塑性认识直接相关的。杜威在《人性改变吗？》中针对那些主张人性不变的观点明确指出："人性的确改变。"③ "文明本身便是人性的改变之结果。"他认为："关于人性的无限制的可塑性的看法是正确的。"而"人性不变的理论是在一切可能的学说中，最令人沮丧的和最悲观的一种学说"④。在他看来，人性不是一成不变的，正如自然本身在其连续性中生长发展一样，从自然界继承了这种生成性本质的人也具有可塑性。基于这种可塑性，人才在与环境的交互作用的经验中得以成长、发展和进步。在这里，造成这种发展的根本原因就是人在探究性的情境

---

① ［美］杜威：《哲学的改造》，陕西人民出版社2004年版，第101—102页。
② ［美］斯蒂文·洛克菲勒：《杜威：宗教信仰与民主人本主义》，北京大学出版社2010年版，第433页。
③ ［美］杜威：《人的问题》，上海人民出版社1965年版，第150页。
④ 同上书，第155页。

中发挥"理智"和"智慧"对不断改善的目的的追求。

"幸福"是现代伦理学关注的重要命题。怎样理解"幸福"呢？杜威指出："幸福只能在成功中找到；但是成功意味着顺利进行。它是积极的过程，不是被动的结果。因此，它包括克服障碍，消除不足和弊病的来源。"显然，这样的"幸福"只存在于与环境交互作用的"做"与"受"交融的探究性经验之中，只存在于生生不已的成长过程之中。它是从现实向理想的追求，而绝不只是静态的获得和满足。在论及对"幸福"的成长性内涵的理解时，杜威曾说："审美的感觉和快乐是任何有价值的幸福的主要成分。但是完全脱离了精神的更新、心灵的再造和情感的净化的审美鉴赏是软弱多病的东西，注定因饥饿而加速灭亡。更新和再造是无意识的，没有固定意图，这使它们更真实。"① 由此可见杜威对真正的幸福的生成性内涵是何等重视。

对生成性的执着，是杜威哲学价值论的核心和精髓，这也体现在他的道德理论中。他把成长看作唯一的道德目的，而成长是一个进步的概念。这就意味着道德生活是对我们的习惯进行不断完善、培养和提升的过程。"坏人就是那种不管他以前有多好，但开始恶化，变得不够好的人；好人则是那种不管他以前在道德上多么无价值，但正在向好的方向发展的人。"② 这种对生成性的倾心关注，表达了他对人的道德成长和社会进步以及人与自然的和谐关系的热忱和信心。

对此，杜威在《创造性民主——我们面前的任务》中说得很明白。他指出，过去存在的"所有形式的道德和社会信仰，都依赖于这样一种观念，即必须在某个时候，是经验屈从于某种形式的外在控制；屈从于某种据说是存在于经验过程之外的'权威'"③。从这个观念出发，杜威就理所当然地把人性的自由全面发展确定为道德缩影追求的最高目的。"政府、生意、艺术、宗教、所有社会制度都有一个意义，有一个目的。那个目的就是不考虑种族、性别、阶级或经济地位而解放并发展个人的

---

① ［美］杜威：《哲学的改造》，陕西人民出版社 2004 年版，第 102 页。

② ［美］罗伯特·B. 塔利斯：《杜威》，中华书局 2002 年版，第 85 页。

③ ［美］拉里·希克曼主编：《阅读杜威：为后现代做的阐释》，北京大学出版社 2010 年版，第 412 页。

能力。换句话说，它们价值的检验就在于在多大程度上能够教育个人，使其达到其可能性的极致状态。民主有许多意义，但是如果它有道德意义的话，它的意义在于，所有政治制度和实业组织的最高检验将是它们对社会每一个成员的全面发展所做的贡献。"①

值得特别注意的是，杜威的成长观念乃是作为包容性的目的的成长观念。杜威主张在道德领域内应该对多样性持积极宽容的态度，是只能够包容新的成长可能和探究。他指出："历史已经向我们展示了，有多少道德上的进步是由那些当时被视为叛逆者和罪人们所创造的。"因此，我们需要具备深厚的宽容精神才能在这种道德多样化的世界中生活，使那些规范人们的道德行为的习惯和习俗本身也适应道德的进步和人性成长的需要。这种积极的宽容乃是道德的一种本质性的要求。他认为，宽容不是那种善解人意地不在乎的态度，而是一种"肯定反思和探究的积极意愿，这种宽容的根基在于坚信质疑与辩难能够确证真正的道义，而那些仅仅从习惯中因循下来的东西将会被修正或摒弃"②。这体现了民主生活方式的积极的宽容，意味着对别人的理智与个性抱有同情的尊重，乃是道德上的实验主义和探究精神的必然要求，也是道德成长的前提。这正如洛克菲勒所说："成长是一种包容性的目的，包容了所有特定的能够扩展、启迪和丰富经验的理智的、审美的、社会的和道德的目的。"③ 没有这种积极的宽容和包容，就不会有真正的成长和发展。因此，在一定的意义上可以说，这种积极的包容本身就是道德"目的"的必要而重要的内容。同时，这也是人的道德品格即"德性"所要求的重要内容。

第三节　审美经验的价值和特征使艺术成为道德教育的工具

人在经验中成长的观念贯注于杜威的全部思想，可以说是他的哲学

---

① ［美］杜威：《哲学的改造》，陕西人民出版社 2004 年版，第 106 页。

② ［英］詹姆斯·坎贝尔：《理解杜威：自然与协作的智慧》，北京大学出版社 2010 年版，第 114 页。

③ ［美］斯蒂文·洛克菲勒：《杜威：宗教信仰与民主人本主义》，北京大学出版社 2010 年版，第 439 页。

的灵魂。正是这个成长，把各种不同性质的经验贯通起来。在杜威看来，艺术作为自然发展的顶峰，把自然和人的这种自我生成即成长的精神表现得最为生动而充分，因此艺术所强烈表现的审美经验可以激发、推动和引导人的道德品格的成长，从而成为道德教育中培育善的有效工具。

研究杜威道德思想的学者们几乎都认识到，杜威对于道德的规范性设想是一种理智的、美感的和民主的道德生活。正如帕帕斯所说："把道德生活说成是'美感的'是为了指出参与模式的性质和内在意义。'美感的'定义了道德改造是'如何'进行的。……杜威建议我们放弃道德行为中那些条文主义、绝对主义的模式，以艺术作为活动范式指导我们在漫无目的的生活和僵硬机械的生活之间找出平衡点。理智地处理一个情境也就是富有美感地处理。只有通过这种方法'道德生活才能免于陷入形式主义和僵硬的重复之中，才会变得灵活、富有生命力、不断成长'。"①

说"'美感的'定义了道德改造是'如何'进行的"，这就意味着道德教育不能是强制的灌输和权威的说教。要使道德真正成为人的一种品格和德性，最道德的方式就是艺术的那种"美感的"方式。为什么艺术能够如此呢？这是由作为审美经验的美感自身所具有的生命精神和特性所决定的。

首先，艺术的美感作为最充分而典型的审美经验即"一个经验"。在杜威看来，区别于一般经验，"一个经验"具有完整性、个性化和自足性，由于这些特征，它也就能够更为充分而生动地表现出自然和宇宙整体的生成性，因而也更加鲜明地呈现出生命进取过程的节奏。因而，过程性也是"一个经验"的重要特征，并且完整性、个性化和自足性以及节奏都是融于过程之中。正如亚历山大·托马斯所说："除非记住经验生长（experience grows），而且在生长中呈现出意义（meaning）这一基本学说，否则便无法理解杜威的思想，尤其是无法理解他审美意义理论中的

---

① ［美］拉里·希克曼主编：《阅读杜威：为后现代做的阐释》，北京大学出版社 2010 年版，第 132—133 页。

任何思想。"① 因此，在艺术的美感中，"一个经验"中集中而鲜明的生成性生命精神就会感染和影响主体对成长的追求，为他的道德探究注入更大的热情，也赋予更为向善的目的。

除了审美价值的生成性内涵这个根本原因之外，艺术之所以能够成为道德教育工具，还与其中的想象力、情感性和身心统一性密切相关，而这一切都仰赖于作为艺术的"一个经验"本身所具有的生命内涵。

杜威特别重视道德与想象力之间的关系。在早年论及中学的伦理教育时，杜威指出："在对伦理学的任何正确学习中，学生不是在学习僵硬的行为规则，而是在学习人们在相互作用的复杂关系中捆绑在一道的方式。"为此，就必须引导学生在具体的情境中选择自己恰当的行为，这种方法的"目的在于让他们形成从头脑中构造某种人类互动的现实场景的习惯，以及为指导做什么而从中讨教的习惯。因而，教师的所有问题和提议必须指向协助学生在想象中构建这样的场面"。"该方法的目的是形成对于行动中的人类关系的一种富有同情的想象力；这正是替代道德规则培训或一个人行动中的情操和态度分析的那个理想。"②

杜威极为赞赏雪莱关于"想象是善的主要工具"的观点，认为艺术的道德潜能"即在于其充满想象力的视野，一种超越现存的风俗和道德传统的视野"。"艺术是使目的感和意义感保持鲜活的手段。"正如雪莱所说："要成为至善之人，必须具有炽烈而恢弘的想象。"③ 雪莱还说："想象是道德上的善的伟大工具，而诗是依照这个目标促进它的效果的发挥。"④ 杜威用雪莱的话表达的正是自己的观点。

"审美经验是想象性的。"⑤ 杜威认为："唯有具有想象力的目光，才能发现与现实生活画面交织在一起的各种可能性。"⑥"当老的与熟悉的事物在经验中翻新时，就有了想象。当新的被创造之时，遥远而奇特的东

① ［美］亚历山大·托马斯：《杜威的艺术、经验与自然理论》，上海人民出版社 2010 年版，第 94 页。
② 《杜威全集》早期著作第 4 卷，华东师范大学出版社 2010 年版，第 50—53 页。
③ ［美］斯蒂文·洛克菲勒：《杜威：宗教信仰与民主人本主义》，北京大学出版社 2010 年版，第 427 页。
④ ［美］杜威：《艺术即经验》，商务印书馆 2005 年版，第 385 页。
⑤ 同上书，第 302 页。
⑥ 同上书，第 348 页。

西成了世界中最自然而不可避免的东西。在心灵与宇宙相会之时，总是存在着某种程度上的探险，而这种探险就在此程度上成为想象。"① "可能性只在艺术作品之中，而不在其他地方体现；这种体现是想象的真正性质能够被发现的最好的证据。"② 意思就是说，各种可能性体现在不可能以其他方式实现的艺术作品中；这一体现是发现想象力真实本质的最好证据。在杜威的论述中，指出了两种想象力：移情投射的想象力和创造性地发掘情境中的种种可能性的想象力。由此可知，艺术想象力对于道德的作用实际上有这样几个方面：一是激发对他人乃至自然事物的同情感，二是确立应有的也可能的道德目标，三是帮助理智形成解决具体道德问题的智慧。

不仅艺术的想象力可以激发和培养人的同情感，作为艺术的"一个经验"本身就是充满并且能够引起情感的存在。在艺术中表现得最为生动鲜明的节奏，通过能量组织的作用对人的情感的调节和影响更是深刻而且有力。这正如费什米尔所说："研习想象力的人很自然地转向艺术与美感经验的主题。艺术的道德功能广为人知且备受敬畏。艺术挑战惯例，陶冶情感，拯救感知于麻木不仁的状态。'在我们这个时代，道德想象力的最卓有成效的代表一直是小说。'"③ "想象力是镇压不住的革命家。"④费什米尔的这句话道出了最深的秘密。

杜威从心灵的生成与自然连续性的关系出发，反驳了把心灵与身体分割开来的传统观念。而对于审美经验来说。正是其中心灵和身体互动共生的生态整体性直接影响着经验的生命内涵及其表现品质，决定着经验是否具有审美性质。正是心身一体的生态整体性，赋予了人的感觉和肉体以特殊的意义，特别是在审美中，离开或者背离了这种整体性，就不能正确认识感觉和身体的地位和作用。正如杜威所说，即使拿五官感觉来说，由于"五官是活的生物藉以直接参与他周围变动着的世界的器

---

① ［美］杜威：《艺术即经验》，商务印书馆 2005 年版，第 297 页。

② 同上书，第 298 页。

③ ［美］拉里·希克曼主编：《阅读杜威：为后现代做的阐释》，北京大学出版社 2010 年版，第 161 页。

④ ［美］斯帝文·费什米尔：《杜威与道德想象力》，北京大学出版社 2010 年版，第 162 页。

官。在这种参与中，这个世界上的各种各样的精彩和辉煌以他经验到的性质对他实现"①。在艺术的美感中，人作为"活的生物"是以身心统一的整体投入审美经验之中的。身心整体在美感中的熔炼必然要影响人的道德品格的形成，使道德追求和道德行为不至成为身心相违的强制或伪饰。

艺术之所以是重要而有效的道德教育的工具，还因为艺术特别是小说和戏剧常常是道德探究的一种戏剧预演和排练，或者把艺术作为道德经验的隐喻或模式。杜威在《人性与行为》中说："慎思（在想象中）对各种相互竞争的可能的行为方式的戏剧性的预演"，"是一种弄清各种可能的行为方式究竟像什么的实验……思维泡在结果前面并预见到结果，由此避免了不得不接受已酿成的失败和灾祸的教训。公开尝试过的行为是不可挽回的，其后果也是不能被抹掉的。而想象中尝试的行为，却并不是最终的亦非致命的。这种行为可以挽救"②。在艺术的美感中，人们可以通过想象参与这种道德的"预演"和"排练"，接受这种道德"隐喻和模式"的影响，甚至在现实生活的类似道德情境中加以模仿。

第四节　作为自然发展顶峰的艺术要比任何道德都更为道德

对于杜威来说，仅仅把艺术作为道德教育的工具是不够的，他还从"艺术既代表经验的最高峰，也代表自然的最高峰"③的观点出发，进一步声称，"艺术比道德更具有道德性"④。这就是说，艺术还应该是道德的目的，道德应该在艺术的引导下去培育真正的善，去追求和实现道德的理想。

从杜威的论述中可以看到，道德与艺术作为两种探究性经验的形式，在结构上是相似的。伦理、政治、宗教、科学、哲学本身以及艺术中都

① ［美］杜威：《艺术即经验》，商务印书馆 2005 年版，第 22 页。
② ［美］斯蒂文·费什米尔：《杜威与道德想象力》北京大学出版社 2010 年版，第 105 页。
③ ［美］杜威：《经验与自然》，江苏教育出版社 2005 年版，第 5 页。
④ ［美］杜威：《艺术即经验》，商务印书馆 2005 年版，第 386 页。

贯穿着生长和发展的轴线。而艺术与审美经验最充分地体现了所有经验所共有的进化特征，因此艺术经验也许是把握所有经验形式中这一最根本特征的最便捷最顺畅的形式。艺术通过普遍交流而最具有经验分享的效果。"正是通过交流，艺术变成了无可比拟的指导工具。"他引述雪莱的话："道德的最大秘密在于爱，或者是一种处于我们本性的、我们自己对存在于思想、行动或人物之中的美好事物的认同，而不是我们自身。一个非常好的人，必须是具有丰富而广泛的想象力的人。"① 他认为，想象不仅关乎"换位思考"带来的同情，更与理想相关。"想象的优先性远远超出个人关系的范围。除了'理想'被用于常见的差别，或者作为一种感伤性唤醒的名称之外，在每一个道德观与人的忠诚中，理想的因素都是想象性的。宗教与艺术的历史联姻关系，就植根于这种共同的性质之中。"正是因为如此，"艺术比道德更具道德性"②。

这些论述，道出了艺术之所以比道德还具有道德性的原因。杜威指出："关于人性的道德预言家总是诗人。""艺术成了逃避证据，使目标感保持鲜活的手段，具有超越僵硬的习惯的意义。"③ 在杜威看来，道德的实践总有善恶荣辱的区分，而艺术却质疑和挑战这种区分的绝对性和僵化倾向，对道德和德性的成长总是寄予自由开放的想象。"这种由于专注于想象性经验而荣辱不惊的态度构成艺术的道德潜力的核心。艺术的解放与统一的力量，就是从这里开始的。"④ 正是艺术中挑战习惯、传统和惰性的想象，以强大的力量激发和启示着人们对道德理想的想望，为善的成长展示新的广阔空间，为激励和启示人们进行新的道德探究提供热情、理智和智慧。

艺术之所以比道德还具有道德性，还与艺术中目的与手段高度一致这一特点有关。在生活中，人们在把艺术作为道德教育的工具时，常常用道德来衡量和评判艺术，要求艺术服从某种道德原则。在杜威看来，这种要求艺术服从既存道德的观念和做法，恰恰是违背道德的成长本性，

① ［美］杜威：《艺术即经验》，商务印书馆 2005 年版，第 387 页。
② 同上书，第 386 页。
③ 同上。
④ 同上书，第 387 页。

即违背成长才是唯一的道德目的这一观念的。针对这种情况，杜威指出："艺术与道德的关系问题常常被当作只存在于艺术这一方的问题。这实际上假定道德如果不是在实际上，那也是在思想上令人满意的，而唯一的问题在于艺术是否并以何种方式，符合于已经发展起来的道德体系。"这种观念显然是把道德看作高于艺术，道德似乎永远都是艺术的评判标准。杜威不赞成这种观念和做法。在此，他又提起雪莱，说："雪莱的陈述进入到这个问题的核心。想象力是善的主要工具。"这除了想象关系到对他人的同情的态度之外，更重要的是它还关乎理想。道德"或者是，或者倾向于成为现状的仪式、习俗的反映、既定秩序的强化"。而"关于人性的预言家总是诗人，尽管他们用自由体，或者用寓言来说话。然而他们对可能性的先见之明无一例外地变成了宣布既存的事实"。相对于这些被凝固化甚至体制化的道德观念，"艺术成了逃避证据，使目标感保持鲜活的手段，具有超越僵硬的习惯的意义"①。这就是说，艺术的永远保持无尽活力的想象，总是不受现实道德秩序的羁绊和禁锢而要走在僵化了的规范和教条的前面，永远企图把现实引向理想。正是在艺术的自由想象中，成长的精神才从来不会止步，而永远向人们昭示理想之光，并激励人们挣脱僵化和倦怠，把道德的成长引向培育没有终点的善。当然，只有真正自由的艺术才会有这样品质的想象力。

对于现实生活中道德被凝固化和僵化的状况，杜威十分反感。"只要有社会区分与障碍存在，与它们相应的实践和思想就定下边界与范围，从而自由的行动就受到限制。创造性的只能受到不信任；作为个性本质的创新使人感到恐惧，慷慨的冲动被控制住，一面扰乱了平和的状态。如果艺术是一种公认的人与人之间联系的力量，而不被当作空闲时的娱乐，或者一种卖弄的表演的手段，并且道德被理解为等同于在经验中所共享的每一个方面的价值，那么，艺术与道德间的关系'问题'就不会存在。"② 这就是说，只要艺术是真正艺术的，从而总是以其想象力表现了对于成长理想的热情追求，它就也是道德的。在这种情况下，艺术和道德在共同的成长主题中相互沟通，两者的关系也就不成"问题"了。

---

① ［美］杜威：《艺术即经验》，商务印书馆 2005 年版，第 385—386 页。
② 同上书，第 386 页。

　　艺术之所以比道德更具有道德性，还在于在艺术里，培育善的目的与其手段达到了高度的一致。正如坎贝尔所说："作为他的自然主义道德理论的一个部分，杜威特别注重防止任何在'理想的'目的与'纯粹的'手段之间制造割裂。"① 道德的目的如果与手段一致了，也就达到艺术的境界而提升为道德的艺术了。

　　杜威说过："所有反思性论述对道德影响的总和，与建筑、小说、戏剧对生活的影响相比，是微不足道的。"他还进一步说："假如没有伴随着对文化起决定作用的艺术的繁荣的话，就不是人的生活富足充裕的证明。"② 在对道德的艺术化的憧憬中，寄托了它对人性和人类生活成长发展的美好理想。

　　斯蒂文·费什米尔在《杜威与道德想象力》中说："将艺术与美学与日常反思隔离开来，与想象力相隔离，是一剂使道德不育、破碎、异化的处方。乏味、单调而死气沉沉的想象力不可能具有民主性，因此历史上看来，这种想象要么转向极端的个人追求，要么转向为极权统治效命。"③这有助于深刻认识杜威关于道德的艺术化理想的社会意义。杜威曾说："艺术的道德职责与人性功能，只有在文化的语境中才能得到明智的讨论。"他认为"一个时代的艺术整体所创造的整体环境""构成一种整体的占有状态，决定了兴趣与注意力的方向，从而影响了欲望与目的"。④当然也会深刻影响一个时代的道德状态。杜威对艺术生态的道德意义的重视，是我们应该高度重视的。

---

① ［英］詹姆斯·坎贝尔：《理解杜威：自然与协作的智慧》，北京大学出版社 2010 年版，第 116 页。

② ［美］杜威：《艺术即经验》，商务印书馆 2005 年版，第 383 页。

③ ［美］斯蒂文·费什米尔：《杜威道德想象力》，北京大学出版社 2010 年版，第 173 页。

④ ［美］杜威：《艺术即经验》，商务印书馆 2005 年版，第 382 页。

第二十二章

协作生活：杜威经验论美学与其社会理想观的生态互通

  为了改变人类当前处境，杜威提出了在作为生活方式的民主中实现个人与社会的互动共生这个社会重建的理想，即以协作式生活为特征，体现了他的创造性民主精神的"伟大的共同体"。这个美好理想，可以说是作为社会实用主义者的杜威经验论美学的生态精神包括对生态之美的追求在社会重建中的现实体现。为了这个理想，杜威主张信任社会的理智，发挥社会的智慧，把调适社会关系的实践上升为目的和手段高度一致的政治艺术。杜威的这一思想对于建设生态文明的社会具有深刻而丰富的启示意义。

  包括美学在内的杜威的全部哲学，都始终指向"人的问题"，指向人的现实处境的改善和幸福的增长，指向社会的改造。因此，关于社会政治和伦理的哲学在其全部理论中占有极为重要的地位。约翰·J. 斯图尔特在谈到杜威哲学的复兴时说："复兴必须是实践的。它必须发生在我们的生活之中——在我们的行动里而不仅仅是思想中。首先，这实际上是杜威社会政治哲学的复兴和世界改良论精神（meliorism）的更新。"他认为正是这种精神"构成了杜威哲学的关键并成为杜威哲学在今天仍有巨大重要性的来源"①。从杜威自己对美学的高度重视和他的大艺术观对政治艺术的关注，可以清晰看出他的美学与其伦理学和社会政治哲学之间

---

① ［美］拉里·希克曼主编：《阅读杜威：为后现代做的阐释》，北京大学出版社 2010 年版，第 95 页。

的内在联系，并在其关于社会重建的观念中都表现出鲜明的政治—伦理生态意识和对政治—伦理的生态之美的追求。在呼唤生态文明的今天，探寻和揭示两者之间的这一生态互通的内在联系，有助于更深入地认知杜威的社会政治伦理学说及其社会理想的深刻内涵及其对于建设全面的生态文明所具有的重要意义。

第一节   为改变人类当前处境而进行
社会重建的美好理想

杜威的一生经历了两次世界大战，游历过包括日本和中国在内的东西方许多国家，对于各种政治制度和社会伦理观念给社会造成的后果有极其广泛而深刻的认识。对于等级制度和极端个人主义，他都不遗余力地加以批判，并努力建立一种新的社会政治和伦理的哲学，为实际改变不合理、非正义和反人性的社会现状寻求一条积极的出路。对于社会的进步，他提出了既不同于空洞的乐观主义也不陷入悲观主义的社会向善论。他说："社会向善论是这样一种信仰，某一个阶段的特定情况，无论它们是相对的坏还是相对的好，总是会变得更好"。① 正如詹姆斯·坎贝尔所说，杜威的"社会向善论可以支撑这样一种行动的哲学，它承认通过人类的努力实现改革和进步的可能性"。②

尽管杜威也承认暴力的特殊作用，但他并不相信暴力是社会进步必不可免的手段，而是把改变社会现状的希望寄托在人类的理智上。他说："相信理智的力量能够想象一个未来，而这个未来是现在欲望的反映；相信理智的力量能够创造实现未来的手段，才是我们的救赎。这是一个我们必须进行培养并且加以阐明的信念：这就是我们哲学的艰巨任务。"③为此，他提出了改变当前人类处境的社会理想。杜威指出："把一个建立在工业基础上但是还没有人性化的社会，转变成为民主文化而发挥其知

① ［英］詹姆斯·坎贝尔：《理解杜威：自然与协作的智慧》，北京大学出版社2010年版，第243页。
② 同上书，第243—244页。
③ ［美］拉里·希克曼主编：《阅读杜威：为后现代做的阐释》，北京大学出版社2010年版，第95页。

识和工业力量的社会,需要有激发想象的勇气。"① 杜威不乏这种想象的勇气,凭着这种勇气他提出了自己关于"协作式生活"的社会理想。

在论及杜威的这一理想时,威斯布鲁克说:"他坚持认为,社会发展的最高理想——这是会为判断(社会关系)提供标准的理想——就是'协作式生活'的理想,所有的社会都该为此目标而奋斗。"这种协作式生活是促进社会全体成员个性成长的生活方式,"如果某一社会行为有益于自由交往,有益于顺畅的思想交流,有益于相互尊重和友爱——简而言之,如其有益于丰富生活,能够为人创造有意义的生活,那么就可以判定是好的社会行为;反之,任何风俗和制度,如果阻碍了这些目标的实现,那么就是坏的"②。在杜威看来,"共享经验是最大的人类福利"③。他说的"协作式生活"的"共同体",就是实现人类这一最大福利的条件和保证。

所谓协作式生活,乃是"道德民主团体"的又一个代名词。这就是说,它不仅是政治的,更是伦理道德的。在这样的社会中,每个人的利益既是所有人的利益,反之亦然。这种生活的基本要素是自由开放的交流、无私互利的关系和交往。在这样一种真正民主的社会,即民主不只是一种政治制度,而是人们习以为常的生活方式的社会中,每个个人都拥有发展的机会,有自由沟通情感、认识和思考的机会。这种社会的立足之基在于,社会所有成员都自由参与制定其目标和目的,所有成员都为社会目标的实现做出充分、主动的贡献。④

杜威的这一社会理想主要是针对现实社会的等级制度和与之共生的主仆关系提出来的。因此,他认为发展协作式生活的主要障碍就是等级制度和主仆关系,而与协作式生活直接对立的就是主仆关系。在杜威看来,主仆关系会导致社会的不稳定和个体之间的疏离。如果人们生存于统治与被统治、命令与服从的状态之下,社会的融合就难以实现,社会

---

① [美]拉里·希克曼主编:《阅读杜威:为后现代做的阐释》,北京大学出版社2010年版,第97页。

② [美]杜威:《民主主义与教育》,人民教育出版社1990年版,第262页。

③ [美]拉里·希克曼主编:《阅读杜威:为后现代做的阐释》,北京大学出版社2010年版,第48页。

④ [美]杜威:《民主主义与教育》,人民教育出版社1990年版,第263—264页。

也没有保持稳定的希望，因为这种功能和地位的差异引起冲突，造成混乱。尽管也会出现某些个别的意外，但从总体上说这种主从模式为发展个性造成了极大的困难；无论是对于从属群体，还是对于主宰群体，这种主从模式都影响到了他们个性的发展。

专制社会就建立在各种主仆关系之上，这个社会不是由共识而是由强制力量凝聚到一起的。因此，杜威认为，这种社会虽然表面上看起来既有序又高效，而实际上却是无法融合，且不稳定的。专制社会制度对主人与奴仆的个性都会造成扭曲。对奴仆而言，主人从社会关系剥夺了他们发展个人潜能的机会。等级社会经常会出现"自私卑鄙的奴仆"。有些人借口下层人缺乏独立性、狡猾、卑贱、无知、卑躬屈膝，说他们不适宜参加协作式生活。杜威蔑视这些利用专制社会的恶果来维护专制制度的人，指出缺乏独立性、狡猾、卑贱、无知、卑躬屈膝并非是内在的品质，而是强制服从的体系所造成的结果。同时，杜威还指出专制的社会关系也同样摧残着主宰者的性格。统治阶级的道德素质会急速堕落，支配人的权力会导致残忍、傲慢、奢侈的作风。最重要的是，"上层"特权导致他们无视他人的需求和感受，剥夺他们对于现实自我所必需的社会同情心。同时，由于统治者的社会交往仅在统治阶级内部展开，所以他们的知识视野也会变得狭隘，知识水平无法得到充分发展，所以在历史上统治阶级总陷于堕落、挥霍和腐败。[①]

摒除了主仆关系和等级制度的协作式生活的社会，无疑是一个高度和谐的社会。在这里，个人和社会在交互作用中共生共长，平等、自由、博爱、互惠得以实现。在这里，生长、和谐、多样统一、合作和互助等关系的生态意义得到充分的发挥和展现。在这样的社会中，人的社会性才得以充分地显示出来，社会对于人的发展的积极意义也才充分地得到发挥。面对社会中必然存在的利益分化和对立，杜威没有将其绝对化，而是更在意于揭示和彰显其相互依存、共生互利的深层关系，在矛盾的差异和对立之外更看重其同一性。杜威的这一观念，包含了对于社会关系的生态本质的深刻认识，而这正是他提出"协作式生活"这一社会理想的思想基础所在。

---

① ［美］杜威：《民主主义与教育》，人民教育出版社 1990 年版，第 263 页。

社会不是浑然的整体，而是由职业、阶级、社区、交往和历史等因素形成的各种共同体（Community）组成的。每一个个人作为社会的存在总是直接生活于一定的共同体之中的。对于杜威来说，人类个体天生就是社会的，共同体乃是自然的、必不可少的存在基础。只有在共同体中，个体才能成为人。对于这种"共同体"，杜威是这样描述的："只要联合行动的结果被所有参与其中的个人评价为福利，并且福利之实现能够产生要维持其存在的积极欲望和努力，因为它是所有人都分享的福利，那么这就是共同体。"① 杜威指出，个人"通过学习赢得人性，就是通过人际关系的交换沟通，来发展出一种成为共同体中在个体上与众不同的成员的实在感觉；这个共同体理解和重视自己的信念、期望和方法，并未进一步将有机体的力量转变成人类的才智和价值贡献其力"。这个人体在共同体中成为人的过程是"永无止境"的。② 一方面，共同体作为道德场所通过"习惯"和"风俗"使个体接受并形成思想和行为的规范；另一方面，个体又以其超越群体的能力突破这些规范。正是这种冲突使共同体发生改变。共同体如何可能被提升，应该怎样努力去发展出更好的共同体，就成了杜威关于共同体的道德意义和社会重建的思考所关注的重要课题。对于共同体的提升，一些人认为共同体必须显示出均匀的、单调的一致性。杜威则认为，共同体如果没有一定程度的共享，它就不能成为共同体。但是，这个共同体也应该包含观点可能的丰富性和复杂性，而不是包含同一的简单性。共同体的发展不需要牺牲个体性，如果成员不能得到个人的发展，那么这个社会是不好的。杜威明确指出："人们不能想象这样的情况：世界中的每一个人应该讲沃拉普克语或者世界语，应该在未来发展同样的思想、同样的信念、同样的历史传统、同样的理想和渴望。多样性是生活的调味品，社会制度的丰富性和吸引力依靠于各个团体之间的文化差异性。如果人们都是一样的，那么他们之间就不会有给予和接受。""统一体不能是同质的东西。"应该"设计出一个和谐

---

① ［美］拉里·希克曼主编：《阅读杜威：为后现代做的阐释》，北京大学出版社 2010 年版，第 99 页。

② 同上书，第 37 页。

的整体，并且把最好的、最多的特性纳入其中"①。为了明确这个理想的目的，杜威提出了增加丰富性的三个标志：第一，简单地联系或相互作用，这是共同的前提条件；第二，相互作用要成为共同体，就必须成为共同参与、为共同目标而彼此合作的活动，"只要存在合作的活动，其结果被所有参与其中的个人评价为善的，并且只要对于善的实现能够产生积极的欲求和努力去维持它的存在，因为它是被所有人都能分享的善，那么这就是共同体"；第三，在共同参与的活动中"必须存在大家所珍视的价值，这种大家所感觉到的价值核心作为共同体的重要价值而起作用，以至每一个个人都把共同体的成功感受为他自己的成功，把共同体的失败感受为他自己的失败，恶与共同体休戚与共。具有这样的丰富性的共同体，就是"协作式生活"的存在，也就是杜威所向往的"伟大的共同体"（Great community）了。②

第二节　在作为生活方式的民主中实现
个人与社会的互动共生

在杜威看来，协作式生活无非是"道德民主团体"的代名词，这就昭示了这种社会理想的伦理性质和与杜威的民主主义思想之间一脉相承的关系。这就是说，所谓协作式生活，不仅在政治上，而且在道德上，都充分体现了杜威所主张的民主主义的创造性的伦理精神。

杜威的民主主义思想是超越了政治制度范畴的民主观念。在 1939 年的《创造性民主：我们面临的任务》中，杜威明确主张"摒弃将民主视为制度性的外在事物的思维习惯，养成讲民主是为个人生活方式的习惯，这样就会认识到，民主是一种道德理想。如果民主变成现实，那也是一种道德现实"③。在《论民主》中解释自己的民主观念时指出，它比流行的政治上的民主"有更宽广、更深刻的意蕴"，那就是说，"它是一种生

---

① ［美］拉里·希克曼主编：《阅读杜威：为后现代做的阐释》，北京大学出版社 2010 年版，第 46—47 页。

② 同上书，第 47—48 页。

③ ［美］杜威：《民主主义与教育》，人民教育出版社 1990 年版，第 564 页。

活方式"——"作为一种生活方式之民主的关键，在我看来似乎可以表述为要求每个成熟的人参与形成用以调节人们共同生活的价值标准：无论从普遍的社会福祉还是从作为个人的人的全面发展来看，这都是必要的。"①"民主主义不仅是一种政府的形式，它首先是一种联合生活的方式，是一种共同交流经验的方式。"是"作为民主的特征的个人各种各样能力的解放"②。

在论到民主的理想时杜威提出了民主主义的两个要素："第一个要素表明，我们不仅要有数量更大和种类更多的共同利益，而且更加有赖于认识共同利益乃是社会控制的因素。第二个要素就是，不仅在各社会团体之间要有更自由的相互影响（这些社会团体在闭关自守时代，曾彼此隔离孤立），而且要改变社会习惯，通过应付由于各方面的交往所产生的新形势，使社会习惯不断地重新调整。这两个特征，正是民主社会的特征。"③

显然，杜威不是像通常的政治哲学和政治理论那样，仅仅在政治制度的层面上谈论民主。在他看来，民主乃是一种生活方式而不仅仅是一种政府形式。而作为一种生活方式的民主，应该是存在于每一个个体与他人的相互关系以及价值和意义里。杜威认为那种把民主看作一种政府形式的观点只是一种思考民主的"外部方式"。他指出："只有我们在思想和行动中意识到民主是一种个体生活的个人化方式，我们才能够从这种外部思考的方式中解脱，它象征着拥有并持续地运用某些确定的态度，从而在生活的所有关系中来形成个人的性格并且决定欲求和目标。"④ 与此相反，如果用内部的方式来看民主，那就是把这个观念扩展到个人和社会的充分而和谐的发展中。在这种境况中，个人和群体之间形成了互动而又互利的密切联系。这正如杜威所说的："从个人的角度来看，它包括个人根据他形成和指导他所属群体之活动的能力来分担一部分责任，还包括根据需要而分享群体所持的价值。从群体的角度来看，它要求解

---

① 杜威：《新旧个人主义》，上海社会科学院出版社1997年版，第3页。
② 同上书，第7—8页。
③ 赵祥麟等编译：《杜威教育论著选》，华东师范大学出版社1981年版，第163页。
④ ［美］拉里·希克曼主编：《阅读杜威：为后现代做的阐释》，北京大学出版社2010年版，第98页。

放群体之成员的潜力，而这种解放要与共同的利益和福利保持一致。"①
这就是从一个民主政府的社会转变到一个民主作为生活方式的社会，也
就是从杜威所说的"伟大的共同体"。

正如罗伯特·B. 塔利斯所阐释的，杜威提出了一种"更广泛和丰
富"的民主概念。根据这一概念，国家及与之相适应的工具"不是民主
的全部"。在杜威看来，民主的政治机构不是"最终的目的和价值"，毋
宁说，它们是实现"一种真正人道的生活方式"的方法，也就是说，民
主在本质上是一个"社会概念"，"一种相互联系的生活方式"。简而言
之，民主是一种共同体形式，一种生活方式。② 这种共同体是在"目标、
信念、渴望和知识"等方面共享的一群人，它们协调性地参与群体的共
同生活，它们有意识地"分享经验"。对这种民主的共同体的本质，杜威
指出："从个体的立场看，它表现为共享形成和引导人们所归属的群体之
行为的能力，以及根据群体所坚持的价值的需要所进行的参与。从群体
的立场来看，它要求解放群体成员的潜能以适应他们的共同利益和善。"③
杜威特别强调，民主必须从家庭开始，"家庭是互为邻居的共同体"，又
说民主并不存在于外在的程序之中，而是"存在于人们在日常生活的所
有时间与关系中所表现的态度之中"。杜威认为："只有这样才能取得胜
利，即更广泛地推广民主的方法、磋商的方法、劝说、谈判、交流和合
作等的应用，以使我们的政治、工业、教育及一般意义上的文化为我们
所用，并成为民主思想的体现。"④

在杜威的民主主义观念及其协作式生活的社会理想中，个人与社会
的对抗才得到了现实的解决，两者的关系才统一起来。在杜威看来，"社
会便是许多个人的有机结合"⑤。"社会是许多沿着共同的方向，具有共同
的精神，为了共同的目的而并肩工作的人们的聚合。"⑥ 个人总是在社会

---

① ［美］拉里·希克曼主编：《阅读杜威：为后现代做的阐释》，北京大学出版社2010年
版，第98页。

② ［美］罗伯特·B. 塔利斯：《杜威》，中华书局2002年版，第86页。

③ 同上书，第87页。

④ 同上书，第89页。

⑤ 赵祥麟等编译：《杜威教育论著选》，华东师范大学出版社1981年版，第3页。

⑥ ［美］杜威：《新旧个人主义》，上海社会科学院出版社1997年版，第201页。

中存在和生成的，社会应该有利于为个人的发展，而社会的存在和进步又离不开个人的努力。因此，在杜威看来"个人主义与社会主义是一致的。社会只有致力于构成它的所有成员的圆满生活，才能尽自己的职责于万一"①。他还明确指出："我们应该结束各种陈词滥调，不再拘囿于个人主义与社会主义、资本主义与共产主义的两极对立，并且意识到无序和有序、偶然性和控制以及随意运用科学技术和有计划地运用科学技术之间存在的问题。唯其如此，我们才算真正开始了理智的思维。"② 在他看来，只有这样的理智思维才可能有助于把个人与社会有机统一起来，推动社会走向协作式生活的美好境界。杜威的这一观点，不仅包含着深刻的辩证法，而且也无疑包含着深邃的生态学内涵，因为它最充分地表达了人与人之间和个人与社会之间互动共生的生态关联，也表达了按照这一生态规律改善社会的信心。

杜威把个人与社会两者统一起来的中介，就是他的洋溢着鲜明而强烈的生态精神的创造性的民主观念。所谓伟大的共同体中的协作式生活，也就是一种作为生活方式的民主的真正实现。在杜威看来，每一个个人对于社会生活的充分而自由的参与乃是实现这种协同式合作的前提条件。因此，限制社会生活中全面的民主参与是一种微妙的压制个性的方式。他在《民主与教育管理》中指出，这样的压制"它使个人没有机会考虑和决定什么是对他们有利的。其他一些被认为更聪明、且更有权势的人为他们决定问题，还为他们决定方法和手段。凭借这些方法和手段，这些受制对象可以享受到那些有利于自己的成果。这种压制和强迫比起昭然若揭的恐吓和遏制更隐蔽，也更有效。当其已经成为一种习惯并且成为一种社会制度的一部分，它就看起来像是一种正常、自然事物的状态。大众经常意识不到他们有权利决定他们自己权力的发展。他们的经历被大大局限了，以至意识不到这一限制的存在。民主的观念认为，它们作为个体不仅仅是受害者，而且社会整体也被剥夺了本应该服务于它的资

① 赵祥麟等编译：《杜威教育论著选》，华东师范大学出版社 1981 年版，第 13 页。
② ［美］杜威：《新旧个人主义》，上海社会科学院出版社 1997 年版，第 171 页。

源"①。杜威指出："民主正式的发展，其实现途径使用相互协商与自愿同意的方法取代多数人服从由上面强加的少数人的方法。""排除参与正是一种微妙的压迫形式，它不给个人以机会去反思和决断对自己有益的事物。另一部分据认为更聪明和无疑有更大权力的人，为他们决定这个问题，同时也决定其臣民们可能借以获得对他们有益的好事的方法与手段。这种强制与压迫较之公开的威胁与管制更微妙、更有效。当它成为习惯且体现在社会组织中，就似乎成了事情的正常的、自然的状态。大众往往意识不到他们有权发展自己的权力。它他们的经历是如此有限，以至于意识不到限制。按照民主观念，受害者不仅是他们个人，而且整个社会群体都被剥夺了可资利用的潜在资源。"在杜威看来，"民主的基础是对人性之能量的信赖，对人的理智，对集中的合作性的经验之力量的信赖"②。这不仅是对人的理智的信赖，也是对人的社会性这一生态本性的信赖。同自然界中不同物种的生态平等相似，社会成员中的每个个人也该是平等的。这诚如杜威所说："每个人平等地作为个人，有权享有发展自己能力——无论大、小——的平等机会。而且，每个人有自己的需要，其对于自己的重要性正如别人的需要对于别人的重要性。"③

基于这种观念，杜威认为现实的资本主义大社会不同于民主的伟大共同体，因而必须对之进行积极的改造。杜威主张从伦理学的角度针对极端自我中心的旧个人主义进行改造。杜威指出，"旧个人主义的全部意义已经萎缩为一种金钱尺度和手段"，因此应该"创造一种新型个人——其思想与欲望的模式与他人具有持久的一致性，其社交性表现在所有常规的人类联系中的合作性"④。这种新型个人的普遍生成，使协作式生活有了人性的现实基础，伟大的共同体也就得以实现。

① ［美］罗伯特·威斯布鲁克：《杜威与美国民主》，北京大学出版社 2010 年版，第 457 页。
② ［美］杜威：《新旧个人主义》，上海社会科学院出版社 1997 年版，第 4 页。
③ 同上书，第 5 页。
④ 同上书，第 91 页。

第三节　经验论美学的生态精神在社会重建中的现实体现

杜威的哲学和美学的最终落脚点都是社会和人性的改善和进步。他关于协作式生活的理想，正好充分体现了他的这一实用主义的工具理念。他的这一社会理想与他的经验论美学及其艺术观之间存在着十分密切的内在联系。格雷戈里·F. 帕帕斯在论及杜威的理论力学时曾指出杜威提倡一种"理智的""美感的""民主的"道德生活。[①] 协作式生活就是这种把理智和民主融于其中的美感的生活方式，它以其审美性质而与杜威的经验论美学及其生态精神相融通。

首先，杜威关于协作式生活的社会政治—伦理的理想，生动地表现出艺术与美学对于道德想象力的滋养和推动。斯蒂文·费什米尔在《杜威与道德想象力》中说："将艺术与美学与日常反思隔离开来，与想象力相隔离，是一剂使道德不育、破碎、异化的处方。乏味、单调而死气沉沉的想象力不可能具有民主性，因此历史上看来，这种想象要么转向极端的个人追求，要么转向为极权统治效命。"[②] 道德的想象力催生同情心，而同情心乃是人与人之间平等观念的心理基础。显然，协作式生活不仅是与生态思维相表里的想象力的产物。凭借这种想象力，关于社会重建的理想才超越了现实中人们习以为常的等级制度和主从模式，也才有对人与人之间真正平等、自由、协商、互惠关系的信任和追求。杜威曾经宣称："关于人性的预言家总是诗人，尽管他们用自由体，或者用寓言来说话。然而他们对可能性的先见之明无一例外地变成了宣布既成的事实，并将之凝固为半政治的体制。他们对那应对思想与欲望构成控制的理想的想象性呈现，被当做政治的规则来对待。艺术成了逃避证据，是目标感保持鲜活的手段，具有超越僵硬的习惯的意义"[③]。杜威正是把艺术的

---

① ［美］拉里·希克曼主编：《阅读杜威：为后现代做的阐释》，北京大学出版社 2010 年版，第 132 页。

② ［美］斯蒂文·费什米尔：《杜威与道德想象力》，北京大学出版社 2010 年版，第 173 页。

③ ［美］杜威：《艺术即经验》，商务印书馆 2005 年版，第 386 页。

想象力运用到了对社会重建的实际追求之中，才在对人性和人的理智高度信任的基础上形成了协作式生活的政治—伦理理想。杜威引用雪莱的话："想象是道德上的善的伟大工具，而诗是依照这个目标促进它的效果的发挥。""一个人，要想成就伟大的善，就务必想象深广；他务必将自己摆在另一个人和许多人的位置上。"① 这就实际上道出了艺术的想象力乃是他的社会向善论的重要的精神动力。

其次，协作式生活所昭示的创造性民主观念实际上也深深植根于杜威的经验论美学和大艺术观之中。杜威的美学观是民主主义的美学观，他从经验出发去揭示艺术审美性质的根源，反对把艺术精英化、贵族化和等级化的不合理现实，对流行美学不屑一顾的大众艺术给予从未有过的重视。他特别重视艺术在社会中的沟通、交流和协调、统一的作用。他在论及孔德说的将无产阶级组织进社会制度之中是我们时代的巨大问题的观点时就指出，"这句话在今天，甚至比孔德说这话之时更加重要"。他认为："在现代条件下，如果从事世间实用性工作的男女大众没有机会从生产过程行为中摆脱出来，不赋有丰富的欣赏集体劳动果实的能力，艺术本身就没有可靠保证。所要求的是，艺术的材料应从不管什么样的所有的源泉中汲取营养，艺术的产品应为所有的人所接受，与他相比，艺术家个人的政治意图是微不足道的。"② 杜威的大艺术观更是主张艺术回归日常生活、大众化和实用性，体现了面向大众和生活的民主精神。

最后，也是最重要的，协作式生活与杜威的经验论美学在生态精神上一脉相通。按照杜威的描述，在个人与社会既相互为用又互动共生的关系中形成的协作式生活实际上全面体现出生态之美的特色。在杜威的哲学中，经验是人作为"活的生物"与环境相互作用而生成的一个能动性的生命事件。人的生命在环境之中，这并不只是一个空间性的事实，而是一个共存互动的生命关联——人要依存于环境，要通过自己的行动去适应和利用环境，而环境也要反作用于人，在两者相互作用中形成包括"做"与"受"的经验。"经验是有机体与环境相互作用的结果、符

---

① ［美］杜威：《艺术即经验》，商务印书馆2005年版，第385—386页。
② 同上书，第381—382页。

号与回报，当这种相互作用达到极致时，就转化为参与和交流。"① "一个
经验是一个有机的自我与世界的持续性与累积性相互作用的产物，人们
几乎可以将经验称为是这种相互作用的副产品。"② 杜威反复从有机体与
环境的相互作用来揭示经验的生态根源和生态本质。杜威这样描述他所
说的经验："经验在处于它是经验的程度之时，生命力得到了提高。不是
表示封闭在个人自己的感受与感觉之中，而是表示积极而活跃的与世界
的交流；其极致是表示自我与客体和事件的世界的完全相互渗透。不是
表示服从于任意而无序的变化，而是向我们提供一种唯一的稳定性，它
不是停滞，而是有节奏的，发展着的。由于经验是有机体在一个物的世
界中斗争与成就的实现，它是艺术的萌芽。甚至最初步的形式中，它也
包含着作为审美经验的令人愉快的知觉的允诺。"③ 在这个描述中，真正
的经验表现了生命的生态能动性，是生命力的积极表现和提升，是生命
体与环境之间的相互渗透，是对生命更新秩序的建构，是生命追求的实
现，它以其节奏表现了生命的生长的即生成性本质。正是经验中包含的
这种生命精神，使之成为艺术的萌芽。也就是说，艺术的审美性质就存
在于经验所体现的生命的生成性之中。区别于一般经验，作为艺术的
"一个经验"则具有完整性、个性化和自足性，由于这些特征，它也就能
够更为充分而生动地表现出自然和宇宙整体的生成性，因而也更加鲜明
地呈现出生命进取过程的节奏；因而，过程性也是"一个经验"的重要
特征，并且完整性、个性化和自足性以及节奏都是融于过程之中。由此
可见，所谓协作式生活能够赋予人的正是这样一种具有审美性质的经验。
它不仅生机郁勃，多样和谐，具有生动的生态气象美和生态秩序美，而
且在自由全面的合作中推进个人生成和社会向善的发展，从而具有生态
功能之美。在这样的社会关系和生活方式中，个人生成生态人格，社会
则生成一种更全面更有深度的生态文明，因为社会关系中的协作式生活
乃是实现人与自然之间的和谐的必要中介。

---

① ［美］杜威：《艺术即经验》，商务印书馆 2005 年版，第 22 页。
② 同上书，第 245 页。
③ 同上书，第 19 页。

第四节 发挥社会的智慧而使目的和
手段高度一致的政治艺术

协作式生活的"伟大的共同体"无疑是杜威关于人类社会进步的美好理想。作为一个社会实用主义者，杜威对于实现这个理想始终保持着清醒的现实态度。他指出："我们不能超出我们自身而设定一个理想社会。我们必须让我们的概念以现实存在的社会为基础，这样才能确信我们的理想是可行的。"为了逐步实现社会的进步，"理想不能只是重复现实存在的特征。问题是抽取出我们所需要的现实存在的共同体生活之形式特征，并且使用它们去批判不利的特征和提出改进意见"①。这就是说，要让理想在现实生活的母体内向着既定的方向生长。为此，就需要发挥社会的建设性的智慧，而使政治臻于艺术的境界以成为政治艺术，就是这种智慧的表现。

杜威的大艺术观认为人类为了实现自己与自然和社会的和谐调适与环境交互作用的种种经验，都可因为达到"一个经验"的境界而成为艺术，政治也不例外。"最精深的哲学与科学的探索和最雄心勃勃的工业或政治事业，当它们的不同成分构成一个完整的经验时，就具有了审美的性质。"② 就明确表达了这个思想。

以政治艺术实现生态化的政治—伦理理想，正是人类智慧和社会理智所应该进行的协作性探究的追求。罗伯特·B. 塔利斯在阐释杜威的观点时说："为了进一步实现民主的设想，我们必须改造和修复现有的社会条件。我们的学校不应再成为供人们从中获取机械技能的职业培训的中心，而应成为合作性的探究（在这一术语最完整的意义上）的中心。类似地，我们的工厂也必须从根据利益管理理论而建立的等级制的权力结构，转变为合作与共享的工作场所。同样，我们的家庭及其成员，也必须表现出民主共同体的性质。最后，我们每一个人都必须尽力将探究方

---

① ［美］拉里·希克曼主编：《阅读杜威：为后现代做的阐释》，北京大学出版社 2010 年版，第 45 页。

② ［美］杜威：《艺术即经验》，商务印书馆 2005 年版，第 59 页。

法应用于自己的生活、所承担的义务以及信念和价值之中，而且必须以协商的精神来充实我们与他人的关系。"① 只要社会的各个领域作为民主共同体都积极进行协作性的探究，社会也就会逐步进入协作式生活之中。

协作式是以个人的自由和个性多样性为前提的。杜威批判了那种思想一致性中人为地"标准化"的做法。"标准化是可悲的；人们几乎可以这样说，它之所以可悲，原因之一是它未能深入。它深入到足以压制思想的原始品质，但尚未深入到足以达到持久的一致性。它的不稳定性表现了它的浅薄性。所有通过外在手段，通过压制与威胁（无论多么微妙），以及通过精心策划的宣传而得到的思想一致，都必然是浅薄的，而凡浅薄的东西必然动荡不定。"②

同时，社会中的人们要能协作，又必须有共同的价值追求和发展目标。为了建设更加健康的社会，杜威认为："我们必须想方设法协调社会中所有群体的利益，为所有群体提供发展的机遇，以使各个群体避免发生冲突，互相协调。我们必须认识到一个不容忽视的事实：每个群体真正利益属所有群体共享；如果一个群体利益受到损害，所有群体都难于幸免。各社会群体紧密相连，每一个社会群体的状况会影响到所有群体的利益。"③ 因此，国家和社会应该寻求普遍的价值标准以凝聚人心，协调关系。他指出，如同所有的自然物体一样，人类与其他自然物体处于共存状态，人与人之间也处于共存状态。人类行为会对其他自然物体和他人产生作用，因为"共同的、结合的、联合行动是事物行为的一个普遍特点"。人类行为与其他事物行为的区别在于，人类行为包含智慧，即根据认识到的结果采取行动，控制行为以达成和避免某些结果。④

在这里，杜威又特别强调了目的与手段的一致性。在他看来，改造社会的手段与民主目标的背离乃是"近日世界民主的一个大悲剧"。他坚持认为，旨在为所有人提供社会保障以及为自我发展提供平等机会的民主目标决定了应该以民主方式达成共识，应该施行自愿主义、非暴力以

---

① ［美］罗伯特·威斯布鲁克：《杜威与美国民主》，北京大学出版社 2010 年版，第 89—90 页。

② ［美］杜威：《新旧个人主义》，上海社会科学院出版社 1997 年版，第 88 页。

③ ［美］杜威：《民主主义与教育》，人民教育出版社 1990 年版，第 261 页。

④ 同上书，第 319 页。

及由下至上的组织形式。在他看来，"民主最为根本的原则是，为实现所有人自由和个性的目的，能且只能由与这些目的本身相一致的方法来达成。"① 以协作性探究来实现协作式生活，就体现了目的与手段一致的精神。

被杜威夫妇的儿子约翰尊为"民主"先知的惠特曼曾经认为，在美国"民主的真正意义仍在沉睡，尚未被唤醒。这是一个伟大的词语，但我认为它的历史尚未筑就，因为历史还有待于上演"。惠特曼认为，即使在美国这个他高度赞颂并赋予希望的国家，历史还尚未展开。50 年以后的杜威也认为"实验尚未完成"。威斯布鲁克说："杜威本人倾其一生继续着这个实验。在此过程中，他精心雕琢出现代美国思想史上深度和广度都无与伦比的民主哲学。""如果想要开创惠特曼所展望的历史，我们应该向约翰·杜威寻求所需的全部智慧，以便走出目前这种荒原状态。"② 杜威的思想是面向未来的，他的协作式生活的伟大共同体的理想所蕴含的理智和智慧，无疑可以为人类如何走向未来提供许多深刻的启示。

---

① ［美］罗伯特·威斯布鲁克：《杜威与美国民主》，北京大学出版社 2010 年版，第 477 页。

② 同上书，第 584—585 页。

第二十三章

共同信仰：杜威的美学和宗教哲学共通的生态观念

　　杜威的宗教观与其美学思想有着密切联系，它们都是基于经验自然主义哲学所揭示的生态根源，从经验的宗教特性提出了创造性宗教观念，其自然虔诚的观点更是为新宗教注入深邃的生态内涵。宗教性经验和审美经验的心理感受相通，都具有对宇宙整体的神秘体验和宇宙归属感，节奏在其中具有重要的中介作用。杜威不满于传统宗教对世界的消极态度，非常重视宗教推动人性和世界生成的实用意义，认为宗教和艺术同是推动世界理想化的无与伦比的工具。

　　杜威的哲学在其发展的各个时期都对宗教问题十分关注，并且形成了他独特的关于宗教经验的观念。正如斯蒂文·洛克菲勒所说："要全面理解他的心理学、伦理学、社会理论及其美学思想，就有必要了解他的宗教经验理论。把握了他个人的宗教信仰观，才会明白身兼哲学家、教育家和社会改革家于一身的杜威内心深处的眷注与目标之所在。"① 还是在1892年杜威就指出："下一个宗教预言家，若想对人类的生活拥有持久的、实在的影响，必须能够向世人阐明民主的宗教意义，即川流不息的生活本身的终极的宗教价值。"② 以现实和理想的关系为核心关注的杜

---

① ［美］拉里·希克曼主编：《阅读杜威：为后现代做的阐释》，北京大学出版社2010年版，第124页。

② ［美］斯蒂文·洛克菲勒：《杜威：宗教信仰与民主人本主义》，北京大学出版社2010年版，第1页。

威，用他的经验自然主义哲学改造了西方传统的宗教学说，在对自然和社会向善的生成性的执着信仰中不断拓展和深化自己的宗教观念，那就是存在于人们普遍的日常经验之中并能够实际推动现实向理想生成，把科学与宗教沟通起来的一种创造性的新宗教。这种宗教性经验与审美经验共生于同一个生态基础，并同样对人类生活发挥重要的生态调适的作用。深入认识杜威宗教观的生态内涵，有助于深入认识艺术与宗教的关系，并进一步理解艺术在人类生活中的生态意义和艺术作为"文明轴心"的生态地位。

第一节 基于经验自然主义哲学的创造性宗教观念

1859 年达尔文的《物种起源》出版以后，宗教与科学的论争就持续不断，传统的宗教观念面对科学进步的质疑所做的自我辩护，往往陷于尴尬而无可奈何走向衰退。与此同时，新的宗教观念则在科学思想的改造和孕育中逐渐萌发，其中就有杜威的自然人本主义的宗教观。

杜威在还是一个新黑格尔主义者的时候，就明确认识到世界的有机统一的性质，"人与人，人与自然，进入了更为广大的也更为密切的统一性之中"[①]。这种对世界统一性的感受和颖悟，在华兹华斯、雪莱、勃朗宁、惠特曼等人的诗歌和哲学之中都表现出来。这些氤氲着浓郁自然气息的情绪和思想，把杜威的心灵引向他视为"大地"的自然。到《经验与自然》和《确定性的寻求》先后出版，自然在他的富于生态意蕴的思维中更是成了包容一切的术语，并且认定知识和信仰问题上"经验本身就是唯一的权威"。在这种整体性自然主义的哲学中，杜威接受了詹姆斯关于宗教经验的观点，在自然主义的人本主义经验论的基础之上阐释了他对宗教性经验的见解。

首先，杜威把形容词"宗教的"（religious）和名词"宗教"（religion）区别开来，他把后者看作已有的各种制度性宗教的总和，而把前者

---

① ［美］斯蒂文·洛克菲勒：《杜威：宗教信仰与民主人本主义》，北京大学出版社 2010 年版，第179页。

看作人类经验的某种独特而重要的特征。这种宗教性的经验，普遍存在于人类的日常经验和审美经验之中。杜威认为，经验的宗教特征是一个自然的现象。这并不是从其他经验中分离出来的某种特定的经验，而是可以在各种世俗活动中产生，可以最终"属于"（bilong to）审美的、科学的、政治的、社会的和道德的经验。这就是说，在审美的、科学的、政治的、社会的和道德的经验之中，都可以带有宗教的特征。

在《共同信仰》中，杜威阐释了他所谓的宗教性经验的特征和内涵。他认为，这种经验是那些带来生活中更好、更深入和更持久的适应（adjustment）并且包含了一种能够带来安全感和平静感的新的适应（orientation）。这样的经验能够给予人一种对于价值观念的感悟，使他战胜黑暗和绝望。杜威说的深层的适应，超越了对不可改变的环境条件的顺应（accommodation），而具有比禁欲主义的消极无为更外向、更从容、更幸福和更积极的态度，这就是说，他能激发人们对理想的感悟和实现理想的努力。① 杜威在论述到人在经验中达到与环境的深层和谐时的神秘感受时指出："强烈的审美沉湎的神秘，非常类似于狂热的宗教信徒所说的与神交流的经验。"② 他还以赫德森和爱默生的论述来具体描述了这种神秘感觉。总之，所谓宗教性的经验并不意味着有一种单独存在的经验，而是指经验中因为存在某种对整体统一性及其神秘性的信仰情绪而具有了宗教的性质。

但是，杜威并不像传统宗教观念那样在超自然和超验的意识中去寻求这种宗教性经验的根源。在《确定性的寻求》中，杜威指出了传统宗教的心理学原因，他说，人们把行动中的失败和由此而来的困苦、挫折归因于难以捉摸的变化。"当人们断言罪恶的根源在于变化领域的内在缺陷时，人类的愚昧无能和麻木不仁便不负产生这些罪恶的责任了。所剩下的唯一的一条路就只是改变我们自己的态度和性向，使我们的灵魂从这个可以消逝的世界转向永恒实有的境界。"③ 这样一来，一切就归于那

---

① ［美］斯蒂文·洛克菲勒：《杜威：宗教信仰与民主人本主义》，北京大学出版社2010年版，第488页。

② ［美］杜威：《艺术即经验》，商务印书馆2005年版，第29页。

③ ［美］杜威：《确定性的寻求》，上海人民出版社2005年版，第226页。

个在心灵中抽象出来的超自然的神灵。在杜威看来，对超自然力量的信仰根源于无知和无能。"人类既不能对抗这个他所生活其中的世界，便想出某种方法来和整个宇宙寻求妥协。从宗教的起源看来，宗教就是这种寻求妥协的表现。"①

杜威把世界看作一个连续不断、永无终极之境的生成性过程，从根本上就否定传统的哲学和宗教所谓"永恒实有世界"的存在。与此不同，他把自己的眼光投向了自然本来的整体性、统一性和无限的生成性，投向了人与自然之间的交互作用，从而揭示了宗教性经验之所以产生的生态根源。在杜威的哲学中，经验是人与自然和社会的环境交互作用中的"做"与"受'相融合的过程性事件。由于人是自然的一部分，经验就存在于自然之中，属于自然，其中并不存在传统哲学中那种主体与客体截然二元对立的格局。作为"活的生物"的人是一个行动的有机体，它总是生活在经验之中。经验作为人的生活世界，必然包容着人类文化所包含的一切，其中也包含着对价值和理想的追求，而宗教性的经验也在其中。

充分表达了杜威这种创造性的宗教观念的是他在 1933 年春天加入了一个由 34 位教授、教师和作家组成的组织，并在其发布的《人本主义宣言》上签字。这个宣言号召人们团结在宗教人本主义的旗帜下。它肯定了进化论自然主义的世界观，采纳了达尔文和社会学的宗教起源观点，在人类对美好生活的追寻之中找到了宗教产生的源泉，并且断言宗教的作用就是要解决人们的需要问题，而未来世界的宗教应该努力实现现世生活的快乐，释放人类的创造性，使人们的人格能够全面成长，从而促进社会健康，包括实现社会化的和合作性的经济秩序。这就是他所追求的"致力于激励和培育对于现实中理想可能性之感悟的宗教"。这种宗教毫不动摇地致力于这样一种基本的价值观念，即发现现实的可能性并努力实现这些可能性。②

---

① ［美］杜威：《确定性的寻求》，上海人民出版社 2005 年版，第 225 页。
② 同上书，第 240—244 页。

第二节　自然虔诚的观点为新宗教
注入深邃的生态内涵

　　和桑塔亚那一样，杜威从华兹华斯的浪漫主义诗歌里借用了"自然的虔敬"这个术语，这个观点成了他成熟的宗教哲学中的一个重要主题。这个观点为杜威的宗教观念注入了鲜明而深邃的生态内涵，还同他关于民主和科学在涵养社会统一性的方式中可发现的宗教价值相融合。在传统宗教走向衰退的时候，这预示了一种自然的、具有解放意义的宗教取向的到来。在生态危机成为全人类的紧急问题的今天，杜威宗教观念的这一主题具有非常突出的现实意义。正如斯蒂文·洛克菲勒所指出的，杜威对于自然的虔诚以及他的达尔文主义的、自然主义的思维方式，在1949 年引导他拥护和支持体现在生态主义世界观中的那种精神。

　　在《确定性的寻求》中，杜威指出："如果宗教信仰是和自然和生活的可能性联系着的，那么当宗教信仰在专心追求理想的时候就会表现出它对现实的虔诚。""自然界虽有缺点和不完满之处，但是可以成为理想、可能性以及为了理想、可能性而产生的愿望的源泉和一切既得善良的最后的寄托之所，从而可以激起人们真心诚意的虔诚。"① 这里所说的人对自然的虔诚，源于人对自然的神秘经验。杜威承认这种神秘经验的存在，并认为这"有时候给人类的经验增加了一个价值尺度"，但他并不认同那种有时候会为蒙昧主义和堕落张目的流行的神秘主义。在 1935 年与经验主义神学家伯纳德·梅兰一起论述"神秘自然主义和宗教人本主义"的文章中，两人都认为，对于人生与自然之间相互依赖性的敏锐的理解，是健康的宗教人本主义的一个至关重要的因素。他们指出，对自然的虔诚有助于阻止人本主义陷入过分"赞美人类"和"以人为中心的存在秩序"而造成的对自然的盘剥和对其他生命形式的虐待。在梅兰看来，"神秘的自然主义"即对于自然的某种神秘的归属感，是自然虔诚的主要来源和抵御"人类膨胀"的唯一屏障。尽管杜威不认为这种对于自然的神秘感是宗教人本主义的绝对的、必要的部分，但他仍然承认它很有价值。

---

① ［美］杜威：《确定性的寻求》，上海人民出版社 2005 年版，第 236 页。

对于杜威来说，要避免片面强调宗教神秘主义，必须维持道德信念、智力和社会关系的中心位置。这就是说，不能抽象地强调自然的神秘性，而应该在人与自然的全面的关系中，也在人自身的态度和行为中寻找对自然进行无情盘剥的原因。显然，杜威是要把自然神秘感建立在科学和理智的基础上，从人作为自然的一部分而与自然发生的交互作用这个根本情境中揭示出这种神秘感的原因，从而在更为深刻和真实的基础上建立起自然虔诚的信仰。显然，对自然的虔诚，在杜威那里绝不只是主观的意识，而是建立在他的经验自然主义哲学的基础之上，植根于包括人在内的自然的生态整体性和生成性之中的。

作为自然的一部分的人生活于自然之中，并且要以自己的行动去改变自然，调适自己与自然之间的关系。"同自然事件的整体性相比，任何行为，考虑到其有限的目的，都是微不足道的。我们的行为对事件进程所给予的影响，其达成的直接结果同实践的整体范围相比，也是微乎其微的。"尽管如此，"究其实质，每一种行为，已经具有无限的意义。我们的努力所能改变的事物结构的那一小部分，与世界的其他部分一脉相承。我们花园的边界同我们邻居以及邻居的邻居的世界相连。我们所能施加的微小的努力，依次同保持并支持这种努力的无限的事件相关联。对事物联系的这种无所不包的无限性的自觉意识，具有理想化色彩"①。人的行为的有限性与自然的无限性之间的联系，无疑是造成人的神秘感受的重要原因。这是因为，这种联系存在着很多的偶然，存在着难以预料的变化和可能，对于结果有很多未知因素在起作用。

在杜威看来，自然作为不断生成着的过程，其中存在很多目的，因此也确实存在着理想。诚如斯蒂文所说，杜威设想的宇宙是一个尚未完成、没有执意要向何处发展的宇宙，但却是一个充满了理想和审美可能性的宇宙。在经验中可以享有最为深刻的圆满，包括实现美与具有宗教性特征的存在之和谐。这在很多浪漫主义诗人的诗歌中都有表现和吟咏。

更为重要的是，人类一方面为了自己的生活要去改变生活，而自然常常可以满足人的需要，给人带来享受和幸福，以至用它的恩惠把人引向新的理想。人类何以能够如此呢？按照杜威的看法，"人类追

---

① ［美］杜威：《新旧个人主义》，上海社会科学院出版社1997年版，第131页。

求理想的对象，这是自然过程的一种继续，它是人类从他所有发生的这个世界中学习得来的，而不是他所任意注射到那个世界中去的"①。但是自然又何以会有这种追求理想的精神呢？那个处在人的身体之外的自然为什么会赋予或者教会人通过自己的行动去实现自己的理想呢？人与自然的这层关系使人感到神秘。与此同时，自然尽管是人类的母亲，但它却是后母，人在自然面前又并不能为所欲为。这正如杜威所说的："一个已经在经验面前揭露自己，而且经过训练达到成熟的心灵知道它自己的渺小和无能。它知道，它的愿望和谢礼，无论在知识或行为方面，都不是衡量这个宇宙的最后尺度，因而它终究还是变化无常的。"② 人是万物的尺度的信念，在自然面前往往遇到严峻的挑战，那个动荡不止、边界无际的自然的尺度千变万化，无可捉摸，使人不能不生敬畏之心和神秘之感。

对于杜威来说，人类不应该也不会在这种神秘感之前却步。人类从自然母亲那里学得的生成进取的欲望和能力，推动着它不倦地对新的目标进行探寻和努力。因此，尽管他知道自己并不是衡量这个宇宙的最后尺度，知道自己的渺小和无能，"但是它也知道，它对于权利和成就的这种幼稚的假定并不是一个将被完全遗忘的梦境，它意味着有一个跟宇宙融汇一体的境界，而这是要保持下来的。这个信仰以及它所激起的在思想上的努力和奋斗也是这个宇宙的动作，而它们，无论是多么的微小，在某种方式之下，也推动着宇宙前进"。③ 可以说，正是对于人与宇宙的神秘关系的感受激发了人类的这种虔诚的神往。我们应该对此怀有虔诚的信念，去追求与宇宙融合为一的境界。杜威关于人类"推动着宇宙前进"的思想极其重要，因为人类与宇宙的谐和本来应该在这个推动宇宙前进的过程中才能实现。

在谈到艺术的经验时，杜威指出："对一个广泛而潜在的整体的感觉是每一个经验的背景，并且这是理智的本质。""一件艺术品引发并强调这种作为一个整体，又从属于一个更大的、包罗万象的、作为

---

① ［美］杜威：《经验与自然》，江苏教育出版社 2005 年版，第 267 页。
② 同上书，第 266 页。
③ 同上。

我们生活于其中的宇宙整体的性质。"① 这种对宇宙整体亦即自然整体的无限扩展和绵延的神秘感受，就是伴随着强烈的审美知觉的宗教感。在这种感觉中，我们心中会涌起对宇宙自然的感恩、敬畏和虔诚。

概括地说，所谓自然虔诚，就是对于人对自然的依赖性的真诚信念，就是对人与自然之间共生共融境界的衷心追求和向往，就是对人在自然面前既能动又受动的相互关系的谦卑和顺从，当然也是对人通过自己的积极行动能够从自然得到回报的企求。这种虔诚，首先是对自然界的虔诚，进而是对自然性的虔诚，最后必然孕育出对于自然主义哲学的虔诚。而自然虔诚鲜明地成为杜威宗教哲学的重要主题，正好体现了生态主义的精神。这一宗教观念，开启了对宗教哲学进行生态化改造的先声，后来的基督教生态神学无疑是从传统神学领域中对这一观念的积极回应。像杜威一样，生态神学引入了生态整体性的观念。德国的莫尔特曼在《创造中的上帝》这部论述"生态的创造论"的著作中就提出"必须努力学会一种新的、交往性的和整合性的思维方式"。"整合的和完整的思维方式，有利于造成人类与自然之间的交流，而这是必要的，也能促进生命。这里，'自然'一词既意味着我们共同拥有的自然世界，也意味着我们自己的肉体自然。随着联系网络和相互作用的确立，就出现了共生的生命。"② 从这样的生态自然观出发，莫尔特曼重新阐释了上帝与自然的关系，批判了那种仅仅依靠技术就能解决生态危机的看法，其中也蕴含着人应该尊重和敬畏自然的观念。正如希尔玛·Z. 拉维恩所说："在与大自然交流中的那种与生俱来的虔诚中，杜威尝试着把传统的宗教信仰升华成一种采纳了现代世界模式的世俗宗教——浪漫主义对统一性的渴望和启蒙运动的民主、科学原则。"③

不过，对于宗教中的上帝的观念，与生态神学相比杜威有不同的见解和主张。他认为："把宗教经验的问题，和上帝的存在这个问题

① ［美］杜威：《艺术即经验》，商务印书馆 2005 年版，第 215 页。

② ［德］莫尔特曼：《创造中的上帝：生态的创造论》，生活·读书·新知三联书店 2002 年版，第 8—9 页。

③ ［美］拉里·希克曼主编：《阅读杜威：为后现代做的阐释》，北京大学出版社 2010 年版，第 237 页。

区分开来……之后，我发现——而且，肯定有很多人会用他们自己的经验来证实我的经验——传统的笃信宗教的人所赞美的，和那些他们认为他们的上帝所专有的所有东西，也可以同样地在人类经验的普通进程中获得，而这些经验就发生在我们与自然世界和彼此的关系中，即在我们作为人类存在物而由家庭、友谊、工业、艺术、科学和公民资格所产生的联系之中。那么，要么为获得真正具有宗教性的经验，放弃上帝的概念；要么完全依据我们直接的人类经验中所涉及的自然的和人的关系来界定它。"① 显然，杜威主张用自己的自然主义哲学来改造传统的外在人格神的上帝观念。在他的信仰中，上帝就是那个具有无限整体性的自然和这个自然的精神，对上帝的虔敬和诚信就该是对自然的虔敬和诚信。把对自然的知识转化为信仰，而这种信仰又引向更新的自然知识。这样一来，宗教终于达成与科学的和解和沟通，并且互动共进了。

第三节　宗教性经验和审美经验共有的宇宙整体神秘体验

在杜威看来，宗教性的态度包含了某种对于自然的虔敬和依赖感，而审美经验可能获得某种宗教性的、神秘的特征。"宗教与艺术的历史联姻关系，就植根于这种共同的性质之中。"②

从杜威对宗教性经验和自然虔诚的论述中可以看到，审美经验与宗教经验之间乃是互通共融的。它们不仅共生于人与自然交互作用的能动的生态关系之中，具有同样的生态根源，而且是在经验的精神内涵上，无论是对自然—宇宙的整体归属感还是自然虔诚的情感，都是相互渗透和交融的。杜威所喜欢的华兹华斯、雪莱和柯勒律治等浪漫主义诗人吟咏自然的诗篇氤氲着浓郁的宗教气息，他自己也写诗抒发对于大自然的种种神秘感受。他描述我们面对艺术作品的感受说："不管视觉范围是大

① ［美］斯蒂文·洛克菲勒：《杜威：宗教信仰与民主人本主义》，北京大学出版社2010年版，第532页。

② ［美］杜威：《艺术即经验》，商务印书馆2005年版，第386页。

是小，我们都将它经验为一个更大的整体，一个包罗万象的整体的一部分，我们只是将经验的焦点集中在这个部分上而已。我们也许将范围从窄向宽扩大。但是，不管范围扩大到多宽，它在感觉中仍然不是整体；边缘后退，直到无限的扩张，在它之外，想象力称之为宇宙。这种隐含在日常经验中的包罗万象感，在画与诗的结构之中变得更加强烈。"像艾伦·坡说的"暗示性的模糊的无限性"和柯勒律治说的每一件艺术作品为了达到完全的效果而必须有的某种不可理解的东西。① 在这里，宗教性的经验与审美经验常常是浑然一体的。这正如斯蒂文·洛克菲勒所阐释的："具有宗教特征的经验，具有圆满的特征，本身就是完满（fulfillments），包含着直接的理解的意义，因而在此意义上说，他们具有审美的特征。"之所以这样说，因为杜威的经验论美学认为，生命精神的完满性正是审美经验特别是作为艺术的"一个经验"的重要特征。斯蒂文·洛克菲勒还进一步指出："指导经验具备了深远的宗教的特征，生活的审美的可能性才可能完全实现。艺术作品，例如绘画、诗歌和音乐，连同统摄性的道德理想和哲学视野，也会具有宗教性的影响。尽管杜威在《艺术即经验》中没有展开讨论宗教信仰这一观点，但是该书如同《共同信仰》一样，暗含了这样的一个观点，即获得对于理想的统摄性信仰，是生活艺术完美的一个至关重要的因素，而且，在诸种艺术中起作用的那种充满想象力的视野，对于振奋人心的宗教性的社会信仰的形成也是至关重要的。"②

对于艺术的审美经验中的宇宙归属感，杜威在《艺术即经验》中有明确的论述。"一件艺术品能够引发并强调这种作为一个整体，又从属于一个更大的、包罗万象的、作为我们生活于其中的宇宙整体的性质。"这就是一种宇宙归属感。他接着说："我想，这一事实可以解释我们在面对一个被带着审美的强烈性而经验到的对象时所具有的精妙的清晰透明感。这也可以解释那伴随着强烈的审美知觉的宗教感。我们仿佛是被领进了一个现实世界以外的世界，这个世界不过是我们以日常经

---

① ［美］杜威：《艺术即经验》，商务印书馆 2005 年版，第 214 页。

② ［美］斯蒂文·洛克菲勒：《宗教信仰与民主人本主义》，北京大学出版社 2010 年版，第 529 页。

验生活于其中的现实世界的更深的现实。我们被带到自我以外去发现自我。……那么，这一整体就被感知到是自我的扩展。"由于超越了自我中心论的小我尺度，我们就能获得一种奇妙的置身于其中、与万物同体的满足感。① 杜威的这番描述具体真切，生动地说明了艺术美感与宗教感常常同在的事实。

杜威还进一步指出："宗教价值无疑对艺术施加了无可比拟的影响。"许多宗教的传说都称为艺术的素材。但是，"那些没有讲宗教故事的艺术作品具有深刻的宗教效果"的事实，"意味着艺术的实质不同于主题"②。这就是说，艺术的实质并不在于它所描绘的事物题材，而在于它所表现出来的自然和人的那种幽深而宏博的意蕴，以至于神秘的宇宙归属感。正是这种宗教性的意蕴和情感，赋予了艺术特别的力量。洛克菲勒这样概括杜威的观点："审美情感能增进宗教的和谐感，而宗教经验则包含审美经验，超越了审美经验。"③

杜威关于艺术的共通特征在于节奏的观点，对于理解宗教和艺术何以能够具有共同的宇宙归属感具有十分重要的意义。在杜威关于艺术的审美性质的阐述中，对节奏的关注贯穿始终。由于经验是活的生物与环境的相互作用的产物，它作为生命活动的生成性过程就必然具有节奏。"节奏状态在一切观察和观念中普遍存在。"④ 这个人们在日常经验中并不直接感知和注意的节奏，在艺术中成了艺术形式的必要条件。杜威指出："我们周围世界使艺术形式的存在成为可能的第一个特征就是节奏。"⑤"因为节奏是一个普遍的存在模式，出现在所有的变化之秩序的实现之中，所以所有的艺术门类：文学、音乐、造型艺术、建筑、舞蹈，等等，都具有节奏。"这个"共同模式"成了艺术的"形式的最终条件"。"在每一类艺术和每一件艺术作品的节奏之下，作为无意识深处的根基，存

① ［美］杜威：《艺术即经验》，商务印书馆 2005 年版，第 215—216 页。

② 同上书，第 353 页。

③ ［美］斯蒂文·洛克菲勒：《杜威：宗教信仰与民主人本主义》，北京大学出版社 2010 年版，第 117 页。

④ ［美］杜威：《艺术即经验》，商务印书馆 2005 年版，第 245 页。

⑤ 同上书，第 163 页。

在着获得生物与其环境间关系的基本模式。"① 正是作为普遍中介的节奏，形成了艺术审美中人与自然之间的特殊的生命活动方式。杜威指出："人对自然节奏的参与构成了一种伙伴关系，就要比为了知识的目的而对它们的观察都要亲密得多，这迟早会引导人将这种节奏强加到尚未出现的变化上。"比如在原始的舞蹈和绘画中通过对节奏的强调而使"动物生命最根本的本质得以实现"②。由于节奏的适应与和谐，"仿佛自然赋予它自然王国中的自由一样"③。个体生命还可借此扩展到宇宙，使自己好像生活在宇宙的整体之中，从而产生对于宇宙的神秘归属感，达到一种似乎"天人合一"的境界。

在笔者看来，杜威说的节奏恰好是造成审美活动中节律感应这一本体特性的基因所在。正是通过艺术作品形式的节奏为中介而生成的节律感应，人才在节律的激发、引导和整合中达到与自然世界浑然一体的境界，其间或狂热、或沉醉、或沉静的情感状态，直接把人引入一种宗教性的情感状态中。从最原始的宗教活动开始，舞蹈、音乐和吟诵以及各种各样色彩丰富、线条灵动的服饰和道具总是伴随着宗教活动的进程，成为其中不可缺少的东西，从根本上说，就是节律感应在起作用。杜威说："由艺术作品所产生的共享感可以带上一种明确的宗教性质。"④ 其原因就在于此。

第四节　宗教和艺术是推动世界理想化的无与伦比的工具

在谈到宗教的起源时，杜威曾说："人类既不能对抗这个他所生活其中的世界，便想出某种方法来和整个宇宙寻求妥协。从宗教的起源来看，宗教就是这种寻求妥协的表现。"⑤ 杜威不赞成宗教对现实世界的这种妥协态度，而是要它参与到争取理想的善成为现实的努力中去。他

---

① ［美］杜威：《艺术即经验》，商务印书馆 2005 年版，第 166 页。
② 同上书，第 164 页。
③ 同上书，第 165 页。
④ 同上书，第 301 页。
⑤ ［美］杜威：《确定性的寻求》，上海人民出版社 2005 年版，第 225 页。

指出："存在的动荡性的确是一切烦恼的根源，但同时它也是理想性的一个必要条件；当它和有规则的和确切的东西结合在一起时，它就变成一个充足的条件了。"① "假使偶然性和必然性的分隔被消除了，那么只有相信：科学在它掌握关于自然界的有规则的和稳定的机构的同时，也是通过它本身的扩展，对于自然界在人类的交际、艺术、宗教、工业和政治中的这种更丰富而不规则的表现予以调节和充实的工具。此外，还有什么呢？"② 显然，他是要把宗教也作为调适人与世界的关系的有力工具。

杜威接受詹姆斯的观点，注意到宗教经验在帮助人类有机体适应在宇宙中的生活时所起的作用。杜威的经验论作为一种实验主义的理论，认为一切经验都应在人与自然的关系中推进在世界的生成和进步，因此，都是具有实际效用的工具，宗教也不例外。他把宗教问题总是置于现实与理想的关系中来认识其意义，这一观念就更为突出。在他看来，"艺术和宗教的职责正是要激发""把世界理想化"的"领悟与暗示，并使之得到加强和稳定，直到它们融入我们的生活之中"③。杜威并不认为宗教只是行动间歇中的和平和喘息。"在试图预见和调控未来事物的努力中，只要我们能够被一种包容一切的整体感维持并扩张于虚弱与失败之中，宗教意识就能成为一种现实。行动之中而不是之后的和平，才是这一理想对行为的贡献。"④ 显然，在杜威的心目中，真正的宗教应该对人类调控自己与自然的关系发挥实际的作用。在这个意义上，宗教也是一种有"实用"意义的工具。

"诗歌、艺术与宗教均无比珍贵。"⑤ 杜威所追求的是一种能够同艺术和科学一起推进人类生活走向理想的宗教。面对原来的宗教和艺术在科学的冲击下正在崩溃的局面，杜威指出："虽然不可能通过主观的意志来维持和恢复业已失去信徒的宗教和艺术的古老的资源，却有可能加速发展尚待形成的宗教和艺术的丰富资源。这当然不是通过

---

① ［美］杜威：《经验与自然》，江苏教育出版社 2005 年版，第 42 页。
② ［美］杜威：《新旧个人主义》，上海社会科学院出版社 1997 年版，第 39 页。
③ 同上书，第 131 页。
④ 同上书，第 132 页。
⑤ 同上书，第 133 页。

直接追求其产生的行动，而是通过用对当代积极趋势的信赖取代对这些趋势的恐惧和厌恶，通过赖以追随社会和科学变化发展方向的理智的勇气。今天我们在理想问题上表现软弱，原因是理智与灵感相互分离。在我们的信仰和行为的日常细节中，环境的力量将我们推拥向前，而我们心灵深处的思想和欲望却回首过去。当哲学有朝一日与事件的过程携手合作并明确、一致地阐明日常生活的意义之时，科学与情感将相互渗透，实践与想象将相互拥抱，诗歌与宗教情感将成为人生的非强迫的花朵。"① 在《共同信仰》中，杜威进一步提出了具有统摄性的宗教观点，他试图以这种宗教去实现"伟大的共同体"这个美好的社会理想。

杜威认为："自然是可以理想化的。自然是可以通过操作来加以改善的。这个过程并不是被动的。"② 如果"把宗教态度当做是人们对存在的可能性的一种感觉并把宗教态度当做是献身于实现这种可能性的事业的一种态度，而不是接受当前既定的现实，这样便使得宗教逐渐从这些不必要的学术上的纠纷中摆脱出来"。"宗教态度也不要用一些关于价值的固定信仰去代替上述那些关于实施方面的信仰，而只相信现实的可能性以及实现这种可能性的努力才是有价值的。""我们可以把我们的感情和忠诚指向寓于所发现的现实中的可能性，致力于创造未来而不再死抓住关于过去的命题不放，作孤注一掷的这样一种力行的理想主义便成为不可战胜的了。"宗教和这种"力行的理想主义"结合在一起，"不再在衰弱危难之际去寻求确定性"，这样一来，用于无谓争论的"精力将会被解放出来，用来进行积极的活动，以求实现现实生活中所潜在的可能性"③。这就是说，宗教应该放弃对那个永恒存在的上帝和关于来世的终极理想的无用论证，而把眼光投向现实向理想生成的追求中来，才能够变得具有建设性和富有生命力。

斯蒂文·洛克菲勒指出："在当代民主和技术的文化中，寻找统一理想与现实，即实现理想、创造世界的方法，是作为思想家的杜威关注的

① ［美］杜威:《新旧个人主义》，上海社会科学院出版社1997年版，第134页。
② ［美］杜威:《确定性的寻求》，上海人民出版社2005年版，第233页。
③ 同上书，第234—235页。

核心问题。"① 无论艺术还是宗教，都具有沟通人与自然和人与人之间关系的巨大而神秘的作用。杜威相信，共同分享的道德和社会信仰，对于创造统一的社会和完整的个人，都是必不可少的，他认为这种统摄性的信仰具有宗教特征，并且认为，在未来能够具有这种极有整合力和指导力的正是这样的宗教信仰。他在 1930 年曾经写道："我宁愿相信，宗教的未来取决于这样一种可能性，即能否形成对于人类经验和人类关系之可能性的信仰，而这种信仰的形成与否，又取决于人们的经验和关系能否创造出对于人类利益的休戚相关性的感觉，并激发使那种感觉成为现实的行动。"②

当然，艺术作为自然发展的顶峰，还不只是像宗教那样在对世界的直觉式的神秘感受中扩展想象，孕育并且执着地神往于理想，而且要进一步行动起来，通过创造各种艺术——包括各种技艺和文艺，把理想变成现实，并且生成新的更高的理想。这些新的理想也存在于宗教性经验之中。在这个意义上，对于坚持实用主义立场的杜威来说，艺术以其实践性品格是高于宗教的 。在一定的意义上可以说，杜威在把宗教科学化的同时，也把它艺术化了。

诚如斯蒂文·洛克菲勒所说："除非把杜威视为一种新的精神态度和存在方式的预言家，那种精神态度和存在方式可以被称为一种美国特有的有关精神性（spirituality）民主形式，否则，就很难全面而深刻地理解杜威对于统一性和自由的追求。"③ 无论是杜威的宗教观还是他的经验论美学，都贯穿着这一基本精神。作为自然主义的人本主义哲学家，不仅自然主义，而且还有他的独特的民主观念，都是杜威的宗教哲学和美学中的一个极为重要的思想维度。在认识杜威的宗教观念与其美学思想的关系，这是应该予以充分重视的。不过，有一点是明确的，在他的人本主义的宗教观念中，也一样蕴含着深厚的生态精神。

---

① ［美］斯蒂文·洛克菲勒：《杜威：宗教信仰与民主人本主义》，北京大学出版社 2010 年版，第 2 页。
② 同上书，第 463 页。
③ 同上书，第 3 页。

主要参考文献

［美］杜威：《艺术即经验》，高建平译，商务印书馆 2005 年版。

［美］杜威：《经验与自然》，傅统先译，江苏教育出版社 2005 年版。

［美］杜威：《人的问题》，傅统先等译，上海人民出版社 1965 年版。

［美］杜威：《民主主义与教育》，王承绪译，人民教育出版社 1990 年版。

［美］杜威：《新旧个人主义》，孙有中等译，上海社会科学院出版社 1997 年版。

［美］杜威：《哲学的改造》，张颖译，陕西人民出版社 2004 年版。

［美］杜威：《确定性的寻求》，傅统先译，上海人民出版社 2005 年版。

［美］杜威：《评价理论》，冯平等译，上海译文出版社 2007 年版。

［德］莫尔特曼：《创造中的上帝：生态的创造论》，隗仁莲等译，生活·读书·新知三联书店 2002 年版。

［美］道格拉斯·辛普森等：《杜威与教学的艺术》，耿益群译，中国轻工业出版社 2009 年版。

《杜威全集》早期著作第 1 卷，华东师范大学出版社 2010 年版。

《杜威全集》早期著作第 2 卷，华东师范大学出版社 2010 年版。

《杜威全集》早期著作第 5 卷，华东师范大学出版社 2010 年版。

［美］L. J. 宾克莱：《理想和冲突——西方社会中变化着的价值观念》，马元德等译，商务印书馆 1983 年版。

万俊人等选编：《詹姆斯集》，上海远东出版社 2004 年版。

［美］罗伯特·B. 塔利斯：《杜威》，彭国华译，中华书局 2002 年版。

［美］理查德·舒斯特曼：《实用主义美学》，彭锋译，商务印书馆 2002 年版。

［德］卡尔·雅斯贝尔斯：《大哲学家》，李雪涛等译，社会科学文献出版社 2006 年版。

［美］格伦·A. 洛夫：《实用生态批评》，胡志红等译，北京大学出版社 2010 年版。

［美］詹姆斯·坎贝尔：《理解杜威：自然与协作的智慧》，杨柳新译，北京大学出版社 2010 年版。

［英］拉里·希克曼：《阅读杜威：为后现代做的阐释》，徐陶等译，北京大学出版社 2010 年版。

［美］亚历山大·托马斯：《杜威的艺术、经验与自然理论》，谷红岩译，北京大学出版社 2010 年版。

［美］斯蒂文·费什米尔：《杜威与道德想象力》，徐鹏等译，北京大学出版社 2010 年版。

［美］斯蒂文·洛克菲勒：《杜威：宗教信仰与民主人本主义》，赵秀福译，北京大学出版社 2010 年版。

［美］罗伯特·威斯布鲁克：《杜威与美国民主》，王红欣译，北京大学出版社 2010 年版。

［英］罗素：《西方哲学史》，马元德译，商务印书馆 1976 年版。

［美］梯利：《西方哲学史》，葛力译，商务印书馆 1979 年版。

［美］门罗·C. 比厄斯利：《美学史：从古希腊到当代》，高建平译，高等教育出版社 2018 年版。

赵祥麟等编译：《杜威教育论著选》，华东师范大学出版社 1981 年版。

刘放桐：《实用主义评述》，天津人民出版社 1983 年版。

王守昌、苏玉坤：《现代美国哲学》，人民出版社 1990 年版。

朱立元：《现代西方美学史》，上海文艺出版社 1996 年版。

王玉樑：《追寻价值——重读杜威》，四川人民出版社 1997 年版。

涂纪亮编译：《杜威文选》，社会科学文献出版社 2006 年版。

赵秀福：《杜威实用主义美学思想研究》，齐鲁书社 2006 年版。

王成兵主编：《一位真正的美国哲学家——美国学者论杜威》，中国社会科学出版社 2007 年版。

俞吾金主编：《杜威：实用主义与现代哲学》，人民出版社 2007 年版。

涂纪亮：《实用主义、逻辑实证主义与其他》，武汉大学出版社 2009

年版。

张宝贵编:《实用主义之我见——杜威在中国》,江西高校出版社 2009
　　年版。

常宏:《杜威的经验自然主义与其宗教观》,中央民族大学出版社 2011
　　年版。

徐陶:《杜威探究型哲学思想研究》,社会科学文献出版社 2016 年版。

后　　记

在全球性生态危机的影响下，生态主义的世界观及其美学沛然成为时代潮流。当代中国生态美学的理论资源较为丰富，西方 20 世纪兴起的环境美学与生态美学、海德格尔存在论哲学、马克思主义生态理论、儒道两家的生态审美智慧、达尔文进化论等都为当代中国生态美学的建构提供了重要启示。

在进一步梳理达尔文进化论对当代中国生态美学建构的学理价值时，我们发现，深受达尔文进化论影响的杜威"经验论"美学中包含着深刻的生态思维。

杜威的美学思想受到了黑格尔的辩证法、美国实用主义哲学思想和达尔文的进化论的影响，爱默生、梭罗的自然主义思想也是其思想资源。杜威美学在各个层面上都与现代生态意识契合相通。杜威强调人与环境互动，强调超越人与自然二元对立的传统观念，从相互作用的有机整体性看待世界和事物。杜威的美学思想中，包括其方法论、审美本体论、审美主体论、审美价值论、审美功能论等，处处都体现了深刻的生态思维。杜威是一位没有使用生态词语的生态思想家，他的经验论美学具有深厚而鲜明的生态思维内涵。本书就致力于系统阐释杜威经验论美学的生态精神，深入揭示杜威经验论美学对当代中国生态美学建构的学理价值。至于是否圆满达成预期的目标，就有待学术同行的检验了。

全书的写作是一个漫长的过程，从 2011 年第一篇论文发表起，到全部书稿完成提交给出版社，整整用了 8 年的时间。8 年间，共有 18 篇论文先后在《四川师范大学学报》《江苏大学学报》《艺术百家》《河北学刊》《西南民族大学学报》《社会科学研究》《当代文坛》《鄱阳湖学刊》

《成都大学学报》《美与时代》等刊物发表。其中，《节奏揭秘：杜威艺
术审美本体特性论的生态内涵》（《四川师范大学学报》2011 年第 2 期）
一文被《人大复印资料·美学》（2011 年第 6 期）全文转载；《面向现
实：杜威经验论美学与生态批评的追求》（《河北学刊》2012 年第 6 期）
一文被《新华文摘》论点摘编（2013 年第 5 期）。2014 年《杜威"经验
论"美学对中国生态美学的学理建构价值研究》系列论文还获得了四川
省社会科学院第十六次哲学社会科学优秀成果三等奖。在这样的长途跋
涉中，幸亏有来自学术同道的诸多支持和肯定，使我们能坚定信心，坚
持耕耘。在此，谨向他们致以深深的谢意。如果要开列名单，他们是：
钟仕伦、唐普、王珏、郭丹、罗勇、胡颖峰、王世德等。我们要特别致
谢的是中华美学会会长、中国社会科学院高建平研究员，在他翻译的杜
威《艺术即经验》一书的基础上，我们才得以开展并完成此项研究。高
老师还慷慨允诺为拙著写序，他的学术热情和对不同美学观的包容态度
令人感佩。在本书的出版过程中，四川省社会科学院学术委员会、科研
处、中国社会科学出版社都给予了诸多帮助，在此一并致谢。

　　杜威说过，"读书是一种探险，如探新大陆，如征新土壤"。对他美
学的生态精神进行阐释，何尝不是一种"探险"，唯愿没有辜负了好
风光。

艾　莲

2018 年 8 月 29 日